집회컨설팅 전문가의 **국내 1호** 지침서!!

억울하면 집회 시위로 해결하라!

집시학 총론

김한성 지음

억울하면 집회시위로 해결하라!

초판 1쇄 발행 2020년 10월 1일

지 은 이	김한성
발 행 인	권선복
편 집	오동희
디 자 인	서보미, 김보배
전 자 책	서보미
발 행 처	도서출판 행복에너지
출판등록	제315-2011-000035호
주 소	(07679) 서울특별시 강서구 화곡로 232
전 화	0505-613-6133
팩 스	0303-0799-1560
홈페이지	www.happybook.or.kr
이 메 일	ksbdata@daum.net

값 33,000원
ISBN 979-11-5602-837-6   (93350)

Copyright ⓒ 김한성, 2020

집회컨설팅 전문가의 **국내 1호** 지침서!!

억울하면 집회 시위로 해결하라!

집시학 총론

김한성 지음

도서출판 행복에너지

이 책은 시위 때 피해자가 억울함을 푸는 지침서이다. 현재 시중 관련 서적은 대다수 집시법 해설서 정도이다. 지난 8년간 집회 경험으로 책 쓰기를 시작했으나 자료수집, 참고문헌 등 부족으로 스스로 길을 닦으며 갔다. 이제야 결과물을 내놓아서 무척 기쁘다. 우리는 언론방송을 통해 집회 시위하는 모습을 보면 강 건너 불처럼 생각하였다. 그동안 "시위 및 집회를 통해서 문제를 해결할 수 있다"는 뉴스를 못 들었기 때문이다. 대규모 집회시위의 부정적 보도로 전문지식도 많지 않다. 하지만 평화적으로 진행해도 충분히 긍정적 결과를 얻을 수 있다.

국내 집회시위는 연간 10만여 건이고, 횟수는 연간 110만여 회 내외이다. 그중 실행률은 4~5% 수준이다. 집회신고 후 약 95% 횟수를 포기한다. 이런 안타까운 분들에게 도움을 주고 싶어 글을 쓴다. 예전 한때 일용근로자로 일했으므로 밑바닥 애환을 잘 안다. 필자는 지금까지 인력소개업을 11년 했으며, 소속된 많은 인력업소들은 노임을 수천만원~억대까지 못 받아 도산했다. 이분들을 돕는 일로 인해서 집회를 시작하였다. 그 후에 건설현장, 구원파교회, 통신다단계업체, 지인소개 및 인터넷 의뢰 등으로 관심분야를 넓혀갔다. 때로는 다수 피해자를 방지하기 위한 공익적 관점에서 개인 돈 들여서 직접 시위를 진행하였다.

이러한 험난한 과정을 통해 알았다. 노임 체불, 공사비 미지급, 노사 및 비리문제, 채권채무, 공공정책 이의제기, 배신행위 등에 법적으로만 접근하면 많은 시간과 비용이 든다. 그런데 1인 시위나 집회로 문제를 제기하면, 하루에 끝나거나 빠르게 결론 난다. 당사자가 직접 하면 어렵지만, 이 책을 참고하거나 저자의 집회컨설팅사에 상담하면 쉽게 접근한다. 굳이 가까운 지름길 두고, 멀리 돌아 갈 필요가 있을까? 이 책은 당사자나 주변인이 억울하고 답답할 때에 읽기 바란다. 분명 새로운 해법을 제시하리라! 매사는 절실해야만 타개할 길이 보이고 성취한다.

2020. 9. 12 . 浩悠堂 김 한 성

서 규 회 국제노동기구 (ILO) 이사
(사)한국노총 동우회 원로 고문
(사)한국노총 시니어노조 고문

먼저 책 출간을 진심으로 축하드립니다.

저는 한국 노동운동의 산 증인으로서 수많은 집회시위를 경험하였습니다. 그 당시 군사 권위주의 정권에서는 각종 제약으로 집회를 마음대로 할 수 없었습니다. 시위하다 잡혀가 조사 받고 구속된 동료가 엄청 많았습니다. 참으로 가슴이 아프던 시대입니다. 하지만 지 금은 어떻습니까? 국민 누구나 원하면 집회 신고할 수 있으며, 마음껏 외칠 수 있습니다. 참으로 격세지감을 느끼며 감회가 남다릅니다.

그러나 질적인 측면은 매우 부족합니다. 연간 100만 회 이상 집회신고를 한다지만 실행 률은 5% 미만입니다. 이는 다급한 상황에서 집회신고 해도 막상 시위하려면, 여러 가지 문 제점으로 포기하는 분들이 많기 때문입니다. 평소 지침서가 필요하다고 느꼈는데, 사랑하 는 후배 김한성 대표가 관련 책을 발간한다고 해서 놀랐습니다. 먼저 그 내용을 꼼꼼히 살 펴보니 본인이 똑같은 애로사항을 겪고, 그중 100개 사례를 선정하여 상세한 해설 및 결 과까지 진솔하게 기록했습니다.

당사자의 어려움과 고통은 남들이 해결하여 주지 않습니다. 각종 사정으로 집회신고 하 였거나 계획한 분들이 책을 보면 큰 도움이 되리라고 믿습니다. 특히 저자가 공익 차원으 로 피해자모임을 만들어 다단계업체, 구원파 교주와 싸워서 이긴 경험담 등과 각종 집회를 성공적으로 마친 기록은 큰 힘이 되리라 봅니다. 부디 건투를 빕니다!!

2020. 7. 29.

이 상 운 개그맨 (메기병장)
학사장교 총동문회

안녕하십니까? KBS "동작 그만"의 메기병장 이상운입니다.

 책 추천사는 처음으로 씁니다. 우선 민간인 제1호 시위관련 책 출판을 축하드립니다. 무슨 일이든 첫 발걸음은 대단한 용기가 필요합니다. 평소 김한성 후배가 옳다고 믿으면 후진 기어 없이 직진했기에 가능한 성과라고 봅니다. 5만여 명의 학사장교 총동문회원 중에도 그 능력을 인정하는 분이 많습니다. 특히 저와 김 후배는 학사장교와 기계공학과 2개로 연결된 직속 후배이기에 애정이 남다릅니다.

 저는 각종 행사로 전국을 다니며 수많은 사람을 만납니다. 매번 하는 비슷한 진행이라도 그 내용을 충분히 물어보고 준비합니다. 작은 실수라도 저지르면 제 명성에 큰 타격이 되므로 대충 때우지 않고 최선을 다하여 대비해도 미흡할 때가 있습니다. 가끔 김한성 후배를 만나 시위관련 얘기를 들어보면, 그 철저한 사전준비와 프로근성에 놀랍니다! 각고의 노력으로 억울한 분의 애환을 풀어주려는 마음 결정체가 바로 이 책입니다. 찐한 땀과 눈물의 사연이 있으며, 바쁜 분들은 참고해서 직접 시위할 수 있도록 상세히 기록되었습니다.

 요즘은 헌법을 쉽게 접근하려 합니다. 김한성 대표는 헌법에 보장된 집회 기본권을 통해 누구나 손쉽게 시위하도록 만들었습니다. 평소 불의를 보면 못 참는 정의감과 화끈한 추진력 때문이겠지요. 이 책은 억울한 일과 고통 속에 있는 분들에게 큰 나침판이 될 겁니다!
 또한 분명 베스트셀러가 될 거라 예견합니다!! ㅎㅎ

2020. 8. 5.

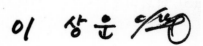

- 목   차 -

시작하는 글
추천사 2명

1장 알기 쉬운 집시입문

2장 집회사례 및 활용 유인물

2. 집회 유인물 47건 실제사례 167

(4) 신림역 폭력배 동원 내집 강탈항의 시위: 신문보도 후 경찰투입!!
(5) 인천 남동구청사 논현지구 의료부지 용도변경 항의: 보도 기사!!

7장 집시법령 및 개정 보도

(1) 집시법 제11조 개정은 헌법불합치 결정에 반한다!!
(2) 집시법 제11조 개정안에 대해서 악법이라는 언론보도
(3) 법원 시위 "안녕, 우려" 법조문 해석에 따른 문제점 비판 보도
(4) 헌재 집시법 11조 헌법불합치 결정 따른 무죄 판결 언론보도

(1) 집회 및 시위에 관한 법률
(2) 집회 및 시위에 관한 법률 시행규칙
(3) 집회 및 시위에 관한 법률 시행령

8장 사업자 홍보자료 외

(1) 1매 대외 홍보물
(2) 우수인력업소 및 전문가 관련자료
(3) 세무서 사업자등록증: 종목, 집회시위컨설팅 외
(4) 서초구청 유료직업소개사업등록 인가증

1장 알기 쉬운 집시입문

1. 왜 집회문화연구소를 열었는가?

한국집회문화연구소는 국내 집회시위 문화를 바꾸고, 억울한 일 당한 분에게 희망을 주려한다. 집회 및 시위는 헌법에 보장된 권리인데, 잘못된 시위문화로 인해서 부정적 인식이 강하다. 이는 집시법상 과도한 규제와 각종 시위에서 불법적 요인 때문이다. 필자는 수백여건 이상 집회 시위를 주도하며 객관적으로 양측 입장을 바라볼 수 있었다. 개인적 이해관계로 1인 시위도 많이 했지만, 공익적 차원에서 거대세력과 싸움도 마다하지 않았다. 때로는 밤잠을 설치며 결과에 마음 조이기도 하였다.

그 과정에서 아쉬움은 시위 주최자의 무지이다. 큰 용기를 내어서 집회신고는 했지만, 막상 어떻게 시위를 진행하면 원하는 것을 얻는지 전혀 모르고 있었다. 필자도 예전엔 비슷하였다. 이에 따라 상당수가 스스로 시위할 동력을 상실하고 포기한다. 교보, 영풍문고 대형 서점에서도 집시법 해설은 있어도 마땅한 지침서는 없었다. "힘들지만 내가 직접 써야겠다."고 결심하고 실행한 후 3년이 지났다. 이 책은 그 시작일 뿐이다. 앞으로 **바람직한 시위문화를 연구하고, 어떻게 하면 성공적으로 집회를 마무리할 수 있을지 방향을 제시할 것이다.**

대한민국에서 집회시위 역사는 길지 않지만 거대한 흐름을 바꾸었다. 4.19혁명, 5.18 민주화운동, 1987년 민주항쟁, 2016년 촛불시위 등 주요 고비마다 집회시위가 있었다. 현재 문재인 정부도 촛불시위 연장선상에서 탄생하였다. 또한 정책에 반대하는 시위, 노조 등은 모두 집회를 통해서 주장을 펼칠 때가 많다. **사회적 약자나 억울한 일을 당하면 불만이나 이의제기를 폭력이 아닌 수단은 시위가 빠르다.** 이처럼 현실과 연결된 것이 집회이다. 그러나 국민의 눈높이, 집회 주최자의 입장에서 도와주거나 상담해주는 단체나 조직은 거의 전무한 실정이다.

이제 연구소는 정식으로 출범한다. 단순 시위뿐 아니라 근본적 집회시위 문화를 연구하고 바꿀 것이다. 약자와 억울한 분들에게 소망을 주려한다. **법률 제도적 지원과 더욱 더 집시 현장에서도 앞장서리라!!**

2. 집회시위의 최대 강점은?

집회시위의 가장 큰 편익은 신속한 결과에 있다. 물론 잘 안 될 가능성도 있다. 하지만 사전분석 잘하면 성공확률 8할 이상이다. 세상에 이런 방법은 없다. 새로운 접근이다. **기존 방식은 정상 향해서 한발자국씩 걷지만, 집회는 승강기를 이용해 한꺼번에 올라간다**. 불법이 아니라면 선택지는 명확하다. 일반적으로 집회 통한 해결을 거의 모른다. 이제 누군가 그 일을 도와준다면 달라진다.

다수는 집회에 무지하여 극단적 노조투쟁이나 촛불시위가 전부로 착각한다. 그 비중은 2할쯤 될 것이다. 나머지 8할은 누구나 필요할 때 1인 시위, 집회하는 비중이 훨씬 크다. 막상 집회신고해도 실제 진행률은 5% 이내이다. 그래서 전문컨설팅이 꼭 필요하다. 우선 집회에 대한 인식부터 바꿔야 한다. 집회시위 행사는 특별한 사람이 아니라 자신을 포함해 아무나 가능한 권리이다. 의무사항은 이행하지 않으면 불이익이 크지만, 권리는 주장해야만 이익이 돌아간다. 집회도 헌법상 명백한 권리이므로 본인이 적극 행사해야 한다.

그런데 중요성을 모르면 엉뚱한 곳에서 길을 찾는다. 그런 방법이 있는 줄도 모른다. 집회시위를 모르면 기껏 고발하고 민사소송에 시간을 다 보낸다. 노임 못 받거나 사기를 당하여 고소해도 구속은 쉽지 않다. 기껏해야 벌금만 물고, 민사소송 1심. 고등법원. 대법원 이겨도 재산 없으면 헛수고만 한다. 그래도 사람들은 형사 고소, 민사소송 한다. 다른 길이 없기 때문이다. 결국 시간과 돈 낭비하고 허탈함만 남는다. 집회는 돈 별로 안 들고, 비교적 단기간에 결론이 난다.

예를 들면 건설현장 체불은 대개 원청사가 지급한 노임을 하도급 업체가 써서 발생한다. 이러한 하청업체가 부실하면 원청업체 건설현장 앞에서 "체불 노임 지급하라!"는 구호가 좋다. 준공검사 받으면 시공사로 가도 쉽지 않다. 가까운 사람의 사기사건 등은 당사자 회사, 점포 앞 시위가 효과적이다. 기타 답답할 때 집회 시위 아니면, 기존 방식에 매달리다 포기한다. 당신은 어떤 선택을 할 것인가?

3. 국내 집회시위 실태분석

근래에 촛불집회 등 수많은 집회를 보았지만 세부실태는 알 수 없다. 인터넷이나 경찰청 홈피에서도 확인 불가능하다. 그래서 **필자는 경찰청에 집회신고, 개최여부 등 정보공개 청구하였다. 2017년 8월과 2019년 9월 두 번 정보를 받았다. 우선 내역을 보고 놀랐다. 작년 2018년도 기준 전국 집회 신고건수는 81,358건인데 개최 횟수는 68,262건이다. 1건당 1회 이상 개최율 83.9%로서 높은 수치이다. 그러나 2018년 신고 횟수는 1,517,104회이며 미개최 횟수 1,448,842회이다. 즉 95.5% 미 개최율이다. 즉 신고 일수인 횟수 대비 4.7%만 시행한다.**

위의 집회신고 건수는 경찰서를 방문해서 신고하는 건수이며, 횟수는 신고 일수를 말한다. 즉 한번 신고할 때 1개월 동안 집회한다면 30회, 1주일이면 7회이다. 1개월 집회신고하고 1회도 안하는 경우도 있고 몇 번 하기도 한다. 위 **2018년도 기준으로 1,517,104일 동안 집회한다고 했지만 실제로 68,262일만 하였다. 토. 일요일 및 공휴일 빼고 년간 250일 기준 68,262일 나누면 전국에서 하루 273곳이 집회가 이뤄진다. 적은 숫자는 아니다. 문제는 집회일수 기준 4~ 5% 시행율은 매우 저조하다. 초기 잘 타결된 경우도 있지만 대다수 포기한다.**

전국 집회신고 건수는 2014년 145,843건 2015년 127,483건 2016년 83,427건 2017년 68,913건 2018년 81,358건이다. 즉 2014년 대비 55.7 % 수준으로 꾸준히 감소한다. 그러나 개최 횟수는 2014년 44,664회 ~ 2017년 43,017회이다. 2018년 기준 신고건수는 81,358건이고 개최건수는 68,262건이고 신고 횟수는 1,517,104회이다. 즉 <u>1건당 18.6일 동안 집회하겠다고 신고했지만 실제 0.83일 시행하였다. 즉 집회 신고해 놓고 하루도 하지 못한 경우도 많다. 이는 1건 기준 평균 19일간 매일 집회하겠다고 신고하고 0.8일만 시위한다.</u> 실제로 신고 건수 기준으로 한번도 집회를 못한 경우는 50% 이상으로 추정된다.

집회신고는 반드시 경찰서를 방문 접수할 정도로 번거롭다. 그런데 왜 중도 포기하는 사람들이 많을까? 그 이유를 알아본다.

4. 집회개최가 저조한 원인

집회시위 신청은 허가제가 아닌 신고제이다. 특별한 제한사유 외에는 집회신고서를 발급한다. 하지만 신고서는 집회명칭, 개최목적, 연락책임자, 질서유지인 인적사항, 집회준비물 기재 등 간단치 않다.

처음 집회신고서 작성하고 접수증 받으려면 30여분 걸린다. 또한 경찰서 방문은 많은 사람들이 꺼린다. 무슨 범죄가 없어도 본능적으로 방문하길 싫어한다. 어릴 때부터 경찰서라면 우선 부정적인 요인이 크기 때문이다. 필자 아는 분이 집회 신고할 때 경찰서 방문을 기피하기에 동행해준 경우도 있다. 이러한 부정적인 요인을 극복하고 집회 접수증까지 받은 상당수 집회 시행을 포기할까?

(1) 인간관계 갈등을 걱정 한다: 집회신고 원인은 다양하다. 노임체불, 채권채무, 노사관계, 정책불만, 배신행위 등 매우 많다. 대개 평소에 아는 사람이다. 일단 집회신고를 했어도 막상 실시하려면 겁이 난다. 대상 사업장, 건물 앞에서 집회하면 인간관계가 파탄난다고 생각한다. 그래서 중도 포기하고 집회개최를 못 한다.

(2) 집회용품 제작 등 막연하다: 집회시위는 준비물이 많다. 현수막, 피켓, 어깨띠, 머리띠, 깃발, 만장, 엠프 및 확성기 등이다. 필요시 정당성을 주장하는 유인물도 제작해야 한다. 처음하면 누구나 두렵고 망설여진다. 현수막, 펫말 등 문구는 어떻게 만들고 어디에 의뢰할까? 또한 확성기 등 1~ 2회 집회를 위해 구입, 임대해야 하나? 유인물 작성은 어떻게 해야 효과적일까? 등 모든 것이 골치만 아프고 막연하다. 그래서 막상 집회신고를 해 놓고도 시행을 망설인다.

(3) 지인과 통행인 반응이 두렵다: 처음 집회하면 온갖 부정적 생각이 떠오른다. 아는 사람을 만나지 않을까? 통행하는 사람들은 어떻게 볼까? 나는 부끄러움을 많이 타는데 창피만 당하지 않을까? 등등 생각만 해도 두려움이 든다. 소극적 부정적 생각이 들면 행동에서도 위축을 가져와 집회 포기로 이어질 가능성이 높다.

(4) 민사. 형사 법적조치에 우려: 집회 당하는 사람은 황당한 생각이 들수 있다. 그래서 진행을 못하도록 "집회로 인한 손해배상 및 업무방해 등으로 고소한다."고 협박한다. 이는 역지사지 입장에서 보면 잘 안다. **상대는 집회신고 만으로도 상당한 두려움을 느끼게 된다. 실제 민. 형사상 고소, 고발 등 하지 않아도 경고 발언을 할 수 있다.** 그런 말에 변호사, 법무사, 지인들에게 물어보면 걱정스럽게 대답한다. 그러나 실상은 집회신고하면 경찰 정보관의 도움으로 큰 문제가 없다.

(5) 집회결과 긍정적 효과를 불신: 처음 집회하면"과연 원하는 결과를 얻을 수 있을까?"하는 확신이 없다. 차일피일 미루다 보면 결국 포기하게 된다. 통상 1개월간 집회시위 가능하지만 단 1회도 못하는 경우가 많다. 의외로 본인이 1인 시위 또는 집회 참여한 분은 많지 않다고 생각한다. 그러니 손쉬운 민. 형사적 해결 방법이나 손해를 감수하려 한다. 경험상 상대를 압박해 원하는 것을 얻어 내려면 집회는 가장 유용한 수단이다. 의외로 집회 신고만으로 타결되는 경우도 많다.

(6) 경찰에 대한 부정적인 인식: 경찰에 집회신고하면 의외로 친절하고 적극 돕는다. 정보관은 해당 지역별로 배정되어 신고 당일 전화를 하거나 나중에 연락한다. 집회 시 현장에 참관하며 상대방과 원만히 합의하도록 주선한다. **예전의 부정적인 경찰이 아니다. 집회신고 후에 정보관에게 도움 청하면 피해자 입장에서 일한다.** 괜한 선입견으로 꺼리는데 요즘 구청 공무원 변한 것과 같다. 혹시 무엇을 물어 본다면 자상하게 좋은 정보를 알려주어 민주경찰로 거듭나고 있다.

(7) 집회전문 컨설팅업체의 부재: 비전문가 아마추어는 모두 불안하다. 그래서 법률 서비스는 변호사, 복잡한 세무는 세무사, 부동산 거래는 공인중개사 등에게 맡긴다. 집회시위 진행도 공신력 있는 전문컨설팅 업체에게 맡기면 된다. 당사자는 옆에서 상의하며 지켜보면 된다. 수년전 네이버 등 검색해서 "집회상담, 집회컨설팅"등 치면 야유회 등 행사대행 업체들만 나왔다. 이제는 우리 컨설팅 회사가 바로 뜬다. 집회용품, 사회자 등 합법적으로 대행하니 큰 걱정을 안 해도 된다.

5. 집회대행의 법적 문제는?

우리 회사는 집회관련 모두 대행한다. 물론 집회신고는 본인이 하겠지만 나머지 현수막, 어깨띠, 깃발 등 용품 제작과 현장 사회자 등은 대행이 가능하다. 집회신고자는 옆에서 지켜보기만 해도 된다. 통상 집회시위하려면 현수막 문구는? 사이즈는? 어디에서 제작? 엠프 사용, 유인물 작성 배포 등등 의외로 준비물이 많다. 누구에게 물어 볼 곳도 마땅치 않다. 그래서 나름대로 대충한다면 어설프기 짝이 없다. 필자는 그런 입장을 누구보다 잘 안다. 의뢰인 할 일을 대행해 주니 얼마나 편한가? 이제는 전문가에게 맡기는 시대이다.

그러면 **고객이 의뢰하면 법적으로 문제는 없는가? 단순히 도와주는 차원이 아닌 돈을 받으면 대개 문제가 된다.** 박근혜 정부 당시 전경련 돈을 받아서 "친정부 관제데모"에 앞장선 단체가 처벌을 받은 사례가 있다. 이해관계 없는 자가 돈을 받고 집회 대행하면 『업무방해죄』 및 『명예훼손죄』『집시법 위반』『변호사법 위반』 등으로 고소, 고발될 가능성이 있다. 그래서 함부로 집회 대행할 수 없다. 그러나 필자**는 위 사항에 대하여 법적인 문제를 모두 해결하였다.**

먼저 <u>**필자는 유료직업소개사업을 같이 한다. 사람을 소개하고 직업소개료를 받는 것이 합법적이다. 당연히 동원된 인력에 대해서 소개료를 받을 수 있다. 또한 세무서 사업자등록증 종목에 집회 및 시위에 관한 컨설팅 항목과 용역제공업이 있으므로, 집회 사회자 등 총괄하고 컨설팅료를 받을 수 있다. 특히 받은 돈은 모두 부가세 별도 세금계산서를 발급한다. 합당하게 부가세와 종합소득세를 내므로 법적으로 아무런 문제가 없다.**</u> 따라서 유료직업소개사업을 하지 않거나 세금계산서 등을 투명하게 발급하지 않으면 문제될 소지가 매우 크다.

업무방해죄는 집회신고로 예방되며, 명예훼손은 근거 없는 주장이나 욕설 등 조심하면 된다. **이런 준비 없는 집회진행은 형사 처벌될 수 있으므로 신중해야 한다.** 필자는 법적인 문제점 해결 및 집회컨설팅 대행할 제반여건을 갖추고 의뢰인의 입장을 대변해 준다.

6. 집회의뢰 시 진행순서

진 행 순 서	세 부 내 역	담 당 업 무	비 고
의뢰인 상담	-애로사항 개별면담 -상담일지 내용기록	-대표/담당부장	*방문/면담 *전화 상담
집회여부 결정	-1인 시위, 집회 통해 해결 가능여부 결정	-상담 후 진행여부 즉석결정	
진행경비 협의	-집회규모, 참여인원 소요비용 등 협의	-대표/담당부장	*인원, 규모 선택 가능
집회현장 답사	-의뢰인 집회현장 안내 -집회장소 확인 및 점검	-의뢰인: 컨설팅사 현장안내 및 협의	
집회신고 접수	-집회신고서 사전작성 ⇒해당 경찰서 본인접수	-본인과 협의해서 신고서 작성지원	정보과 신고접수
집회 준비물	-**현수막**: 1~ 4개 준비 -**피 켓**: 1명당 1개씩 -**어깨띠**: 1명당 1개씩 -**머리띠**: 필요시 준비 -**엠프, 메가폰**: 필수품 -**깃발, 기타 꽹과리 등**	-**의뢰인과 컨설팅사 협의하여 결정함** -**집회 1일전 완료**	준비물: 컨설팅사 보관/이동
참가인원 점검	-의뢰인 참가자 점검: 부족시 외부 요청함~ -내용 및 성격따라 증감	-의뢰인 컨설팅사 담당부장 협의결정	
유인물 준비	-A4 용지1매, 분량작성 -집회사유: 상세히 기재	-의뢰인 세부진술 -연구소 작성지원	300~500매 현장배포
당일 집회시위	-**지정장소 30분전 도착** -**인원점검, 경찰 폴리스 라인확인 및 면담요청** -**현수막 등 현장설치** -**긴급사항 적절한 대처**	-**의뢰인과 컨설팅사 서로 협의해 진행** -**진행자: 대표 인솔// 현장지휘**	1일: 4~ 6시간 집회진행
집회 중간점검	-집회 마치고 평가/반성 -차후 집회일 확정/준비	-1회 집회직후 점검	
종합평가/대책	-**집회진행, 종합평가** -**인원, 진행 보완/점검**	-**양측회의/방향결정** -**필요시 변호사참석**	-집회전문 변호사조력

(1) 집회 진행과정 해설

집회시위 상담과정을 설명한다. **만일 상담하려면 우리 사무소 방문하거나 의뢰인을 찾아간다. 간단한 사안은 전화로 하지만 내용이 복잡하거나 큰 규모이면 얼굴보고 얘기한다. 필자 경험상 직접 만난다면 집회실시 가능성이 훨씬 높다.** 어제도 지인소개로 통화 후 1호선 병점역 인근의 사무소를 방문했다. D인력업소가 6천만원 5개월간 노임체불 때문에 집회여부를 고민하고 있었다. 사당역에서 전철로 1시간 거리지만 직접 만나보니, 상황 파악이 쉬웠으며 반가워하였다.

대개 집회시위를 고민하는 분들은 결단성이 있거나 다른 방법이 없기 때문이다. 민사. 형사상으로 처리만 가능해도 집회는 안하려는 분들이 많다. 시간이 촉박 하거나 다른 대안이 없을 때에 효과가 더욱 크다. 아무튼 집회상담 겸 만나면 즉석에서 집회여부 결정이 난다. 아니면 수일 내 통보하여 주겠다며 헤어진다. 이후 집회견적서를 팩스, 이메일, 문자 보내주며 집회인원, 집회비용 등 협의한다. 통상 집회비용 30%~ 40%를 착수계약금으로 받는다. 이는 현수막 등 준비물 및 인원확보를 위해서 꼭 필요하다. 입금 후 현수막 등 제작에 들어간다.

집회상담 후 현장 답사하면 좋지만 구글 사진도 된다. 집회신고는 가능한 빨리하고 참여인원은 많을수록 좋다. 10~ 20명 신고해 놓고 실제 5명 참가해도 된다. 단 1명만 참석하는 것은 곤란하다. 1인 시위는 혼자지만, 집회는 최소 2명 이상해야 한다. 만일 10명 신고하고 20~ 30명 참가한다면 안 된다. 적은 인원은 괜찮지만 훨씬 많은 인원이라면 변경신고사항이다. 집회신고 후 48시간 지나야 시행할 수 있다.

끝으로 집회사유를 작성해서 배포하는 일이 중요하다. 1매 분량으로 사유서를 300~ 500매 복사해 출입자, 행인에게 나눠준다면 효과가 매우 크다. **집회시작 30분 전 도착해 준비하면 경찰 정보관이 와서 합법적인 진행방법을 알려준다. 정보관에게 부탁하여 상대방과 "대화 시간" 등을 통해 협상하며, 종료 후 종합평가 및 계획을 상의한다.**

7. 민주국가 집시법의 중요성

우리는 북한에서 집회시위 소식을 못 듣는다. 즉 일당독재 국가에서 집회는 감히 상상할 수도 없다. 집회시위의 보장여부는 민주주의 기본이다. 소송이나 고소가 법적인 행위이듯이 집회도 마찬가지이다. 민주사회일수록 다양한 이해관계가 충돌한다. 부자가 아니라면 변호사 선임도 힘들다. 소송이나 고발도 비용과 시간이 많이 걸린다. 이럴 때 집회시위는 가장 효과적 수단이다. 경제적 사회적 약자들에게 직접적 의견표출은 강력한 압박수단이 된다. 단시간 고효율이 가능하다.

그래서 민주국가 일수록 집회시위 자유를 보장한다. 이른바 **"집회와 시위에 관한 법률**(약칭: 집시법)**"이다**. 이 법의 목적은 **"적법한 집회 및 시위를 최대한 보장하고 위법한 시위로부터 국민을 보호함으로써 집회 및 시위의 권리보장과 공공의 안녕질서가 적절히 조화를 이루도록 하는 것"**이다. 한마디로 **적법한 집회시위는 최대한 권리 보장한다는 내용**이다. 이러한 **집시법은 헌법 제21조에 보장된 표현의 4대 자유이다. 언론. 출판. 집회. 결사의 자유이다. 즉 집회는 꼭 있어야 될 소중한 권리이다.** 의무는 강제적이고 권리는 주장해야만 얻는다.

이처럼 집회시위는 행동할 때 효과가 있다. 유명한 **법언에 "법은 권리 위에 잠자는 자를 보호하지 않는다."**고 한다. **사실 힘없는 약자는 마땅한 수단이 없다. 그래서 속앓이만 하다 포기한다. 그러나 집회는 약자의 당연한 권리라고 생각하면 달라진다.** 예를 들면 체불 노임이나 공사비 미지급, 고의로 돈을 안 줄 때는 민. 형사로 하면 시간과 노력이 많이 든다. 그러나 내용을 잘 따져보고 사업장에서 집회하면서 경찰 정보관에게 중재를 부탁하면 의외로 빨리 끝날 수 있다.

따라서 **집시법은 약자를 위한 법이다.** 물론 강성노조 등이 약자는 아니지만, 사용자 대비 노동자는 약자라고 본다. 만일 그들에게 집회라는 투쟁수단이 없었다면 크게 위축 되었으리라! 수년전 "촛불집회"를 통해서 대통령도 교체할 정도이다!! 물론 **만능은 아니지만 약자에게 집회시위 만큼 효과적 투쟁수단은 없다고 감히 단언한다!!**

8. 집회시위 주요 질의응답

(1) 억울한 일 당할 때, 정부기관 진정서와 차이점은?

청와대 외 기관에 진정은 민.형사 문제를 해결해 달라는 것이다. 만일 청와대에 진정하면 해당 정부 기관에 보내 사실관계를 확인해 본인에게 통보한다. 형사처벌을 바라면 경찰서에 의뢰한다. 결국 사건의 종결이 아니라, 다시 본인이 나서야 된다. 이런 과정에 수개월~ 1년여 걸린다. 어떤 결과 나올지도 알 수 없다. 그러나 집회시위하면 직접 당사자 건물 앞 등에서 목소리 높이므로 해결이 빠르다. 그 중재는 경찰정보관이 먼저 전화해서 실태를 파악하며, 집회신고인이 나서므로 상대방은 가능한 대화에 응한다. 또한 상대방 점포, 건물, 직장, 주거지 등에서 소규모로 1인 시위해도 큰 압박이 된다.

(2) 비용은 얼마인가요? 돈만 들고 효과 없다면?

우선 상담은 무료이다. 만일 집회로 단기간 해결이 힘들면 저희가 거절할 수도 있다. 세부 용품은 선택 가능하다. 기본 집회비용은 진행경비 및 현수막. 피켓. 어깨띠 제작비, 엠프 임대료, 인건비, 꽹과리 외, 기타 비용 등이다. 간단한 사항은 1인 시위로 본인이 직접 한다면 피켓 제작비 등 든다. 집회 비용은 기간, 장소, 인원 등에 따라 다르니 홈피 견적서 참조 바란다. 받을 이익 대비해 부담이 크지 않으며, 확신이 없다면 기존 방식대로 하면 된다.

(3) 집회하면 상대방과 원수 되고 주변 이목이 부담됩니다.

충분히 이해한다. 채무자 혹은 상대방과 원수가 될 수도 있다. 그런데 냉철하게 봐야 한다. "지금은 좋은 사이인가요? 오히려 신의를 저버린 사람이 상대방 아닌가요?" 이런 상태이면 어차피 멀어진다. 즉 "명분과 실리"를 다 잃는다. 그로 인한 고통은 본인 몫이다. 다급하거나 절실해야 돈 받는다. 우리는 그런 분들만 돕는다. 현재 상황에 대해 진실을 안다면 상대방이 비판 받을 것이다. 큰마음 먹어야 돈 받는다. 아니라면 하염없이 민.형사에 매달리고 시간만 간다.

(4) 본인은 소심해서 남 앞에 못서는데 가능할까요?

그래서 저희가 돕는다. 집회는 물론이고 1인 시위도 혼자서 하려면 처음에는 거의 불가능하다. 우선 엄두가 잘 안 나고 어디부터 시작해야 할지 막막하다. 남의 이목이 두려워서 여러 생각은 해도 막상 행동으로 옮기지 못한다. 그래서 저희가 돕는다. **전반적인 것을 돕기 때문에 피켓 들고 가만히 서 있기만 해도 된다.** 현수막. 피켓. 어깨띠 제작 및 유인물 작성 등 모든 과정 본인과 상의하며 진행한다. 1명~ 수십명 도우미 지원도 가능하다. 국민 누구나 피상적으로 집회를 알고 있고, 직접 활용하는 분은 드물다. 오히려 소심하고 내성적인 분들이 저희 방침에 잘 따르고 좋은 결과를 맺는 경우가 많다. 파이팅~!!

(5) 모든 분쟁 시 집회하면 정말 효과 있나요?

물론 집회가 만능은 아니다. 하지만 매우 효과가 크다. 예를 들면 노임 체불, 공사비 미지급, 채권채무, 노사 및 비리문제, 공공 정책 이의제기, 배신행위 등 사건은 법적으로만 접근하면 시간과 돈만 들고 결과도 모른다. **손자병법에 "出其不意(출기불의)" 즉 예상치 못한 곳으로 가야 된다. 상대방은 1인 시위, 집회하리라 전혀 모른다. 그런데 막상 행동하면 당황하며 합의점 찾으려고 한다. 특히 상황 파악 위하여 경찰서 정보관이 전화하면 엄청 놀란다.** 보통 정보관은 약자 편에 선다. 경험상 80% 이상 효과를 본다. 이 세상에 가치 있고 값진 것 가운데 결단하지 않고 저절로 잘 되는 일은 없을 것이다.

(6) 집회로 불이익 보거나 주의할 점은 무엇인가?

집회 때 모든 것을 허용하지는 않는다. 시위현장에서 허위사실 유포. 욕설. 폭언. 업무방해. 협박 등은 금지 된다. 가끔 몰라서 욕설하거나 공사장 출입을 막는데, 모욕. 명예훼손. 업무방해로 처벌될 수 있다. 또한 과도한 표현, 근거 없는 현수막, 피켓 문구는 금한다. **준법 투쟁하면서도 충분히 원하는바 얻을 수 있다.** 통상 상대방도 사진 촬영, 기타 불법행위 증거를 수집하니 늘 조심해야 한다.

(7) 공사현장 노임체불로 인한 집회가 많은가요?

한국의 임금체불은 2018년 말에 1조 6,472억원이다. 동년 미국 체불 12억 달라 보다 높으며, 일본 임금체불액의 12배 수준이다. 건설현장은 2915억원으로 17.7% 수준이다.(경향신문 2019. 3. 10.) **경제규모가 열배 이상 되는 미국보다 높다면 한국의 임금체불이 매우 심각하다. 특히 건설현장 노임체불도 유사하다.** 그래서 하청업체가 노임체불하면 원청사와 연대책임을 지도록 강제규정 한다. (근로기준법 44조) 이런 법 규정이 없다면 큰 피해가 발생했을 것이다. **경험상 원청업체 본사, 현장에서 집회하면 즉시 효과를 보지만 노임체불 집회는 적은 편이다.** 가까운 지름길을 두고 굳이 먼데서 헤매고 있다.

(8) 만일 집회로 고소당하면 누구 책임인가?

집회로 인하여 상대방에게 고소당할 수 있다. 업무방해 또는 명예훼손 등 때문이다. 그러나 허위사실이 아니라면 전혀 문제될 수가 없다. 집회신고하면 경찰이 특정지역을 집회할 수 있도록 허용한다. 그 지역 내에서 **준법집회하면 업무방해 등 될 수 없다.** 다만 **명예훼손 등은 욕설, 허위사실 등 발언에 조심해야 한다.** 이는 집회만이 아니라 사회 모든 활동에 적용된다. **지금까지 필자는 300여차례 집회하며 종교단체, 다단계 업체로부터 수차례 업무방해, 명예훼손으로 고소당했지만 "집회신고"하였으므로 모두 "무혐의" 처분을 받았다.** 이처럼 고소는 거의 없지만 혹시 발생했다면 "누구를 고소했느냐" 따라 대응하면 된다. 집회신고자와 우리 컨설팅사 대표자를 고소하였다면 공동대응하면 된다. 집회신고자는 여러모로 법적보호를 받는다!!

(9) 집회비용은 모두 계산서 처리 가능한가?

사업자등록증 종목에 집회컨설팅, 용역제공 항목이 있으므로 당연히 세금계산서 등 발행 가능하다. 다만 사업자 없는 개인일 때는 의뢰인 요구대로 해 준다. 부가세 등 끊고 종합소득세 등 납부하므로 법적으로도 문제될 소지가 없다. 이젠 투명한 시대이다!!

9. 집회시위 주요 성공사례

필자는 100여곳에서 300회 이상 집회를 직접 진행하였다. 그중에 특별한 사례들을 정리하였다. 아래 내용은 결코 간단한 사안이 아니다. 당사자의 고민보다 더 큰일을 집회로 해결한 사례도 있으리라!! 우리는 최전선에서 전력투구 최선을 다하였다. 집회 성공의 3박자는 주최자 의지와 진행자의 열정, 타이밍 포착 능력이다. 각자 여건과 비교하며 읽어보면 돌파구가 보일 것이다!! (세부 집회사례: 100건 별도기재)

(1) 교육청 신축학교 노임체불 집회
인천교육청은 2012년 인천 청라고교 발주공사를 풍ㅇ건설에 주었다. 하도급 업체는 보ㅇ건설이며 상ㅇ인력이 1억여원의 노임을 받지 못하였다. 발주처가 인천교육청이므로 풍ㅇ건설이 부실하여 2013년 1월 인천교육청에 일드림협회원 40여명 몰려가서 집회했고, 이틀 만에 인천교육청이 노임전액 지급보증을 약속해서 열흘 후 받았다.

(2) 잠실롯데월드 사우나 보증금 7천만원 회수
사우나 세신 때밀이 보증금을 1년 지나도 주지 않아 그 전세권자인 스ㅇ파크 업체 상대로 2014년 3월 10명이 집회했다. 집회 세차례 만에 보증금 5천만원 외에 손해배상금 2천만원을 추가로 받았다. 이는 스ㅇ파크 측에서 7개 체인점에 미치는 소문 및 년간 회비를 수백만원씩 받는 회원들에게 미칠 악영향을 고려해서 부득이 타협하였다.

(3) 개인 차용금 3천만원 채무자 식당 1인 시위
2015년 5월 충정로역 인근 한식집 건물 앞에서 피켓을 들고 1인 시위하였다. 미리 제작된 홍보용 전단지를 나눠주며 "00식당 주인 김은ㅇ 빌려간 돈 즉시 갚아라.." 등 외쳤다. 다음날은 일용근로자 노임을 주고, 대신 세운 채권자는 시위자 음료수 제공과 협상하였다. 1인 시위 2일만에 1천만원 받고 나머지 2천만원은 200만원씩 10개월 걸쳐 받기로 합의서 쓰고 나중에 모두 받았다.

(4) 전국유료직업소개소 비대위 수수료 인하 저지집회

유료직업소개소의 구직자 소개료를 현행 4%에서 1%로 대폭 인하키로 하였다. 이런 내용은 2016. 6월 고용노동부 정책과에서 이해관계자 협의 없이 추진해 폐업위기 처한 2천여개 상용직 소개업소의 극심한 반발을 불렀다. **노동부 사무관은 공문서 위변조 의혹까지 받아서 감사원 및 경찰서에 고발당하였다.** 또한 비상대책위원회 조직해 전국 100여명이 세종청사에서 집회하고, 이의제기하여 2017. 2월 광화문 정부청사에서 규제개혁위원회를 열어서 최종적으로 구직자 소개료 3% 확정하였다. 이처럼 종사자 포함해 수만명 일자리를 잃는 위기상황에서 단합과 권익보호의 결정적 역할을 집회시위가 담당하였다.

(5) 삼ㅇ물산 용산래미안현장 4억여원 노임체불 집회

용산역 ㅇㅇ안 주상복합 공사장에서 하도급업체 ㅇ엠ㅇ가 법정관리로 넘어가 하청업체 (주)Kㅇㅇ 1개사 인건비만 4억여원 되었다. **삼ㅇ 측은 원래 비엠ㅇ에게 노임을 대부분 주었으나 그 업체가 자금난으로 써버렸다. 근로기준법 44조는 "하도급 업체가 인건비를 받지 못하면 원청회사와 연대책임을 진다"고 규정한다. 이를 근거로 (주)Kㅇㅇ는 과감하게 삼성 측에 노임을 달라고 2017년 2월 판교 본사, 용산역 공사현장 앞에서 7차례 집회시위 하였다.** 결국 삼ㅇ물산은 굴복하여 용ㅇ경찰서 김ㅇ 정보관이 지켜보는데서 1개월 내 체불 노임을 전액 주겠다고 약속했다. 만일 집회를 동원하지 않았다면 법정관리인 상대로 돈 받기도 힘들었다. 삼ㅇ물산은 준공검사 수개월 앞두고 평당 3천만원이상 고급주상복합아파트 이미지 때문에 서둘러서 합의를 해주었다. 이처럼 집회시위는 노임체불, 기타 갈등에 민.형사 법적해결 시 장기간, 고비용을 발생하지 않고 단기간에 마무리 된다.

(6) 불법 깡패동원 아파트탈취, 환수집회

2018. 6. 8. 종각역 인근 예금보험공사(예보) 앞에서 40여명 집회하였다. **예보가 감독권을 행사해 억울한 아파트 미 입주 상태를 풀어 달라고 하였다. 피해자 180세대는 10여년전 신림역 인근 주상복합아파트를 분양**

받고 계약금, 중도금까지 납부했으나 시공업체 부도로 공매 넘어갔다. 그 사이 **시행사가 불법으로 깡패를 동원해 입주민을 강제로 쫓아내고 주인 행세하였다.** 여러 과정을 거쳐 공매까지 진행한 이후 집회 예보 2회, 관악구청 2회, 신림역 가야위드안 주상복합 아파트 10여회 시위하였다. **결국 신탁사, 예보, 낙찰자와 원만하게 합의하여 거의 다 입주했다. 가장 큰 보람을 느낀 집회였다~!!**

(7) 경북 영양군민 풍력발전 찬성집회

2018. 10. 30. 첫 원거리 지방출장 집회였다. **영양군민이 주최자이고 대기업 GS 계열사가 주관했다.** 집회 하루 전 도우미 4명은 영양읍에 도착해서 자고, 아침 9시부터 **영양군청사 뜰에서 100여명 모였다. "석보면민은 풍력발전 찬성한다. 군청은 협조하라!!"**등 구호를 외쳤다. 2시간여 실시한 후 옮겨서 인근 환경부 산하 "멸종위기종 복원센타" 개소식 정문 앞에서 계속하였다. "환경부는 환경영향평가를 긍정 검토하라!"등 구호 합창했다. **이후 2019년 1월에도 대구지방환경청사 정문에서 2차 시위진행**하여 영양군 석보면 제2풍력발전소 유치에 크게 기여하였다.

(8) 형틀목수 3700만원 노임체불 1회차 해결

2019. 1. 29. 구리시 수택동 빌라현장에서 15명이 모였다. 작업한 형틀목수가 **"3개월 밀린 3700만원 노임 당장 지급하라!!"** 구호 외치니 경찰과 주민들이 민원을 제기하는 등 시끄러웠다. **건축주는 노임을 주었으나 시공사가 중간 미지급으로 드러났다. 경찰정보관 중재로 합의서 쓰고 1주일 후 설날 이전에 지급 약속하였다.** 실제로 3일 후 전액 받았다.

(9) 방이동 한○건설 착공 요구집회

2019. 7. 23. 송파구 한○건설 본사에서 50여명 모였다. **광주시 오포읍 소재 타운하우스 시공사는 계약금 중도금만 1백여억원 받고 5년간 착공도 하지 않았다.** 그래서 피해자들이 모여 "부도덕한 한○건설은 광주 타운하우스 즉각 착공하라!"등 구호를 외쳤다. 한성백제역 인근 한○건설은 인접 사무소 2곳을 옮겨가며 집회했다. **8m, 6m 대형 현수막 3개를 대로변 설치하니 비상이 걸렸다.** 회사 이미지와 주변인 이목 때문이다.

마침 정보관의 적극 중재 등으로 집회 2시간 후에 종결하였다. 이렇게 빨리 마치는 경우는 거의 없었다. <u>5년간 못한 악성 미착공 공사를 불과 2시간 만에 해결한 쾌거이다</u>!!

(10) 동탄 금호어울림APT 하자대책 요구집회

2019년 10월 동탄2신도시 금호어울림1차APT 주민들이 입주1년 만에 수많은 하자문제로 집회 신고하였다. <u>우선 박0구회장 한남동 자택에서 집회키로 준비하다가 시위 전날 시공사와 전격적 합의해서 중단하였다</u>. 아마도 대주주 박ㅇ구회장에게 보고하니 무조건 막으라고 지시해서 요구 조건을 수용했을 것이다. 전체 집회의 30% 정도는 시행 않고 종료한다고 예상한다. 이처럼 **집회신고 만으로 부담 느껴 타결되는 경우도 많다.** 만일 입주민이 소송이나 고발 등 선택했다면 큰 문제점을 그대로 두고 싸움만 격화되었으리라!!

※ 기타 다양한 100개 이상 집회사례는 별도 기재한다.

10. 옥외집회(시위·행진) 신고서 작성요령

(1) 신고 기관

옥외집회시위 신고는 관할 경찰서에 한다. 단 서울시 서초구, 강남구 등은 거대인구로 관내에 2개씩 경찰서가 있다. 구역에 따라 관할이 나뉘므로 사전에 경찰서에 전화 확인 후 정확히 방문해야 한다.

(2) 신고양식 및 신고기간

옥외집회를 주최하려는 사람은 신고서 양식을 경찰서 홈피에서 다운 받거나, 경찰서를 방문하면 비치되어 있다. 처음에는 해당 정보관에게 문의하면서 작성하지만, 경험하였다면 미리 작성해서 제출하면 편리하다. 신고기간은 옥외집회시위 시작하기 720시간 전부터 48시간 이전에 관할 경찰서에 제출한다. 720시간은 정확히 30일이며 이해관계자가 있을 때 1순위 집회신고를 하면 선순위 집회자로 인정받는다.

다만 주관자, 참가 예정단체가 둘 이상이거나 질서유지인을 두는 경우에는 신고서에 기재한다. 질서유지인은 10명당 1명씩 둔다. 예로 10명 이하이면 1명, 11명 이상 19명이면 2명, 20명~ 29명이면 3명 기재하고 성명. 생년월일. 주소. 직업, 연락처를 적는다. 단, 집회신고인과 연락자는 질서유지인에서 제외한다. 집회신고서에는 목적, 일시, 장소, 주최자, 참가예정 단체와 인원, 시위방법(시위대형, 차량. 확성기. 입간판 수, 구호 제창 여부, 행진 진로, 약도 등)을 구체적으로 적는다.

(3) 접수증 교부

위 신고서를 제출하면 즉시 관할 경찰서로부터 접수증을 발급 받는다.

(4) 신고서 보완 통보

위 신고서의 기재사항에 미비한 점이 발견되면, 관할 경찰서는 접수증을 교부 받은 때로부터 12시간 이내에 주최자에게 24시간 기한으로 보완을 통고할 수 있다.

(5) 옥외집회시위 미개최 통보

옥외집회시위 주최자는 신고한 시위를 하지 않게 되면, 시위일시 24시간 전에 철회신고서를 제출해야한다. (집시법 제6조 3항)

(6) 옥외집회 신고의 예외

학문, 예술, 체육, 종교, 의식, 친목, 오락, 관혼상제, 국경행사 등에 관한 옥외집회신고 대상이 아니다. (집시법 제15조)

(7) 집시법 위반시 제재

옥외집회시위 신고를 하지 않으면 2년 이하의 징역 또는 벌금에 처한다. (집시법 제22조 2항) 또한 옥외집회시위 신고를 거짓으로 하면 6개월 이하 징역 및 50만원 이하의 벌금. 구류 또는 과태료에 처한다.

(8) 집회신고서 작성 질문사항
① 집회시위 신고를 꼭 해야 하나요?

집단적 의사표현인 집회 자유는 민주주의 실현에도 꼭 필요하다. **만일 사전 신고 없이 무제한으로 이뤄진다면, 집회의 경합으로 의사전달을 못 하거나 다수 집회 참가자와 반대 입장 사이에 충돌이 일어날 수 있다.** 또한 교통장애나 소음발생으로 주거의 평온침해 등 제3자 법익을 침해할 수 있다. 그러므로 적법한 집회시위는 민주국가 성숙도의 상징이다.

② 집회시위 신고하면 얻는 이익은?

관할 경찰서장은 집회 성격과 규모를 파악해 적법한 범위 내 보호한다. **신고인은 결국 원하는 바를 얻기 위한 수단으로 집회하므로 경찰정보관이 원만하게 중재할 기회를 준다. 또한 집회방해 행위는 집시법 위반으로 처벌하는 등 집회신고로 얻는 이익이 훨씬 크다.**

③ 경찰의 친절함이 예전과 다르다!

경찰서 찾을 때 기분 좋은 사람은 별로 없다. 예전부터 경찰의 부정적 이미지 때문이다. 그러나 요즘은 경찰서 입구부터 신고서 접수까지 무척 친절하다. 근무태도가 인사평가에 반영되기 때문일 것이다.

특히 해당지역 정보관은 집회진행, 협상 등 많은 도움을 준다. 어쩌면 피해자인 집회신고자에게 따듯한 배려가 당연히 느껴질 수도 있다. **하지만 의지할 곳 없이 상대방과 힘겹게 싸울 때 정보관의 격려와 친절함은 무척이나 고맙다. 필자는 수백번 집회경험 통해서 많은 변화를 피부로 느낀다.** 정보관에게 좀 더 과감히 터놓고 중재를 요청하면 좋은 결과가 나온다고 확신한다!!

■ 집회 및 시위에 관한 법률 시행규칙 [별지 제1호서식] <개정 2013.10.22>

옥외집회(시위·행진) 신고서

(앞 쪽)

접수번호		접수일자		처리기간	즉시
신고인	성 명(또는 직책)			생년월일	
	주 소			(전화번호 :)	
집회 (시위· 행진) 개요	집회(시위·행진) 명칭				
	개최일시	년 월 일 시 분 ~ 년 월 일 시 분			
	개최장소				
	개최목적				
관련자 정보	주최자	성명 또는 단체명		생년월일	
				직업	
		주소			
		(전화번호 :)			
	주관자	성명 또는 단체명		생년월일	
				직업	
		주소			
		(전화번호 :)			
	주최단체의 대표자	성명		생년월일	
				직업	
		주소			
		(전화번호 :)			
	연락 책임자	성명		생년월일	
				직업	
		주소			
		(전화번호 :)			
	질서유지인				명
참가 예정 단체· 인원	참가예정단체				
	참가예정인원				

시위 방법 및 진로	시위 방법(시위 대형, 구호제창 여부, 그 밖에 시위방법과 관련되는 사항 등)
	시위 진로(출발지, 경유지, 중간 행사지, 도착지, 차도·보도·교차로의 통행방법 등)
참고 사항	준비물(차량, 확성기, 입간판, 주장을 표시한 시설물의 이용여부와 그 수 등)

「집회 및 시위에 관한 법률」 제6조제1항 및 같은 법 시행규칙 제2조제1항에 따라 위와 같이 신고합니다.

년　　월　　일

신고인　　　　　　　　　(서명 또는 인)

경찰서장(지방경찰청장)　귀하

| 첨부서류 | 1.　집회 및 시위에 관한 법률 시행규칙」 별지 제2호 서식의 신고서(주최자,주관자, 참가예정단체가 둘 이상이거나 질서유지인을 두는 경우만 해당합니다)
2. 시위·행진의 진행방향 등을 표시한 약도(시위와 행진을 하는 경우만 해당합니다)
3. 재결서 사본 또는 판결문 사본(「집회 및 시위에 관한 법률 시행령」 제10조에 따라 이의신청에 대한 재결 등이나 행정소송을 거쳐 새로 신고하는 경우만 해당합니다) | 수수료
없음 |

1. 참고사항에는 아래의 사항도 기재하여 주시기 바랍니다.
　가. 「집회 및 시위에 관한 법률」 제6조제5항 단서, 제9조제3항 단서에 따라 인용재결 또는 금지통고의 효력 상실 후 재신고 하는지 여부
　나. 집회시위의 제한·금지에 대한 행정소송 승소 후 재신고 하는지 여부
2. 이 신고서의 기재사항에 미비한 점이 있는 경우에는 보완통고를 받게 되므로 정확히 기재하시기 바랍니다.
3. 신고한 집회를 개최하지 않을 경우에는 사전에 관할 경찰관서장에게 통지해 주시기 바랍니다.

처리절차

신고인	신고서 작성		기재사항 보완		금지·제한 또는 조건 통고	→	이의신청 또는 행정소송
	↓↑(접수증발급)	(보완요구) ↑↓ (보완통고)			↑(제한·금지되는 집회·시위)		
경찰서 (지방경찰청)	신고서 접수	→	◦ 기재사항 확인 ◦ 기재사항 보완 확인	→	신고내용 검토 (금지·제한통고 대상 여부 판단)		

11. 집회 · 시위법 주요사항

(1) 헌법상 집회의 자유

집회의 자유는 헌법 제21조에 보장된 권리이다. **사회적 약자인 개인이나 소수가 자기 의견을 표출하는 방법이다.** 돈이 많은 사람, 권력을 가진 자는 변호사 선임이나 재판 등으로 충분히 자기 권리를 찾는다. 그러나 사회적 약자 등은 사람을 모아 단합된 힘을 보여 줄 수 있다. 아니면 강자만이 지배하는 세상이 될 것이다. <u>민주주의는 다수결 의해 선출된 사람들이 세상을 지배하므로 다수의견을 따를 가능성이 높다. 그래서 헌법에 다수와 강자를 견제할 도구를 두었다. 국민 누구나 자기권리를 침해당했을 때 자유롭게 자기의견을 드러내는 "표현의 자유"이다.</u> 즉 헌법 제21조는 1항 "모든 국민은 언론 · 출판의 자유와 집회 · 결사의 자유를 가진다. 2항은 집회 · 결사에 대한 허가는 인정하지 않는다."고 하였다. 이처럼 집회의 자유는 헌법이 보장하고 있는 절대적, 강제적 조항이다. 이를 최대한 활용하는 사람이 현명하다.

(2) 집시법의 역사

① 근대 집회시위 최초 규정

근대적인 경찰의 법적 근거가 마련된 갑오경장(1894년) 이후, 군국기무처의 '신정부 직제'에 따라 경찰의 조직법적 근거인 『경무청 관제직장』 제정되었고, **작용법적 근거인 『행정경찰장정』이 제정되어 근대적인 의미의 경찰제도가 도입 되었다. 특히 『경무청 관제직장』 제32조에서 경찰이 '집회 · 결사에 관한 사무'를 관장한다고 규정했다.** 이는 집회시위 및 결사 관련하여 경찰이 업무 담당한 최초의 규정이지만 세부적 내용은 알려져 있지 않다. (이하 참조: 집회 시위의 이론과 실제, 정준선 저)

근대적 형태의 집회시위 규제는 1907. 7. 27. 제정된 『보안법』제4조에서 "경찰관은 가로(도로), 기타 공개석상에서 문서 · 도서의 제시 분포, 낭독 또는 언어, 형용 기타의 행위를 하여 안녕질서를 교란시킬 우려가 인정될 때에는 이를 금지하도록 명할 수 있다"고 규정하였다. 보안법은 1900년 일본의 『치안경찰법』을 근거로 규제와 처벌을 강화한 법률이다.

보안법은 1925년『치안유지법』과 함께 한국인 민중운동 및 반일활동을 통제하였으며, 해방 이후 미 군정법령 제183호에 의해서 1948. 4. 8. 폐지되었다. 이후 집회시위에 관한 사항은 1948년 제정된 『국가보안법』과 1953년 제정된 '신 형법' 등의 일반법으로 규제가 이루어졌다.

② 집회시위에 관한 최초 입법

현행법과 같은 집회·시위에 관한 최초의 법률은『집회에 관한 법률』 (1960.7.1. 법률 제554호)이다. 4·19혁명 후 이승만 대통령 망명하여 혼란이 계속되어 정부는 집회시위를 『신고제』로 시행하였다. **이후에 5· 16 군사정권은 1961년 5·16군사혁명위원회 포고 제1호에 종교단체를 제외한 일체의 집회를 금지하였다.** 다만 농촌 교도사업, 관혼상제 등 24시간 시행 전 신고 조건으로 일부 집회만 허용하였다.

③ 집회와 시위에 관한 법률 제정

현행 집시법의 시작은 1962년 제정된『집회 및 시위에 관한 법률』이다. 집회의 자유를 허가제로 제한 할 수 없다는 부분이 헌법에 명시되면서 민정 이양을 준비하던 군사정부는 새로운 집시법이 필요하였다. 총 18개 조항 및 부칙 4개 조항으로 구성되며, 집회시위의 절대적 금지사유, 주요도로에서의 집회시위 제한 등이 주요 내용이다.

④ 유신헌법 이후 현행 법률까지

유신정부는 1973년 3월 12일 집회의 자유를 대폭 제한하는 집시법 개정부터 1980년 국가보위입법회의 집시법 규제 목적으로 일부개정, **1988년 6월 항쟁 이후 기존 집시법 제한을 대폭 완화했다. 1989년 3월 29일 공포된 개정 집시법은 진일보하여 적법한 시위를 최대한 보장 및 보호위한 국가의 적극적인 의무를 규정하였다. 특히 질서유지인. 주최자 등 용어를 신설하고, 집회시위 방해금지 규정을 만드는 등 현행 집시법의 기틀을 마련하였다.** 이후 1999년 김대중 정부는 질서유지선 도입 등 10차 개정을 거쳐, 2004년 참여정부는 폭력시위 잔여집회금지 등과 현행 2016년 1월 27일 14차 개정된 시위법은 2개 이상 집회가 중복 신고될 때 시간과 장소를 나누는 등으로 개정되었다. 근래 2020년 5월 20일 집시법 제11조 법원 등 100m 이내 집회금지에 대해 개정하였다.

(3) 집회, 시위, 결사 등 용어해설

① 집회

집회란 "특정 또는 불특정 다수인이 공동의견을 대외적으로 표명할 목적으로 일시적으로 일정한 장소에 모이는 것"이다. 여기서 **다수인은 판례상 2인 이상을 말한다.** 운동회. 발표회, 종교행위 등도 집회이지만 시위 성격 즉 위력으로 대외에 의견표출하지 않는다. 즉 집회는 평화적 모임과 강제성을 띈 집회시위 두 종류이다.

② 시위

시위는 "다수인이 공동의 목적을 가지고 도로, 광장 등에서 위력 또는 기세로 특정, 불특정한 다수 의견에 영향을 주려는 행위"이다. 여기서 위력이란 사람의 자유의사를 제압, 혼란하게 할 만한 세력이다. **기세란 타인에게 영향을 끼칠 만한 태도이다. 즉 위력은 다수가 모여서 힘을 보여주고, 기세는 타인에게 영향 끼치는 태도이다.** 이를 위해 다수인이 모여 구호제창, 피켓 행진, 현수막 게시, 집회음악, 방송 등으로 기세와 위력을 보인다. 시위하려면 집회가 필수이다.

③ 결사

일정한 목적을 달성하기 위하여 조직된 특정 다수의 단체란 뜻이다. 따라서 "결사의 자유"란 단체의 결성, 불결성 또는 단체 가입, 불가입, 탈퇴 등에 공권력의 간섭을 받지 않는다. **다만 집회 결사의 자유는 언론 출판의 자유처럼 국가안전보장, 질서유지, 공공복리를 위해선 법률로 제한할 수 있다.** 이는 현행법상 비영리법인 허가주의, 영리법인 준칙주의, 변호사회 등 강제주의를 채택하나 거래의 안전, 직업윤리의 확보를 위한 것이며 위헌이 아니다.

④ 행진

집회신고서 상의 행진은 고정 장소를 떠나 이동하며 시위 하는 것이다. 통상 경찰서에 신고하면 "집회 가능구역"을 지정한다. 그 구역을 떠나서 예정된 장소로 가며 구호, 유인물을 전하면 효과가 상당히 크다.

그러나 행진 도중에 멈춰서 집단적으로 의사표현을 하면 이미 행진이 아니라 집회이다. 따라서 행진은 도중에 연좌시위 또는 중간집회를 하지 않고 계속 이동해야 한다.

⑤ 집회와 시위 용어 혼란

우리는 집회와 시위가 동일한 것으로 착각한다. **집회는 다수 모임이며, 시위는 힘을 보이는 것이다. 즉 우리가 아는 집회는 원래 "데모 = demonstration (드러냄, 보여줌)"이라는 라틴어 어원을 가진다. 일종의 세력과시이다. 따라서 넓은 의미로 집회라는 용어에 시위가 포함 된다.** 그래서 관련 규정도 "집회와 시위에 관한 법률"이다. 원래는 "집회시위" 붙여서 사용해야하지만, 줄여서 "집회하러 간다."고 해도 사회 통념상 무방하다.

⑥ 주최자

집회신고서상 **주최자란 자기이름 및 책임으로 집회시위를 여는 사람이나 단체이다. 이는 실질적 대표성을 갖는 것으로 형식상 집회신고서를 작성 했더라도 실질적 집회시위 주도자가 법적책임을 진다.** 이른바 '촛불집회'와 같이 네티즌의 제안에 의해 집회가 시작되었더라도 실제로 집회를 기획 및 진행한 자가 주최자이다. 또한 **단체가 주최한 집회에서 불법행위가 발생하면 주체자가 현장에 없어도 책임진다.** 혹시 주최자가 주관자를 따로 두어 집회시위 위임하면 주관자는 위임 범위에서 집시법상 주최자 적용 받는다.(집시법 제2조 3항 하단)

⑦ 질서유지인

주최자가 자신을 보좌해 집회시위 질서를 유지하기 위해서 임명한다. 질서유지인을 둔 경우에는 이를 담보로 야간 옥외집회를 할 수 있고(집시법 제10조 단서), 도로를 행진하는 경우에는 교통 소통상의 필요를 이유로 금지할 수 없다.(집시법 12조 2항) 질서유지인은 집회시위과정에서 발생하는 불법이나 무질서를 방지하기 위한 제도이므로 전문관리 능력이 요구된다. 그러나 **현행법은 자격조건으로 '18세 이상의 사람'만 질서유지인으로 임명하는 규정이 있다.**(집시법 제16조 2항) 따라서 "집회전문 관리인" 제도의 도입이 시급하다.

⑧ 질서유지선

관할 경찰서장이나 지방경찰청장이 적법한 집회시위를 보호하고, 질서유지와 원활한 교통 소통을 위하여 집회장소에 행진구간을 일정하게 설정한 띠, 방책, 차선 등 경계표지를 하는 것이다. 우리나라는 아직 평화적 집회 풍토가 성숙하지 못해 도로점거, 건조물 침입 등 경우가 많다. 그래서 평화적 집회시위 문화의 정착을 위해서 질서유지선(police line) 제도를 도입하였다. 1999.5. 24. 집시법 개정시 규정 신설

(4) 변형된 집회시위 유형
① 1인 시위

현행 집시법상 시위는 2인 이상으로 '1인 시위'는 시위 구성요건이 아니다. 통상 '1인 시위'란 "개인이 특정한 장소에서 어떤 사안에 대한 부당함이나 요구 등 자신의 주장을 불특정 다수에게 알리는 행위"이다. 법적으로 확정된 것은 아니지만 일반적 명칭이다. '1인 시위'의 최대 장점은 헌법재판소 등 집회시위 불가한 장소에서도 가능하다. 예를 들면 1인이 피켓이나 어깨띠 휴대하거나, 플래카드 들고 구호하는 경우이다. 통상 1인 시위는 현수막 게시가 불가하며, 엠프 등 사용할 수 없으며 육성만 가능하다. (이하 참조: 집회 시위의 이론과 실제, 정준선 저)

② 변형된 1인 시위

릴레이 시위, 인간띠 잇기, 혼합 1인 시위 등은 집시법 적용대상이 아니라는 해석 때문에 변형된 1인 시위로 이루어진다. 릴레이 시위는 1명씩 교대로 진행하는 시위이며, 인간띠 잇기는 여러 사람이 일정한 거리를 두는 1인 시위 형태이다. 혼합 1인 시위는 같은 장소에서 각자 다른 내용으로 1인 시위하는 형태이다. 이와 같이 **변형된 1인 시위는 단독이라도 집시법 신고 대상이 될 수가 있다. 예를 들면 인간띠 잇기는 단체, 목적, 주장이 동일하고 상호 의사소통이 가능하다면 집시법 신고 대상이 된다.** 릴레이 시위는 상호 거리, 피켓 기타 시위용품의 공동사용 여부 등 종합적으로 집시법 적용여부를 판단한다. **판례는 다수가 동시간대에 모여 있으면 집시법 신고대상이라고 본다.**

③ 촛불집회 · 촛불문화제

촛불집회, 촛불문화제가 대중적으로 사용된 것은 2002년 미군 장갑차에 치여 숨진 효순이 사건을 추모하는 집회였다. 이후 2004년 노무현 대통령 탄핵 통과반대 촛불집회, 2008년 미국산 쇠고기 수입반대 촛불집회와 최근에는 2016년 박근혜 대통령 탄핵요구 촛불집회이다.

촛불문화제는 집시법 제15조에서 말하는 문화행사이므로 집시법 적용을 받지 않는다. 다만 행사의 목적, 준비물, 행사 진행과정이 실질적인 집회시위 형태로 진행되면 집시법에 따른 제한이 가능하다.

④ 기자회견

공동의사를 표현하는 다수인의 순수 기자회견은 시위가 아니다. 다만 **기자 이외의 불특정 다수에게 영향을 주기 위해서 연설, 구호, 피켓팅, 플래카드 게시, 어깨띠. 머리띠 등으로 집회시위 형태를 갖추거나 도로점거. 시설진입을 할 때는 집시법 신고대상이다.** 그러나 피켓을 들고 구호를 외쳤더라도 행위 전후 사정상, 기자회견을 전달하는 방법이라면 시위가 아니라는 판결이 있으므로 신중한 검토가 필요하다.
(대법원 선고: 2015. 10. 15. 2015도12320) 언론노조 20여명이 청운동 주민센터 주차장에서 '대선공약 파기규탄 기자회견'시 현수막과 손피켓 7개를 들고 구호를 외쳤던 사실은 기자회견 형식이라도 옥외집회이다.)

(5) 특별한 장소의 집회시위
① 관리주체가 있는 내부의 집회시위

관리주체가 있는 대학이나 회사, 종교시설 내부 및 공공기관 마당 등 집회도 집시법 적용대상이라고 판단한다. 따라서 <u>대학 운동장, 회사의 공터, 종교시설 경내, 시청 마당 등 집회는 원칙적으로 신고하고 사용해야 한다. 만약 집회권한 없이 사용하면 형법상 건조물 침입죄, 업무방해죄, 공무집행방해죄, 국유재산법 위반행위가 될 수 있다.</u>
(대법원 선고: 2008. 3. 14. 2006도6049) '옥내'는 지붕과 벽이 있는 공간 이다. 고등학교 본관 옆에서 학교장의 허락 없이 노조원들과 함께 학교 내 천막을 치고 학교의 컴퓨터 인터넷선 및 전기를 인입해 사용하면서 구호를 외치고 유인물을 부착한 것은 옥외집회에 해당한다. 즉 집시법 위반이다.

② 천막(노숙. 고공) **농성의 경우**

천막농성은 공공기관, 국회 등 민원 대상시설 주변에 천막치고 밤을 새워 대기하며, 플래카드 게시 또는 숙식까지 시위장소에서 해결할 때이다. 이러한 농성은 소규모 비용으로 장시간 이목을 집중시킬 수 있지만 집시법상 명확한 규정이 없다. 다만 헌법재판소는 집회시위에서 다소간 불편이나 법익침해는 일반국민도 수인해야 한다는 의견이다.

(헌법재판소 결정: 2003. 10. 30. 2000헌바67) 헌법은 집회의 자유를 기본권으로 보장하므로 평화적 집회 자체는 공공 안녕질서의 위험이나 침해로 평가되어서는 안 된다. 따라서 개인이 집회의 자유를 집단적으로 행사함으로서 발생하는 일반대중의 불편함이나 법익의 위험은 보호법익과 조화를 이루는 범위 내에서 국가와 제3자는 수인해야 한다고 헌법이 규정한다.

③ **차량시위, 해상. 수상시위**

화물트럭. 방송차량. 굴삭기. 트랙터 등을 다수 동원하거나 플래카드 등을 차량에 게시하고 도로상을 운행하는 형태의 시위이다. 또한 어민단체, 환경단체 등이 선박에 플래카드를 걸고 운행하는 시위를 해상, 수상시위라고 한다. 내륙이면 수상시위, 바다 위에서는 해상시위이다. **이와 같은 시위의 불법여부는 공공의 안녕질서를 해칠 우려가 집시법 위반여부의 판단기준이 된다.**

④ **개인 영업장 주변의 집회시위**

옥외집회는 집시법에서 금지, 제한하는 장소에서만 집회가 제한된다. 즉 개인 영업장 주변은 집회 가능하다. 다만 회사의 앞마당, 대형병원 주변 공터 또는 잔디밭 등 다수인이 통행하는 경우에는 관리주체 등을 확인하여 집회 신고시 정보관과 협의해서 집회위치를 결정한다.

(6) 우발적 집회와 긴급집회
① **우발적 집회**

사전에 예정되지 않거나 매우 급한 사회적. 정치적 논의 전개에 따라 자연발생적 집회인 우발적 집회는 집회 사전신고가 불가능하다. 예를 들면 2016년 "강남역 화장실 여성 살인사건"의 피해자를 추모하려 모였다가 "여성 혐오범죄, 조현병 환자에 대한 정부대책촉구집회"로 발전하였다면

발전하였다면 우발적 집회이다. **우발적 집회에 대해 신고의무가 면제 되지는 않지만, 미신고 옥외집회는 주최자를 특정할 수 없고 사안이 경미할 때는 집시법성 처벌이 쉽지 않다.**

② 긴급집회

즉시 집회를 개최해야할 만큼 중대성, 긴급성이 있는 집회를 말한다. **예를 들면 2016년 '박근혜 대통령 탄핵과정'에서 국회의 탄핵안 의결이 오늘 이뤄진다고 알려지면, 이를 찬성. 반대하는 시민단체의 사전 집회신고가 불가능하다. 이럴 때 헌법재판소는 긴급집회를 인정한다.** 헌법재판소는 다수의견은 "집시법이 720시간~ 48시간 이내에 신고할 것을 규정하지만, 긴급집회의 경우는 가능하다고 해석되므로 집시법상 신고시한의 예외에 해당한다.

(헌법재판소 결정: 2014. 1. 28. 2011헌바174) 표현의 자유관련 헌법 제21조 1항을 기초로 하여 심판대상 조항을 보면, 미리 계획되고 주최자도 있지만 **집시법이 요구하는 시간 내에 신고할 수 없는 '긴급집회'경우는 신고 가능성이 존재하는 즉시 신고하면 되는 것으로 해석되므로 집시법 심판대상 조항으로 처벌할 수 없다.** 따라서 심판대상 조항이 과잉금지원칙에 위배하여 집회의 자유를 침해하지 않는다.)

※ 우발적 집회와 긴급집회 견해

→ 독일의 경우 연방헌법재판소는 연방집시법 제14조의 옥외집회 신고의무 조항은 우발적 집회에는 적용하지 않는다고 판단하였다. 즉 우발적 집회는 법익에 직접적인 침해가 없으면, 사전 집회신고하지 않아도 된다고 하였다. 그러나 우리나라는 우발적 또는 긴급집회에 대한 별도 규정이 없다. 사회현상에 따라 집시법도 지속적으로 발전. 보완해야 하지만 입법적 개선이 이뤄지지 않은 상태 즉 입법 공백이 존재한다. 그래서 2017. 9. 1. 경찰개혁위원회에서 발표한 '집회.시위자유 보장방안'에 따르면, 현행 집시법은 신고시간에 제한이 있어 우발적. 긴급집회 경우와 같이 사전신고 없이 진행될 수 밖에 없는 집회시위도 있다는 점을 감안할 필요가 있다는 권고를 발표하였다. 따라서 **부득이한 미신고 집회시위에 해당하더라도 평화적으로 진행한다면, 그 집회시위 개최 및 진행을 최대한 보장할 필요가 있다.**

(7) 신고한 집회의 철회
① 유령집회 방지를 위한 법령개정

2012년~ 2016년까지 전체 신고된 집회시위 횟수 대비 미개최 횟수는 96.3%였다. 이 같은 유령집회를 제한하고 후순위 집회개최 기회를 최대 보장하기 위해, 2016년 집시법 14차 개정에서 집회철회 의무내용을 포함시켰다. 만약 집회주체자가 집회신고를 하고 개최하지 않는다면 개최 24시간 전에 "집회철회 신고서"를 작성하여 관할경찰서에 통지해야한다. 철회신고를 받은 관할 경찰서장은 경합으로 금지 통고된 후순위 집회주최자에게 즉시 알려야 한다. 미개최 집회신고의 철회신고 의무는 후순위 집회의 존재여부와 무관하다. (집시법 제6조 3항~ 5항)

② 집회시위 '철회의 철회' 불인정

집회철회는 가능하지만 철회 신고한 것을 다시 철회는 안 된다. 즉 철회한 후에 원래 집회신고서 대로 하는 것은 인정하지 않는다. 다시 집회를 개최하려면 새롭게 집회신고를 해야 한다. 만약 철회의 철회를 인정한다면 실질적 집회개최여부를 파악하기 어려워 입법취지를 달성할 수 없다. 또한 '더 많은 사람들의 집회권을 보장한다'는 입법취지에도 반하기 때문이다.

③ 철회신고 의무 불이행 따른 과태료

집회철회 신고하지 않은 주최자는 과태료를 부과한다. 그러나 모든 경우에 과태료를 부과하는 것이 아니라, 철회신고서를 제출하지 않아서 타인의 집회권을 침해하는 경우이다. (집시법 제26조 과태료: ① 제8조 4항에 해당하는 먼저 신고된 옥회집회 또는 시위 주최자가 정당한 사유 없이 제6조 3항을 위반한 경우에는 100만원 이하의 과태료를 부과한다.)

따라서 시간. 장소 등의 중복이 없는 일반집회의 주최자는 철회신고서를 제출하지 않더라도 과태료 부과 대상이 아니다. 또한 시간 장소 등이 중복되더라도 경찰서장 중재 등으로 후순위 집회시위가 정상 개최되는 경우에는 과태료 부과대상이 아니다. 오직 집시법 제6조 3항은 '옥외집회 또는 시위를 하지 않게 된 경우'만을 규정하므로 일부라도 개최되었다면 과태료를 부과할 수 없다.

(8) 집회시위의 금지 . 제한

① 집회시위의 금지

집시법 제5조는 헌법재판소의 결정에 따라 해산된 정당의 목적을 달성하기 위한 집회시위는 헌정질서를 위협하므로 민주주의 수호를 위해 금지한다. 또한 집단적인 폭행. 협박. 손괴. 방화 등으로 공공의 안녕질서에 직접적인 위협을 가할 것이 명백한 집회시위는 금지해야 한다. 이때 단순히 주최, 참가 단체의 과거시위 전력이 직접적 위협은 아니다. **구체적으로 집회현장에서 배포된 유인물, 공개된 집회시위 내용, 규모, 폭력시위의 준비물품 등 객관적 자료를 종합 분석해서 집단 폭력시위로 변질할 개연성이 명백할 때 제한적으로 금지한다.**

② 집회시위의 시간적 제한

집시법 10조는 야간에 집회시위를 금한다. 그러나 2009. 9. 24. 헌법재판소는 옥외집회 부분에 헌법불합치 결정을 내렸다. 이에 따라 **현재 집회는 시간에 제한을 두지 않고 전면 허용되고 있으며, 행진은 24시 까지만 허용되고 자정부터 일출 전까지만 금지** 된다.

③ 집회시위의 장소적 제한

헌법재판소는 2003년 국내 주재 외국의 외교기관 경계지점으로부터 100m 이내 집회시위 전면금지하는 조항에 대해서 헌법불합치 결정을 하였다. 또한 2018년 5월 헌법재판소는 국회의사당 경계로부터 100m이내에서의 집회시위 전면금지하는 집시법 제11조 1항에 대하여 과잉금지원칙을 위반하였다며 헌법불합치 결정하였다. 2018년 6월과 7월에는 국무총리 공관 및 각급법원에 대해서도 같은 이유로 헌법불합치 결정을 내렸다.

하급법원의 판결과 함께 헌법재판소, 법원 인근에서의 무조건 집회시위 금지는 헌법에 합치되지 않는다. 집시법 제11조 1항의 각급 법원 주변의 집회시위 금지는 법원재판에 영향을 미치는 시도를 막으려는 것이다. 그러나 **예외적인 집회시위가 가능하도록 법관의 독립과 구체적사건에 영향을 미칠 우려가 없는 옥외 집회시위는 허용 가능성을 열어 두어야 한다**는 취지로 헌법재판소가 헌법불합치 결정을 하였다.

④ 후순위 집회에 관한 사전협의 의무

2개 이상의 집회시위가 시간과 장소가 중복되어도 사전 조정을 통해 양자 모두 집회시위를 개최할 수 있도록 최대한 노력해야 한다. 그럼에도 충돌 가능성이 높으면 집회시위를 금지할 수 있도록 개정하였다. 따라서 **같은 시간 및 장소에서 2개 이상의 집회시위를 신고할 경우에 먼저 신고한 집회를 우선 보장해야 한다.** 하지만 **후순위 집회신고라도 경찰은 양측의 사전 협의로 집회장소를 분리하거나 오전, 오후 등으로 나누어 개최하는 방법 등으로 평화적으로 진행되도록 경찰 중재가 필요하다.** 이러한 노력에도 상호간 조율이 이뤄지지 않아 상호충돌이 가능성 있으면 집회금지 통고할 수 있지만, 가능한 제한통고 등의 방법이나 완충지대 설정 등으로 최대한 양측 집회자유를 보장해야 한다.

⑤ 시설보호요청에 의한 금지 · 제한

특정인의 거주지 등에서 잦은 집회시위로 인하여 거주자나 건물 관리자가 사생활의 평온을 침해 받거나, 시설이용 제한 등 불이익 받으면 집회시위 자유와 개인 사생활 보호 등의 기본권이 충돌 된다. **집시법은 1999년 사생활 및 재산권 보호할 필요가 있다면, 당사자의 요청에 따라 집회시위 일부를 제한 · 금지할 수 있다.** 또한 2004년 집시법은 학교 및 군사지역 주변으로 범위를 확대하였다.

⑥ 확성기 등 소음 유발도구의 사용제한

제정 집시법에서는 확성기 등 제한규정이 없었지만, 2004년 집시법에 처음으로 확성기 사용제한 등 규정을 신설하였다. **집시법상 소음관련 별도 규정을 두지 않고, 신고서 기재 장소가 주거지역 등 피해발생 우려가 있는 경우 그 거주자나 관리자가 요청할 때에만 경찰서장이 집회 금지 · 제한할 수 있다.** 즉 소음발생 행위로 처벌하는 것이 아니라, 확성기 중지 명령 등 조치할 수 있는 요건이다. 이는 집회자유를 최대한 보장하면서도 사생활 평온 등과 조화하는 최소한의 제한이다.

<u>1인 시위는 집시법 규율대상이 아니므로 소음기준 대상이 아니지만 확성기 등으로 시끄럽게 하면 업무방해, 『경범죄 처벌법 제3조』규정에 의해 10만원 이하 벌금, 구류, 과료의 형으로 처벌한다.</u>

1) 소음측정 결과에 따른 제한 기준

소음제한 기준치는 피해자가 위치한 지역을 기준으로 집시법 시행령 제14조 규정에 따른 소음기준을 적용한다.

표 5.1 집시법상 확성기 등의 소음기준

구 분	주간(일출 후~일몰 전)	야간(일몰 후~일출 전)
주거지역, 학교, 공공도서관, 종합병원	65db 이하	60db 이하
기타 지역	75db 이하	65db 이하

2) 소음 기준을 초과하는 확성기 등 사용조치

기준 초과한 소음에 대해 경찰서장은 기준 이하의 소음 요구, 확성기 등 사용중지 명령, 일시보관 순으로 조치할 수 있다. 이러한 조치는 가능한 차례대로 진행하는 것이 좋다. 다만 야간, 주거지역 등에 소음이 극심한 경우에는 유지명령 생략하고 중지명령이나 일시보관 조치 등 이행하여 주민불편을 최소화 할 수도 있다. 이런 유지나 중지명령은 주최자나 주관자에게 해야 하며, 폭력을 수반하지 않은 단순 명령위반이나 방해는 현행범 체포를 지양해야 한다.

⑦ 형식상 집회신고이나 실제로 1인 시위

집회신고 시 2인 이상 집회하겠다고 했으나 실제는 1명만이 현장에서 확성기 등으로 과도한 소음을 발생할 때에는 1인 시위이다. 현재까지 대법원은 2인 이상이 모인 경우에만 집시법 대상인 집회이다. 그러나 집회의 자유는 참여하지 않아도 무방하므로 이미 신고했다고 집시법을 적용할 수는 없다. 따라서 신고한 집회라도 실질적으로 1인 시위라면 미개최 집회이며, 과도한 소음은 과태료를 부과할 수 있다.

(9) 집회시위의 해산

집시법은 집회시위 권리보장과 공공의 안녕질서가 조화를 이루는데 있다. 이를 위해 사전 신고제도, 금지제한 통고제도가 있지만 불가피하면 집시법 제20조에서 해산제도가 있다. **경찰이 집회 해산요청이나 자진해산 명령하는 것은 집회의 자유를 크게 제한하여 충돌이 발생할 수 있다.**

실제로 집회시위 해산과정에서 경찰과 참가자 사이에 물리적 충돌이 발생하여 다수의 부상자가 발생한 사례는 엄청 많다. 따라서 집회 해산은 법률에 따라 매우 엄격하게 예외적, 최후적으로 이뤄져야한다. 하지만 집시법은 해산요건이 구체적으로 명시된 것과 아닌 것이 혼재되어 판례의 입장이 큰 비중을 차지한다.

① 해산명령
<u>집시법이 금지한 집회, 제한·금지 통고된 집회, 조건통고를 위반한 통고, 준수사항 위반해서 집회 질서유지 불가능할 때, 경찰서장은 자진해산을 요청하고 불응 시 해산을 명령한다.</u> 해산명령은 집회시위 관할 경찰서장으로부터 권한을 위임받은 경찰공무원이 할 수 있다. 해산을 명령 시 제반여건을 참조하여 참가인원 등 집회시위 규모, 질서침해 정도 등 구체적 사항들을 종합 고려해야 한다.

② 해산관련 판례
집시법 제6조 1항을 위반한 집회시위 경우 무조건 해산한다면, 이는 집회의 사전신고제를 허가제처럼 운용한 것으로 집회의 자유를 침해하므로 부당하다. (대법원 선고 2012. 4. 26. 2011도6294) 즉 <u>해산, 금지·제한규정을 위반해도 타인의 법익침해, 공공의 안녕질서를 위협하지 않고 평화적인 집회 진행시 해산명령은 적법하지 않다.</u>

12. 집회시위의 자유와 인권
(1) 경찰개혁위원회의 집회시위 보장방안 권고
① 권고 취지
2017년 9월 1일 경찰개혁위원회는 평화적, 비폭력적 집회를 최대한 보장하기 위해서는 경찰의 집회시위 대응방식이 근본적으로 변화해야 전제 아래'집회시위 자유 보장방안'을 권고하였다. **권고안은 경찰의 집회시위 패러다임을 관리, 대응에서 보장으로 전환하고 신고절차를 개선하며, 금지제한 통고를 최소화 하는 기준을 마련하였다.** 경찰개혁위원회는 집시법이 우리 헌법 제21조의 집회시위 자유를 최대한 보장하기 위해서 존재하므로 집회현장에서 경찰의 인력운용, 살수차 사용, 차벽 설치 등이 집회시위 참가자의 기본권을 제약하고 인권을 침해한다는 문제를 제기하였다. 집회현장에서 공공의 안녕질서와 집회시위의 자유라는 상호 충돌할 수 있는 가치를 조화시켜서 대립과 갈등이 아닌 대화와 소통의 집회문화를 정착하려면, 경찰이 평화적 집회를 폭 넓게 보장하며 보다 인권 친화적 자세로 전환할 것을 권고하였다.

② 권고 주요내용
1) 평화적 집회시위 보장을 위한 페러다임 변화
경찰개혁위원회는 주최자가 평화적으로 집회하려 의도를 밝히고 행위가 비폭력적이면 평화적으로 간주해야 한다. 비록 일시적 생활의 불편이나 업무상 지장을 주어도 감수해야 한다. 일부 참가자가 산발적인 폭력이 있어도, 그 책임을 평화적 태도를 견지하는 다른 참가자에게 전가할 수 없다. 또한 사소한 절차적 하자나 일탈에 대해서 내사 또는 입건하지 않는 방향으로 경찰권 행사를 절제하고, 긴급집회 시 신고의무의 예외를 두는 것으로 집시법 개정 추진을 권고하였다.

2) 집회시위 보장을 위한 신고절차 개선
<u>현재</u> **상당히 불편한 옥외 집회신고서 경찰서 방문접수를 간편한 온라인으로 간편하게 하라고 제안하였다**. 또한 <u>집회신고 이후 그 내용수정 변경절차를 쉽게 하도록 권고하고, 신고내용이 보완되지 않으면 집회시위를 금지하는 관행도 개선할 것을 주문하였다</u>.

3) 금지ㆍ제한 통고 및 조건통보 기준 명확화
집시법 제8조의 금지통고가 집회시위에 대한 허가제를 금지하는 헌법취지에 어긋날 수 있다고 보았다. **따라서 금지ㆍ제한ㆍ조건통고에 대한 세부기준 마련을 권고하였다**. 또한 주요도로에서 교통과 집회가 양립할 수 있게 집회주최 측과 사전 협의하는 절차를 갖도록 하였다.

4) 집회시위 대응절차 개선
살수차는 소요사태로 인해 사람의 생명. 재산에 직접적 위험이 명백할 때 외에는 살수차를 사용하지 않는다. 차벽은 원칙적으로 사용하지 않고 집회현장에서 채증은 긴급할 시 수사목적으로만 진행한다.

5) 기타 권고 내용

*<u>경찰관의 보호복 등에 소속과 신분을 식별하는 표지를 부착한다</u>.

*1인 시위, 기자회견은 집시법상 집회 아니므로 경찰이 관여 않는다.

*<u>집회 때 일반교통방해죄 위반으로 원칙적으로 내사, 입건을 않는다</u>.

*경찰권 행사의 투명성 확보위하여 시위현장 통신내용을 보관 한다

*<u>소음발생은 불가피하므로 규제는 최대한 보장하도록 재검토 한다</u>.

*경찰청 차원에서 시민사회 활동가, 인권전문가 등이 참여하는 집회시위 자문위원회를 운용하여 인권친화, 시위 보장방안을 구체화 한다.

6) 권고안의 법률개정 일정

경찰청은 경찰개혁위원회의 권고안을 수용하여 2018년 상반기까지 집시법 개정안을 국회에 제출하고, 2019년 온라인 시스템을 구축해 시행하고 관련 법령이나 지침 개정을 권고하였다. 그러나 **집필하는 2020년 7월 현재까지 법령 개정안이 국회통과를 못하고 있지만, 위의 권고안이 언젠가는 반드시 개정될 것을 기대한다.**

13. 외국의 집시법 사례

(1) 미국 (이하 참조: 집회 시위법 해설, 황교안 저)

미국의 경우 직접 집회시위를 규율하는 통일적인 연방법은 없다. 그러나 **미국의 연방대법원은 집회시위의 사전허가제는 공중 편의를 위하여 채택할 수 있지만, 그 기준은 협소하고 객관적이고 명확해야 한다고 판시하였다.** 연방대법원 합헌판결의 논거는 경찰이 시위 대비할 시간이 필요하며, 서로 다른 시위의 중첩을 막고, 시민 출퇴근 할 때 열려서 교통 혼란을 방지할 필요가 있다는 것이다.

따라서 **미국 주법, 시 조례로 옥외집회와 시위를 규제하여 대체로 허가제를 채택하였다. 시위의 사전 허가제를 채택하는 위싱턴 D.C. 경우 48시간 전에 허가 신청서를 경찰서에 제출해야 하며, 공공 안녕질서를 위반하지 않는 조건으로 허가하고 있다.** 미국 일부 주에서는 법률적 옵저버 운용하는데, 시위대들이 행동반경을 준수하게 하며 시위대와 공권력 사이 충돌이 일어나지 않게 도와준다.

(2) 영국

영국의 옥외집회는 "공공질서법"으로 대체한다. 공공질서법은 어떤 개인이나 단체의 견해, 행동에 대해 지지나 반대를 나타내거나 주의, 운동을 선전할 경우 "행진날짜, 시간, 예정 경로" 등을 6일 전 경찰서에 서면으로 신고토록 규정한다. 경찰서장은 공공행진의 개최와 관련해 심각한 대중적 혼란 및 재산상 피해를 초래할 수 있다고 판단될 때는 조건부 집회, 공공장소 진입을 금할 수 있다.

또한 12명 이상의 폭력시위는 폭동죄 (10년 이하의 징역이나 벌금)에 준하여 처벌한다. 3명 이상의 폭력 사용은 폭력적 소요죄(5년 이하의 징역이나 벌금)에 준하여 처벌한다. 신고한 범위를 벗어난 행위나 불법, 폭력적인 행위자는 현장 경찰관이 영장 없이 체포할 수 있게 재량권을 폭넓게 인정하고 있다.

(3) 독일

독일은 "집회 및 시위에 관한 법률"이라는 특별법을 가지고 있다. 독일의 집시법은 한국처럼 48시간 전에 관계당국에 신고하며, 공공의 안전과 질서에 직접적인 위험이 존재하면 금지하거나 특정한 조건을 부과할 수 있다. 또한 질서유지인 제도를 두어 법령을 어기면 일차적으로 질서유지 및 해산을 할 수 있다. 특히 복면을 하거나 무기 또는 인명살상용 도구 이용하면 엄하게 처벌하고 있다.

(4) 일본

일본의 집회시위 규제 법령은 "공안 조례"이다. 일본 판례는 조례이지만 합헌시 한다. 집회시위 및 집단행진은 사전에 공안위원회의 허가나 신고하여야 한다. 집회신고는 시행 72시간이 원칙이며 일부 현은 48시간 전이다. 허가신청하면 공공의 안녕질서에 직접 위험이 아니면 원칙적으로 허가한다. 만약 허가를 받지 않은 집회 또는 허가조건에 위반되면 관할 경찰서장이 경고하고 행동을 제지하거나 시정 및 방지 위한 조치를 취할 수 있다.

(5) 외국 집회시위의 결론

선진국도 1960년~ 1970년대 과격한 시위를 경험하였으나 적절한 입법조치를 통해 평화적 시위문화를 정착시켰다. 영미법계 국가는 초기엔 표현의 자유로 인해 폭 넓게 허용하였으나, 대규모 폭력시위로 인하여 현재는 집회시위를 규제하는 측면이 강하다. 대륙법계 국가는 집시법에 관한 일반법령이 집회 보장과 안녕질서의 조화를 도모한다. 미국과 일본은 허가제를 채택하고 있으나, 실제로는 공공의 안녕질서 및 위험 등 해당하는 경우에만 금지하므로 사실상 신고제처럼 운영한다.

2장 집회사례 및 활용 유인물

1. 집회시위 100건 실제 사례

(1) 집회사례 분석결과

먼저 집회사례 100건 분석한 것을 제시한다. **필자는 2012년 7월 과천청사 앞에서 첫 집회한 후에 300여회 시위하였다. 그 가운데 동일한 것들은 축소해 100건만 선정했다.** 예를 들면 다단계피해자집회 14회, 구원파 규탄집회 31회 진행하였으나 두세 쪽만 썼다. 사안별로 1~ 2건씩 작성해 100건에 맞추었다. 그러니 주제별로 정리하기 매우 좋았다. 의외로 소규모 집회의 대세와 전체 성공률에 놀랐다. (**추가: 101건** 이후, **3건 제외**)

① **참가 인원**: 1인 시위가 100건 중에서 17건이었다. 그리고 참가인원 2~10명이 40건, 11~50명이 22건, 51~100명 9건, 101~200명 7건, 201~300명 1건 301명 이상 4건으로 합산하면 100건이다. 좀 더 세부적으로 2~10명 중에 2~5명 14건이고, 6~10명은 26건이다. 또한 11~50명 중에 11~20명이 참가한 집회는 12건이었고, 21~50명은 10건이었다.

종합하면 1인 시위 17건, 10명 이하 40건 합한다면 57%가 된다. 6할 정도가 10명 이하 시위라고 분석된다. 그리고 11~ 50명이 22건이나 51 ~ 100명 참가자는 9건에 불과하다. 101명 이상은 12건이다. 즉 51명 이상 집회는 21건이다. 전체적으로 10명 이하 소규모 참가자 시위는 57건이고, 11~ 50명 중규모 22건, 50~ 100명 중대규모 9건, 101명 이상 대규모 집회는 12건이다. 특히 **1~ 20명 이하는 69건이다. 즉 참가자 20명 이하 집회가 70% 가깝다. 이처럼 소규모 집회가 대세이다.**

② **집회 사유**: 가장 큰 원인은 **노임체불 30건, 공사비체불 5건**이다. 또한 부동산 및 분양사기 6건, 구원파. 신천지. 전능신교 종교피해자 5건이다. 주택조합 허가관련 3건, 무료소개업 반대 5건, 다단계 피해 2건, 의료 사고자 2건, 코스닥 상장폐지반대 3건, 분양대금 지급 2건, 벤츠차 불량항의 3건, 경찰서 항의 3건이었다. 기타 공사중지, 부실시공, 진입로 허가, 보증금 반환, 판결 항의, 과잉단속 항의 등이었다. **주로 노임 및 공사비 체불집회가 35건이었고, 각종 사기 6건, 종교피해 5건 합하면 46%이다. 기타 다양한 사안으로 시위하였다.**

③ **요구 금액:** 여러 요인 때문에 집회하지만 결국 보상금으로 귀결되는 경우가 많다. **특히 노임 및 공사비 그리고 사기피해는 보상금을 요구한다. 따라서 공사중지, 허가사항 같은 사례를 제외한 보상금 연관된 50건을 분석하였다.** 시위 요구액이 100만원 이하 3건, 101만~300만원 7건, 301만~500만원 3건, 501만~1000만원 2건이다. 즉 50건 중에 15건으로 1천만원 이하가 30%이다.

또한 요구액이 1000만~3000만원 미만 4건, 3000만~5000만원 미만 6건, 5000만~1억원 미만 5건, 1억~5억원 미만 16건, 5억~10억원 미만 1건, 10억~30억원 미만 2건, 30억~50억원 미만 1건이었다. 50억원 이상을 요구한 집회시위는 없었다. **위에서 1000만~1억원 15건이며, 1억~5억원 16건으로서 비슷하다. 이는 31건 62%이며, 대다수 사기피해 및 노임과 공사비 체불이다.** 주로 공사비는 1억 이상 고액이 많다.

④ **의뢰 경위:** 집회의뢰 경위는 필자 개별사안 18건이며, 외부 소개가 40건이다. 그리고 인터넷 홈페이지 검색이 42건이다. 즉 **최초에 외부 소개와 인터넷 검색으로 연락한 것이 82%이다. 이는 집회 만족한 분이 소개하거나 인터넷 통해 필자에게 전화 왔다.** 내가 노임을 못 받거나 연관된 단체에서 시위하는 경우도 18%이니 적지 않다.

⑤ **집회 성과:** 1차 시위 후에 성공한 경우는 100건 중에 25건, 2~5차 시위 후에 성공한 경우는 18건, 6회 이상 시위로 성공한 사례는 15건이다. 즉 1~5차 집회 후 성공한 경우는 43%이다. 6차 이후 성공한 것 까지 포함하면 58%이다. 기타 공사중지, 건축허가, 다단계 피해규탄, 권리금 반환청구, 판결항의 등은 금방 결과가 안 나온다. 즉 **체불금 및 보상 요구가 아닐 경우에 일부 성공사례는 34건이다. 집회 시작 후 계속하면 92%가 일부 또는 완전성공할 수 있다. 집회 실패는 8건으로 주로 의뢰인이 필자 주문대로 실행하지 않을 때 발생한다!!**

⑥ **종합 평가:** 위의 5개 분야 주요 내용은 참가자 20명 이하, 노임과 공사비 체불·사기사건, 요구액 1천만원~ 5억원 이하, 소개와 인터넷 검색 의뢰가 대세이다. **실패율 8%, 일부라도 성공률은 92%이다.**

(2) 봉천동현장 130만원 노임체불 1인 시위지원   (2011년 11월)

(2017. 5. 23. 등록, 2011. 11. 28 촬영)

[진행 내역]

본 건은 필자의 첫 시위 경험이다. 조성ㅇ최ㅇ 2명이 봉천동 현장에서 2개월 일하며, 마지막 15일 130만원씩 노임 못 받았다. 구인자는 출근하지 않고 계속 미루고 있었다. **공사 다 마치고 현장을 떠나 버리면 한 푼도 못 받겠다는 위기감이 밀려왔다. 필자는 라면 박스 오려서 달력 뒷면을 테이프 붙이고 문구를 직접 작성하였다.** 드디어 2011. 11. 28. 피해자 2명을 데리고 작업현장에서 첫 1인 시위를 하였다. 공사현장 입구와 100m 떨어진 곳에서"운0건설은 노임체불 해결하라!!"는 펫말을 목에 걸고 2일간 시위하였다. 피해자는 원청사의 3차 하청업체로서 실제로 돈이 없는 사람이라 해결이 쉽지 않았다.

[시위 결과]

시위 2일차 군자역 본사 방문해 항의하고, 경찰까지 출동했으나 노임 반 정도만 받았다. 시위를 통한 해결이라는 값진 경험하였다.

(3) 인력업계 첫 집회: 과천 고용노동부 청사 시위주도 (2012년 7월)

[진행 내역]

2012. 7월 24일은 역사적 날이다. 인력업계가 최초로 정부를 상대로 집회하였기 때문이다. 필자는 대변인 맡아서 정부의 "반값 수수료 정책반대"하는 시위를 주도하였다. 예정된 11시 되어도 신고자 100명 대비 몇명 안와서 포기할 마음까지 들었지만, **끝까지 밀어부처 50여명 참가하여 결국 성공적으로 마쳤다.** 당시 집회 준비위원장을 맡아 혼신을 다하였다. 막상 시작할 시간에 5~6명 나오니 힘이 쪽 빠지고 계속 진행하기 힘들었다. 혼자 깡으로 밀고 갈 수 밖에 없었다. <u>그동안 인력업계는 노동부 등 관공서에게 늘 순종적 자세를 취하였지만, 부당한 정책에 항의하면 바꿀 수 있다는 자신감을 갖게 되었다. 이날의 성공은 내가 집회를 전문적으로 종사하게 된 중요한 계기였다.</u>

[집회 결과]

이후 "반값 수수료 정책폐기" 되었고, 인력관련 일드림협회를 설립하였다. 필자는 협회 홍보이사를 맡아서 집회 등 업무를 맡았다.

(4) 건설근로자공제회 직업소개수수료 지원중단요구집회 (2012년 9월)

[진행 내역]

지난 7월 24일 과천 청사집회 후 연장선상에서 열렸다. 당시 "반값 수수료 정책" 주무부서는 고용노동부이지만, 실무 및 자금집행은 위 공제회가 맡았다. 전국 유료직업소개소에게 선택적으로 수수료 50% 지원하면 다른 인력업소는 문을 닫는다. <u>2012. 9. 13. 선릉역 인근 건설근로자공제회에서 시위하였다. 필자가 집회신고하고 50명 참석 통보했으나 실제로 12명 나왔다.</u> 그것도 주변 인력업소 전화해서 7명 나왔으니 아찔하였다. "영세업자 죽이는 반값수수료 철회하라!" "반값정책 담당자 문책하라" 등 구호를 외치며 기 죽지 않았다.

이광0실장이 나와서 대화하자고 제의하였으나 개의치 않고 2시간 시위 후 헤어졌다. 금번 집회로 "반값 정책반대 비대위" 존재감을 높이고 해당정책 폐기 및 인력협회 결성의 계기를 만들었다.

[집회 결과]

본 집회로 위 공제회가 "반값 수수료 정책" 포기하는 단초가 되었다.

(5) 화곡동 요양원 건물 앞 비대위 탄원서 반환 요구집회 (12년 9월)

[진행 내역]

일드림협회의 전신인 "반값 수수료저지 비대위" 김태ㅇ위원장은 양다리 전략을 구사하였다. 비대위원장 맡아 놓고 기존 전국고용서비협회(전고협)와 연결하며, "비대위 해체"를 일방 선언했다. 많은 비대위원들은 격분하였다. <u>현 사태의 원인제공자인 전고협과 내통의혹 받으며, 비대위 탄원서 등 서류반납을 거부했으므로 대변인인 필자가 집회신고하였다.</u> 12. 9. 19. 김태ㅇ전임 비대위원장은 요양원장이므로 화곡동 요양원 건물 앞에서 6명 시위했다. 필자는 메가폰 잡고 "딴 살림차린 부도덕한 배신자는 서류반납하고 사죄하라!" 등 구호를 외쳤다. 김태ㅇ은 밖으로 나와서 상당히 황당한 표정을 지었다. 경찰정보관이 중재하며 부지런히 움직였지만 1차 집회에서 합의점을 찾지 못하였다. 이후 동년 9월 24일 2차 집회하였다

[집회 결과]

결국 김태ㅇ은 굴복하고 12년 10월초 비대위 서류 반납했다.

(6) 노임체불 1억원 인천교육청사, 일드림협회 최초집회 (2013. 1월)

[진행 내역]

지난 과천청사 집회 이후 새로운 인력협회 열망이 커져서 13. 1. 22. 신규 건설인력협회(건인협) 창립총회했다. 필자는 총괄사회를 보았다. **총회 후 첫 행사로 인천 상ㅇ인력의 1억원 체불금 집회를 하기로 결정하였다. 필자는 집회신고서 접수 등 실무 일 진행했다.** 동년 1월 25일 인천교육청사 앞에서 30여명이 체감온도 -20c 가운데 구호를 외치는 집회하였다. 당시 집회현장 대형 현수막 2개, 어깨띠 30개 등 용품을 직접 준비하였다. 마침 언론 뉴스원 기자가 취재 나와서 사진 등 기사화 시켜주었다. 구호와 운동권 노래 등으로 큰 소리로 시위하니 교육청이 당황하였다. 결국 경찰 정보관 중재로 양측이 만나서 내주 월요일 구체적 내용을 재협상키로 했다.

[집회 결과]

1월 28일 월요일 양측이 만나서 체불노임의 전액을 받기로 합의하고 **완전 종결하였다.** 협회 측에서 5명이 참석했으나, 상ㅇ인력에서 사례금을 내지 않아 이후 협회주도 집회가 활성화 되지 못하였다.

(7) 낙성대 인근 ㅇ사우나 2천만원 권리금반환 1인 시위 (2013. 4월)

[진행 내역]

낙성대 인근의 여성전용 ㅇ사우나에서 세신(때밀이) 권리금으로 2천만원 주었으나, 계약서를 쓰지 않고 송금부터 했기에 문제된 사건이었다. 통상 사우나실의 이발, 세신, 맛사지 등은 권리금을 치른 후 일한다. 하지만 **합의한 후 계약서를 쓰지 않고 2천만원 먼저 보냈으나, 기존 권리자가 세신실을 넘기지 않았다**. 그래서 1명을 데리고 가서 사우나 건물 앞에서 1인 시위했다. 위의 사진처럼 피켓 들고 영업장 1층 출입문에 있었다. 사우나실 운영자가 "영업방해"라며 소리쳤다. 아울러 관악경찰서에 "집회신고"하고, 담당 정보관에게 "사우나 세신 돈 받은 분에게 '집회신고 들어왔다'며 전화를 부탁드린다."고 요청했다. 2천만원 돈 떼어 먹으려다 난감한 상황이 된 것이다.

[시위 결과]

시위 다음날 필자 사무실에서 2천만원을 돌려주었으며 그 위력을 실감하였다. 민형사 고소, 고발로는 절대 불가능한 쾌거이다!!

-69-

(8) 건축현장 노임체불 1인 시위: 원청사 경기도교육청사 (2013. 5월)

[진행 내역]

경기도교육청이 발주한 ○고교 신축공사에서 4900만원 못 받아서 집회 신고 당일 13. 5. 16. 1인 시위부터 했다. 먼저 1인 시위 후 반응을 보려했으나 공사비 및 노임체불 회사가 많아서 복잡하였다. 본 건은 인천 상록인력이 적극 의뢰했으나, 집회 시행한다면 인건비 등 비용이 지출되므로 집회를 차일피일 미루었다. 통상 노임체불은 받을 시기를 놓치고 구인자 말만 지나치게 믿다가 발생하며, 시공사와 수차례 하청 업체로 이어지는 저가 공사비가 주요 원인이다. <u>1인 시위 후 교육청 담당자가 "노임 우선 지급하겠다"고 "시위중지" 요청하므로 의뢰인은 망설였다. 하지만 필자는 "지연전술에 불과하다"라며 "집회하며 협상하라"는 조언을 거듭하였다.</u> 그렇게 1년이 흘렀다.

[시위 결과]

의뢰인은 필자 권고를 무시하다가 1년 후 결국 50%만 받았다. 나중에 엄청 후회했지만 전문가 조언을 무시한 참담한 결과였다!!

(9) 잠실 롯데월드 대형 사우나 보증금, 손해금 반환집회 (2013. 7월)

[진행 내역]

본 집회는 위 6번 1인 시위와 유사하며, 과감한 집회시위로 큰 성과를 거두었다. 잠실역 롯데월드 내 스ㅇ파크 사우나는 1천여평 대규모였다. 회사 측의 "장사가 잘 된다"는 말에 속아서 계약했으며, 3개월 영업 후 안 되면 보증금 5천만원 돌려주기로 했다. 하지만 장사가 너무 안 돼서 보증금 반환하라했더니, 각종 거짓말하며 계속 미루었다. 필자는 의뢰인을 도와서 송파경찰서에 집회 신고하였다. 그리고 관계자 및 일용직 용역 2013. 7. 12. 총 10명이 시위하였다. <u>우리 요구조건은 기존 보증금 5천만원 + 손해금 2천만원 = 7천만원을 협상용 카드로 내밀었다. 지사 두 곳에 추가집회 신고했더니 상대방은 무척 당황했다.</u> 그동안 전화도 안 받더니, 계약자 집을 방문하는 등 다급해졌다. 필자는 타이밍을 놓치면 안 되므로 즉각 합의를 이끌었다.

[집회 결과]

보증금 5천만원과 추가 요구액 2천만원 포함 7천만원 모두 수령했다. 이런 겨우는 쉽지 않다. 집회와 협상의 위력이다!!

(10) 충정로역, 명륜동 2곳 장학기금 1.8억원 반납요구집회 (14. 7월)

[진행 내역]

만광장학회를 운영하던 민주당 신순ㅇ전 의원이 사기를 당하여 시위하였다. 지인 소개로 그분을 종로에서 만나니 81세였으며, 1991년 아들 축의금으로 장학회를 만들어 1200명에게 장학금 주었단다. **정재ㅇ이란 사기꾼이 고의로 접근해서 고율이자를 미끼로 2억여원을 몽땅 가져갔단다. 법원 판결까지 받았으나 가족들에게 재산을 빼돌려서 속수무책이었다**. 필자는 현장답사를 하고 13. 7. 26. 사기꾼 점포 충정로역과 명륜동 자택 2곳에서 집회하였다. 먼저 충정로역 인근 장미아파트 지하 점포 앞에서 8명이 모여 "정재ㅇ은 사기친 1억 8천만원 즉각 돌려주라!" 등 크게 외쳤다. 당시는 7월 말경으로 무척 더웠다. 이후 명륜동 자택 앞 1인 시위, 인근에서 집회를 동시하였다.

[집회 결과]

통상 대상자 점포와 자택을 동시 집회하는 일은 드물다. 반응이 전혀 없었고 시위비용 증가로 1차 진행 후 소득 없이 중단하였다!!

(11) 성수동 에스ㅇ건설 공사비 3억여원 지급촉구 집회 (2013. 10월)

집회 사진: **붕실로 생략** 1. ~

[진행 내역]

건대역 오케이인력 소개로 해ㅇ건설 김0사장 만났다. 위 에스ㅇ건설 하도급업체로서 2012. 12월부터 광주 제2 김대중컨벤션센타의 경량칸막이 공사비 3.2억원을 못 받았다. 그동안 전라도 전주에서 수십번 성수동 에스ㅇ본사를 방문했으나 계속 거짓말하였다. 당시 추석 앞두고 "추석 이후에는 공사대금 무조건 주겠다.." 하더니 추석이 지나면 "그런 말한 적 없다"고 부인하였다고 한다. 위 <u>에스ㅇ건설은 원청사 화성산업에게 공사비를 100% 받아 놓고 하청업체에게 내려주지 않았다. 필자는 사태의 심각성 느끼고, 즉시 성수동 관할 성동경찰서에 집회신고 하였다.</u> 또한 에스ㅇ건설이 상암동 YTN방송국 스튜디어 공사하는 현장에도 동시에 집회신고하였다.

2013. 10. 16. 성수동과 상암동에서 12명~ 14명이 시위하였다. 오전 성수역 인근 에스ㅇ건설에서 집회하니, 소음 때문에 원성이 많았다. 당시 엠프는 하루 40만원 주고 빌렸는데 소리가 무척 컸다. 정보관 중재에도 불구하고 상대방은 전혀 꿈쩍하지 않았다. 오후에는 장소를 상암동 YTN 신축현장으로 이동하였다. <u>사실 YTN은 직접 연관은 없었다. 다만 에스ㅇ건설이 그곳 스튜디오 공사하므로 압박하는 전략이었다.</u> YTN 입장에서도 불편하고 당연하게 항의할만하다. 하지만 우린 다방면으로 압박하여 결국 공사비를 받아야할 상황이었다.

별도로 YTN 배ㅇ범 사장 및 시공사 서ㅇ건설 이ㅇ관 대표에게도 서신을 보내어 상황설명과 협조 요청하였지만 답변이 없었다. 답답하였다. 집회비용은 의뢰인 김ㅇ사장이 충분히 주었지만 전혀 진척은 없었다. 총 5차 집회 시위하니 결국 못 견디고 불러서 "수개월 시간 달라!!"고 간청하였다. 하지만 진정성이 느껴지지 않았다.

[집회 결과]

결국 공사비 중 1억원을 먼저 받고, 잔금은 6개월여 나눠 받았다!!

(12) 화성시청 인근건물 앞 부동산 사기 16억원 청구집회 (13년 11월)

집회 사진: *분실로 생략 2. ~*

[진행 내역]

본 건은 **현직 하나은행 지점장이 사기꾼과 16여억원을 편취한 것이다.**
과도한 돈 욕심을 내면 사기꾼에게 벗어나기 힘들다. 화성시청 옆의
경수빌딩 (주)창한, 김영ㅇ 대표는 2008년부터 화성시 호곡리일대 토
지사업을 빌미로 친척 강현ㅇ 친구인 박효ㅇ에게 고액의 사기를 쳤다.
강현ㅇ지점장은 수십개 기업에게 고리 이자로 빌려주겠다며 막대한 돈
을 가져갔다. 문제가 되자 뉴질랜드로 도망쳤으며 "자신은 얼굴마담
역할을 했고 돈은 김영ㅇ가 모두 가져갔다"고 주장하였다.

**2년여 소송 끝에 박효ㅇ이 승소하였다. 법원에서도 2명이 기망행위를
했다고 판결했으나 김영ㅇ는 "자신은 돈이 한푼도 없다"며 버티었다.**
집회신고한 곳은 김영ㅇ가 계속 토지 사업하는 (주)창한, 회사 앞과
민주당 운영위원인 민주당 화성갑 지구당사 2곳이었다. 드디어 2013.
**11. 12. 8명이 모여서 오전에는 화성시청 인근 (주) 창한, 앞 시위를
하고 오후에는 이동해 민주당 화성갑 지구당사로 옮겨서 집회하였다.**
김영ㅇ는 대리인을 내세워 1억원부터 줄 것처럼 말하며, 지구당사에서
시위하지 말아 달라고 간청했으나 그냥 밀고 나갔다.

김영ㅇ는 정치적 야심으로 2010년 민주당 화성갑 지역의원에 출마했으
나 낙선하였다. 무고한 사람에게 피눈물을 흘리게 만들고, 정동영의원
조직특보, 바르게살기협의회 화성시 조직국장, 법무부 범죄예방위원
등으로 신분을 세탁하고 있었다. 자신은 "돈이 한푼 없다"면서 임대
아파트에 허위위장전입한 후 수원의 고급주상복합아파트에서 호화롭게
살고 있었다. 채권자 박효ㅇ은 1차 시위한 후에 집회비용의 부담감과
김영ㅇ 꾀임에 넘어가 더 이상 진행하지 않았다.

[집회 결과]

결국 사기꾼 김ㅇ 금방 줄 것 같은 말에 속아 "일부만 받았다" 한다.
1억원을 넘지 않았고, 그것도 집회가 없었다면 불가능 했으리라!!

(13) 이수역 금강ㅇ사우나 앞 1억 4천만원 반환요구집회 (2014년 5월)

[진행 내역]

금강ㅇ사우나는 이수역 인근에 있다. 피해자는 사무실 근무하는 직원 소개로 만났다. 위 사우나 대표에게 사기성으로 1억 4천여만원 빌려주었다. 사우나 사장은 종로3가 국일관 사우나도 운영하며 돈은 많으나 계속 거짓말하였다. <u>2곳에 집회신고 후 사우나부터 2012. 4. 26. 13명 시위하였다. 금강사우나는 사당동에서 가장 큰 규모이다. 대형 현수막을 2개 걸고 "김ㅇ사장은 사기친 1.4억원 즉각 갚아라!" 등 크게 외쳤다. 경찰정보관도 금강사우나를 오가며 의견 전달했다.</u> 이런 사기꾼은 피해자 외에도 비슷하게 진행하는 것이 탄로날까봐 두려워한다. 본 건 집회와 동시에 종로 국일관 시위를 5~ 6명씩 수일간 지속하였다. 5월 8일은 금강사우나 4명이 2차 집회했지만 대화가 잘 안 풀렸다.

[집회 결과]

두 곳에서 총 7차례 시위 후에 큰 진척 없이 김 변호사를 소개했다.

(14) 파출연합회 중구청사 외식업중앙회 무료소개취소집회 (14. 10월)

[진행 내역]

필자가 부회장인 전국파출소개연합회에서 서울 중구청사 집회하였다.
2014. 10. 2. 150여명이 참여한 대규모 시위를 주도하며, 외식업중앙
회의 "무료소개사업 허가취소" 요구했다. 경찰 버스도 3대나 대기하며
불측의 사고에 대비하고 있었다. 파출부, 가사도우미 등은 소개료 및
회비 등으로 사업한다. 문제는 외식업중앙회에서 불법적으로 무료소개
사업을 하므로 등록 취소하라고 시위하였다. 일드림협회장과 수도권
유료소개업소가 대거 참석하여 한목소리로 "중구청장은 외식협회 불법
무료소개업 취소하라!!" 등 구호 외쳤다. **흥분한 군중들이 "중구청을
점령하자~!!"** 외치며 올라가, **사진처럼 "경찰과 대치"**를 하였다.

전국 파출사업자가 관공서 대상 첫 집회로서 큰 의미를 갖는다. 이후
2018년까지 "무료소개업 취소관련 서울시 행정심판을 거쳐 행정법원,
고등법원, 대법원"까지 5년간 지속적인 투쟁을 하였다.

[집회 결과]

일부 승소 및 패소하며 투쟁했으나 국회 법률개정으로 중단하였다.

(15) 서초동 사옥 앞 일용근로자 노임체불항의 1인 시위 (14. 10월)

[진행 내역]

통상 체불노임은 받을 시기를 놓치므로 발생한다. 위 회사는 봉천역 인근 건물이 준공검사까지 마쳤는데도 노임지급을 차일피일 미루었다. 금액도 119만원이니 집회 보다는 1인 시위가 적당하다. 사전에 회사 관계자에게 언제까지 일당노임 안주면 1인 시위 한다고 알렸다. **핵심은 노임 + 손해금을 반드시 기재해야 협상시 매우 유리하다. 의외로 일당 뿐 아니라 손해금을 일부 받는다.** 드디어 2014. 10. 6. 서초동 회사 앞에서 위의 펫말을 목에 걸고 있으니 모두 쳐다보았다. 사진을 찍어 회사 관계자에게 보내니 즉각 반응이 왔다. "노임을 내일까지 다 보낼 테니 제발 시위를 멈춰주세요.." 그래서 "안 됩니다. 근로자에게 아직 일당을 못주었으니, 다 받지 않으면 안 갑니다. 오늘 일까지 못했으니 줘야 합니다." 하였다. 상대 허를 찔러야 해결된다!!

[시위 결과]

시위 후 1시간 내 노임 119만원 + 손해금 11만원= 130만원 받았다.

(16) 구로동현장 일당 노임 120만원 체불항의 1인 시위 (14년 10월)

[진행 내역]

필자가 처음으로 노임을 못 받은 사건이다. 구로구청 뒤에 있는 현장은 처음에는 잘 주었다. 그런데 약정한 기일 2개월 지나도 노임지급을 계속 미루었다. <u>2014. 10. 10. 작업자와 현장 방문했으나 도망갔다. 그래서 펫말 목에 매고 있었다. 건축주를 찾았으나 만날 수 없어서 주소 확인 후 노임청구 편지를 보냈다.</u> 며칠 후 소장과 통화하니 "곧 갚겠다. 10일만 달라!" 등 계속 거짓말했다. 결국 전화를 바꿔서 연락이 불가능하였다. 나는 사태 겪은 후 깊은 반성과 재발대책을 생각했다. 제일 큰 문제점은 2개월이나 상대방 말을 믿고 기다렸다는 것이다. <u>이후 약속 어기면 즉시 현장에 달려가서 현수막 펼치고 1인 시위하였다. 현재까지 6년간 한번도 내가 대불한 노임을 못 받은 적이 없다.</u>

[시위 결과]

이날 86만원 노임원금 떼인 것은 좋은 교훈이다. 이후 무조건 받았다!!

-78-

(17) 서울역 철도시설공단 7천여만원 체불지급 독촉집회 (14. 10월)

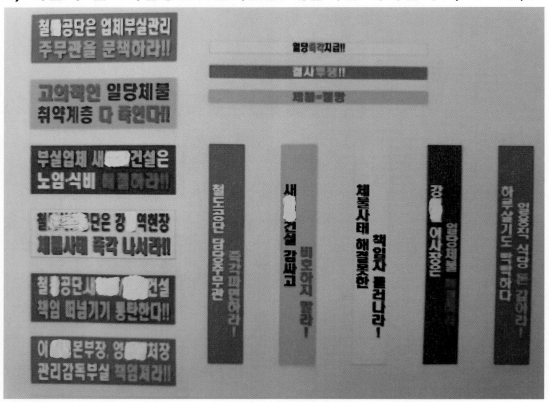

[진행 내역]

한국철도시설공단 경의선 강매역현장에서 7200만원 체불금으로 발주처 앞에서 집회하였다. 노임 못 받은 대ㅇ인력에서 부탁했으며, 원청사 새ㅇㅇ건설, 하청업체는 리ㅇ건설이다. 위의 **펫말. 어깨띠, 머리띠와 현수막 등 준비하여 2014. 10. 22. 서울역 뒤편 공단에서 30여명 모이는 대규모 시위를 하였다.** 11시 30분 경찰정보관 주선으로 체불회사, 인력사, 공단, 정보관 4자 대화가 있었지만 큰 효과가 없었다. 사실은 리ㅇ건설이 못 주었지만, 법적으론 연대책임이 있었다. 10. 27일 16명이 참가해서 2차 시위하였다. 이런 경우는 발주처가 원청사에게 "아직 남은 공사대금에서 미리 지급하라!"고 압박한다. 앞으로도 계속 거래하려면 집회가 부담이 된다. 더구나 공권력인 정보관이 사태 파악위해 수시로 전화하고 출입하므로 상당한 압력이 된다.

[시위 결과]

위의 금액에 포함된 함바 밥값 포함한 전부를 1개월 내 받았다.

(18) 전국파출연합회 세종시 노동부청사 무료소개취소집회 (14. 12월)

[진행 내역]

파출연합회가 세종시 고용노동부 청사 앞에서 불법적 외식업중앙회의 "무료소개사업 완화취소" 요구한 집회이다. 필자는 대변인겸 부회장 자격으로 전반적 집회를 준비했다. 2014. 12. 18. 체감온도 -20C 혹한 가운데 60여명이 수도권 위주로 내려왔다. 전세버스 2대가 천호역, 종로3가역에서 출발하였다. 초행길 도착이 늦어져 12시 30분경 대변인의 사회로 시작해 15시경 마쳤다. <u>만일 무료소개업이 확대되면 유료소개사업자는 심각한 경영위기 겪는다. 따라서 "직업안정법 시행령 제14조 겸업금지완화규정 폐지촉구" "담당공무원 문책" 등 요구했다.</u> 이어 탄원서 및 질의서를 노동부 민원실에 제출하였다.

파출부문 사업자는 잘 뭉치지 못한다. 가까운 몇 개 업소만 연락한다. 금번 집회로 단결력을 보이고 큰 단체와 싸울 역량을 갖추었다.

[집회 결과]
노동부 파출관련 정책변화와 연합회 역량강화에 크게 기여하였다!!

(19) 양재동 구원파교회 종교사기꾼 퇴진집회 1.   (2015. 5. 10.)

[진행 내역]

필자가 2008년 11월부터 다닌 구원파교회 박옥ㅇ교주 퇴진요구집회를 하였다. 지난 6년 충성스런 신도였지만 "종교 사기꾼"임을 알고 완전 반대로 돌아섰다. 드디어 2015. 5. 3. 집회신고 후에 5. 10일 대예배 시간에 필자는 집단폭행 당하며 강제로 쫓겨났다. 이단사이비 특징은 "교주"를 하나님 보다 더 섬기고, 돈과 여자를 밝힌다. 박ㅇ수교주도 거짓말을 아주 잘한다. 초등학교 중퇴인데, 고등학교 중퇴했다하고 자칭목사이다. 1주일 후인 <u>5월 17일 20여명이 시위하며 "복음 사가꾼 퇴진하라!" "가짜목사 박ㅇ수는 하나님이 심판한다!" 등 외치니 그 반향이 엄청났다. 구원파 50년 역사상 처음 있는 큰 집회이므로 무척 당황하였다</u>. 교회에선 30여명이 떼거리로 몰려와 시위를 방해했다. "당신 얼마 받고 여기 왔어?" "왜 인생을 이렇게 사냐?" 등 의도적으로 시비를 걸었다. 하지만 구애 받지 않고 계속하였다.

[집회 결과]

구원파 교주 허상과 사기성이 까발려지고 교인들이 대폭 들어든다.

(20) 양재역 앞 구원파 종교사기꾼 퇴진 시민홍보집회 2. (15. 7월)

[진행 내역]

이후 양재역 인근 구원파 교회 앞 시위를 몇 번하니, 상대측은 훼방하려고 가짜 집회신고를 하였다. 즉 집회신고만 해놓고, 시위는 안했다. 할 수 없어서 교회 입구인 경부고속도로 서초ic 인근과 셔틀차량 타는 양재역에 집회 신고하였다. 오히려 집회장소가 주변으로 더 넓혀졌다. 다음엔 구원파 교주 박ㅇ수 서초동 자택에서 "가짜목사 종교사기꾼 물러가라!!" 등 강력한 구호를 외쳤다. 특히 위의 서초구청 길건너에서도 "200억원 주식사기 주범 물러가라!!" 등 구호를 외치고, 유인물을 나눠주었다. <u>2016년 **2월까지 총 30여회 시위**했다. 구원파는 "명예훼손, 업무방해, 공갈미수" 등 필자를 고소하고 "집회금지 가처분신청"까지 하였다. 결국은 "검찰 무혐의처분" 받았으나 항고, 재정신청 거쳐 종결되었다.</u> 언론. 방송, 종교계는 큰 관심을 가졌고, 필자 사무소에 구원파가 몰려와서 5회 "항의집회" 하였다.

[집회 결과]

구원파 교주는 큰 타격을 입고 내부분열로 측근들이 대거 떠났다!!

(21) 강남베00병원 허리협착증 의료사고 보상요구집회 (2015. 8월)

[진행 내역]

75세 노인의 허리협착증수술이 잘못돼 의료사고보상 요구한 시위였다. 2015. 7. 31일 및 8. 4일 두 차례 7명이 ○○역 강남베○○병원 앞에서 실시하였다. 필자는 그분을 서초경찰서에 집회신고하려 갔다가 대기실에서 만났다. 키가 작은 분이 억울한 심경을 털어 놓아서 힘껏 돕기로 하였다. **그 분은 "나는 2015. 6. 10. 위 병원에서 350만원 주고 허리 협착수술을 받았다. 수전 전부터 허리 통증 때문에 5분간 서 있기도 힘들었다. 수술 1개월 후에도 통증이 오히려 더 심해져서 '재수술을 해 달라'고 요구했으나, "50만원 줄테니 다른 병원가서 치료받으라" 했다며 분통을 터트렸다**. 첫 시위 날은 무척 더웠다. "악덕 ○병원장은 의료사고 책임지고 즉각 보상하라!" 등 구호를 힘차게 외쳤다. 둘째 시위하는 날은 양측이 충돌해, 경찰이 통제하는 등 분위기 험악하였다. 다수 입원환자들이 나와서 집회를 지켜보았다.

[집회 결과]

무리한 보상금 1억원 등 요구로 서로 감정이 상했다. 정보관 중재에도 불구하고 합의를 못하였으며, 큰 교훈을 얻은 집회였다.

(22) 하남시청 앞 위례신도시 입주자 조경민원 해결집회 (2015. 10월)

[진행 내역]

필자가 속한 학사장교 총동문회 선배의 소개로 하남시청 집회하였다. 2015. 10. 23. 위례신도시 입주민들이 위례케슬 APT 단지의 부실한 조경공사에 항의하고 재시공을 요구한 시위였다. <u>신축아파트 내 조경수 수십 그루가 말라 죽는 등 부실조경공사에 분노한 200여명의 주민들이 하남시청으로 몰려왔다. 나는 총괄사회를 보며 "조경공사 소나무 다시 심어라" "조경예산을 공개하라" "하남시장과 도시개발공사 사장은 물러가라" 등 구호를 외쳤다</u>. 특히 이날은 정치인 새누리당 김재경 국회의원, 문학진 전 국회의원과 다수 지방의원이 참석해서 발언할 기회를 주었다. 언론에서도 다수 취재하였다. 발주처이며 감독기관인 하남시청 관계자와 "면담시간" 주선했으나, 서로 입장차이만 확인하였다. 이후 10. 3일날 2차 집회를 감행하며 강력한 시위 이어갔다.

[집회 결과]

필자가 처음으로 100명 이상 집회를 총괄했다. 단순 사회만이 아니라 협상 등 자문하였으며, 시공사 측이 요구사항 대폭 수용하였다.

(23) 수원 실내골프장 보증금 5천만원 반환요구 집회 (2015. 10월)

[진행 내역]

본건은 특이하다. 상위 (8)번 잠실 스ㅇ파크 회사 관계자가 의뢰하였다. 실내 골프연습장을 잘 짓고 이중계약 사기 친 사건이다. 수원시 망포역 인근 하ㅇ골프 피트니스 400여평을 보증금 2.5억원 계약하고 중도금까지 5500만원을 지급하였다. <u>그런데 1억원 더 준다는 사람과 계약하고 일방적으로 받은 돈을 반환하겠단다. 그 돈 지급도 차일피일 미루었다. 2015. 10. 5. 필자는 5명 데리고 위처럼 8m 대형 현수막을 건물 앞에서 펼치고 시위하였다. 현재 장사가 잘되므로 집회는 영업에 치명타 될 수도 있다.</u> 역시나 회사 손ㅇ대표, 왕ㅇ이사는 즉각 반응을 했다. 지ㅇ정보관 중재에 내일까지 5500만원 지급하기로 약속하였다. 다음날은 여러 사정으로 미지급하고, 그 익일 5500만원 전액 받았다. 신속하고 과감한 집회와 협상이 주효하였다. 특히 피해자는 큰 고민을 해결해준 필자에게 고맙다고 특별 사례금까지 주었다.

[집회 결과]

사업장 1차 집회 후 피해금액 모두 받았다. 얼마나 큰 위력인가?

(24) 통신다단계 피해자모임 대치동 본사 보상요구집회 I (16. 1월)

[진행 내역]

악덕 휴대폰다단계 회사를 상대로 전면전 치렀다. 필자는 인력사업을 하므로 작업자들이 "휴대폰 바꿀 때 이용하면 좋겠다"는 생각으로 몇 사람 소개하였다. "단순히 휴대폰만 바꾸면 돈을 벌 수 있다"는 말에 속았다는 것을 수개월 후에 알고 피해보상을 요구했다. 당연히 거부당해서 피해자들과 2016. 1. 6. 대치동 IFCI 통신다단계 회사에서 7명이 시위하였다. **당시 30만명이 가입하였는데, LGU+ 비인기 휴대폰을 비싼 요금제로 권장하였다. 피해금액이 수백억원 이상으로 실업자, 노인, 학생, 주부 등 사회적 약자의 피해가 컸다.**

공정위 2014. 7월 보도자료 의하면 다단계 상위 1% 연간 수입은 5662 만원이지만, 나머지 99% 수입은 매달 47만원이다. 그러나 강연 때에 누구나 매달 수백만원씩 번다고 현혹하며 사기를 쳤다.

[중간 평가]

필자가 직접 피해자로써 다단계 본사 등 5개 장소에서 시위하였다.

(25) 통신다단계 피해자모임 LGU+ 본사 보상요구집회 Ⅱ (16. 7월)

20160721_11143
1.jpg
형식: JPEG 이미지
크기: 1.23MB
해상도: 1992 x 14

[진행 내역]

집회는 IFCI 대치동 본사 5회, LGU+ 용산 본사 2회, 대규모 행사장인 인천 남동체육관 2회, 워커힐 호텔 1회 그리고 여의도 국회의사당 1인 시위 등 계속했다. <u>2016. 7. 21. 용산 LGU+ 2차 집회 때는 언론, 방송사 등에서 30여명 몰렸다. YMCA 소비자보호팀과 연계하여 MBC "경제매거진"에서도 방영했으며, 2016년 10월 국정감사에서 LGU+ 권ㅇ부회장 국회의원 앞에서 "통신다단계사업을 재검토하겠다." 말한 후 실제로 2017년 1월부터 사업을 포기하였다.</u> 본 시위와 투쟁을 통하여 다단계 사업의 피해실상을 알게 되었다. 상당한 금전과 시간적 노력이 들었고 IFCI측은 "집회금지 가처분신청, 영업방해/명예훼손/모욕죄 등으로 필자를 고소했으나 모두 "무혐의처분" 받았다. 저자도 "사기, 방문판매법위반" 등으로 IFCI 이용ㅇ 권영ㅇ 등 고소해서, 중앙지법에서 실형 1년 6개월, 집행유예 2년, 벌금 2천만원 선고받았다.

[집회 결과]

집회 효과는 엄청났다. 다단계사기꾼은 처벌되고 사업 포기하였다!!

(26) 대○인력 발주처 하남시청 9천만원 노임체불해결요구 (16. 7월)

[진행 내역]

인력협회 지인이 소개하였다. 다수 인력업소는 일거리 확보를 위해서 먼저 작업자에게 일당 노임을 선 지급한다. 통상 1개월 동안 수억원을 주기도 한다. 대○인력은 총 9천만원 못 받았는데 구리시, 하남시 2곳 현장이었다. 필자도 인력업소 운영하므로 그분의 고통을 충분히 알고 있었다. **체불업체는 관급 공사하므로 구리현장과 하남시청에도 집회신고를 해 두었다. 나는 집회현장을 답사하고 유인물, 현수막, 어깨띠 등 직접 만들고 진행방법을 의뢰인과 협의하였다.** 드디어 2017. 7. 8. 구리시 수택동에서 12명이 시위하였다. 큰 소리에 주민들과 체불업자가 항의하고 난리가 났다. 오후엔 하남시청 앞에서 "동○건설 관공사를 취소하라!" 등 외치고 시청 담당자와 협상했다. 이후에도 한차례 집회 했으나 내부 불화 등으로 중단되었다.

[집회 결과]

의뢰인 대○인력이 집회관계자에게 강압적으로 대하는 등 불화로 중단하였다. 결국 자체 진행하다 민.형사 처벌받았다.

(27) 세종시 노동부청사 구직자수수료 4%사수 120명 집회 (16. 7월)

[진행 내역]

필자 소속 인력업계의 "상용직 구직자 소개료 1% 추진반대 비대위"
에서 세종시 고용노동부 앞 시위하였다. 월급제 위주 상용직 소개 시
구직자 소개료를 현행 4% ➜ 1% 되면 "상용직 소개전문 소개업자"는
심각한 타격을 입는다. 수입이 절반 이상 급감하기 때문이다. **필자는
비대위부위원장 자격으로 집회준비 및 진행 총괄하였다. 2016. 8. 25.
70여명이 세종시 고용노동부 앞 청사에서 "유료직업소개소 수수료 4%
사수하자" "공문서 위변조한 공무원을 파면하라" 등 구호를 외쳤다.**
금번 시위로 인하여 이후 2년간 싸울 동력이 되었다. 개별 사업하는
인력업체는 잘 뭉치기 힘들다. 그러나 위와 같은 이해관계가 있을 때
는 자기 생존권 차원에서 모인다. 공익차원에서 필자는 늘 앞장에서
시위를 주도하고 공무원들을 설득하였다. 당일 날씨는 무척 더웠지만
즐거운 분위기 가운데 힘차게 시위를 마쳤다.

[집회 결과]

노동부 집회로 소개료 3% 유예되었으며 상용직 협회가 출범하였다.

(28) 일당 노임 120만원 체불한 방배동현장 1인 시위 (2016. 11월)

[진행 내역]

필자 인력업소의 1인 시위 사례이다. 2016. 11. 22. 은행잎 떨어지는 늦가을에 내방역 인근 노임 120만원을 못 받은 곳으로 직접 찾아갔다. 당시 구인자는 10일 이상 일당 노임지급을 차일피일 미루고 있었다. 실내 수영장 공사현장인데, 더 시간이 흘러서 돈 다 받고 잠적한다면 떼일 가능성 높다. 상시 비치한 현수막을 펼치니 임차인이 "나는 줄 돈을 다 주었는데 왜 영업방해 하는가?"라며 항의하였다. 그래서 "사장님은 억울하시겠지만 저희 근로자가 일한 부가가치가 수영장에 있습니다. 제 전화를 안 받고 약속을 자꾸 어기니 전화해서 빨리 노임 주라고 협조 부탁해요.." 애원하였다. 경험상 일마치고 돈을 안주면 빨리 현장 방문해서 1인 시위가 가장 빠른 해결책이다!!

[시위 결과]

시위한 후 5시간 만에 체불금 120만원 전액을 받았다!!

(29) 광화문 흥ㅇ생명 리모델링공사 노임지급촉구 1인 시위 (17. 1월)

[진행 내역]

내가 직접 1인 시위 나갔다. 인력업소가 커진다면 구인자에게 1개월 단위로 노임을 받으며 대신 지불한다. 하지만 필자는 당시 자금부족에 시달렸으므로 대불(싸인지)할 여건이 아니었다. 날씨는 -12c 무척 추웠지만 2017. 1. 23. 광화문 흥ㅇ생명 본사 앞에 현수막을 설치했다. 놀란 경비원이 달려오고 혼란스러웠다. "3층 전시장 공사업체 제이ㅇ ㅇ는 밀린 208만원 노임을 즉각 지급하라!!" 메가폰으로 크게 외쳤다. 노임 체불한 회사도 이 정도로 나올지는 몰랐는지 즉시 연락이 왔다. "공사현장에서 이러면 어찌합니까?" 그래서 나는 "왜 전화도 받지 않습니까? 그래서 현장으로 달려온 겁니다." 할말이 없어진 김차장은 "아무튼 노임을 바로 보낼테니 즉각 철수하십시오!" 하였다. "그러면 먼저 밀린 노임 208만원 송금부터 하세요. 아니면 계속 시위합니다." 내가 단호하게 말하니 상대방도 수긍하였다.

[시위 결과]

시위 1시간 후 체불금 전액이 들어왔다. 나는 노임은 받았지만 계속 후회되었다. 주요 고객을 잃었기에 공존방안을 모색하였다.

(30) 삼ㅇ물산 판교역 본사 앞 노임체불 지급촉구집회 (2017. 2월)

[진행 내역]

필자 인력업소의 구인자가 의뢰한 것이다. 삼ㅇ물산 용산역 래미안APT 건축공사장에서 4억여원 노임 못 받았다. <u>피해기업들은 시공사의 하청업체 인테리어 등 공사하였다. 근로기준법 제44조는 하청업체 노임체불시 원청사가 공동 책임져야 한다. 대기업이 매월 50%씩 노임지급을 미루어서 하청업체가 부도났고, 금번 피해기업들도 부도 직전이었다.</u> 2017. 2. 8. 판교역 삼ㅇ물산 본사에서 30여명 시위하였다. 피해사장들은 현장을 쉬고 인원을 데려왔다. "대기업은 갑질행위를 중단하고 체불노임을 즉각 지급하라" "삼ㅇ물산 횡포로 하청업체만 죽는다!!" 등 구호를 외쳤다. 한편 경찰 정보관에게 요청해서 담당자, 본부장 등과 대화를 추진하였다. 이후 용산역 삼ㅇ물산 현장 등 총 7차 시위를 감행하였다. 공사현장과 본사 2곳 동시 집회에 무척 당황했다.

[집회 결과]

피해기업 10여개사가 합동 시위한 후 합의서 쓰고 마무리하였다.

(31) 선릉역 최순실 특검사무소 앞 이재용 구속요구집회 (2017. 2월)

[진행 내역]

선릉역 최순실국정농단 특검 앞에서 집회하였다. 위 26번 시공사
삼성물산 대주주는 지분 16.5% 이ㅇ용부회장이다. 당시 불법자금
제공으로 위기였다. 그래서 노임 4억원 못 받은 것에 삼성물산
판교 본사, 용산역현장 외에 <u>국정농단특검 앞에서 "삼성물산 대
주주 이ㅇ용을 구속하라!" "노임은 떼어먹고 불법자금 제공하는
총수를 구속하라" 등 구호를 힘차게 외쳤다. 오전엔 판교 본사,
오후엔 선릉역 1출구 특검사무실 앞에서 3차례 집회를 하였다.</u>
다른 단체에서도 집회하여 북새통을 이루었다. 이재용 부회장은
결국 2017. 2. 17. 05시 30분 구속영장 발부되었다. 한편 기쁘면
서도 씁쓸함을 느꼈다. 정경유착의 비참한 결말이다!!

[집회 결과]

직접 연관 없는 "최순실 특검" 앞 집회는 대단한 용기가 필요하였다.
추후 삼성물산과 전폭적 합의도 시위의 결과라고 믿는다!!

(32) 서울 극ㅇ교회 사기성교육 중단 및 보상요구 집회 (2017. 4월)

[진행 내역]

서울의 강남구 대치동 극ㅇ교회에서 황당한 APT 입주권 사기를 쳤다. 필자가 잘 아는 교회 성도가 "대ㅇ동 극ㅇ교회 교육이수하면 인접한 미도APT 재건축 입주권을 준다니 가보자."고 말하였다. 나도 믿기지 않지만 사실 확인차 3호선 대ㅇ역 인근의 교회를 찾아간다. 해당 교육장은 매주 100명 넘는 새신자가 등록하는 등 야단법석이었다. <u>나는 철저한 사실확인 후 사기꾼 일당에게 놀아나는 교회 앞에 집회신고 하였고 형사고발까지 언급하였다. 놀란 담임 손목사는 내 인력업소를 찾아와서 사과하고 "제발 시위만은 하지 말라!"고 애원했다.</u> 하지만 APT 입주권 받으려는 교육참석자가 500명 넘으니 피해자가 엄청났다. 이후 2017. 3. 23. 집회를 시작하며 공범자 교회에 경고하였다.

[집회 결과]

사기성 교육을 중단하고 "우리교회는 아파트 입주권과 연관 없다"고 선언하였다. 시위하지 않았다면 큰 사회적 물의를 일으켰으리라!!

(33) 롯ㅇ건설 잠원동 본사 6억원 공사비지급 촉구집회 (2017. 4월)

[진행 내역]

잠원동 롯ㅇ건설 본사 집회를 했다. 다른 인력업소가 부탁해서 **공사비 6억원 못 받아 2017. 4. 25. 3명이 참가하였다. 하도급업체의 부도로 연쇄피해를 본 사례였다. 인원이 적어서 필자도 직접 펫말을 들었다. 현수막을 걸고 엠프를 크게 틀어 놓으니, 인근 아파트 단지주민들의 항의가 빗발쳤다.** 경찰관이 현장 확인하러 방문하면 잠시 작게 틀었다가 다시 볼륨 높으며 시위를 이어갔다. 의뢰인은 사업이 바빠서 아침 도착해 점검 후 갔으며, 수시로 상황보고 해 주었다. 집회 성공여부는 참가자의 자세에 따른다. 상대방은 자기 건물 앞에서 시위하므로 상황 파악을 잘하고 있다. 조금이라도 허점이 보이면 무시해 버린다. 나는 늘 "집회를 하면 갑과 을이 신분이 바뀐다."고 강조한다. 위 집회는 4차례 이어졌으며 정보관이 수시로 협상 중재하였다.

[집회 결과]

정보관의 적극적 중재로 밀린 공사비의 80% 받고 시위를 마쳤다.

(34) 안국역 현ㅇ건설 본사: 1.6억 노임체불대책요구 집회 (2017. 5월)

[진행 내역]

인력협회 지인이 태ㅇ인력 소개하였다. 현ㅇ건설 하도급업체 누ㅇ건설
로부터 1억 7천만원 노임체불 되었다. 경기도 광주시 태ㅇ동 현대아파
트현장에 골조형틀 부문에 3개월간 밀린 인건비였다. 통상 인력업소는
먼저 일당을 지급하고 40일 ~ 50일 후 받는다. <u>현ㅇ건설은 시공사로서</u>
<u>노임체불에 연대책임이 있으므로 안국역 본사 앞에 집회 신고하였다.</u>
<u>2017. 5. 16. 총 15명 시위 참가했다.</u> "현ㅇ건설은 신속하게 체불노임
해결하라!!" "무사안일 현ㅇ건설사장을 구속하라" 등 구호를 외쳤다.
대형 현수막 3개를 대로변에 걸으니 분위기가 살았다. 통상 대기업은
집회해도 금방 반응이 없다. 담당부서 인원이 많고 책임소재도 불분명
하기 때문이다. 3차 집회를 마치고 태ㅇ인력사장은 시위비용 등으로
직접 엠프 구입해 2명이 계속하였다. 또한 변호사 소개 받아 "공사중
지 가처분신청" 등 법적조치하려 했으나 지지부진했다.

[집회 결과]

독자적으로 집회하다 결국 6개월 후 체불노임 60% 정도 받았다.

(35) 청와대 분수대 전국신천지피해자연대 1인 시위 동참 (2017. 5월)

[진행 내역]

필자 집안에도 신천지 신자가 있다. 신천지는 반사회 활동으로 심각한 문제를 일으키므로 청와대 앞에서 1인 시위했다. 정동섭교수는 구원파 박옥수 교주와의 투쟁과정에서 만났다. "지금 청와대 앞에 가면 많은 신천지 피해자 가족들이 1인 시위하니 참가하라" 는 권유를 받았다. 마침 인근 현대건설 본사 집회하며 참여했다. 2018. 5. 17. 엄청 더운 날씨에 신천지피해자 가족의 안타까운 사연을 들었다.

엄마는 "두 딸들이 신천지에 빠져 가출했다. 지금 어디 있는지 모른다. 1년에 몇 번씩 전화가 온다. 생업을 다 포기하고 시위하고 있다.." 며 눈물을 흘렸다. 그래도 같이 사는 가족은 다행이다. 이런 피해자 가족들이 신천지 본부와 청와대에서 시위하는 분들은 수백명이라고 했다. 나는 10시부터 3시간만 참여해 주었다. 작열하는 5월 태양아래 피켓을 들고 서 있는 것은 무척이나 힘이 들었다.

[시위 결과]

추가 시위 참가 및 신천지피해자연대 집행부와 연결되었다.

(36) 일용근로자 체불노임 752만원 지급독촉 1인 시위 (2017. 6월)

[진행 내역]

박태ㅇ씨 요청에 의해서 1인 시위를 도왔다. 우리 인력업소에 나오다 형틀목수로 변신해서 김포현장에서 일했으나, 50여일치 752만원 못 받아서 고통을 호소하였다. <u>집회신고하면 48시간 기다리니 1인 시위가 적합하다. 2017. 6. 11. 오전 9시 사당동 노임 체불자 집 앞에서 박씨가 소형 펫말을 목에 걸고 메가폰으로 소리쳤다.</u> "대광빌라 ㅇ호 사는 목수사장 이용ㅇ은 내 돈 752만원 즉시 지급하라!" "고의적으로 노임 안 주는 이사장 반성하라!!" 등 구호를 크게 외치니 경찰이 달려왔다. 경위를 설명하니 돌아갔지만 일체 반응이 없었다. 시위 사진을 찍어서 보내니 "노임 곧 줄테니 철수하라!"는 답변이었다. 다음날은 김포시 장기동 현장에 현수막 펼치고 시위하니, 건축주가 목수사장에게 전화하고 난리쳤다. 그러나 시위에 호의적이고 협조해 주었다.

[집회 결과]

이후 2차례 더 시위하고 건축주 협조로 체불노임 모두 받았다.

(37) 파출연합회 중구청사, 외식업중앙회 무료소개항의집회 (17. 7월)

[진행 내역]

전국파출연합회가 주관하는 "한국외식업중앙회 무료소개취소집회"가 2017. 7. 7. 중구청사에서 열렸다. 14년 10월 첫 집회 후 3년여년만에 다시 열었다. 그동안 많은 변화가 있었다. 파출연합회 조직이 더 커지고 결속이 견고해졌다. 그러나 외식업중앙회는 불법적 무료소개업운영하면서도 기득권을 놓지 않았다. **장마철이라 비 내리는 가운데서도 무려 100여명 파출사업자가 참여했다. "불법으로 허가한 외식협회 무료소개업 취소하라!" "관계자를 문책하라!!"등 구호 외쳤다. 필자는 수석부회장으로 용품준비 및 진행 총괄하였다.** 11시경 정보관 주선으로 양측 관계자 회담했으나 큰 성과가 없었다. 일드림협회와 한국고용협회는 식사비 등 지원했다. 집회는 내부 결속과 외부투쟁 수단으로 효과가 크다. 외식업중앙회 관계자도 참관하고 인사하였다.

[집회 결과]

상대와 싸울 동력을 다시 확보하고, 관계자 고발 및 식약처 집회 등과 변호사 선임으로 이어진다. 유관단체와 협조도 원활해졌다.

(38) 한국가스공사 앞 포천화력발전소 부실시공 규탄집회 (2017. 7월)

[진행 내역]

포천화력발전소 배관공사 용접공이 부실시공을 규탄하며, 서울 염창동 본사에서 집회하였다. 강윤ㅇ씨는 당시 배관용접하며 수차례 문제점을 지적하였으나 공사비 절감 위해서 시방서대로 하지 않았단다. 필자는 <u>그를 청와대 앞에 1인 시위하며 만났다. 사실 청와대 시위는 상징성만 있을 뿐 효과는 없다. 차라리 청와대 신문고에 글 올리는 것이 빠르다. 그래서 나는 "여기서 1인 시위해도 효과 없다. 해당 기관에 직접가서 집회해야 한다."고 권유했다.</u> 이후 집회신고, 현수막, 펫말, 어깨띠 등 준비품목을 도와주었다. 2017. 7. 25. 발산역 인근 한국가스공사 본사에서 첫 집회하였다. 강씨도 차량에 엠프를 부착하고 구호를 녹음하여 동일한 내용 반복하며 10여회 시위를 이어갔다.

[집회 결과]

청와대 시위부터 6개월여 시위하였으나 큰 성과 없이 마쳤다.

(39) 신길센트럴자이 아파트공사장 앞 소음분진 항의집회 (2017. 7월)

[진행 내역]

신길동센트럴자이 12구역 재개발아파트공사장에서 발생하는 미세먼지, 소음, 진동 때문에 집회하였다. 공사현장 앞 래미안아파트 주민들이 주관하였고, 나는 진행 총괄해 주었다. 센트럴자이는 총 1008가구로써 대단지이며, 분양가 2천만원 초반이었지만 현재는 100% 폭등하였다. 2017. 7. 28. <u>50여명이 참가하여 "12구역조합은 즉각 공사중지하라" "졸속, 무능한 행정 영등포구청장은 물러가라!!" 등 구호를 외쳤다. 경찰관도 수십명 배치하고 긴장하였다. 현장분양사무소 바로 앞에서 구호와 함성 지르는 등 주민들은 격앙되었다.</u> 중식도 시위현장에 피자 등으로 단체 주문하여 나눠주었다. 집행부의 협상조건은 겨우 가구당 30만원을 요구하는 등 미온적이었다. 나는 더 강력한 시위와 100만원 이상을 주문했으나 집행부 투쟁의지가 부족해 안타까웠다.

[집회 결과]

무능력한 집행부로 인해서 2차 집회 후 변호사에게 위임하였다.

(40) 청주시 식약처 앞 외식업중앙회 불법영업항의집회 (2017년 8월)

[진행 내역]

청주시 오송읍소재 식품의약품안전처에서 2017. 8. 24. 시위했다. **지난달 서울 중구청 집회는 외식업중앙회의 불법적 무료소개사업에 대해 허가취소요구하였고, 금번 식약처는 관리감독권을 행사할 것을 압박했다**. 직업안정법상 비영리법인이 무료소개업하려면 외식업계의 회원가입율 및 회비납비율 80% 이상 돼야한다. 60만개 업소 중에 42만명이 회원 가입되었으므로 80% 크게 미달한다. 따라서 식약처에 신고한 외식업중앙회의 정관을 공개해서 불법영업 따른 "행정조치" 요구하였다. 추후 "정보공개청구" 통해 정관을 공개하게 된다. 이날 필자는 승합차에 12명 태워서 운전하였으며 현수막 제작, 협상 등 주도했다. 아침부터 엄청 바람 부는 날씨에 회원들이 서울에서 오가며 큰 고생하였다.

[집회 결과]

식약처를 통한 외식업중앙회 압박 및 정관공개 등 받았다.

(41) 사이비종교단체 전능신교 오류동, 횡성본부 항의집회 (17. 11월)

(↑사진 부재로 전능신교 타지역 시위인용: 종교와 진리 2019. 9월호)

[진행 내역]

종교 월간지 오부장의 소개로 전능신교 본부에서 집회하였다. 오부장은 구원파 상대로 시위할 때 "종교와 진리" 월간지에 50여쪽 비판기사를 실어 주었다. 전능신교는 중국 양향빈 교주가 창시하였다. 본토에서 반인륜, 반사회적 교리를 전파해 수많은 가정을 파탄시키고 큰 물질적 피해를 입혔다. 그들은 시한부 종말론을 주장하며 집단거주 및 가출을 조장하였다. <u>2017. 11. 11. 오류동역 인근 전능신교 본부에서 10명이 시위하였다. 정문 앞에서 "대한민국 검찰은 사이비 교주와 간부를 구속하라" "사회 암적인 단체를 해산하라" 등 구호를 외쳤다.</u> 피해자와 연고자 면회도 주선했지만 가정복귀를 거부하였다. 다음날은 강원도 횡성군 둔내면으로 이동해서 시위를 이어갔다.

[집회 결과]

이단사이비단체 집회는 단기간이면 곤란하다. 종교 사기이므로 장기간 조직적인 시위여야 한다. 무척 안타깝지만 소득 없이 마쳤다.

(42) 두○산업 안전용품 자재대금 3천만원 체불항의집회 (17년 11월)

[진행 내역]

의뢰인이 네이버 파워링크 "집회컨설팅" 검색해 사무소로 찾아왔다. 이미 집회신고 했으며 안전용품, 철물 등 3천만원 납품하였는데 못 받았다. **하도급업체인 트○이 체불해서 2017. 11. 14. 평○역 인근 원청사 C○○ 본사에서 시위했다. 근로기준법 44조 의거해 노임은 시공사와 하도급업체가 공동 책임진다.** 나는 도우미 4명 데리고 갔다. 본사 앞에 현수막 펼치고 시위음악을 크게 틀었다. 회사 관계자는 "근무 방해된다."며 막았지만 정보관이 제지해 돌아갔다. 의뢰인은 회사 일이 바빠서 수시로 오갔다. 결국 4차 집회까지 진행하였다. 보통 하청사가 원청업체를 상대로 집회하면, 차후 거래가 끊기고 업계에서 나쁜 소문이 날까봐 무척 걱정한다. 그러나 의뢰인이 과감하게 맡겨서 사명감으로 진행하였다.

[집회 결과]

4차 집회 후 하도급업체 본부장이 "지불각서" 쓰고 종결했다.

(43) 건강보험공단 중랑지사의 2천여만원 부과철회집회 (17년 12월)

[진행 내역]

지인의 소개로 에ㅇ스인력에서 찾아왔다. 그 분은 "내일부터 사가정역 건강보험공단 중ㅇ지사에서 집회한다. 잘못 부과된 건강보험료 1800만원을 취소하라" 말한다고 하였다. 2018. 12. 8. 3명 데리고 도착하니 10여명이 나왔다. 초겨울 체감온도 -15c 무척 추웠다. 나는 마이크를 잡고 "건강보험공단은 부당한 보험료 부과 즉각 취소하라" "중랑지사장은 책임지고 물러가라" 외쳤다. 에ㅇ스인력은 하루 150명 나가는 상위 1% 속하는 곳이다. 사업자 종목에 "인력 공급업" 표기되었으므로 "파견업종" 이라며 고액을 부과하였다. <u>나는 협상장에 가서 "구인자에게 받은 노임에서 수수료 빼고, 전액 근로자에게 보낸 것을 확인하면 된다. 입증자료 2~ 3년치 제출하면 다시 취소하라" 하니 동의했다.</u> 인근 감자탕 식당에서 15명이 중식 먹고 헤어졌다.

[집회 결과]

1차 집회로 쉬운 마무리 예상했으나 의뢰인의 고압적 자세와 자료 미제출로 행정소송까지 했지만 패소하였다. 고집부리면 손해 본다..

(44) 진입로 분쟁관련 일산 동구청, 고양시청 허가취소집회 (18. 1월)

일산 동구청 ↑

[진행 내역]

아파트 공사부지 진입로 구청허가 때문에 집회하였다. 일산 위ㅇ티ㅇ 단지블ㅇㅇAPT 바로 옆에 진입로를 내준 동구청 및 아파트 허가한 고양시청에서 2곳이다. 네이버 검색으로 연락 와서 주민자치회를 방문했다. 필자는 의뢰인 전화를 받으면 가능한 실태파악을 위하여 찾아 간다. 현재도 도로가 좁은데 풍ㅇ에서 아파트를 지으면 차량통행이 불편하다는 것이다. 집회하러 가는 도중에 취소하는 등 우여곡절 끝에 2018. 1. 22. 고양시청에서 10시 시작하였다. <u>주민 50여명이 시위 참가하여 "위ㅇ티 앞 풍ㅇ아파트 도로점용허가를 취소하라!" "불법에 앞장 선 담당 공무원 문책하라" 등 구호를 외쳤다. 중식 후에는 일산 동구청으로 옮겨서 시위를 이어갔다.</u> 집회 도중 동구청장과 대화시간 가졌으나 큰 성과가 없었다. 당일 진눈깨비 내렸고 주로 60세 이상 된 분들이 많아 집회 동력이 떨어졌지만 최선을 다하였다.

[집회 결과]

당시 1차 집회 이후 더 진척이 없었다. 주민자치회가 "시위를 계속하자와 변호사에게 맡기자"로 양분되어 있었다.

(45) 선유도역 호텔 공사비 4.5억원 체불지급 촉구집회 (2018. 2월)

[진행 내역]

갑자기 서울 삼성역 회사로 찾아오라하였다. 우선적으로 방문하니 김 팀장이 "선유도역현장 중형 호텔을 준공검사 마쳤으나, 4억 5천만원을 못 받았으니 집회하려한다"고 했다. 대개 공사비는 잔금 때 문제된다. 건축주나 시공사가 잔금 미루다가 하자 등 트집 잡는다. 나는 "일단 집회하며 협상으로 해결하는 것이 가장 빠르다."고 말하였다. 집회신고서 제공하고 작성요령 알려주니 당일 실행하였다. 2018. 2. 26. 5명이 시위 나왔다. 시공사 삼양ㅇㅇ는 파ㅇ호텔 및 스테ㅇ트호텔을 같이 지었다. 스테ㅇ트호텔은 다 받았으며 마침 집회날 개업식을 하였다. 축하 행사에 시위음악 높이니 무척 항의가 많았다. 그래도 건축주는 나타나지 않았다. "악덕 건축주는 공사비 즉시 지급하라" 등 외쳤다. 이후에도 2차례 더 시위 후 대화를 통해 잘 마쳤다.

[집회 결과]

집회 목적은 협상으로 원하는 것을 얻기 위함이다. 시위는 수단이다. 파ㅇ호텔은 집회와 대화로 수개월 내 공사비를 거의 받았다.

(46) 을지로 음식점 파출연합회원사 회비미납항의 1인 시위 (18. 3월)

[진행 내역]

종로파출은 음식점 및 구직자를 소개하고 수수료 50만원 못 받았다. 을지로 대○○ 은 장사가 잘된다고 소문난 곳이다. 1인 시위가 성공하면 여파가 크다. 사전에 피켓, 어깨띠 준비해서 2018. 3. 5. 음식점 입구에 피켓 시위하였다. 통상 음식점은 1인 시위는 여성이 좋다. 반감도 적고 고객에게 동정도 얻는다. 예상대로 주인은 민감하게 반응하였다. 경찰에 신고한다고 협박(?)하고, 의뢰인에게 애원도 했다. **파출업소는 수수료 50만원이 큰돈이다. <u>그 인근에도 비슷한 사례가 있어서 절실하게 1인 시위를 지원했다. 나는 전국파출연합회 부회장 자격으로 도와주었다. 소개해준 근로자는 음식점 주방에서 일하면서 가끔 밖을 보았다.</u>** 시위 여성은 우리 사무소의 직원이다. 점심시간 전후 2시간씩 피켓을 들고 서있기만 했다. 드디어 두 번째 1인 시위 후 주인이 항복하였다. 고객의 계속된 질문과 항의에 견디지 못한 것이다.

[집회 결과]

1인 시위는 2차로 종료하고 밀린 수수료 전액을 모두 받았다.

(47) 인천시 검단지구 5천만원 노임체불 지급촉구집회 (2018. 3월)

(당일 집회사진 미확보: 유사현장 인용)

[진행 내역]

인천 상ㅇ인력 손사장에게 소개 받았다. 인천 검단지구 대ㅇ종합건설 공사현장에서 4개월간 5천여만원 노임을 못 받았다. 2018. 3. 21. 집회인원 3명이 전철 3번을 갈아타고 2시간 걸려 도착하였다. **미장조적 하도급업체 김사장은 원청사에게 공사노임을 받아야 손사장에게 2천여만원 줄 수 있었다. 9시 이후 집회음악을 크게 틀고 대형현수막을 2개 걸었다.** 11시경 손사장은 지방신문 기자를 데리고 와서 체불한 건설회사 취재하니 긴장하였다. 그러나 건설회사는 "청구한 노임은 다 지급하였고, 아직 50% 남았는데 청구하면 주겠다." 는 입장이었다. 나는 집회하면서도 이해가 잘 안되었다. 노임청구도 제대로 안하고 돈 달라는 것이 말이 되는가? 하지만 확인결과 사실이었다. 집회를 더 진행할 명분이 없으니 조용히 마치고 중식 후에 귀사하였다.

[집회 결과]

결국 받아야 될 공사노임의 80% 정도를 2개월 후 받았다.

(48) 고양시청 덕이동 지역주택조합 건축허가축구집회 I . (18년 4월)

[진행 내역]

고양시 덕이동 지역주택조합에서 연락 받고 다음날 사무소 방문했다. 야당역에서 걸어가니 이사진 5명이 대기하고 있었다. 덕이동 주택조합은 4만여평 22개동 2700세대 대규모 계획단지이며, 조합원 1600여명이 잔금 제외한 토지대금을 납부하였다. 그러나 고양시는 도시기본계획상의 인구배분이 안되어 건축불허가 상태였다. 하지만 국토교통부에 질의하니 기본계획의 연속성상 개발이 가능하다고 하였다. 즉 고양시만 재량권 발휘한다면 아파트 건축이 가능하다. 조합원 1가구당 평균 6천만원 이상 대출을 받아서 건축 불가시 엄청난 피해자가 발생되었다. <u>나는 현장방문을 통해 실상을 파악하고, 집회시위 통한 민원해결을 설득하였다. 물론 집행부는 이미 8회 시위를 결정한 상태였다. 현수막 4개, 피켓 50개 등 준비하고 2018. 4. 17. 5명이 고양시청에 도착하니 100여명 주민들이 나왔다.</u> "고양시는 도시개발사업구역지정 즉각 수용하라!!" 등 구호를 외치며 필사적으로 시위하였다.

[집회 경과]

이날 1차 시위를 계기로 10차 집회까지 절실하게 이어 나갔다.

(49) 고양시청 덕이동 지역주택조합 건축허가촉구집회 II. (18년 5월)

[진행 내역]

덕이동지역주택조합원은 무주택 서민들이며 소형아파트 실소유자이다. 투기목적이 아니라 "내 집 마련" 꿈은 안고 빚을 내서 중도금까지 치른 상태였다. 지난 2년간 비닐하우스에서 자고, 정신적 충격으로 유산한 임산부도 있었다. <u>2차 집회 이후 200~ 300명으로 시위대 늘어나고 과격한 양상으로 치달았다. 정문돌파, 시청 현관점령 등으로 경찰과 대치했다. 매주 2회씩 시위해서 6월 11일 10차 집회까지 밀고 나갔다.</u> 나는 시위를 총괄하며 최성 고양시장 면담을 끝으로 마쳤다.

[집회 결과]

고양시장은 양측 TFT팀 약속했으며 결국 APT사업승인 잘 되었다.

(50) 신림동 가야위드안 수분양자협의회 예금보험공사 집회 (18. 6월)

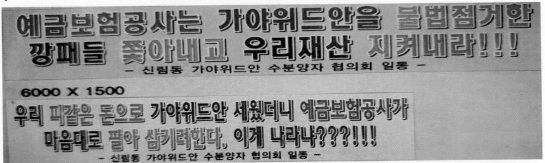

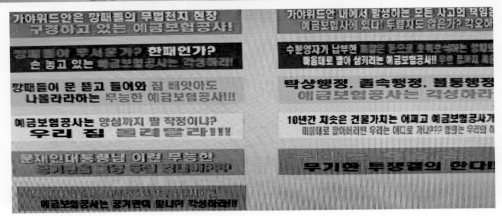

[진행 내역]

종각 인근 예금보험공사(예보) 집회하였다. 신림동 가야위드안 주상복합APT는 수분양자 187가구이다. 2012년 시행사 부도로 대출이 중단되었으며 결국 채권자가 예보가 되었고 공매를 준비하고 있었다. 상당수 가구는 분양 잔금을 납부하였지만 미준공 상태라서 등기할 수 없었고 재산권 행사도 못하였다. 이런 허점을 이용해서 시행사 사주 받은 깡패들이 무단으로 아파트를 강탈하거나 관리했다. <u>예보는 채권자로서 이런 불법 행위를 고발하지 않고 방치하였다. 만약 공매에 넘긴다면 낙찰자에게 아파트를 뺏긴다는 위기감에서 시위하였다.</u> 현재 아파트 50여세대가 아파트를 강탈당하는 등 무법천지였다. 2018. 6. 8. 종각 예보 앞 시위는 60여명 참가했다. "예보는 즉시 깡패퇴출에 앞장서라! 공매 낙찰시 우선 매입대상자 선정하라" 등 구호를 외쳤다. 수분양자협의회장은 예보 측과 협상하고 결과를 알려주었다.

[집회 결과]

예보시위 3회 및 기타 10여회 등 지속적 집회 후 성공한다.

(51) 여의도 금감원 앞 아ㅇ저축은행 감사요구집회 (2018년 6월)

[진행 내역]

대치동 Sㅇ투자사에서 금감원 집회 의뢰했다. 피해측은 아ㅇ저축은행이 보유한 남양주시 호ㅇ동 부동산을 매수하려 하였으나 먼저 공매절차부터 진행한다면서 비용 부담시켰다. <u>의뢰인 측에게 아ㅇ저축은행은 1억5천만원 경매진행비 등을 강요하였다. 그러나 경매결과 제3자가 낙찰 받아 경제, 시간적 손해가 매우 컸다. 금번 시위는 금융감독원의 감사와 징계를 요구하는 집회였다. 사회적 약자에게 갑질행위한 경우이다.</u> 2018. 6. 19. 08시경 여의도 금감원 도착하니 ㅇ부장이 나왔다. 우리 외에도 3~4개 시위처의 함성과 음악으로 어수선하였다. 먼저 준비한 대형 피켓과 소형 현수막을 정문 옆에 들고 있었다. 상대 아ㅇ저축은행은 나와서 우려를 표하며 집회 중단을 요구했지만 계속하였다. 첫날은 1시 반경 돌아갔으며 8회차 시위 이어갔다.

[집회 결과]

금번 의뢰인은 필자 조언대로 따랐다. 협상은 집회 지속할 때 효과가 크다. 금감원의 감사 압박에 피해금액 모두 변상하였다.

(52) 고용노동부 세종청사 앞 직업안정법 개정반대 집회 (18년 6월)

[진행 내역]

전국고용서비스 탈퇴한 분들이 중심이 되어 직업안정법 제26조 개정을 반대하는 대규모 시위하였다. 개정안은 비영리단체인 외식업중앙회가 무료소개사업을 할 수 있다. 파출업종사자는 무료소개로 인해서 폐업 위기에 몰렸다. 그래서 전고협 전임 김원ㅇ충남지회장이 주도해 참가를 부탁했다. 나는 대형 현수막 1개, 어깨띠 10개 준비하여 2018. 6. 26. 세종시 고용노동부 청사로 내려갔다. 생존권 차원에서 전국 300여명 직업소개업자들이 참석하였다. "직안법 제26조 재개정을 추진하라!" 등 구호 외쳤지만, 개정안이 국회를 통과돼 힘이 빠졌다. 날씨는 엄청 더웠다. 13시 마치고 성남일자리협회원 버스로 올라왔다.

[진행 내역]

나는 외식업중앙회의 무료소개업을 없애려고 5년여간 투쟁을 하였다. 금번 집회로 신규 전국일자리협회 설립하는 기폭제가 되었다.

(53) 관악구청 앞 신림동 불법 포장마차 철거요구집회 (18년 6월)

[진행 내역]

신림역 가야위드안 주상복합은 2008년 분양 후 당시에 미준공이였다. 공사도중 시행사 부도로 은행공매로 넘어갔으며, 시행사가 관리회사를 앞세워 건물 앞에 불법적으로 천막치고 장사하였다. **관악구청은 천막 영업을 방치하고 철거하지 않아서 항의차원 집회한 것이다. 깡패가 장사하므로 겁나서 대항을 못하고 있었다. 2018. 6. 29. 100여명은 관악 구청 앞에서 모여 "깡패들 유착의혹 받는 공무원을 문책하라" "가야 위드안 천막을 즉시 철거하라" 등 구호 외쳤다.** 박준○ 구청장이 직접 나와서 적극 협조할 것을 약속했지만 수분양자협의회 피해주민들은 한 맺힌 절규로 소리 높였다. 그동안 불법적으로 포장마차 장사해도 직접 철거는 규정상 못하였다. 계고장 발부해 과태료만 수천만원 나왔다. 그러나 공무원은 재량권으로 의지만 있으면 가능성 높다.

[집회 경과]

집회 이후 공무원들이 호의적으로 바뀌었다. 필자는 장소를 달리하며 3년간 10여차례 가끔씩 시위하여 결국 성취한다.

(54) 신림역 인근 가야위드안 불법점유 깡패퇴출요구집회 (18. 7월)

[진행 내역]

가야위드안 수분양자협의회 시위는 공병ㅇ회장의 훌륭한 지도력 덕분에 결국 성공한다. 그 건물은 10년간 각종 고소고발 및 시행사 깡패동원 등 만신창이가 되었다. 공회장은 가끔 집회하면서 협박성 대화를 동시 진행하였다. **첫 예금보험공사 시위와 관악구청을 거쳐서 가야위드안 앞으로 집결하게 되었다. 2018. 7. 6. 집회 시 80여명이 "불법점유한 양아치는 즉각 떠나라!!" "시행사와 관리회사 아민개발은 사죄하라!"** 등 구호 외쳤다. 당시 깡패가 10여명이 나와 겁을 주었고 경찰 20여명이 충돌에 대비했다. 집회신고는 경찰정보관이 분쟁에 개입한다. 아무리 폭력배라도 공권력이 나오면 시위방해 등 할 수 없다. 따라서 분쟁에 집회하지 않고 고소고발, 소송만 해선 해결이 어렵다. 필자는 배짱과 용기를 내서 과감하게 시위를 총괄하였다.

[집회 경과]

외부 2곳을 거쳐서 가야위드안 시위하니 불법점유자들이 당황하였다. 이렇게 과감하게 나올 줄 몰랐다. 본격 투쟁이 된 것이다!!

(55) 한남동 고급빌라촌 부실공사 중지요구 1인 시위 (2018. 7월)

[진행 내역]

한남동 고급빌라 주민에게 연락이 왔다. 공사장 옆 빌라주민인데 소음 진동으로 벽에 금이 갔으며 붕괴 위험도 있단다. 즉시 현장 방문하니 3층 가운데 1층 중간부터 벽에 크랙이 갔다. 그래서 "공사중지가처분" 신청했으며 1인 시위를 부탁하였다. 2018. 7. 10. 더운 날씨다. **공사현장은 공구리 때문에 100m 떨어져 현수막 펼치고 1인 시위했다. 시공사 장ㅇ건설은 수시로 나와 항의하며 시위 방해하였다. 이럴 때 집회신고는 번거롭고, 48시간 기다리지 않는 1인 시위가 좋다.** 의뢰한 다음날 현수막 만들어 펼친 필자가 좋았으리라!! 고객만족은 집회시위 의뢰인에게도 똑같이 적용된다. 효과를 보면 주변에 소개한다. 아무튼 한남동 시위는 2일하였다. 우연히 검색해 통화하였지만 필자는 혼신을 다해준다. 사람의 마음은 정직하다!!

[시위 결과]

시위 2일 만에 마쳤다. 확인해보니 1개월 협상 끝에 공사중지가처분 철회하고 크랙 하자공사 및 보상금을 잘 받고 마무리했다.

(56) 국회 앞 파출연합회 직안법 26조 개정반대 1인 시위 (18년 7월)

[진행 내역]

그동안 전국파출소개연합은 한국외식업중앙회의 불법적 무료소개업을 철회하려 수년간 노력하였다. 그러나 2018. 3. 30. 임시국회에서 직업안정법 제26조 겸업금지업종에서 일반음식점, 위탁급식 등 제외했다. 6개월 후 시행하니 10월 1일부터 발효한다. 참으로 "닭 쫓던 개 지붕 쳐다보는 격"이다. 작년 10월 환노위 임이자 국회의원실 방문해서 법 개정 반대취지를 충분히 설명한 후 진행과정 확인하지 않은 것이 실수이다. 크게 후회 되었다. **외식업중앙회가 관련법 개정위한 국회로비 잘 알면서 방심하였다. 그래도 나는 포기할 수 없어서 2018. 7. 25. 여의도 국회 1인 시위했다. 삼복더위에 10여개 소속에서 시위나왔다.** 300여매 유인물 나눠주고 임 의원실 방문해서 강력히 항의했지만 큰 소득은 없었다. 파출소개업 종사자에게 큰 위기이다.

[시위 결과]

임이자의원 사무소 방문해서 김보좌관에게 항의하고 관련법 재개정을 촉구하였다. 아쉽지만 더 이상 진척되지 않았다.

(57) 방배동 어학원 철거공사비 1200만원 지급촉구집회 (2018. 8월)

[진행 내역]

위의 방배동 김ㅇ어학원 철거공사는 우리인력을 보냈다. 2018. 6. 30. 철거 후 1개월 지났어도 일부 공사비만 받고 계속 미루었다. 그분은 교인으로 필자와 무척 가까웠다. 나는 무조건 집회 신고할 것을 권유하여 2018. 8. 4. 참가자 4명이 시위했다. 체불금은 총 1215만원이다. <u>건물 앞에 10시경 도착해서 집회음악 크게 틀고 "악덕업주 김ㅇ어학원 대표는 철거공사비 1200만원 즉각 지급하라" "온갖 갑질행동 일삼는 ㅇ학원 면허를 취소하라!!" 등등 구호 외쳤다. 효과는 즉시 나타났다.</u> 학원장이 내려와서 "대화로 해결하자!"며 간청해서 이모 철거업자가 올라갔으나 "철거비 거의 다 주었으나 50% 받고 끝내자.."고 했단다. 우리는 계속 진행하였다. 1층 음식점에서 특히 민원이 많았다. 결국은 3차례 협상 끝에 2시간 만에 집회를 마쳤다.

[시위 결과]

당일 1천만원 송금 받았다. 어학원 팔고 잔금 받아야 하지만 집회를 계속하면 소문날까봐 두려웠단다. 아주 운 좋은 사례이다!!

(58) 신림동 2개현장 인력업소의 노임체불 독촉 1인 시위 (18. 9월)

[진행 내역]

우ㅇ테크 회사와 진ㅇ주택 현장에서 동시 1인 시위했다. 같은 신림동인데 먼저 우ㅇ테크는 미림여고 근처에 있다. 김포와 연희동 현장에서 83만원 일당 노임을 차일피일 미루었다. 작업자 데리고 우ㅇ테크 명함 주소로 찾아가서 펫말 들고 시위해도 반응이 없었다. 원룸 주인에게 물어보니 2개월 전 두달치 월세 안내고 도망갔단다. 허탈하지만 시위 사진 찍어서 보내며 김포현장으로 간다고 통보했다. **신림역 진성주택은 410만원 안주고 있었다. 위의 아래 사진처럼 펫말 들고 현수막 펼치니 현장소장이 달려왔다. 1주일 내 지급한다는 각서 받고 물러났다. 이후 우성테크 김포현장으로 간다고 문자하니 사장이 당산역으로 와서 점심을 사며, 3일 내 주겠다는 확약서 써 주었다.**

[시위 결과]

위의 각서처럼 모두 입금되었다. 노임 체불은 즉시 달려가야 된다.

(59) 안성 중앙대학분교 인근 4100만원 노임체불독촉집회 (18. 9월)

[진행 내역]

서울역 지ㅇ인력에서 연락 왔다. 안성군 대덕면 ㅇ리 다세대주택 건설 현장 형틀목수 225품, 노임 4100만원 2개월 못 받았으니 도와달란다. 나는 2018. 9. 6. 3명을 데리고 내려갔다. 시공사 리ㅇ스산업개발은 하도급업체 우ㅇ건설에 인건비를 주었으나, 인력업소에 지급하지 않았다고 항의했다. 즉 지ㅇ인력은 우ㅇ건설과 거래했지만, 근로기준법상 노임은 공동 책임지므로 시공사에게 요구할 수 있다. <u>10여명이 현장에서 "부실한 협력사를 선정한 리ㅇ스개발은 책임지고 노임 지급하라!" 등등 구호 외쳤다. 소도시 다세대주택 분양은 주변에 악소문을 두려워한다. 건축 인건비도 주지 못하였다면 부실공사라는 낙인이 찍히므로 빨리 해결하려고 노력한다.</u> 안성경찰서에서 나온 정보관은 시공사와 대화를 놓기 위해 많이 노력하였다. 점심도 굶어가며 협상을 계속하여 결국 2시경 원만하게 끝 마쳤다.

[시위 결과]

당일 시공사와 1개월 내 지급키로 합의서 작성하였다. 노임은 최우선 변제 대상이므로 집회의 효력이 가장 빠르고 위력적이다!!

(60) 역삼역 지에스타워 앞 포천 화력발전소 규탄집회 (2018년 9월)

[진행 내역]

포천군 석탄화력발전소 지역주민들이 시공사 지에스○○ 항의집회를 하였다. 2018. 9. 13. 역삼역 인근 GS타워 앞에서 20여명이 참가했다. 현재 포천시 신북면에 위의 화력발전소가 완공되었지만 인천에서 입고 된 석탄의 불법, 탈법운송과 폭발사고로 주민들은 불안이 가중되었다. 따라서 그 대책을 요구하고 수익사업 마을기업 활용에 대하여 협조를 요청할 예정이다. "지에스○○는 불법운송 및 폭발사고자 문책하라!" "포천주민과 상생방안을 제시하라" 등 구호를 외쳤다. <u>그동안 포천 주민들은 대화 통해서 상생방안을 제시하였으나, GS갑질 및 불신 등으로 집회까지 이르렀다. 지에스 본사는 계열사가 상당수 입주하였는데 정문 앞 시위는 무척 민감한 것이다.</u> 11시경 담당 본부장 등과 대화를 갖고 원만한 타협안을 제시했다. 포천에서 관광버스 타고 오는 것과 GS 이미지 훼손관련 모두 시위종결을 바랐다.

[시위 결과]

양측은 상생방안 수용하였다. 수개월 대화보다 시위가 효과적이다.

(61) 면목동현장 인력업소 6300만원 체불노임 독촉집회 (2018. 9월)

[진행 내역]

서울역 지ㅇ인력에서 다시 연락이 왔다. 면목동에서 노임 6300만원 못 받아 집회하니 도와 달란다. 신사장과 8년간 좋은 인연이니 달려갔다. 2018. 9. 17. 엠프, 현수막 2개, 펫말 10개를 챙겨서 현장 도착했다. 참가자 8명이 구호 외치고 집회음악 크게 틀었다. 청ㅇ건설 건축주는 건물 외벽에 "노임 줄 돈은 다 주었다. 만일 집회하면 업무방해 등으로 고소하겠다!!" 현수막 걸어 놓았다. 양쪽 입장을 들어 봐야 진상을 알 수 있다. 경찰정보관이 양쪽 오가며 조율했지만 대화가 안 되었다. 나는 지원인력 도우려고 왔기에 상대방 말을 못 듣고 있었다. **구인자 골조공사 하도급사장이 저가로 손해 보니 도망을 갔다. 당사자가 없기에 사태 해결이 더 힘들다. 이런 경우에는 대개 추가공사비 다툼으로 분쟁이 발생한다.** 정확하게 공사계약서를 쓰지 않고 주먹구구식으로 관리해서 발생한다. 2시경 시위 마치고 돌아 왔다.

[집회 결과]

차후 확인하니, 1년 걸려서 체불금 85% 받고 포기했다고 한다.

(62) 신촌역 파출연합회원 소개료 장기미납 1인 시위봉사 (18년 9월)

[진행 내역]

마포구 이경○파출업소가 도움을 청했다. <u>신촌역 인근의 음식점에서 종업원 소개료 15만원 안준단다. 나는 전국파출소개연합회 부회장으로 "진상 특공대" 만들어 이런 일을 지원하였다</u>. 2018. 9. 21. 오후 3시 현장에 도착해서 메가폰으로 "소개료 주지 않는 0진국은 반성하라" 등 구호 외쳤다. 지나가는 사람들이 모두 쳐다보고 종업원들이 나오는 등 난리 났다. 주변에서 "시끄럽다!" 항의하고 경찰관도 달려 왔다. "1인 시위는 신고 없이 할 수 있지만, 기준 소음치 75db 이상이면 단속하니 소리 줄이세요.." 경고하였다. 지시에 따르려고 펫말을 들고 음식점 앞에 서 있었다. 결국 0진국 사장은 "소개료 즉시 보내겠다. 시위 중단하라~" 연락이 왔지만 "은행통장에 입금될 때까지 시위하겠다!"고 전달하였다. 이후 30분 만에 시위 중단했다.

[시위 결과]

시위 1시간 후 소개료 전부 받았다. 이처럼 소액은 쉽게 해결된다.

(63) 여의도 한국거래소 12개사 코스닥 상장폐지반대집회 I (18. 9월)

[진행 내역]

12개사의 코스닥 상장기업을 상장폐지하려는 한국거래소에 반대하는 집회이다. 갑작스런 연락을 받고 150여명 집회준비 및 50명 직접 동원했다. 코스닥 감마누, 레이젠 등 12개사 시가총액은 1조 3천억, 주주 6만명, 가족까지 24만여명이 피해보았다. 감사보고서 미제출로 상장폐지결정 및 정리매매를 단행하였다. **당시 추석 직전 연락을 받고 연휴 최종일 2018. 9.26. 여의도 한국거래소**(예전 증권거래소) **앞에서 200여명 몰려와 대규모 집회하였다. 분노한 투자자와 12개사 임직원이 나와서 "한국 거래소는 일방적 상장폐지를 철회하라!!" "투자 손해금을 책임져라" 등 구호 외쳤다.** 나는 회사 별로 배치하고 시위 총괄하였다. 추석연후 마치는 다음날 "12개사 일괄상장폐지결정 및 정리매매 절차를 밟는다. 시간이 없으므로 야간 "촛불집회"까지도 주관했다. 격앙된 분위기 가운데 집회를 마치고, 다음날 07시부터 시위하였으나 9시 정각 주식정리매매 시켰다. 허탈한 마음뿐이었다.

[집회 결과]

집회 이후 단체행동은 없었고, 감마누 1개사만 계속 투쟁하다!!

(64) 공주법원 다단계업체 판결항의 인간 띠잇기 1인 시위 (18년 10월)

시위 후 피해자 사진촬영↑

[진행 내역]

통신다단계업체 ifci ➜ 봄코리아 개명하고 영업 계속하였다. 위 21, 22번에서 집회내역 상세히 소개했다. 이후에도 피해자모임을 만들어 고소고발, 손해배상소송 등 이어갔다. 나의 계속된 시위와 LGU+ 다단계관련사업 포기로 통신다단계가 불가능해진 봄코리아는 매출 반토막 났다. 그래서 봄코리아는 코스닥 통신장비업체 일ㅇ산업 지분을 사들이고, 큰 자금 투입해서 경영권 인수하려 "일ㅇ산업 대표자 직무정지 가처분"을 신청하였다. 2018. 10. 15. 다단계피해자 7명은 공주법원에서 일정한 거리를 두고 1인 띠잇기 시위했다. "코스닥 상장사 인수 포기하라" "다단계피해자 보상하라" 등 피켓을 들었다.

[시위 결과]

인간 띠잇기 시위는 처음이었지만 해당 판결에 큰 영향은 없었다.

(65) 홍대역 인력업소 연희동현장 노임체불 지급촉구집회 (18. 10월)

[진행 내역]

동종 인력업소에 집회홍보 광고문자 2천개 보내니 여러 전화 받았고 동○인력과 연결되었다. 연○동 신축공사 노임 216만원 못 받아 의뢰하였다. 통상 인력업소가 노임의 일부는 먼저 지급하고, 일정기간 후 받는다. 친분으로 차일피일 미루다 하도급 사장은 도망가고, 건축주는 "나와 무관하다"고 한다. 위의 경우 <u>해당사장이 전화를 안 받으니 가장 난감하다. 거의 포기하려다가 필자를 만났다. 2018. 10월초 먼저 1인 시위했으나 전혀 반응이 없었다. 2018. 10. 16. 나는 3명 데리고 연희동현장으로 갔다. 이미 신고했으나 시위음악 크다고 항의가 많이 들어왔다.</u> 우리는 펫말을 들었으나 건축주가 오지 않으니 힘이 빠지는 상황이었다. 담당 정보관 설득해도 소용없다. 그냥 돌아왔다. 2일 후 또 집회할 때는 건물주 태도가 바뀌어 "도망간 사장과 3자 대면하자"고 제의하였다. 그래서 신촌역에서 만났다.

[시위 결과]

서로 합의서 작성하여 1개월 내 지불약속하고, 실제로 이행되었다.

(66) 경북 영양군 청사 앞 풍력발전소 주민찬성집회 (2018년 10월)

[진행 내역]

경북 영양군 풍력발전소찬성 주민자치회에서 연락이 왔다. 지역발전을 위한 풍력발전소 찬성하는데 영양군청, 환경부에서 반대한단다. 일단 "내려와서 집회주관 부탁드립니다.." 했다. 경북 영양은 "고추"로 유명하다. 2018. 10. 30. 오후 6시 서울 출발해서 영양읍내 10시 도착했다. 풍력발전은 화력, 원자력 대비 친환경적이며 주민들에게 여러 혜택주니 찬성한다. 영양군은 제1풍력발전소 41기 가동했으며, 금번 제2풍력발전소를 석보면 삼의리, 택전리 등에 건설예정이었다. <u>다음날 100여명이 영양군청사 내에서 "지역경제 살리는 풍력발전을 적극 찬성한다!" "양양군과 환경부는 적극 협조하라!!" 등 구호 외쳤다. 지역주민들이 나와서 소리치니 공무원들도 긴장하고, 옆에서는 풍력발전 반대집회를 열었다.</u> 나는 집회 총괄했고, 오후에는 마침 인근지역의 "멸종위기종 복원센타" 개소식 시위도 진행하였다.

[집회 결과]

금번 주민시위로 풍력발전소 찬성 분위기를 한층 높였다.

(67) 김포시청 앞 경기도 주물공장 과잉단속 항의집회 (18년 11월)

[진행 내역]
신림역 집회 때 만족한 분이 소개하였다. 김포시청의 과도한 단속으로 관내 영업정지, 폐업하는 주물공장이 급증되었다. 따라서 경기주물공업협동조합이 집회를 주최하고, 나는 진행 총괄했다. 2018. 11. 20. 방배동에서 5명이 김포공설운동장으로 출발하였다. **07시 반경 도착해 400여명이 인원점검 후에 김포시청으로 행진하니, 8시 반경엔 500여명 되었다. 주물공장은 3D 업종이며 공해배출 및 미세먼지 주범으로 단속하여 적발되면 무조건 "조업중지" 시켰다. 그러니 회사는 폐업 직전에 몰려 있으므로 생존권 차원에서 몰려 나왔다.** 김포시청 정문은 좁아서 시위할 공간이 없으므로 길 건너 양쪽에서 구호 외쳤다. "김포시청은 살인적인 단속 중단하라!" "주물공장 종사자 생존권을 보장하라" 등 수백명이 합창하니 공무원들도 나와 지켜보았다. 지역 방송국에서도 열띤 취재하고 뉴스 내 보냈다. 양측 협상 이후 종료했다.

[집회 결과]
11시경 양측 대표자 4명씩 대화 후 단속이 크게 완화되었다.

(68) 서ㅇ외국어대학원대학교 체불노임 지급독촉집회 (2018년 12월)

[진행 내역]

인천 동암역 인력업소가 노임 3억여원 못 받았다. 손사장은 대ㅇ건설 하도급 한라ㅇㅇ에게 4개월간 건설인력 보냈다. 양재역 인근 발주처인 서ㅇ대학원대학교가 직불 약속했다고 한다. 하지만 인력업소는 시공사 - 하도급사 3단계 노임 수령하니 실체 파악도 힘들었다. 일단 집회 신고자와 하도급업체 방문해서 관련서류 등 점검했다. <u>드디어 10명은 2018. 12. 6. 체감온도 -15c 매서운 추위 중에 시위하였다. 대형 현수막 2개 걸고 펫말, 머리띠, 어깨띠 10개씩 준비해서 "악덕법인 ㅇ광학원은 체불노임 지급하라!" "건설일용근로자 생계위협 책임져라!" 등 구호를 외쳤다.</u> 시공사 대호건설도 공사비 17억원 못 받아 유치권 행사하고 있었다. 마침 기말시험 중이라 학교 측은 무척 곤혹스러워 했다. 정보관 중재로 발주처 박과장 만나보니 "학교 직접지불 약속"한 것은 불명확하였다. 일방 주장만 듣고 시위하면 대가를 치른다.

[집회결과]

의뢰인은 계속 진행 바랐으나 기존 수령액 불신으로 시위 중단했다.

(69) 염창역 아네스건설 노임체불 1억원 지급요구집회 (2019년 1월)

[진행 내역]

염창역 인근 오피스텔 공사장에서 노임 1억여원 못 받았다. 동ㅇ인력 대표가 잘 아는 분이라 의뢰했다. 다음날 현장 나가보니 준공 직전이었다. <u>해체공 중간관리자가 노임 받아서 작업자에게 일부만 주고 착복한 것이다. 즉 시공사는 정상적 노임이 지급되었지만 중간에서 떼먹고 도망가 횡령으로 고소되었다. 이런 경우에는 인력업소와 시공사 아네스건설 모두 잘못이 있다.</u> 건축주 겸 시공사 현장소장은 관리부실을 인정하고 "지불각서"까지 써주었다. 하지만 건축주 정ㅇ대표는 "노임 이중으로 줄 수 없다"고 버티었다. 2019. 1. 10. 집회 참가자 15명은 꽹과리, 메가폰 등으로 소리치며, 처음으로 염창역까지 "행진" 하였다. 좋은 정보관 만나 정ㅇ대표와 대화했으나 더 이상 진척이 없었다. 노임 떼인 동ㅇ인력도 물러 설 수 없으므로 극한 대치했다. 이후 5차 집회까지 이어갔다.

[집회 경과]

체불관련 남부노동청에서 적극적으로 중재를 했으나 진척이 없었다. 안타까운 가운데 차후 집회는 노동청으로 이어진다.

(70) 서울남부노동청 앞 아네스건설 근로감독요구집회 (2019년 1월)

[진행 내역]

지난 1. 10일 시작한 염창역 집회는 결국은 남부노동청 앞까지 왔다. 자금력 있어도 감정이 상한 건축주는 어떤 협상도 불응하였다. 집회는 압박 수단이지만 "타이밍의 예술" 이다. 회사 브랜드 손해를 감수하고도 무조건 버티면 참으로 난감하다. <u>2018년 5월~ 7월달 순수한 노임만 9400만원을 현장 중간관리자에게 대신 지불한 것이 더 큰 문제이다. 초기에는 건축주도 체불금 주려고 했으나 타임을 놓쳤다.</u> 나는 이러한 종합적 상황을 조율하며 원만히 합의 이끌려 노력했으나 쉽지 않았다. 남부노동청에서 나온 "근로 감독관" 도 적극 중재 나섰으나 성사되지 않아 그곳에서 마지막 시위했다. 2019. 1. 24. 참가자 15명은 염창역 집회 후 남부노동청으로 갔다. "근로감독관은 체불전문 아네스건설의 공사 중단하라!" "노동청은 노임 떼어 먹는 사업주를 구속하라!!" 등 구호 외쳤다. 참가자들은 오후 5시까지 적극 호응하였다.

[집회 결과]

집회는 협상과 합의 위한 수단이다. 5차 시위에도 버티는 건축주에게 소송과 고발을 통해서 80% 받았다고 들었다.

(71) 구로동 지식산업센타 앞 전매조건 분양사기규탄집회 (19년 1월)

[진행 내역]

갑자기 홈피를 보고 전화가 왔다. 전매조건으로 2018. 5. 15. 1억 5천만원 분양계약서 작성 및 송금 하였단다. 그러나 약정기간이 지나도 원금과 보너스 금액을 주지 않고, 잔금납부 않으면 계약금도 반환하지 않겠단다. 그야말로 앉아서 1.5억원 떼이게 생겼다. 의뢰인은 심각한 상황에서 연락 온 것이다. <u>신한o 분양대행사는 또 다른 대행사에게 맡기는 등 복잡한 상황이었다. 이런 경우는 집회 외에는 쉽지 않다. 2018. 1. 23. 구로동 지식산업센타 앞에서 모였다. 현수막, 확성기 등 준비했다니 몸만 나갔다. 그러나 위 사진처럼 소형 확성기 등 소리가 작았다. 처음 집회하는 분들은 비슷하며 뭔가 미흡하다.</u> 사실 이 정도 준비한 것도 아주 양호한 경우이다. 대개 시위 후 버린다고 생각하니 철저히 할 수 없다. "신한o 대행사에게 떠넘기지 말고 책임져라" "고의적 사기분양을 처벌하라!"고 외쳤다. 나중에 우리 회사 엠프를 가져와 크게 틀었다. 건물 관리실에서 원성이 많았다.

[집회 결과]

한번 집회로 끝났다. 나중 전화하니 소송 등으로 해결한단다.

(72) 대구환경청사 앞 영양군 제2풍력발전소 주민찬성집회 (19. 1월)

[진행 내역]

작년 10월말 영양군청사에 이어 대구환경청사 앞 집회하였다. 하루 전 도착한 후에 다음날 2019. 1. 14. 가보니, 영양군 석보면 200여명이 버스에서 내렸다. 이제 영양군청은 제2풍력발전소에 협조적이나 환경부 반대가 심했다. 그러나 관련주민들 480명 중 460명이 동의하였다. 시공사인 GS○○는 9개 마을과 협약을 체결하고 2015년부터 장학사업, 저소득층지원사업 등 계속해 민심을 크게 얻었다. **석보면 김○이장협 의회장은 성명서에서 "지금까지 언론, 민원, 시위 등으로 풍력반대 주 장만 들었다. 환경부는 반대 목소리만 듣지 말고, 압도적인 찬성 측 목소리 들어서 풍력발전사업허가를 내달라."고 발표하였다.**

필자는 집회진행을 총괄하며 주민대표 3명, 환경부국장 등 3명과 협상 하도록 만들었다. 시위대는 "주민상생 도모하는 풍력발전 찬성한다" "환경부는 가짜주민에 속지 말고 풍력사업 추진하라!" 구호 외쳤다. 지역신문, 방송 및 각종 매체가 크게 보도했다.

[집회 결과]

대구환경청 집회 후 부정적 분위기가 우호적으로 바뀌었다.

(73) 구리현장 형틀목수 3천여만원 노임체불 항의집회 (19년 2월)

[진행 내역]

형틀목수 12명이 노임 3700만원 못 받았다고 연락 왔다. 두달간 차일
피일 미루었다. 나는 현수막, 피켓, 어깨띠 등 준비해서 달려갔다. 피
해 목수들 10여명이 나와 있었다. 날씨 -10c 매서운 가운데 "사ㅇ건
설은 체불노임 즉각 지급하라!" "악덕 건축주는 사죄하라!!" 등 구호
외쳤다. 건축주가 즉시 달려오고 주민들이 지켜보는 등 소동이 났다.

건축주는 "시공사 사ㅇ건설에게 기성금 모두 지급했다. 그 회사에게
받고 집회를 중단하라"고 요구하였다. 하지만 노임을 못 받으면 건축
주도 연대책임이 있다. 그런 법적 내용과 상황을 설명하니 납득하였
다. 그 중간에서 경찰 정보관은 원만한 합의를 위해 많이 노력했다.
건축주는 무슨 암에 걸렸다는 둥 불만을 제기하였다. 어차피 해결해야
나머지 건축하고 준공검사를 받을 수 있다. 현재 상황파악이 잘돼야
마무리가 쉽다. 건축주, 시공사, 작업자 3자가 함께 만났다.

[집회 결과]

당일 합의서 작성하여 10일 내 지불약속하고 100% 이행되었다.

(74) 여의도 한국거래소 앞 감마누 상장폐지 철회집회Ⅱ (19년 2월)

[진행 내역]

작년 9월말 여의도 한국거래소(예전 증권거래소) 앞 집회 이후 다시 시작하였다. 감마누 등 코스닥 12개사 상장폐지결정 이후 정리매매효력금지가처분이 인용되고, 회계법인이 "감사적정" 의견을 제출하였다. 이후 한국거래소는 이의신청하였지만 서울남부지방법원은 "기각결정"을 내렸다. **이런 가운데서 감마누 1개사만 살아남아 시위하게 되었다.** 한국거래소는 "상장폐지 취소" 하면 되겠지만, 전례를 만들면 동일한 저항이 두려워서 이런 "갑질 행위"를 계속하였다. **감마누는 한때 시가총액이 1500억원, 주주 8천여명의 유망기업이었다. 지금은 주식이 휴지조각 되었고 엄청난 피해자가 나왔다.** 거래소는 과도하게 재량권을 남용했다. 나는 2019. 1. 12. 참가자 20여명 데리고 총 50여명이 시위하였다. "증권거래 즉각 재개하라!" "유망기업 죽이는 관계자를 문책하라" 등 구호 외쳤다. 참으로 절박한 심정이었다.

[집회 결과]

감마누 경영진은 거래소 횡포에 맞서 소송과 시위를 계속하였다.

(75) 여의도 한국거래소 앞 감마누 상장폐지 철회집회Ⅲ (19년 5월)

[진행 내역]

한국거래소 앞에서 3차 집회하였다. 거래소는 삼일회계법인의 "감사적정" 의견 및 법원의 "정리매매효력금지가처분" 인용, "이의신청" 기각 결정에도 주식재개 할 수 없었다. 결국 서울남부지법에 "상장폐지결정 무효확인소송"에 들어가고, 서울고법에서도 승소하게 된다. 재판부는 거래소가 감마누에 추가 개선기간을 부여할만한 상당한 이유가 있음에도 종결한 것은 "재량권 남용"으로 보았다. 거래소 상고로 대법원의 판단을 받는다. 2019. 5. 10. 감마누 집행부 요청으로 여의도 거래소에 도착하니 300여명 모였다. 나는 선거개조 차량에 올라 "거래소는 재량권 남용을 인정하고 거래 즉각 재개하라!!" "우량 코스닥 업체 죽이는 상장폐지결정 철회하라!!" 등 구호 외쳤다. 이후 거래소에서 금융감독원 앞까지 행진하고 시위해도 질서정연하였다.

[집회 결과]

집회시위로 거래소와 법원을 압박해 승소한다. 국내 초유사건이다!!

(76) 대치동 패션 하도급업체 2억원 체불금 독촉집회 (19년 6월)

[진행 내역]

유명브렌드 업체가 납품대금 10년간 체불금 30억원 주지 않아서 집회
하였다. 대치동 지사는 크고 직원도 많았다. 그 회사는 현ㅇ어패럴이
2008년~ 2019년까지 하도급대금 부당감액 등으로 20억원, 이자포함 시
30억원을 미지급하고 있었다. 인디ㅇ 등 유명브렌드 업체가 이런 짓을
일삼았다. 그 외에도 임원 골프비 대납, 중역 모친을 하청사 등록해서
급여갈취 등 온갖 갑질행위 자행했다. 이것이 바로 대기업 횡포이다.
2019. 6. 13. 참가자 7명이 0정 지사 앞에서 시위하니 관리실에서 수
시로 나왔다. 피해자는 엄청난 현금이 0정에 물려 있어서 부도 일보직
전이었다. 그야말로 불공정 거래의 전형적 행태였다. 나는 분노하는
마음으로 구호 외치고 하도급업체 고통에 동참하였다. "악덕기업주는
하청업체 착취를 즉각 중단하라!" "온갖 갑질을 일삼는 ㅇ정 대표를
구속하라" 등 소리 높였다. 이처럼 납품업체들은 늘 "갑이 아닌 을"
의 입장이지만, 집회신고하면 갑으로 변신한다.

[집회 결과]

3차례 집회 후 부산 본사로 가서 시위하였고 결국 합의하였다!!

(77) 봉천동 복지원 목수 1100만원 체불금 지급요구집회 (19년 6월)

[진행 내역]

금년 2월 구리집회 의뢰한 분이 소개하였다. 목수반장인데 봉천동에서 1061만원 못 받고 있었다. 그 현장은 발주처가 서울시로 노임 떼이지 않지만 하도급 작업구조가 좀 복잡하였다. 특이점은 집회신고자는 젊은 교포인데 매우 적극적이었다. 직접 필자를 찾아오고 진행과정 협조도 능동적이었다. 2019. 6. 26. 참가자 10여명이 복지원 앞에 모였다. 초여름 무더위 가운데 다급한 맘이었다. 집회가 성공하려면 "절실함" 이 최우선이다. 이렇게 적극적이면 결과도 좋다. 내 의견을 잘 듣고 따르기 때문이다. 마침 경찰 정보관도 중재를 위해서 열심히 뛰었다. "00복지원은 체불노임 적극 해결하라!" "불량 시공사를 즉각 교체하라!" 등 구호 외치니 주택가 민원이 많았다. 특히 야간작업하고 취침하는 사람들 항의였다. 이러면 소음을 줄이고 조심하며 진행해야한다. 양측 협상 후 2시간여 지나 12시경 마쳤다.

[집회 결과]

건설현장 시공사, 집회 신고인, 경찰 정보관 3자가 만나서 협상 후에 합의서 작성했다. 당일 18시까지 체불노임 전액이 입금되었다.

(78) 삼성역인근 전원주택 공사비 2억원 체불금 독촉집회 (19년 7월)

[진행 내역]

삼성역 인근 대화빌딩에서 집회하였다. 인터넷 홈피 검색해 연락 왔다. **의뢰인은 남양주시 전원주택 공사에서 자재대금 2억원을 못 받았다. 직전에 만나보니 신장투석 환자였고, 근래 1인 시위도 수차례 했지만 소용없었단다. 자금사정상 최소인원 3명으로 2019. 7. 18. 시작했다.** 체불회사 엔디하ㅇ은 100여평, 월세 1800만원으로 1년 월세만 2억원이 넘었다. 나는 의뢰인 건강상태를 봐서 승용차 안에서 대기하라 했다. 집회하는 빌딩은 사무직 인원이 많았다. 우리가 현수막치고, 어깨띠, 피켓 들고 있으니 모두 쳐다보았다. "계속된 거짓말 못 믿겠다. 3층 입주한 엔디하임은 체불노임 즉시 지급하라" "공사비 체불로 신장투석치료 받는다. 책임져라!!" "공사비와 노임 안주는 악덕업체를 처벌하라!!" 등 구호 외쳤다. 첫날 집회는 일체 반응이 없었고, 2일차는 관리소장이 "건물주가 시끄럽다고 항의하고 임대기간도 끝나서 내일 토요일 그 회사가 급히 이사 나갑니다.." 고 알려주었다.

[집회 결과]

다음날 이사 가는데 추적해서 위치 알아내고 결국 받아낸다.

(79) 방이동 한ㅇ건설 앞 타운하우스 공사착공 요구집회 (19년 7월)

[진행 내역]

경기도 오포에 타운하우스 짓기로 계약하고 자꾸 미루어서 집회했다. 시공사 한ㅇ건설은 2015년 분양계약 후 2016년 1차로 19세대만 건축 허가 받았지만, 30세대는 넘어야 건축비 절감된다는 등 여러 이유로 공사착공을 미루었다. 시행사 에ㅇ지건설과 짜고 분양을 받은 사람만 피해 보았다. 2019. 7. 22. 참가자 30여명은 방이동 한성백제역 인근 한ㅇ건설 본사 앞에 모였다. 100여명 계약자는 1세대당 1억원~ 3억원 주고 착공하지 않아 분노 폭발했다. 이럴 때는 집회시위가 매우 효과 적이다. "분양사기한 한ㅇ건설은 석고대죄하고 책임 시공하라" "돈만 아는 시공사 한ㅇ건설과 시행사 에ㅇ지건설 때문에 계약자만 죽는다" 07시 30분부터 시작하여 구호와 함성을 지르니 그 악덕업체 경영진은 무척 곤혹스러워했다. 드디어 9시 정보관의 적극 중재로 양측 대화 후 불과 30분 만에 마쳤다. 하지만 나는 회의만 하지 말고 합의서를 다시 작성하라고 압박하였고, 다시 재협상에 돌입하였다.

[집회 결과]

집회 시작 후 불과 2시간 만에 합의서 작성하고 즉시 마무리했다.

(80) 역삼역 와ㅇ가리 사옥 앞 철거비 500만원 체불집회 (19년 8월)

[진행 내역]

철거업자가 500만원 공사비와 노임 못 받았다. 수차례 상담 및 연기를 거쳐 2019. 8. 6일 4명이 집회하였다. **와ㅇ가리 대표는 10개월간 계속 핑계를 대고 전화도 받지 않았다. 현장도착하니 커피숍은 공사 중이고 코스메틱은 손님이 거의 없었다. "부도덕한 와ㅇ가리 대표는 고의로 체불한 노임 즉각 지급하라"** "수시로 말 바꾸고 철거비 주지 않는자 구속하라!!" 등등 힘차게 외쳤다. 견디다 못한 체불업자는 다른 사람 시켜서 현장 촬영해서 보고 받았다. 그러나 여전히 현장에 나타나지 않고 집회하지 않고 철수하면 돈 주겠다고 연락하였다. 진실성이 없으니 당연히 시위도 계속하였지만, 3복 더위에 큰 고생하였다. 지나가는 많은 사람들이 쳐다보고 돈 떼먹은 사람을 비판하기 바빴다. 와ㅇ가리 신용도에 큰 흠집이 나고 있었다. 정보관이 수차례 통보하고 중재노력 했지만 소득이 없었다. 큰 실망감이 밀려왔으며 14시 마쳤다.

[집회 결과]

시위 당일은 큰 소득 없었지만 1개월 후 전액 받게 되었다.

(81) 봉천동 복지원 골조공사비 2억원 체불 독촉집회 (2019년 8월)

[진행 내역]

금년 1월초 구리시 집회와 6월 시위성공을 보고 봉천동 복지원현장에서 의뢰하였다. **증축 때 목수, 미장, 철근공사 대금 2억여원 못 받았다. 시공사 팔ㅇ건설은 시행사 리스ㅇ건설을 앞세우고 하도급업체 노임 등 계속 미루었다. 2019. 8. 8. 무더위 가운데 20여명 노임 못 받은 사람들이 모였다.** 이전 6. 26일 집회는 목수 노임 1100만원을 당일 받았다. 그러나 금번 공사비 2억원 시공사가 추가 공사비를 인정하지 않아서 협상이 힘들었다. 무조건 집회만 하지 말라고 강요하며 시간 끌었다. "악덕업체 팔ㅇ건설 관계자를 형사 처벌하라" "서울시와 복지원은 노임체불에 공사중지 명령하라!!" 구호 외쳤다. 특히 키 크고 잘생긴 경찰 정보관 중재로 만났으나 진척이 없었다. 이젠 압박으로 나갈 수밖에 없었다. 다음날도 똑같이 강력한 시위하였다. 복지원은 시공사에게 충분한 압력을 넣을 수 있지만, 유착 때문인지 미온적으로 나왔다. 향후 2~3회만 시위 더하면 충분히 할 것 같았다.

[집회 결과]

결국 시위 두 번으로 종결했으며, 공사비 못 받고 소송으로 갔다.

(82) 교대역 현장 작업자 120만원 체불지급요구 1인 시위 (19년 8월)

[진행 내역]

교대역 인근 헬스클럽 인테리어 공사장에서 작업자가 직접 1인 시위하였다. 그곳에서 40여일 출력하며 처음에는 1주일 2회 노임을 잘 지급하더니 나중에는 전화도 받지 않았다. **이미 헬스클럽 내장공사는 끝나고 철수한 상태였다. 필자는 2019. 8. 30. 1인 시위 문구를 직접 작성해서, 이반장에게 들고 있으라고 했다.** 나는 공사해준 헬스장 대표를 만나 "우리 측 작업자가 이 곳에서 일하고 9품 노임 120만원을 받지 못해서 1인 시위 중이다. 작업자가 일한 부가가치가 이 헬스장에 있으니 무관하지 않다. 죄송하지만 인테리어 업체에게 연락해서 빨리 체불 노임 주라고 협조 부탁드립니다. 아니면 1층 건물 앞에서 계속 시위할 수 밖에 없다. 저 분의 어려운 입장을 선처하셔서 도와주시면 고맙겠습니다." 하니 곧바로 전화해서 나에게 연락이 왔다. "내일까지 노임 꼭 보낼테니 지금 철수해 주세요.." 했다. 나는 "체불 노임과 오늘 일당까지 보내지 않으면 계속 서 있을 겁니다.." 하며 버텼다.

[시위 결과]

결국 작업자 체불금 120만원 및 일당 10만원 별도로 즉시 받았다.

(83) 신천지피해자연대 수원월드컵경기장, 종교사기규탄집회 (19. 9월)

[진행 내역]

필자는 위 사례 16~17번에서 구원파 교주와 30여회 집회하며 종교사기꾼 실체를 고발하였다. 그 연장선상에서 종교피해자단체와 자연스럽게 연결되어 활동한다. 신천지 사이비종교는 코로나19 확산에도 악영향을 주었지만, 그 피해가족의 고통은 이루 말할 수 없다. 내가 그랬던 것처럼 이단사이비종교에 한번 빠지면, 정상적 목소리가 전혀 안 들린다. 오히려 "잘 몰라서 저러니 참 불쌍하다.." 는 동정심이 든다. 북한의 "김일성 세뇌교육" 넘어가면 전혀 다른 나라 사람들처럼 보이는 것과 같다. 나도 집안에 신천지 신도가 있어서 그 실체를 잘 안다. 주파수가 다르며 신도들도 어쩌면 피해자이다. <u>2019. 9. 18. 정동섭교수가 초청해 수원 월드컵경기장에 도착하니, 피해자가족 10여명이 현수막을 걸어 놓고 소리 높여 외치고 있었다. 대다수 자녀들이 가출한 가족이었다</u>. 신천지인 수만명은 "불허가 결정"에도 경기장 난입해 행사하였다. 우리는 크레인 빌려서 스피카 수십개를 매달고, 음악과 방송으로 신천지행사를 방해하였다. 이런 단체의 힘은 실로 막강하다.

[집회 결과]

이날 피해자연대는 온 종일 시위하고 피해가족과 아픔을 함께 했다.

(84) 문정동 대ㅇ건설 앞 분양비 11억원 체불촉구집회 (19년 9월)

[진행 내역]

분양대행사가 거액을 받지 못해서 시위하였다. 경기도 시흥시 정ㅇ동 만ㅇ지식센타의 분양대행을 대ㅇ건설이 요청해서 뉴온ㅇ가 참여했다. 피해회사는 2019. 5월 이후 4개월째 분양비, 광고비, 홍보관 유지비용 등 11억원 못 받았다. 네이버에 검색어 "집회컨설팅" "집회상담"을 치고 들어가서 "오케이집회컨설팅" 홈피를 보고 연락해 왔다. 필자는 뱅뱅사거리 역삼동 뉴온ㅇ 회사를 즉시 방문했다. 회사 대표는 분양전문가로서 큰 성공을 경험했으나, 근래 체불로 고통을 겪고 있었다.

일단 상세한 상황을 메모하고 "집회컨설팅 계약서"를 작성했다. 뉴온 대표는 강단과 결단성을 겸비한 분이셨다. 2019. 9. 30. 참가자 3명과 함께 시위하였다. 대ㅇ건설 본사는 문정동 법조타운에 있고 현금보유 능력이 충분하나 고집을 부리고 있었다. "대ㅇ건설은 수개월 밀린 분양비, 광고비 등 약속대로 지급하라!" "분양업무 억지로 맡기더니 무책임하다 사죄하라" 등 외쳤다. 꽹과리, 북 등 크게 치니 주변 민원도 많았다. 10번 집회를 계속하니 협상이 들어왔다.

[집회 결과]

가끔 무조건 버티는 곳이 있다. 양자가 피해를 보며 소송으로 갔다.

(85) 부산 서구청 앞 완월동상인회 무보상 개발반대집회 (19년 10월)

[진행 내역]

부산시 충무동(예전 완월동)일원 개발반대 상인회에서 연락이 왔다. 나는 직접 부산으로 내려가서 자갈치시장 근처에서 의뢰인을 만났다. 상인회는 대다수 건물 소유자 및 상인들이며, 성매매 비판 시민단체가 공익개발 및 지주이익환수를 강력히 요구하였다. 상인회는 부산 서구청의 일방적 개발계획을 포기하고, 상생방안 제시할 것을 희망하였다. 필자는 국내 1호 집회시위 전문기업으로 인터넷 등 홍보하니 전국에서 연락이 왔다. 10여차례 연락하고 집회용품 등 충분한 준비를 마치고 2019. 10. 1. 서구청사 앞에서 200여명이 참가한 대규모 시위하였다. 우리 진행팀 4명은 전날 내려와 점검하고, 당일 05시 일어나서 집회 준비하였다. 07시경 서구청 앞에 소,대형 현수막 7개를 거니 빗방울이 떨어졌다. 8시 반부터 우의를 입은 수백명의 시위대가 몰려 나왔다. "ㅇ한수 구청장은 지역민 생존권 위한 상생방안 제시하라!" "기득권 무시하는 무책임한 정책을 폐기하라" 등 외쳤다. 이후 무차별적 단속 항의하기 위해, 서부경찰서까지 행진하고 무사히 마쳤다.

[집회 결과]

두 곳의 대규모 집회결과 단속완화 및 민관 상생의 계기가 되었다.

(86) 서초역, 여의도역 일대 수백만명 검찰개혁 촛불시위 (19년 10월)

[진행 내역]
필자는 집회시위 전문가이다. 초대형시위와 사회변혁은 관찰대상이다. <u>작년 하반기는 검찰개혁 관심이 뜨거웠다. 나도 부당한 검찰권 행사의 피해자이다. 서초역 검찰청 1회 야간 촛불시위부터 여의도 국회의사당 시위까지 다수 참여했다.</u> 특히 300여만명 모인 서초역 시위는 대단하였다. 평범한 시민으로 참관하며 시위에 대해 배운 점이 많다.

[집회 결과]
결국 공수처법 및 검경수사관 조정법안 국회통과는 집회 위력이다!!

(87) 신림역 가야위드안 APT 불법점유자 퇴출경고집회 (19년 10월)

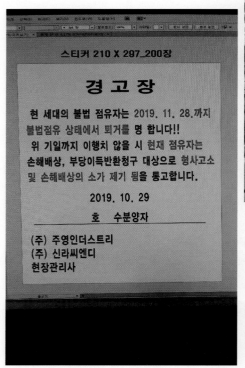

[진행 내역]

예전 50, 51번 항목은 가야위드안 깡패퇴출규탄 집회였다. 이후 예금 보험공사에서 공매를 거쳐 주영ㅇㅇ가 낙찰 받았다. 그러나 불법 관리 회사 및 점유자들은 여전히 버티었다. 수분양자협의회는 낙찰자와 합 동으로 세입자 명도소송 진행하였다. <u>2019. 10. 29. 피해자 50여명은 집회 때 위의 "경고장" 스티커를 강탈당한 아파트 출입문에 붙였다. 깡패들은 여전히 부지에 천막 치고 불법영업을 일삼고 있었다. 분양받 은 사람들은 미준공으로 본인의 아파트를 빼앗기고 피눈물을 흘렸다.</u> 나는 진행 총괄하며 "불법세력 양아치는 당장 물러가라!!" "사기를 당한 점유자들 모두 자진 퇴거하라!!" 등 구호 힘차게 외쳤다. 단체가 아니면 누구나 깡패들에게 두려움 가진다. 피해자 187세대는 천신만고 가운데 투쟁의 끝이 보이기 시작하였다.

[집회 결과]

10년간 해결 못하고 있다가 시위와 법적조치로 퇴로를 찾았다!!

(88) 관악경찰서 당ㅇ지구대 앞 공권력 중립촉구집회 (19년 11월)

[진행 내역]

갑자기 집회 결정되었다. 신림동 가야위드안 측에서 "당ㅇ지구대"의 "편파 공권력 집행을 더 이상 묵과할 수 없어서 긴급 시위한다." 고 연락이 왔다. 나는 월요일 급하게 현수막, 손 피켓을 준비해 도우미와 달려갔다. 총무는 "어제 가야위드안 5ㅇㅇ호가 이사 나가서 수분양자가 자물쇠로 잠그려하니, 이사 나간 사람이 관리권 요구하며 못 잠그게 했다. 경찰이 왔지만 일방적으로 불법 점유자 편을 들어서 오늘 급히 당ㅇ지구대 앞에서 항의집회 열게 되었다." 설명하였다.

그동안 검찰과 경찰은 수차례 불법사항 고발해도 제대로 수사하지 않았다. 당시엔 옥상에 총기류 발견하고 "범인체포요구 고발" 해도 경찰은 수사하지 않아서 공권력에 불신을 가졌다. 경찰서 집회는 있어도 "지구대" 시위는 희귀하다. 나는 "감찰 대상 당ㅇ지구대는 공식 사과하라!" "왜 가야위드안 불법양아치 편드는가? 유착의혹 경찰관 문책하라" 등 외치고 정보관 통해서 양측 대화를 주선하였다.

[집회 결과]

확실히 집회 이후 경찰관은 태도가 많이 달라지고 신중해졌다.

-150-

(89) 건설회관 내 세모ㅇㅇ 공사비 5억원 지급촉구집회 (19년 11월)

[진행 내역]

와이ㅇ건설은 학동역 인근 건설회관 내 세모ㅇㅇ에게 경주 라마다호텔 철거공사비 4억여원을 못 받았다. <u>2017년 12월부터 철거비 총 7억여원 중에 3억여원만 주고 차일피일 미루었다. 나는 와이ㅇ건설 담당차장의 연락 받고 천호동 회사를 당일 방문하였다</u>. 결국 사장이 미온적이고 우유부단해서 세모ㅇㅇ 회사통장 가압류해서 풀어주는 등 사태를 자초했다. 필자는 "죄송하지만 사장님 때문에 아직도 못 받고 있다고 인정하셔야 합니다! 악랄해야 돈 받습니다. 상대방은 온갖 거짓말하는데 너무 순진하게 대처하는 분들이 많습니다.." 말하였다.

결국 참모들이 밀고 나가서 2019. 11. 12. 총 15명이 모였다. 시위에는 현장 작업자까지 동원했다. 속담에 "자리보고 ㅇ눈다.." 고 한다. 고의적 체불자는 사기꾼 성향이 강하다. 세모 김ㅇ 대표는 유명 부동산 컨설턴트이다. 상대방을 어린애처럼 보고 있었다. 채권자는 2차례 집회했지만 저자세로 일관하였다.

[집회 결과]

필자 조언 듣지 않고 상대방 말을 따랐으며, 결과는 예상대로였다!!

(90) 개포동 일당노임 117만원 체불지급독촉 1인 시위 (19. 11월)

[진행 내역]

위 개포동현장은 수차례 거래한 구인자가 117만원 주지 않았다. <u>나는 이미 작업자에게 대신 노임을 지급하였다. 만약 못 받으면 그대로 손해 볼 상황이었다. 2019. 11. 16. 현수막과 메가폰을 챙겨서 현장 도착하니 쉬는 날이다. 참으로 난감했지만 일단 현수막을 주차한 트럭 위에 걸쳐 놓고 사진 찍었다.</u> 사람이 없으니 메가폰으로 소리쳐봐야 소용이 없었다. 셀카도 찍었다. 마침 **"공사 현황판"** 있어서 건축주 및 현장소장에게 사진을 보냈다. 금방 연락 왔다. "기성금이 내주 수요일 나오면 꼭 보내겠다. 즉각 철수해 달라." 그래서 일단 돌아왔다.

[시위 결과]

10일 후 전액 받았다. 체불노임 회수는 타이밍이다!!

(91) 숭실대학교 앞 300만원 노임체불지급촉구 1인 시위 (19년 11월)

[진행 내역]

필자는 인력사무소를 직접 운영한다. 보통 노임은 당일 받는다. 혹시 사무실로 보낼 때와 1주일 이상은 내가 먼저 준다. 위의 숭실대학은 10일 단위로 노임을 주기로 했으나 계속 미루었다. 마지막 경고했으나 또 약속기일 어겼다. 2019. 11. 21. 할 수 없이 소형 확성기, 피켓 준비해서 정보관 앞에서 소리쳤다. "보○건설은 300만원 체불노임 지급하라!" "숭실대학 총장은 불량업체 공사선정을 취소하라!" 등 외치니 확성기 소리가 울리면서 공사 원청사 대표가 즉시 달려와서 애원했다. "제발 금방 노임 보낼테니 조금만 기다려라!" 말하였지만 "노임 보낼 때까지 시위하니 당장 보내세요." 대답했다. 이럴 경우 틈을 주면 안 된다. 그 자리에서 받아야 한다. 그분은 노임체불 회사에 연락하고 난리가 났다. 어차피 신뢰는 깨졌으니 실리는 챙겨야 한다.

[시위 결과]

시위한 지 30분 후에 체불금 + 하루 일당 14만원까지 받았다!!

(92) 주행 중 바퀴이탈, 살인기계 벤츠차 한국불매운동집회 (19. 12월)

[진행 내역]

대구시 거주하는 벤츠차S500 소유자가 2018년 6월말 시내 주행 중에 바퀴가 빠져서 죽을 뻔 했으나 보상에 미온적이란다. 그런 휴유증으로 장기간 정신과 치료를 받았고, 제2 어학원 사업도 접어서 10억원 피해를 보았단다. 나는 몇 번 통화 후 사무실에서 만났다. 현재 영어학원 대표이며, 사고 정비회사를 고발해 300만원 벌금도 나왔다. <u>고속도로 달렸다면 사망 가능성이 매우 높다. 대구시 ○○동 벤츠지사는 판매와 정비를 함께하는 딜러사이다. 벤츠코리아에게 지휘적 책임 있으므로 "한국벤츠차 사고피해자모임"을 조직해 2019. 12. 24. 서울역 본사에서 10명 집회했다.</u> "살인기계 벤츠차는 한국을 떠나라!"등 외치며 불매운동 펼쳤다. 이후 회현역까지 행진하고, ○○전시장으로 옮겨서 고가 벤츠차 정비불량 및 갑질 사후관리를 성토하였다.

[집회 결과]

대구 벤츠차지사는 즉각 연락 와서 보상협상 제의했으나 연기되었다.

(93) 대구 벤츠전시장 앞 불량살인정비 보상요구집회 (2019. 12월)

[진행 내역]

주행 중에 바퀴 빠지는 정비사업소는 대구 ○○동에 있었다. 벤츠차 판매와 정비를 같이하는 곳이다. 서울역 벤츠코리아 본사에서 시위를 마친 벤츠차사고피해자모임 회원들은 대구로 내려갔다. 2019. 12. 30. 참가자 12명은 전시장 앞에서 대형 4개, 소형 7개 현수막 걸고 "살인 정비업체 해체하라" "사고 피해자 즉각 보상하라!!" 등 구호 외치고 꽹과리, 징 두드렸다. 또한 인근 ○○사거리까지 행진하며 불량벤츠차 실태를 알렸다. 다음날은 혹한 가운데 대화를 위해 쉬었다.

[집회 결과]

양측 대표자 만났으나 피해자가 고액 합의금 요구로 결렬되었다.

(94) 관악경찰서 가야위드안 고발수사 직무유기항의집회 (20. 1월)

[진행 내역]

요즘 검찰개혁이 사회적 문제되어 "고위공직자범죄수사처"가 생겼다. 경찰도 당연히 수사할 것을 미루거나, 고의적으로 잘못된 결론을 유도할 때가 있다. 경찰은 수차 언급한 신림역 가야위드안 "불법점유자" 및 "불법총기류" "마약혐의" 고발수사를 하지 않았다. 그래서 경찰청에 "감찰"까지 요청하였다. <u>2020. 1. 31. 성난 120여명은 관악경찰서로 몰려갔다. "고발사건 제대로 수사하라!" "범법자 비호하는 내부자를 감찰하라" 등 외치고 경찰서장과 대화하였다.</u> 한국에서 정당하고 신속히 공권력을 집행하라는 것은 가슴 아픈 현실이다.

[집회 결과]

신임 관악경찰서장의 강한 지시로 적극적 경찰관으로 바뀌었다.

(95) 대구시 수ㅇ구청 및 서구 벤츠전시장 규탄집회 (2020년 2월)

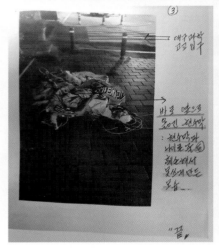

[진행 내역]

○○동 벤츠전시장 집회 때인 2020. 1. 15. 21시경 수ㅇ구청 직원이 현수막을 절취하였다. 수ㅇ경찰서에 24시간 집회신고 후 "훼손금지" 현수막도 붙였으나 수ㅇ구청 단속반이 모두 떼어갔다. 박사장이 1시간 후 확인하고 도난 현수막을 인근에서 찾았다. **구청직원이 버리고 갔으며 벤츠전시장 비호하였다. 이에 2020. 2. 13. 담당직원, 구청장을 "절도혐의" 등 고소하고 수ㅇ구청에서 4명이 집회했다.** 또한 벤츠사 ○○전시장 앞 시위하며 피해자 보상을 요구하게 되었다.

[집회 결과]

수ㅇ구청 교통과 팀장이 대구 벤츠사와 합의 중재를 서 주었다.

(96) 신림역 가야위드안 포장마차 단체철거 최종시위 (20년 2월)

[진행 내역]

법적인 미비로 분양금 완납하고도 APT 강탈당한 분들 마지막 시위가 있었다. <u>가야위드안 주민들은 10회 이상 시위와 힘겨운 법적 다툼을 병행하며 결국 성공한다. 2020. 2. 20. 최종 승리를 확신하며 120명이 모였다. 3년간 끌어온 전쟁이었다. 만약 시위가 없었다면 10년 경과된 사건은 벌써 종 쳤으리라!!</u> 이날 불법 포장마차에서 아침부터 공짜 술 제공하며, 철거 대비하던 깡패들에게 주민들은 "강강수월래" 손 잡고 "빨리 나가라!!" 경고하였다. 경찰관 50명 동원되어 만일 사태 대비하고 있었다. 그들이 "포장마차 철거하면 부탄가스통 폭발시킨다!!" 협박하여 7일 지나서 철거하고 건물전체를 장악하였다.

[집회 결과]

이날 불법 관리사무소 철거하고, 차후 소유권 등기까지 마무리한다!

(97) 인천시청 앞 소래논현지구 병원부지 용도변경반대집회 (20. 3월)

[진행 내역]

인터넷 홈피를 보고 연락 왔다. "인천논현역 한화아파트단지 옆 병원 의료부지를 근린생활부지로 용도변경하려 한다. 남동구청과 인천시청 에서 불법적으로 진행하니 도와주세요." 했다. <u>2020. 3. 6. 인천시청 후문에서 30여명 시위하였다. 인근 상가주, 임차인들이 몰려 나왔다. 만일 근린부지로 바뀌면 현재도 상가 포화상태로서 장사가 안 되는데, 건물가치와 상권이 더 죽는다.</u> 현 부지는 한국화약 공장이 있었으며 용도변경 시 주민공청회, 공람 절차를 무시하였다. 소유자는 7년 전 매입 때 개발목적으로 사서 되팔려했다. 성난 주민들은 "용도변경을 즉각 철회하라!" "인천시장 물러가라!" 크게 외쳤다.

[집회 결과]

11시경 양측 3명씩 협상했으나 진척이 없었다. 장소변경 결정하였다.

(98) 남동구청 앞 논현지구 의료시설부지 용도변경반대집회 (20. 3월)

[진행 내역]

지구단위계획 용도변경은 구청에서 입안해서 인천시청 도시건축심의위원회에서 조건부 수용하였다. **주민피해는 고려하지 않고 개발업자 이익만 충실하게 대변한 것이다. 2020. 3. 9. 남동구청에 15명 시위 참가했다. "부정비리 결탁의혹 구청장 물러가라!" "무책임한 용도변경에 분노한다." "상인들 다 죽인다. 즉각 철회하라" 외쳤다.** 특히 대책위원회 손고문은 공무원 불법행위에 대해서 신랄하게 비판하고 시위를 이끌었다. 인근에 미추홀외국어고등학교가 있고, 교육환경보호구역이므로 인천교육청 동의까지 받았다. 즉 구청, 시청, 교육청이 한통속이 되어 개발업자 손들어 주었다. 이런 경우에는 단순히 집회만 아니라, 공무원 직무유기로 검찰 고발하며 총체적으로 움직여야 한다. 그러나 집행부는 미온적이며 회원 단합도 소극적이었다. 안타까운 맘으로 총 4회 진행하였다.

[집회 결과]

시위 성공은 주최자, 집회현장, 협상력, 끈기 등으로 결정된다. 위 집회 이후 확실히 양측은 대화를 존중하는 분위기로 바뀌었다.

(99) 구의역 벨라ㅇ 오피스텔 공사비 28억원 체불지급집회 (20. 3월)

[진행 내역]

의뢰인이 필자를 방문하는 경우는 10% 수준이다. 2명이 사무실 찾아와 총공사비 106억원에서 28억원을 못 받았다고 한다. **건축주는 작년 12월 준공검사 후 잔금 준다고 약속했으나 계속 미루었다. 2020. 3. 19. 참가자 13명은 강풍 가운데 시작하였다. 시공사 동ㅇ건설은 하도급업체에게 참가 독려해서 7~ 8명이 나왔다**. 오피스텔은 13층 120실이며 교통, 주차, 시설 등이 매우 좋았다. 창호, 경량, 에어콘, 골조업자들에게 나눠줄 돈이 13억이었다. "악덕 건축주를 처벌하라!" "협력사는 부도 직전이다. 사죄하라!" 외쳤다. 정보관은 늘 자리 지키며 건축주 친구와 대화하였다. 소음 때문에 민원이 많아서 힘들게 진행했다.

[집회 결과]

건축주는 공사비 잔금을 60% 줄 생각이다. 양측 의견 차이가 크다!!

(100) 구의역 벨라ㅇ 공사비 28억원 체불금 지급요구집회 (20. 4월)

[진행 내역]

<u>구의역 1, 2차 집회 후 2주일 지난 2020. 4. 7. 3차 15명 시위하였다. 알고 보니 건축주는 친구 대리인을 앞 세워 잔금 28억원 ➔ 20억원으로 감액하고 잠적했단다. 전형적 치고 빠지는 수법이다.</u> 집회 때 중요한 것은 협상이다. 대화가 안 돼서 시위까지 왔다. 그 중재를 공권력 정보관이 한다. 상대방은 무척 압박 받고 주변 이목도 두렵다. 필자는 협상 전문가 자부한다. 지난번 집회 후 의뢰인은 대리인에게 계속 끌려가다가 잔금만 30% 낮추었다. 집회 지속하며 필자에게 물었으면 성공했으리라! 20. 4. 8. 총선 가운데 4차 집회했으나 반응은 없었다.

[집회 결과]

협상은 시위 전문가 의견을 들어야 한다. 아직도 건축주 말을 따른다.

(101) 남ㅇ주 나ㅇ병원 무릎수술 중대 휴유증 위자료집회 (20년 4월)

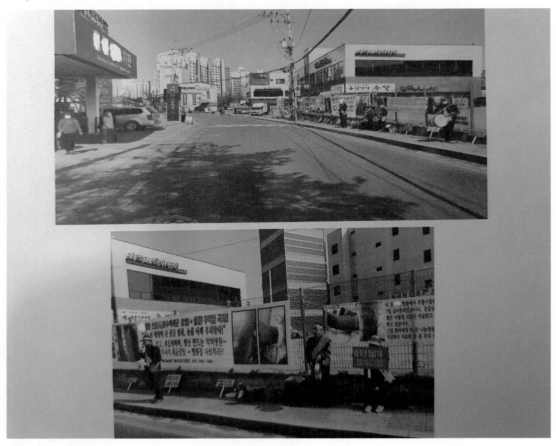

[진행 내역]

남ㅇ주시 나ㅇ병원에서 무릎수술 받은 60대 여성이 휴유증이 심각했다. **작년 9월 원장이 수술했으나 주사기 수액이 감염되어서 눈에 황달 와서 실명 직전이었다. 손에 고름 차서 붓고, 폐렴과 심부전이 와서 구리시 한양대병원 옮겨 응급실과 중환자실 오갔다.** 6개월 지나 퇴원하니 "보험사에게 보상 받으라"한다. 의뢰인은 심신이 망가졌다. 2020. 4. 16. 총선 다음날 5명이 시위하였다. "병원장은 의료감염사고 보상하라" "악덕병원 폐업하라!" 등 외치니 많은 환자들이 웅성거렸다.

[집회 결과]

4차 집회 후 보상 요구액의 40%, 위자료 000만원 받고 마쳤다!!

(102) 세종청사 시설물유지업종 폐지반대집회: 추가 1/3건 (20년 7월)

[진행 내역]

세종청사 국토교통부 앞에서 2020. 7. 15. 약 1700명이 참가한 대규모 시위가 열렸다. 필자는 주 사회자로 초청되어, 무대에서 행사 진행했다. 1천명 이상은 처음이지만 보조 사회자 2명과 아주 만족스럽게 마쳤다. 국토부 김현미장관은 취임 후 "건설업종 개편방안"으로 현재 29개 전문 업종을 14개 대업종으로 통폐합하므로 시설유지업종이 폐지될 운명이다. 전국 7200개 사업자, 5만여명 종사자가 일자리를 잃고 실업자가 되는 매우 심각한 상황이었다. 문재인 정부의 "일자리 최우선 정책"과도 정면 으로 배치되는 무리한 개편안인 것이다.

무더위 가운데 전국에서 예상 1천명 보다 700여명 더 몰려와서 격앙된 가운데 결의문 낭독, 자유발언, 파도타기, 청사진입 시도, 탄원서 제출 및 장관 면담요청 등 다양하게 진행하였다. 특히 청사 진입시도는 필자 가 선창하면, 수천명이 따라하며 아주 좋았다. 이런 대규모 행사 성패는 사회자 역량에 크게 좌우된다. 아주 잘 마무리하였다!!

[집회 결과]

대규모 시위로 시설물유지협회는 조직단합과 싸울 동력을 확보했다.

(103) 세종청사 포장공사업종 통폐합반대집회: 추가 2/3건 (20년 7월)

[진행 내역]

위 102번 집회 후 **세종청사 국토부 동일 장소**에서 2020. 7. 21. 14시 시위가 있었다. 전국 포장공사업 외 도장. 지붕판금. 습식방수. 비계해체업 4개업 종사자 1100여명이 참가하였다. 필자는 이번에도 총괄사회 의뢰받고, 개그맨 정은ㅇ 같이 보았다. 무더위에 참가자가 의자 앉으니 다행이었다. 가장 큰 문제는 토공사업. 보링 등 다른 업종이 대업종화의 방침 따라 통폐합 강행되었다. "건설산업 말아먹는 국토장관 물러가라!" "중소업체 다 죽는다. 법령개정 중단하라" 등 구호를 외치고 파도타기, 함성 지르기, 탄원서 낭독 및 제출 등 진행하였다.

[집회 결과]

국토장관에게 요구사항 전달 및 4개 업종끼리 단합하는 계기였다.

(104) 인천항 3부두 운송료 대폭인하 반대집회: 추가 3/3건 (20년 7월)

[진행 내역]

인천항 덤프차량 연합회가 2020. 7. 27.~28. 2일간 시위하였다. 진행팀 10명 등 50명이 참가해서 비 오는 가운데 강행되었다. **인천ㅇㅇㅇ운영 (주) Iㅇㅇ 는 해양수산부 고시한 운송료율의 40%만 주었다. 근래 최저 입찰제를 도입해 22.5% 추가 인하 추진하므로 진개덤프 차주들이 연합 회를 결성하여 집회하였다.** 필자는 사전 답사해서 김천ㅇ회장을 만나서 충분히 실정을 파악했다. 대다수 24시간~ 48시간 철야작업 해도 수당을 못 받는 열악한 환경이었다. **(참고: 101건 이후 추가 3사례→ 분석제외)**

[집회 결과]

차량연합회가 공식 활동했고, 향후 운송료 인상 등 주도하게 되었다!!

2. 집회 유인물 47건 실제사례
(1) 유인물은 시위 주장의 완결판이다.

유인물은 집회 현장의 꽃이다. <u>**시위의 목적은 위력으로 억울한 사정을 알려서 협상하고 결과물을 얻는 것이다.**</u> 그러나 주변인은 내용을 모르기 때문에 공감할 수 없다. **이때 시위주장 내용을 가능한 A4, 1매로 정리해 현장배포하면 효과가 매우 크다. 우선 상대방은 혼자만 아는 사정이 외부에 알려지는 게 두렵다. 시민들은 사태 실상을 앎으로 협조해준다.** 또한 경찰 경보관은 상부에 보고할 근거이므로 좋아하고, 협상 때 참고 자료로 활용한다. 무엇보다 시위 상대방의 기선을 제압한다. 부정적인 내용을 시민들에게 계속 배포한다면 그 압박은 엄청나다!!

필자는 초기 집회시위 때 유인물 효과를 몰랐다. 어느 순간 시위 사유를 작성해서 돌리니, 협상타결에 큰 도움이 되었다. 그래서 요즘은 반드시 집회를 홍보하는 유인물 만든다. 그럼 그동안 실행했던 다양한 시위별 사례를 소개한다. 독자께서도 그 필요성 공감하실 것이다!!

(2) # 우리는 오늘 왜 집회를 하는가??

 한국철도시설공단 경의선 강매역현장에서 7,200만원의 체불노임 및 함바집 밥값을 무려 8개월간 못 받아 시위 합니다. ○○ 건설 ○○근로자협동조합과 대○ 인력, 서○식당은 지난 2014년 2월부터 경기도 고양시 강매역 신축현장에서 일당체불 4,500만원과 함바집 식대가 2700만원이나 됩니다. 하도 답답해 관리감독기관인 철도시설공단 이00 수도권본부장, 양00 처장에게 찾아가니 즉각 조치하겠다고 수차례 약속했으나 현재까지 전혀 진척이 없습니다. 이 체불금액은 건설○○근로자협동조합에서 대○인력을 통해 보낸 노임과 대○인력에서 대신 지급해준 일당노임 등 입니다.

 또한 60대 함바식당 노부부가 평생 모은 돈을 거의 못 받고 있습니다. 요즘은 모두들 억울하고 분통이 터져 잠이 오지 않습니다. 일용근로자는 생계위협을 받으며 대○인력은 유동자금이 없어 문을 닫을 지경이 되었습니다. 공사 발주처는 철도시설공단이고 원청업체는 ㈜새○르종합건설이며, 하청업체는 ㈜리○건설입니다. 저희는 리○건설과 거래 했지만, 부실업체를 선정한 원청 새○르 건설과 부실감독한 철도시설공단은 그 책임이 커서 당연히 문책해야만 합니다.

 이제는 거반 죽게 되었습니다. **오늘은 강매역 개통식을 하려다 갑자기 연기하여서 부득이 2차 집회를 합니다. 다른 길이 없는 저희들의 절박한 심정을 헤아려 즉각적 해결을 바랍니다.** 더 이상 말은 필요 없고 체불노임과 밥값의 신속한 지급만이 최선의 길임을 재삼 알려드립니다. 제발 좀 도와주십시오!!!

2014년 10월 27일

건설○○근로자협동조합. 대○ 인력. 서○함바식당 일동

(3) 왜 우리는 무료소개허가 취소를 요구하는가??

　이는 **생존권 차원**이다. 전국 유료파출소개소는 6천여개 된다. 종업원과 가족까지의 종사자는 10만여명 추산한다. 그리고 하루에 30여만명을 음식점 주방. 써빙 등으로 보낸다. 유료업소는 직업상담사 등 엄격한 자격자가 구청장의 정식허가 받고, 면허세와 보증보험료를 납부해야만 영업한다. 그러나 최근 **해괴한 일이 발생**하여 다수의 **파출소개업자가 폐업과 공멸**할 위기에 처해 있다!!

　그 이유는 서울 중구청이 42만명 회원의 거대단체 (사)외ㅇㅇ중앙회에 온갖 불법. 편법. 탈법적 방법을 동원하여 무료소개허가를 해주었다. 그래서 파출유료소개소는 매출이 50% 이상 급감하여 폐업하는 업체가 증가하고 있다. 우리는 변호사를 선임하고, 투쟁단체를 만들어서 생존권 지키기 차원에서 집회시위를 한다.

　원래 식품접객업자는 "겸업금지 업종"에 해당되나 예외적으로 1. 법인이 2개 이상 광역시. 도에 조직을 갖춘 자 2. 해당 업소의 회원가입률 및 회비 납부률 80% 이상 및 계속 유지자 3. 대표권 있는 자의 분사무소 대표자 설립등기 등 엄격한 제한사항을 두고 있다. 그러나 **외ㅇㅇ중앙회는 한 개의 허가 요건도 못 갖추었다.** 또한 중ㅇ청은 회답서에서 변명과 책임회피에 급급하였다.

　따라서 우리 **전파련**(전국파출소개연합회)은 스스로 **변호사비** 내어 **행정소송을 진행**하였으며, 오늘은 **절박한 생존권을 위해 모였다. 이제라도 중구청장은 관계자를 문책 후, 즉각적으로 외ㅇㅇ중앙회 무료직업소개 취소를 강력히 요구한다!** 만일 우리의 정당한 요구를 계속 묵살한다면, 고용노동부 정부청사 집회와 청와대 민원제기 등 투쟁수위를 한층 더 높여 갈 것을 엄숙히 선언한다!!

2014년 10월 　일
전국파출소개연합회(전파련) 비대위원장 　김 경 ㅇ

(4)　　**우리는 왜 박옥ㅇ 퇴진을 요구하는가~?**

　박옥ㅇ 목사는 무언가 다르다. 하나님의 참된 종이고 청빈하며 고난의 길을 자청한다. 처음엔 성도들 누구나 그렇게 믿습니다.. 잠실체육관. 올림픽공원 등에서 수시로 집회하며, 월드캠프. 그라시아스 합창단 등으로 하나님 대언자로 행세하니 당연하지요.. 그런데 끊임없는 비리 추문에 숨이 막힙니다. 특히 근래 **가짜목사 파동**이 유명합니다. 예전에 목사안수를 주었다는 미국의 딕.ㅇ선교사가 **"나는 절대로 박옥ㅇ에게 목사안수 준 적이 없다**. 우리 믿음의 방패 선교회는 장로. 목사제도가 전혀 없다."라고 증언하는 그분의 이멜이 전주법정에서 전격적으로 공개 되었습니다.

　이처럼 박옥ㅇ는 200억원 주식사기 주범으로 형사재판을 받고 있습니다. 계속해서 수십개의 죄가 드러나고 증언을 해도 "나는 모른다. 각자 돈 벌려고 투자하여 손해 보았다." 고 강변합니다. 그런데 예전 **설교 때"운ㅇ주식은 수백조원 가치가 있고, 삼성전자를 능가한다. 안사면 바보~~"**라며 **주식매입을 강요하다** 이젠 **오리발입니다**. 목사는 정직과 진실해야 성도가 믿습니다. 그런데 박옥ㅇ 일가는 까보면 **거짓말**과 비리가 눈덩이처럼 커집니다.

　최근엔 전혀 모른다는 운ㅇ주식대금에서 **사모 김명ㅇ은 3천만원 식탁을 강납** 받았고, 아파트 2채 투기와 박옥ㅇ 일가 200억원 입출금 내역에 답변 못합니다. 설교 1회 500만원씩 받고, 교회 결혼식 때 1천만원씩 7억여원을 챙겼습니다. 또한 미인가 대안학교 11개 불법운영하며, 교회에서 자택에 **최상급 식단**으로 요리한 **황제식사**를 옥ㅇ.명ㅇ.은ㅇ씨 매일 **3끼 공수**해서 드십니다. 하나님과 교회성도 믿음을 져버린 배신자의 말로가 궁금합니다. 가짜목사 종교사기꾼 박옥ㅇ는 즉각 퇴진해 하나님 심판을 기다릴 때입니다..

2015. 7. . 기쁜소식선교회 개혁비상대책위원회　일동

(5) **강남베○○병원**은 **의료사고**에 **책임져라~!**

  저는 올해 75세 노인입니다. 저는 김○○원장이 허리협착술 수술을 잘못해 휴유증이 심각했습니다. 그래서 수차례 재수술을 요구했으나, 그동안 김 원장의 표리부동한 태도에 분노해 시위 합니다.

  저는 수년 전부터 허리통증으로 다리가 당겨서 5분 이상 서 있기가 힘들었습니다. 그래서 보험사 직원의 소개로 2015. 6. 10일경 김○○ 원장에게 350만원을 주고, 허리와 다리통증을 유발하는 허리협착증 제거 수술을 받았습니다. 수술이 잘 되었다고 퇴원 했었는데 전혀 효과 없고 온 몸이 쑤셔서 다시 병원가서, 김원장과 사무국장 소개로 주사와 물리치료만 계속 받았습니다.

  그러나 1개월이 지나도 오히려 허리. 다리통증이 더 심해서 "재수술을 해 달라." 요구 했으나 MRI 사진만 찍고 다른병원의 소견서 받아 오라고 했습니다. 그후 1년 동안 진통제 주사와 물리치료를 받았으나 더 아파서 재수술을 요구하니, 이○○ 사무장은 수술비 50% 준다고 했습니다. 나는 100% 달라고 했으나 김 원장은 눈을 부라리며온갖 악담을 퍼 부었습니다. 이틀 후 이 국장은 "50만원 줄테니 다른 병원가서 치료 받으라." 고 했습니다.

  수술받기 전에는 그렇게 친절해 천사 같던 분들이 이렇게 악마로 변할 수가 있습니까? 어떻게 막대한 수술비 들여도 전혀 효과는 없는데, 진솔한 사과는 커녕 70세 넘은 쇠약한 노인에게 호통치며 악담을 합니까? 저는 하도 억울해서 최근 1인 시위를 며칠 하다가 수서경찰서에 집회신고 했고, 1개월 동안 집회시위를 할 겁니다..

  저는 수술 휴유증에 직장도 못 잡고 구차하게 삽니다. 피해요구액은 수술비 350만원. 실직보상금 3천만원(2년), 정신고통 위로금 3천만원 총 6,350만원 입니다. **김○○ 원장**은 **먼저 인간**이 **되시오~!!**

2015년 8월 일 의료사고자 한 ○ ○

(6)   **박옥ㅇ 1심판결 이후 전망은..**

　지난 9월 23일 전주지법에서 박옥ㅇ 주범인 260억 주식사기 1심 판결
이 있었다. 결과는 종범 3명은 징역형/집행유예 인데, 오직 박옥ㅇ만
"무죄"를 선고 받았다. 이에 피해자들은 즉시 대법원장에게 탄원서
를 제출하였고, 검찰은 즉각 항소하였다. 이번 판결은 도저히 납득이
되지 않는다. 1심 판결의 핵심쟁점은 "박옥ㅇ가 운ㅇ의 실질적 경영주
인가~?" 였다. 그러나 재판부는 그 수 많은 피해자들의 증언과 증거를
모두 받아들이지 않았다. 예를 들어 확실한 직접증거인 박옥ㅇ가 운ㅇ
의 경영에 꼬치꼬치 지시하는 녹취록도 무시하였다.

　하지만 **돌아보니 이는 예견된 판결이었다. 2015년 1월 박옥ㅇ가 배당**
된 제2 형사부 판사와 박옥ㅇ 선임변호사가 부부여서 논란이 되었고,
금번 변ㅇ 주심판사와 김ㅇ 변호사는 서울법대 선.후배 전주 출신이라는
소문이다. 즉 전관예우에 의해 불공정 판결의혹(?)이 제기된다. 오죽
했으면 같은 법원 울타리에 있는 검찰에서 즉각 항소 했겠는가? 검찰
구형 9년에 "무 죄"는 전례가 없다. 한마디로 무능력. 무책임하고 헛
발질하는 검찰이란 판결이다. 즉 **변 판사**는 국민의 **검찰**이 "쓸데 없는
수사를 했다."고 인정했다. 검찰이 충분히 열 받을 만 하다~!!

　현재 **박옥ㅇ는** 상기재판 외에 **15건의 경찰. 검찰 수사를 받고 있다.**
박옥수는 위 **재판처럼 혐의를 부인키 힘들다.** 왜냐하면 **불법 대안학교.**
미인가 사이버신학교. 불법묘지. 공원훼손. 건축법위반 등은 실정법 위반이
다. 즉 증거와 사안이 명확하다. 개혁비대위는 지난 5월부터 박옥수 가
짜목사 종교사기꾼 실체를 밝혀 간다. **하나님은 부도덕한 박옥ㅇ 잘 알고**
계신다.. 각종 헌금강요 불법과 비리 앞잡이.. 박 옥 ㅇ님은 김한성
개혁비대위원장을 명예훼손으로 고소했다..왜 일까요~? 김봉ㅇ 집사도
명예훼손 고소, **무죄** 나와 **무고혐의** 조사 중인데.. 아직도
고등법원 재판은 남았고 거짓선지자는 심판을 받으리라~!!
                    2015년　10월　일
            기쁜소식선교회 개혁비상대책위원회　(인)

(7)

3층 하○골프 = 왜 집회를 하는가?

금번 집회시위는 이중계약 때문입니다. 계약은 자유라지만 이중계약은 명백한 불법입니다. 그런 행동을 마음대로 자행하는 분들이 3층의 (주)판타○○ 손○○ 대표와 왕○○ 이사입니다. 저는 금년 4월 10일 3층 하○골프 398평을 **보증금 2억 5천만원**에 **계약**해, 계약금 500만원 지급했으며 4월 중순 중도금으로 5천만원 송금 등 **총 5,500만원주었습니다**. 계약금/중도금으로 22% 지급해서 일방 계약해지가 불가능하였지만, 귀사는 아무런 상의 없이 타인을 입점 시켰습니다.

나중 **소문에 1억원을 더 받았다고** 하더군요. **저 보다 보증금이 훨씬 높으니 중도금까지 받은 임대차 계약을 통째 무시했습니다.** **그 후 귀사의 태도는 180도 달라졌습니다. 계약금은 엄연히 500만원인데** 무조건 **보증금 10% 2500만원이 계약금이라 주장**하며, **그 금액을 제외한 3천만원을 반환하겠다고 하였습니다.** 민법에도 계약금과 보증금을 지급하면 계약 완성되어 일방적 해지가 불가능해, **쌍방합의 또는 민사소송**을 해야 합니다. 이는 상식입니다. 제가 중도금 일부와 잔금을 못 치른 약점을 미끼삼아 무조건 계약을 취소했습니다.

이후 귀사의 그 친절하던 태도는 180도 변했습니다. 각종 방법으로 저를 기만하며 수시로 약속을 어겼습니다. 담당 왕 ○ ○ 이사는 수신 거절하고 아예 전화도 받지 않습니다. 따라서 귀사의 불법성과 계약자 피해 알리는 집회시위를 1개월간 경찰서에 신고했습니다. 앞으로 **저는 1. 임대인 손○○을 이중계약으로 검찰청에 형사고소하고 2. 계약금/중도금 배액인 1억 1천만원과 정신적 손해보상금 등을 청구**할 것이며 **3. 귀사 하○골프 건물** 앞에 **30명 집회신고하여 피해금 전액을 받기까지 형사고소. 민사소송. 집회시위 병행**할 겁니다. 상도의와 계약자에 대한 신의를 저버린 귀사 손○은 응당히 책임져야 합니다..

2015년 10월 일 **위 계약자 이 ○ ○** (인)

대리인 오 ○ ○ (인)

-173-

(8)   **강ㅇ교회 번지수는 어디인가~?**

"아담아 네가 어디 있느냐?" 범죄 후 에덴동산을 떠났을 때 아담에게 하나님은 위치를 물었습니다. 그럼 강ㅇ교회는 어디 있습니까~? 인간 이면 누구나 육체가 있는 한 계속 돈을 씁니다. 그러나 박옥ㅇ는 혼자만 깨끗한 척하며, 뒤에선 온갖 이권 챙기기 바쁩니다. 이미 **박옥ㅇ 입으로 "대전도 집회 시 1회 500만원, 매년 칸타ㅇ 마다 2~3천만원 받았다." 법정실토 했습니다.** 돈의 노예입니다..

이번 미국 칸타타가 이룬 대단한 성황은 훌륭합니다. 그러나 **실상은 미국인에게 공짜 티켓을 나눠주니 호응 높았습니다.** 한국 보다 훨씬 잘 사는 미국인에게 그냥 나눠주면서 왜 한국 성도에겐 칸타타 티켓을 강매합니까? 저는 이종ㅇ 구역이었는데, 2014년 저에게 배당된 티켓을 못 샀더니 **"빚을 내서라도 제발 사세요.."** 라고 하소연 했습니다. 만약 구역원이 못 내면 가난한 구역장이 몽땅 물어내야 됩니다.. 너무나 고통스럽습니다. **작년 문00 장로가 왜 교회를 떠났을까~??** 그런데 **부도덕한 박옥ㅇ는 칸타타에서 수천만원 이상 챙기고** 있습니다. 얼마나 철면피한 행동입니까? 돈 앞에 신앙인 양심을 포기합니다..

우리 강ㅇ교회 교인들은 가난 가운데서 전세금을 월세로 바꾸며 헌금 했는데, 박옥ㅇ는 돈 받기에 혈안이 되었습니다. 종교사기꾼의 특성은 말과 행동이 다릅니다. 대형행사인 대전도집회. 년말 칸타타. 지방 순회집회에서도 돈 받습니다. 그 **난리치던 케냐 GBS 어찌되었습니까?? 박옥ㅇ는 그 방송국 운영 돈과 과연 무관**합니까? 미국 마하나임 신학교 설립자금 120억원(박옥ㅇ는 70억원 법정 실토?)은 **불투명** 합니다. 방배동 땅에서 대출 받은 20억원은 지금 어디에 계신가요??..

자금집행 100% 박옥ㅇ 허락 받는데, 그가 딴 마음 먹었다면 고양이에게 생선 맡겼군요. **앗! 들통난 아파트 2채, 목회자에 강납 받은 돈 수십억원이 증거군요..** 이게 가짜목사. 종교사기꾼의 실체랍니다.. 금번 대전도 집회에서도 혹시 거액 돈 챙길지 모르니 속지 맙시다~!!

2015년 10월 일   기소선 개혁비대위원장 김 한 성 (인)

(9) 제2탄 **박옥ㅇ는"주의 종이며 월급 50만원이 맞다?"**

정말 맞습니다. 아니라면 그런 신통한 능력발휘 불가능 합니다..
며칠 전 신문에 테레사 수녀를 성인(Saint) 반열에 올린다고 합니다.
교황청이 복자(福者)에서 성인되는 기준은 확인된 기적(奇績)입니다.
1~2건만 확인해도 영광스런 성 바오로, 프렌시스코 같은 레벨입니다.
그러나 박옥수의 기적은 수백여건이니 인류 최고의 반열이지요..
믿어지지 않는다고요? 참말이며 진실입니다. 그 사례를 볼까요??

1. 대단히 신통방통한 기적을 많이 베푸십니다.

국제ㅇ학생연합(IYF)이란 단체에서 해외 봉사활동 갔을 때 전요ㅇ이
전갈에 물리거나 다른 대학생이 뎅기열 걸려 사경을 헤맬 때 박옥ㅇ
말 한마디에 깨끗이 나았습니다. 귀신 쫓아내는 것쯤은 식은 죽 먹기
이며, 방송 "추적 60분"이나 "두 여인의 죽음" 같이 박옥ㅇ 불법비리
방송해도 놀라운 기적을 베푸셔서 한방에 잠재워 버립니다. 이번 200억
원 주식사기 검찰구형 9년을 "무죄"로 만드시니, 그 놀라우신 능력으
로 판사님 전관예우 목소리도 깨끗이 평정하시겠죠?

2. 나만이 "주의 종이다"라는 절대자 선포에 감격합니다.

예수님 자리에 교황이 있듯이 박옥ㅇ는 하나님을 대리하여 "주의 종"
을 자처하며 신령스런 계시를 날린답니다. 그래서 옥ㅇ님은 선교회 내에
서 길이며 진리입니다. 재정. 인사. 관리권을 혼자 틀어쥐고 그 분의 허
락 받아야 됩니다. 물론 헌금이나 기부금도 일체 "주의 종님?" 품의 받
습니다. 구체적인 헌금 입출금 내역, 영수증, 결제과정, 보존서류는 거
의 생략합니다. 만일의 사태 대비해 불투명하면 나중에 혹시 뽀록나도
증거가 없겠지요? 그런 자금이 그 분과 일가 은행계좌에서 수백억원이
나 입출금 되었다니 역시 "주의 종님"입니다..

3. 성폭행 성범죄 의혹도 핍박이며 죄가 없다. 사실 일까요?

만약 바울이나 베드로가 성폭행 의혹이 있었다면 결과는? 물론 말도
안 됩니다. 그 시대에 심판을 피하여 도망갔다면 하나님 사명은 포기
해야 되겠지요.. 그런데 옥ㅇ님은 본인 입으로 지역장 회의에서 "내가

외로워서 대구 과부자매를 간ㅇ 했다"고 합니다. 많은 지역장이 들었고 양00 목사는 구체적 진술까지 했습니다. 그러면 다윗처럼 회개하고 죄를 뉘우쳐야지 마치 베드로가 예수님을 3번 강력 부인하듯이 "아닙니다" 라며 "증거를 대세요.." 하면 예전 말은 유령님이 한 듯 하군요. 더구나 <u>독자 아들 영ㅇ님은 여고생 성ㅇㅇ 의혹까지 받습니다. 바울과 베드로가 받은 핍박과 환란은 복음 때문이었지 개인영달과 무관합니다. 이에 대해 선교회의 위대하신 옥ㅇ님은 죄가 없다며, 개혁위원장을 서초경찰서에 명예훼손으로 고소해 무혐의 받았습니다.</u> 아직도 그 분은 "구원 받으면 죄가 없다"며 혹시 간음과 성범죄 저질러도 죄가 안 된다고 착각하셨는지 궁금하더군요..

4. 선교회 지역장. 지역교회의 인사권 등 행사가 황제 수준입니다.

근래 이중텐 저서 "이중텐 중국사"에 보면 진시황이 천하 평정한 3대 요인으로 황제 칭호, 군현제 실시, 제도 통일을 들었다. 이는 박옥ㅇ의 경우와 동일하다. 옥ㅇ님은 선교회 내에서 유일무이한 "주의 종" 이다. 그러므로 "주의 종님" 말씀은 황제처럼 힘이 있다. 또한 군현제처럼 전국 200여개 전 세계에 400여개 교회와 20만명의 신도가 있다. <u>놀라운 사실은 옥ㅇ님이 대다수 인사권을 직접 행사하신다. 옛날 진시황도 못하신 일 하시며, 더구나 대안학교. 재직자. 집사. 장로 등 임명과 모든 운영자금 계획과 집행을 직접 하신단다.</u> 혹시나 절대 황제권 가진 그 분께 조금이라도 거역하면 지방 소교회로 좌천시키거나 본부에 무기한 대기발령 시킨단다. 정말인가요? 선교회 내에서 **옥ㅇ님은 진시황제 이상 아니죠.. 오로지 위대하고 존귀한 옥ㅇ 황제폐하 만세~!!**

5. 민주주의 기초 언론자유를 통제~ 역시 대단하십니다..

독재정권의 특징은 말에 제갈 물린다네요. 김정은. 박정희. 히틀러. 스탈린 공통점은 말 한마디에 골로 갑니다. 그러나 옥ㅇ 각하님 완벽 하세요.. 교회비판 한마디에 숙청대상 1호~ 설마 그럴리가요??

6. 옥ㅇ님 월급 50만원.. 잘못 보았겠죠..그 돈으로 아파트 70평, 벤츠차, 수백억원 입출금? 위대하신 분이 정말 파렴치 했을까요?

2015. 12. 28. 기쁜소식선교회 개혁비상대책위원회 (인)

ifci 통신다단계 무엇이 문제인가?

1. 개   요: ifci 는 통신 다단계 인판대리점이다. 선능역 근처 대치동에 있으며 회원 및 사업자로 30여만명 활동한다. ifci 공식자료에는 장점만 나열했지만, 허위과장 발언으로 큰돈을 벌 수 있다는 권ㅇㅇ 사업자 대표와 스폰서 말에 속아서 회원 가입하여 장기간 요금폭탄 맞았다. 그 피해자들이 모임을 만들어 ifci 및 주 거래업체 LGU+ 상대로 손해보상과 형사고발, 소송 등을 준비한다.

2. 가입 특징: 통신 다단계는 휴대폰. 070 전화. 인터넷 등을 사용만 해도 수익이 발생 한다고 현혹하여 회원을 모집한다. 길거리 대리점과는 달리 지인. 친척 등이 주로 가입한다. **상위 스폰서는 무조건 장점만 강조해 전반적인 내용을 알지 못하고 반 강요에 못 이겨 가입하지만, 곧 요금폭탄 및 인간관계의 파멸을 가져온다.**

3. 다단계 수익: 모든 다단계는 상위 0.1% 이내만 배 터지고, 나머지 99% 수령액은 최저 생계비도 안 된다. 즉 상위자에게 수익이 대폭 몰려있다. **공정거래위원회에서 2014. 7. 8. 발표한 보도자료 기준 통신다단계 상위 1% 연간 지급액은 5,662만원인데, 나머지 99% 년간 수입은 47만원이다.** 즉 매월 4만여원에 불과하다. 실제로 2015. 8월 기준 ifci 내부 자료는 **사파이어 직급은 상위 0.16%** 속하며, 매월 300만원 정도라고 알려졌다. 하지만 <u>근래 사파이어 직급자가 1백만원 내외 수입이라고 실토했으니,</u> **에메랄드~ 크라운 직급 상위 0.05%만 월간 수백만원~수천만원 가져간다. 즉 제도적으로 하위 99.95%가 상위자 0.05% 위해 희생하는 사기성 시스템**이다. (자료: 유첨)

4. 가입자 피해실태:
① 저소득층에게 요금폭탄 안긴다: ifci 회원은 저소득 취약계층이 많다. 실업자. 주부. 퇴직자. 60~70대 노인층이 사업자가 되기 위해 80만~90만원대 이상 고가폰을 강요 당한다. LGU+ 제휴해 안 팔리는 재고폰을 주로 권유해 비교적 높은 PV 준다. 30만 PV 이상을 맞추어야 사업자가

되기 때문에 어쩔 수 없이 사야 한다. 모자라는 PV는 신한카드, 중고폰으로 메꾸면 된다. 문제는 가입하고 14일 넘으면 반품도 안 되고 약정기간 2년 동안 휴대폰 요금 보통 8만원이상 요금을 내야 한다. 60~70대 노인은 2만~ 4만원에서 갑자기 폭탄요금을 내는 경우가 많다.
(ifci 피해자모임 문제제기로 2016. 3월 이후 60세 이상 회원가입 불가)

② 보상체계를 수시로 바꾸어 수익 갈취한다: ifci 사업자가 되면 다단계판매 회원수첩을 받는다. 그 속에는 후원수당 규정이 있다. 추천. 공유. 리더쉽. 직급. 재구매 보너스이다. 이 후원수당은 보험약관과 동일해서 회원과 휴대폰 약정 2년간 변해선 안 된다. 그런데 2016. 4. 5. 보상체계를 전면 개편해 추천수당 10% 폐지하고, 공유수당은 신규 브론즈 사업자만 30%에서 20%로 준다. 나머지 수당은 없애고 복잡하게 개편해 고위직급자만 유리하게 만들었다. 이로 인한 피해는 회원들이 고스란히 부담하고 에머럴드 이상 수익은 오히려 늘게 된다.

③ 중고폰 10만여대 100억원을 착복의혹 있다: ifci 사업자가 되려면 반드시 신규 휴대폰을 사야 한다. 그러면 사용 중인 휴대폰이 중고폰이 된다. 이런 휴대폰은 사용기간 6개월~1년 미만도 많으며 현금 아닌 포인트만 지급해 10만대 이상 될 것으로 추정한다. 중고폰 대당 평균 10만원씩 10만명이면 100억원이다. 이 중고폰은 중국. 동남아 등으로 수출했을 것으로 보인다. 권○○ 대표는 강의에서 모든 마케팅은 자신이 한다고 했으니 막대한 중고폰 값을 착복했을 것이다.
(이런 중고폰 일명 에코폰이 문제가 되자, 2016. 4. 5. 전면 폐지했다.)

④ 허위과장 광고로 피해자 양산한다: ifci에서 공식 발간한 "꿈을 현실로!" 라는 교재가 있다. 그 책에는 불과 1년만에 변○씨가 매월 3만원에서 410만원 올린 수익 증가도표와 다른 사람은 2년만에 매월 5만원에서 3200만원으로 올라간 소득표가 실려 있다. 또한 빗물 새는 처가 집에 살던 김○○ 크라운이 지금은 BMW 차량 옆에 서있는 사진이 있다. 조철연 다이어몬드는 아예 신한은행 통장을 공개해 매주 1천여만씩 들어오는 것을 보여준다. (유첨) 아울러 권○○ 대표는 매일 강의 중에 누구나 수백만~ 수천만원 벌 수 있다고 현혹하며, ifci 장외주식이 현재 6배

인데 향후 60배, 600배까지 올린다고 한다. 위와 같은 사진을 보면서 권 대표의 강의를 들으면 자기도 금방 부자가 될 것 같다. 이처럼 과장된 내용으로 회원을 유인하면 방문판매법 11조 의거 5년 이하 징역 또는 1억 5천만원 이하 벌금에 처하는 중범죄입니다.

⑤ **기타 피해사항**: 그 외에도 다수 있다. ifci 권○○은 수천번 강의 통하여 통신다단계는 25조원 통신시장 유통비용을 다단계사업자에게 준다고 말한다. 그 수익은 평생 지급되고 자식에게 상속되는 권리소득이라고 강조한다. 하지만 각종 방법으로 회원자격을 박탈한다. 2015. 8월 방통위 규제로 LGU+에서 주는 ifci 대리점 관리비가 14%에서 7%로 줄면서 각종 수당을 제한한다. 예를 들면 사업자는 매일 센타에 출근해야 하며 활동내역을 스폰서에 보고해야 한다. 아니면 "CAP"이라는 자체 징계제도 만들어 본인 수당을 일방적으로 지급 중단한다.

조금이라도 항의하면 불이익을 주기 때문에 권○○ 대표에게 고위 직급자도 꼼짝 못한다. 하위 직급자에 중단한 수당은 고위 직급자끼리 나눠서 일정 수익을 보장 해준다. 또한 분기별 권○○ 대표 면담하는 회원 재갱신 제도를 통해 회원자격을 박탈한다. 상속제도도 유명무실하며 소비자조합이라고 하지만 사실상 회사의 일방적인 결정에 따라야 한다. 제3의 기관에서 감시. 감독할 수 없기 때문에 그 피해를 회원들이 감수하고 떠난다. 그리고 빠져나간 만큼 새로운 회원모집에 늘 열을 올린다. 무엇보다 **심각한 것은 ifci 대다수 회원은 차비. 점심 값이 부족한 저소득 취약계층이다. 현실에 생존이 힘든 사람에게 더 고통을 주는 ifci와 권○○ 대표의 양의 탈을 쓴 가면**을 **고발**합니다..

5. 피해자 집계: ifci 사업자는 30여만명이다. 명색이 사업자라 해도 대다수는 매월 수익은 몇 만원에 불과하다. 회원 중에 통상 매월 4만~5만원대 요금이 다수에서 갑자기 8만원 이상 납부자는 30만명 대비 70% 이상으로 20여만명으로 추정된다. 이러한 **20만명 극심한 피해자의 5%는 1만여명이 된다. 이 인원은 이미 인간관계도 서로 금이 갔고, 폭탄요금 납입으로 인해 불만이 최고조 상태이다.** 다시 말하면 본인이 크게 속았다고 느끼는 피해 의식자이다.

6. 피해 구제방안: 전국에서 위 5항 1만여명은 ifci 피해자 모임과 행동을 같이 할 수 있다. 그 **인원 중에 실제 피해소송 참여자는 2,000명이며, 폭탄요금 및 정신적 피해로 1명당 100만원 하면 20억원이다.** 이러한 **20억원 소송가액으로 변호사를 선임하여 ifci 및 LGU+ 대상으로 법정투쟁할 것이며, 각 신문사. 방송 등에 보도자료** 배포한다. 또한 사기성으로 회원가입시킨 스폰서와 연대책임 있는 LGU+와 ifci 권○○ 등에게 "사기와 방문판매법위반" 혐의 등으로 형사고발한다.

7. 총　평

　통신다단계 피해는 사회문제이다. ifci 피해자로 **집회시위. 인터넷 서명운동, 집단소송. 고소 고발** 등으로 구제책을 추진한다!! 향후 **통신 개통수 축소→물류/주식도입→보상플랜변경→직급자 구조조정으로 회원갱신→업체통합 후 시간 끌다가 폐업과정** 갈 것으로 전망 된다.. 이미 2016. 2월 B&N 솔류션이 폐업 후에 ifci와 통합되어 수많은 피해자를 낳았다. 앞으로도 통신다단계는 초기성장→ 피해 극대화→ 폐업과정을 통해 하루가 힘든 사람들에게 더 큰 고통만 안겨줄 것이다!!

※ 별 첨: ifci 피해자모임 활동자료 ...... 각 1부
　　　　　（세부내용은 모임 대표에게 문의요망）

2016. 1.　.　**ifci 통신다단계 피해자모임　대표　김 한 성**

11

왜 LGU+ 앞 집회를 하는가?

저희는 엘지유플러스 다단계 인판대리점 IFCI 피해자입니다. ifci의 본사는 대ㅇ동에 있으며, 회원은 20여만명 입니다. 거의 40대 이상 연령들이 인맥 때문에 가입하여 다수가 9만원대 요금을 냅니다. 제 주변 할머니도 매월 휴대폰 3만원대에서 9만7천원 요금폭탄으로 인해 괴로워 하지만, 약정 불이익 때문에 그냥 사용합니다.

이러한 **ifci 다단계 업체에 LGU+ 는 2013~14년 연속"대 상"을 주었습니다. 즉 동종분야 매출 1위인 ifci를 공인해 주고, 최우수 법인 대리점으로 인정했습니다. 요즘 통신 3사가 경쟁사 고객 끌어오기가 치열한 상황에서 크게 효자노릇 했습니다**. 무척이나 고마웠겠지요.. 문제는 20만명의 80% 이상은 다단계 사업을 않고 오직 회원으로 존재하며 **고액 요금을 냅니다. 현재 평균치 이상 요금은 골드~ 크라운 직급자인 약 1.8% 3천여명이 나눠 갖습니다. 그래도 골드~ 루비 지급액은 겨우 최저 생계비 수준이며, 에메랄드~ 크라운 0.04% 70여명이 매달 1천만원~수억원의 돈을 가져갑니다. 즉 99.9% 사람들이 0.04%에게 상납하는 시스템이 바로 ifci 다단계 인판대리점의 실체**입니다. 공정위는 2014. 7. 8일 보도 자료를 통해 통신 다단계 상위 1% 연간 지급액은 5,662만원인데, 나머지 99%는 47만원이라고 발표 했습니다. 이와 같은 방송통신위원회는 수차례 시정명령을 내린바 있습니다.

아직도 **회원 아닌 수만명의 사업자들이"당신도 다이어몬드가 될 수 있고, 매달 수천만원~수억원을 벌 수 있다."는 말에 속아서 제도적으로 불가능한 다단계 통신사업에 목숨을 걸고 있습니다.** 대한민국 대표 통신사 중에 하나인 엘지유플러스는 이런 **부도덕한 ifci 실체**를 알아야 합니다. 법인 대리점은 개통실적 나쁘면 문을 닫게 되며, 수많은 사람들이 피해봅니다. 또한 ifci는 절대하지 않는다는 물류사업 도입 및 보상체계 변경, 직급자 재조정으로 많은 회원들과 약속을 버렸습니다. 이제는 LGU+ 권ㅇㅇ 부회장님의 현명한 결단을 기대합니다!!

2016. 1. . IFCI 다단계 인판대리점 피해자모임 대표 김 한 성

(12) # ifci 통신다단계 불법을 규탄한다~!!

ifci 통신다단계 업체와 LG유플러스는 2016. 5. 12일 공정위로부터 결합상품 160만원 이상을 판매해 시정명령을 받았다. 그러나 최근까지 LG G5와 삼성갤러시 S7 등 고가단말기와 LGU+ 결합상품을 판매중이다. (프라임경제신문 2016. 6. 2. 기사)

권ㅇㅇ은 ifci 대표사업자 이지만 모든 마케팅정책을 100% 좌우합니다. (강의 녹취록) 즉 실질적 오너 역할을 합니다. 이런 분이 지금 사기 및 방문판매법 위반으로 서울중앙지검의 조사를 받습니다. 권ㅇㅇ은 ifci 사업을 하면 누구나 다이어몬드가 되고 큰돈을 벌 것처럼 현혹하여 무려 25만명을 가입시켰습니다. 그리고 LGU+ 대리점 수수료를 14% 불법적으로 받아서 방통위에서 23억원 과징금 물게 했습니다.

권ㅇㅇ과 고직급자는 중고폰을 현금을 주지 않고 C V(일종 마일리지)**로 지급해 100억원 이상**(중고폰 10만대 기준)**을 착복의혹 있습니다. 문제가 되자 최근 에코폰**(중고폰) **거래를 전면 중단했습니다.**

위처럼 권ㅇㅇ과 ifci 법인대표 이ㅇㅇ는 정부의 정책에 반기를 들며 2년간 요금 및 단말기 합계 160만원 판매금지에도 계속 배짱영업을 합니다. 아마도 든든한 빽-줄이 없으면 상상도 못할 일입니다. 그리고 수많은 희생자를 계속 만들고 있습니다.

저희 **ifci 통신다단계 피해자 모임**에서는 금년 1월부터 지속적으로 ifci **문제점과 권ㅇㅇ의 위험성을 알렸습니다. 그리고 ifci와 LGU+ 본사 앞에서 집회를 하였습니다.** 또한 청와대와 공정위에 진정서를 접수해 지난달 결합상품 160만원 이상에 불법으로 시정명령케 했습니다.

이번 **ifci** 본사 앞 집회는 중고폰 피해자와 고액 단말기 피해자를 모집하고 **ifci** 해악성을 알리기 위해서입니다. 부디 더 이상 피해입지 말고 권ㅇㅇ과 **ifci** 정체를 정확히 알고 대처 바랍니다.

2016. 6. 13. **ifci 통신다단계 피해자모임 대표 김한성** (인)

(13) **2탄▶ ifci 통신다단계 불법 규탄한다~!!**

ifci 통신다단계 업체와 LG유플러스는 2016. 5. 12일 공정위로부터 결합상품 160만원 이상을 판매해 시정명령을 받았다. 그러나 최근까지 LG G5와 삼성갤러시 S7 등 고가단말기와 LGU+ 결합상품을 판매중이다. (프라임경제신문 2016. 6. 2. 기사)

위 기사처럼 <u>권ㅇㅇ과 ifci 법인대표 이ㅇㅇ</u> 그리고 <u>물주 박ㅇㅇ은 정부 정책에 반기를 들며 2년간 요금 및 단말기 합계 160만원 판매금지에 도 계속 배짱영업 했습니다. 아마도 든든한 빽-줄이 없으면 상상도 못 할 일입니다.</u> 그리고 수많은 희생자를 계속 만들고 있습니다.

특히 권ㅇㅇ은 ifci 대표사업자로서 마케팅정책을 100% 좌우합니다. (강의 녹취록) 즉 실질적 **"갑질"** 오너 역할 합니다. 이분은 현재 사기 및 방문판매법 위반으로 서울중앙지검 조사 받습니다. 권ㅇㅇ은 ifci 사업하면 누구나 다이어몬드 되고 큰돈 벌 것처럼 현혹해 28만명을 가입시켰습니다. **공정위에 보고된 보너스 체계를 마음대로 바꾸고, 금년 4월 5일 기존 회원들 보너스를 일방 중단해 큰 피해 줍니다.**

<u>권ㅇㅇ과 고직급자는 중고폰을 현금으로 정산 않고 C V</u>(일종 마일리지)<u>로 지급해서 100억원 이상</u>(중고폰 10만대 기준)<u>을 착복의혹 있습니다. 문제가 되자 최근 에코폰</u>(중고폰) <u>거래를 전면 중단했습니다.</u>

저희 **ifci 통신다단계 피해자 모임**에서는 금년 1월부터 지속적으로 ifci 문제점과 권ㅇㅇ의 위험성을 알렸습니다. 그리고 ifci와 LGU+ 본사 앞에서 집회를 하였습니다. 또한 **청와대와 공정위에 진정서 접수**해 지난 달 **결합상품 160만원 이상에 불법으로 시정 명령**케 했습니다.

이번 **ifci 본사 집회** 통해 중고폰과 고액 단말기 피해자를 모집하고 **ifci 해악성을 알리기** 위함이다. 부디 권ㅇㅇ과 ifci 회사 정체성 파악 하시고 피해자는 아래로 즉시 연락바랍니다~!!

2016. 6. 21. **ifci 통신다단계 피해자모임 대표 김한성** (인)

체불노임 1억원 즉각 지급하라!!

 악덕업체 동o건설의 **대o인력** 체불노임은 **1억여원**입니다. 구리시 수택동, 하남시 고양골천현장 체불금 합계= **9,185만원**(구리 9025만 + 하남 160만) 외에 **노임체불에 따른 지체배상금. 정신적 피해보상금 815만** 합쳐 1억원입니다. 7월 6일후 3곳에서 집회할겁니다.

1. 대o인력의 인력공급은 김oo 사장으로부터 입니다. 2016. 4. 25. 동o건설과 김oo사장이 골조공사 8800만원에 약정서를 체결 후 대o인력에 인력공급을 요청했습니다. 그래서 **대o인력은 동강 건설에 인건비"직불처리"요구**했고, **동o건설은 2016년 4월 인건 비 1400만원을 직접 대o인력에 송금**까지 했습니다.

2. 이후 **2016. 5월~ 6월달 노임 9185만원 대해 각종 핑계를 대면 서 주지 않았습니다.** 그동안 대o인력은 동강건설 정현장소장과 거래하며, 최o사장에게 보고했습니다. 그런데 돌변해 **동o건설 최o사장**은 "김oo과 공사계약 했으니 법대로 하라" 합니다.

3. 저희 대o인력은 관청에 정식으로 허가 받은 유료 소개업소입 니다. 인부들에게 매일 일당을 주어야 합니다. 하지만 **자금부족으 로 인건비 50% 가불형식** 지급하고, **5천여만원은 아직도 일용근로 자에게 지급 못해서** 굉장히 시달리고 있습니다.

4. **갑질 악덕업체 동o건설은 병원, 관공서 공사**를 주로 합니다. 이런 **고의적 노임체불업체는 관공사를 즉시 중단하고 하남시에서 발주한 고양골천 공사를 즉각 취소해야합니다.** 저희 **대o인력과 회원사 건설oo근로자협회는 체불노임 1억여원 회수와 김oo 사장의 밀린 노임에도 목숨 걸고 공동투쟁**할 겁니다!!

 2016. 7. . 대o인력 _____ 김oo_____
 지원: 건설oo근로자협회 홍o이사_____

(15)　　*2탄*　　**체불노임 1억원 즉각 지급**하라!!

　악덕업체 동ㅇ건설의 **대ㅇ인력** 체불노임은 **1억여원**입니다. 구리시 수택동, 하남시 고양골천현장 체불금 합계= 9,185만원(구리 9025만 + 하남 160만) 외에 노임체불에 따른 지체배상금. 정신적 피해보상금 815만 합쳐 1억원입니다. 7월 6일 후 3곳에서 집회할겁니다.

1. 대ㅇ인력의 인력공급은 김ㅇㅇ 사장으로 부터 입니다. 2016. 4. 25. 동ㅇ건설과 김ㅇㅇ사장이 골조공사 8800만원에 약정서를 체결 후 대ㅇ인력에 인력공급을 요청했습니다. 그래서 **대ㅇ인력은 동ㅇ건설에 인건비"직불처리"요구**했고, **동ㅇ건설은 2016년 4월 인건비 1400만원을 직접 대ㅇ인력에 송금**까지 했습니다.

2. 이후 2016. 5월~ 6월달 노임 **9,185만원 대해 각종 핑계를 대면서 주지 않았습니다.** 그동안 대ㅇ인력은 동ㅇ건설 정ㅇㅇ 현장소장과 거래하며, 모든 진행내역 최ㅇ 사장에게 보고했다고 들었습니다. 그런데 갑자기 태도가 돌변해 **동ㅇ건설 최ㅇ 사장은 "우리는 김ㅇㅇ과 공사계약 했으니 법대로 하라."** 합니다.

3. 저희 대ㅇ인력은 관청에 정식으로 허가 받은 유료 소개업소입니다. 인부들에게 매일 일당을 주어야 합니다. 하지만 **자금부족으로 인건비 50% 가불형식** 지급하고, **5천여만원은 아직도 일용근로자에게 지급 못해서** 굉장히 시달리고 있습니다.

4. **갑질 악덕업체 동ㅇ건설은 병원, 관공서 공사를 주로 합니다.** 이런 **고의적 노임체불업체는 하남시에서 발주한 고양골천 공사 등 모든 관공사를 즉각 중단 및 취소 해야합니다.** 저희 **대ㅇ인력과 회원사 건설ㅇㅇ근로자협회는 체불노임 1억여원 회수와 김ㅇㅇ 사장의 밀린 노임에도 목숨 걸고 공동투쟁**할 겁니다!!

　　2016. 7. . 대ㅇ인력. 김 ㅇㅇ. 건설ㅇㅇ근로자협회

왜 고용노동부 집회를 하는가?

1. 비대위는 부당한 고용노동부 고시개정에 반대하며, 공문서 위변조 의혹 받는 김○○ 사무관 파면을 요구합니다. 즉 **유료직업소개소 구직자 수수료 4% 현행 유지**와 **김○○ 사무관 문책** 관철키 위해 집회합니다.

2. 이는 지나친 행정권 남용으로 인한 이해 당사자 권리이익 침해가 원인이었으며, 전국 1만여개 직업소개소와 2천여개 상용직 종사자 생존권을 빼앗기 때문입니다. 고용노동부 고용서비스정책과 김효○ 행정사무관은 국내 유료직업소개요금 고시 규정의 검토기한은 2017. 12. 31.인데 (고용노동부 고시 제2014-77호) 그 기한을 2016. 1. 9.로 변조했습니다. 그래서 고시 개정일이 지난 것처럼 공문을 만들어 2016. 6. 16. 소개요금 일부 고시개정 의견조회로 (사)전국고용서비스협회에 보냈습니다.

3. 규정상 이해 당사자의 권리행위가 침해될 때는 충분한 기간에 고시 개정의견 들어야 됩니다. 그러나 **김 사무관은 전고협 극소수만 아는 고시개정을 주도하다 발각돼 2016. 6. 28. 일○○협회 주관의 서울지방고용청 토론회에서 공문서 위변조 사실이 들통났습니다.** 추진 과정에서도 오만불손한 언행 일삼고 이미 확정된 사안 통고식 이었습니다. 이는 행정절차상 이해관계인 의견절차 무시와 생략, 면담약속 일방파기, 고압적 갑질언행 등으로 공무원 기본자질을 의심케 하였습니다. 철저한 무시에도 비대위는 국민권익위원회, 감사원 등에 진정서 넣고 각종 투쟁 결과 원안대로 2017. 12. 31.까지 고시개정을 통보 받았습니다.

4. **저희 비대위는 상용직종(월급제) 2천여개 사업자 중심의 임의단체입니다. 김 사무관은 고시개정에서 회비 35,000원을 50,000원으로 인상하는 대신 구직자 수수료는 4%에서 1% 인하추진합니다.** 이는 **파출부 직종 일일 알선 사업자는 찬성하지만, 상용직종은 폐업통보**와 같습니다. 따라서 고용노동부는 구인. 구직. 상용직을 전부 아우르는 정책추진하고, **일자리 창출에 역행하려는 고시개정을 영구히 폐기**하라!! 또한 **구직자 수수료 4% 유지**와 **공문서 위변조 의혹 공무원을 즉각 파면**하라~!!

2016. 8. 25. 전국유료○○소개업 상용직 비대위 수석부위원장

(17) 국감: LGU+ 통신다단계 포기하라!!

1. 피해 개요: 최근 엘지유플러스는 국감에서 통신다단계사업 중단 → **검토** → **중단 적극검토 3차례** 바꾸었다. 부도덕, 무책임하다~ 피해자는 안중에도 없다! 통신다단계 회사는 주로 휴대폰 취급한다. 국내 통신사 중 3위, **LGU+** 는 통신다단계 분야 1위이다. **휴대폰 다단계하면 큰돈 벌** 것처럼 **힘없는 실업자, 노인, 주부 등을 끌어들이며 수익은 상위 1%** 가 **독점**하여 **피해자** 늘어난다.

2. 문 제 점: 통신다단계 회사는 주로 LG 단말기 취급해 구형폰, 잘 안 팔리는 제품을 사면 높은 포인트 제공해 엘지 휴대폰 사도록 유도한다. 기존 휴대폰을 위약금 물고 갈아타면 매월 8만원대 이상 요금이 많고, 회원만 가입해도 지속적 수입이 된다 하지만 결국 고액요금만 떠않는다. **LGU+** 는 재고폰 고가폰을 처리 수단으로 통신다단계 회사와 유착한다. 제도적으로 상위 1%가 후원수당의 71% 가지며, **상위 0.01%가 매월 수천만원씩 수익 독점**하는데 **누구나 다이어몬드 직급**될 것처럼 현혹한다. **차비 중식비도 안 되는 다단계 사업에 수십만명이 매달려 나중에는 배신감과 더불어 저소득 취약계층에게 더 큰 고통**을 준다.

3. 피해자 모임활동: 다단계피해자 모임은 자연스레 형성되었다. 지인 소개로 회원 가입하는 특성상 모임활동 힘드나, **피해자 모임 집행부 중심으로 LGU+ 용산본사와 가해 다단계업체 10여회 집회로 피해자 모집, 언론 등에 실태**를 알렸다. 현재 **서울중앙지검에서 관련 다단계업체 수사 중**이며 500여명 목표로 피해자 모아서 소송도 준비한다. 금번 국정감사를 계기로 부도덕한 LGU+ 는 수많은 서민에게 고통주는 다단계사업 즉각 포기바랍니다..

2016. 10. 17 통신다단계피해자모임 대표 김한성

(18) **삼ㅇ물산은 일당 체불 4억여원 즉시 지불하라!!**

1. 저희는 건설ㅇㅇ근로자 노임 4억2천만원 못 받았습니다. 용산역ㅇ
ㅇ아파트 건설현장에 2016년 2월~ 9월까지 (주)ㅇ엠ㅇ 협력사 내
장인테리어 공사했습니다. 천정, 벽체 경량철골 공사 총노임 12억 5
만천원 중에서 체불금이 위와 같습니다. OK두리인력이 일용근로자
보냈고, 50여명 일당 노임 체불로 생계위협 심각합니다.

2. 부도덕한 악덕기업 삼ㅇ물산은 매월 50%씩 노임 못 받아 공사중
단 위기되어 7월 **김진ㅇ 공사팀장**을 찾아가니 **"모든 공사대금은 삼
성측이 처리할테니 걱정마라"** 확약해 일당인부 계속 나갔습니다. 작년
10월 후에 인력공급 중단하고 노임지급 차일피일 시간만 끌다 결국
2016. 12월초 (주)ㅇ엠ㅇ 부도났고 법정관리 상태입니다.

3. 위의 노임체불에 원청업체 삼ㅇ물산은 노임지불 법적 책임이
있습니다. **근로기준법 44조는 하청업체 (주)ㅇ엠ㅇ가 노임체불시 연대
책임의무를 규정**합니다. 근로자 노임지불책임과 관리감독권이 원청에
있습니다. 현재 삼ㅇ측은 2억 줄 수 있고 나머진 체당금 받으랍니다.
예전엔 **"걱정마라. 삼ㅇ이 처리한다.."**더니 **말을 바꿉니다.**

4. 삼ㅇ물산 홈피엔 "국가만족도조사 17년간 1위 명품 APT" 자랑합
니다.. 하지만 거액의 체불업체 "갑 질"에 황당할 뿐입니다. **최치ㅇ
사장 책임**이 큽니다. 지금도 본사 빌딩사업부의 ㅇㅇ과장은 무조건
기다리랍니다. **이게 삼ㅇ의 현주소 입니까??**

5. 이젠 자녀들 학비, 쌀값, 할부대금 다 떨어졌습니다. 그래서
삼ㅇ물산 본사, 대ㅇ동 특검사무소 집회 신청했습니다. **이재ㅇ 부회장
16.5% 대주주 즉각 구속 외칠겁니다!** 우리는 4억2천만원 외에 지체
배상금 모두 받을 때까지 목숨 걸고 싸울겁니다~!!

2017. 2. 6.

－용산역 ㅇㅇ현장 체불일용근로자, (주)Kㅇㅇ & J, OK 두리인력 일동－

(19) **일용근로자 노임 체불하는 이재ㅇ 부회장 구속하라!**

1. 건설일용근로자 노임착취: 악덕기업 삼ㅇ물산은 일당 노임을 4억여원 체불했습니다. 최순실에게 수백억원 아낌 없이 퍼주는 **삼성이 하루씩 벌어먹는 저소득 취약층 노임을** 안 줍니다. 이재ㅇ은 삼ㅇ물산 주식 16.5% 가진 대주주입니다.

2. 용산역 ㅇㅇAPT 공사장 노임: 2016년 2월~9월까지 4억2천여만원 일당 노임을 안 줍니다. 건설일용근로자 100여명은 삼ㅇ물산 (주)엠ㅇ 협력사의 내장인테리어 공사했습니다. 삼ㅇ물산 공사과장은 2016년 7월 매월 50% 노임을 못 받아 인력공급 안하겠다고 하니 **"모든 공사노임 삼ㅇ이 줄테니 걱정마라"**약속하였습니다.

3. 원청 삼ㅇ물산 이재ㅇ은 노임체불의 법적책임: 근로기준법 44조는 하청업체에 대한 **노임연대책임**을 규정합니다. 이재ㅇ은 삼성물산 대주주이고 삼성그룹 부회장으로서 책임 있습니다. 대통령 비호 받는 최순실 정유라에겐 거액을 주면서 힘 없는 사람 노임은 안 줍니다. **6개월 노임 체불로 당장 먹을게 없고 차비, 담배 값, 자녀 학비도 없습니다.** 억울해도 하소연 못하고 변호사도 못 삽니다. 그동안 온갖 비리 저지르고 **일용근로자의 일당 노임**까지 **떼어 먹는 이재ㅇ 삼성그룹 부회장을 즉각 구속해야 합니다**!

4. 일용근로자는 사회 밑바닥의 저소득 취약계층입니다: 다수가 고시원, 월세, 쪽방촌에 거주하며 돈 못줘서 쫓겨난 사람이 많고, 체불금이 1명당 100만원~ 수백만원 됩니다. **더 지나면 노숙자로 전락할 위기입니다.** 삼성물산은 대기업 **"갑 질"** 행동 중단하고 정당한 노임을 즉시 지급해야 합니다. 아울러 민주 특검은 국민연금 수천억원 떼어먹고 일용근로자의 노임도 안 주는 **이재ㅇ 삼ㅇ 부회장을 구속하여 국민의 피눈물 닦아 주시기 바랍니다.** 민주 특검 화이팅~!

 -용산역 ㅇㅇ현장 체불일용근로자, (주)Kㅇㅇ & J, OK 두리인력 일동-
 2017. 2. 9. (**삼ㅇ물산 체불노임 대책위원장:** 010-7459-6866 **김한ㅇ**)

(20) 삼○물산은 체불노임 7억여원 즉시 지불하라!!

1. 저희는 용○역 삼○물산 ○○APT 건설현장에 작년 2월~9월까지 일한 (주)비엠○ 하도급업체와 작업자입니다. 삼○물산은 ○엠○가 작년 12월초 기업회생절차에 들어갔다며 공사노임도 안 주고 쫓아냈습니다. **삼○물산 현장과장은 노동청에 ○엠○를 체불관련 형사고발 조치하면 노무비 지급하겠다는 약속을 전혀** 지키지 않습니다.

2. 현재 삼○물산은 "○엠○와 삼○물산이 정산 되어야 공사대금 지급할 수 있다"고 말을 바꾸었습니다. **작년 7월 이후 김○○ 공사과장은 "○엠○와 무관하게 공기내 공사만 잘 끝내주면 삼○물산이 직불해 주겠다"고 수차례 공언했었으나 자꾸 엉뚱한 핑계만 댑니다.** 그래서 최하층 일용근로자만 피해를 봅니다. 지금 와서 ○엠○와 삼○물산은 공사대금 정산 핑계로 노임을 주지 않는게 말이 됩니까?
고의로 일용근로자 노임 안주려는 술책이고 음모입니다..

3. 용산○○ 현장은 삼○물산의 외부마감 선행공정이 4개월이나 지연되었습니다. 그동안 저희 인테리어 공사업체 작업자들은 힘들게 야간작업과 토, 일요일 근무까지 해준 죄 밖에 없습니다. 협력업체가 법정관리되어도 공사수행 가능한데, 삼○물산은 하청업체와 저희 노무자를 쫓아내고 공사대금 노임까지 모른다고 합니다.

4. 부도덕한 악덕기업 삼○물산은 노임체불의 법적책임 있습니다. 근로기준법 44조는 협력업체 비엔○가 노임체불시 연대책임의무를 규정합니다. 근로자 노임지불책임과 관리감독권이 **원청업체**에 있습니다.

5. 이젠 자녀들 학비와 쌀값, 차비, 월세까지 다 떨어졌습니다. 거리에 쫓겨나게 생겼습니다. 그래서 삼○물산 용○역 래미안 현장, 판○역 본사에도 집회신고 했습니다. 우리는 노임 7억여원 외에 지체배상금을 모두 받을 때까지 목숨 걸고 싸울겁니다~!!

2017. 2. 22.

-(사)건설○○근로자협회, 체불노임 근로자, 하도급업체, 인력업소 일동-

(21) **극○교회: 25평 미○ 재건축APT 사기혐의, 사과하라~!**

1. 개   요: 서울 강○구 ○○동 극○교회는 등록 후에 12주 알파과정을 이수하면 미○재건축아파트 25평 무상으로 준다고 현혹시킨다. 근래 전국에서 매주 1백여명이 몰리는 등 큰 피해가 예상된다. 그래서 교회의 신속한 대책수립 및 사과를 촉구한다.

2. 경   과: 극○교회는 70년대 10월 자○동에서 창립되어 1983년 11월 미○아파트 준공 후에 이전해서 40여년 역사이다. 원래 70명 작은 교회였으나 교회 등록하면 미○재건축 입주권 준다는 소문에 **2016년 7월 이후 매주 5~10명 늘었으며 2017. 3. 5. 새신자 64명 3. 12일 104명까지 신규 등록했다. 극○교회는 ○○역 미도 APT 귀퉁이에 있어서 신도 급속증가 이유가 전혀 없다.** 이는 조○호 회장 농간과 극○교회 이권이 맞았기 때문으로 보인다.

3. 사기 혐의: 형법상 "사기죄는 상대를 기망해 이익을 취함이다." 즉 극○교회가 초신자가 많이 등록해서 이익을 봐야한다. 3가지로
 (1) 극○교회에 초신자가 늘면 미○아파트 재건축 보상금 커진다.
 (2) 새신자는 감사헌금. 십일조 등 낸다. 1천여명 헌금 상당하다.
 (3) 향후 재건축 시 큰 교회를 다시 지을 권리 요구 등등..
수백억원 이권이 된다. **문제는 담임목사의 방조 및 묵계 여부가 핵심이다.** 현재 **심각성 알고 방임하거나 배후 조종이 의심된다.**

4. 문제점/대책: 극○교회 안수집사 김○, 재건축전문 조○ 등 주도해 신도 끌어온다. 옆 **대○근린공원 1만평 사용료 납부, 상업지역 전환으로 극○교회 배당된 2,713세대를 12주 알파코스 수료자에게 25평 미○재건축아파트 무상제공하는 황당한 내용**이다. 교회 홈피는 이를 3번이나 부인하나 조○호 등은 걱정 말라고 선동한다. **손○○담임목사는 "거짓 아닐 것이다" 며 방조**하므로, 신속조치 미흡 시 언론보도 및 서울지검에 사기 등 고소 필요하다.

2017.3.18. **극○교회 미○APT재건축 피해대책위원장 김한성**

(22) **극ㅇ교회: 25평 미ㅇ재건축APT 사기 진실은?**

1. 개   요: 서울 강ㅇ구 ㅇㅇ동 극ㅇ교회의 12주 알파과정을 이수하면 미ㅇ재건축APT 25평 2,713세대 무상으로 준다고 현혹을 시킨다. 근래 전국에서 매주 1백여명 늘어나서 큰 피해가 예상된다. 따라서 실상 공개하고 교회의 대책수립과 사죄를 촉구한다.

2. 경   과: 극ㅇ교회는 1977년 창립해 40여년 역사이다. 출석인원 평균 200여명이었다. 작년 하반기부터 교육 받으면 미ㅇ재건축아파트 25평 무상제공 한데서 최근 매주 50~100명이 목요일 알파코스에 몰리고 있다. 극ㅇ교회는 학ㅇ역 미ㅇ아파트 귀퉁이여서 신도 급증사유가 없다. 이는 **조ㅇ호 외 재건축 사기꾼 세력이 잠입해 홀리고, 극ㅇ교회 지도층도 사태를 방치하였다!!**

3. 사기 혐의: 조ㅇ호는 대외 명함 "조ㅇ호"로 행세하며 지금까지 주장 100% 거짓말이다. 처음엔 **극ㅇ교회 옆 대ㅇ공원 1만평 사용료 납부 및 미ㅇAPT 상업지역 용적율 800% 적용 2,713세대 받는다고 황당한 주장했다.** 서울시 "120 다산 콜" 확인하니 근거 없었다. 또한 "임대/재건축 아파트 입주권" 꽁짜 준다고 수시로 말 바꾼다. 이런 **조ㅇ호에게 속아 극ㅇ교회는 전도부장 직책 주었다. 조ㅇ호 사기꾼은 다단계조직을 재건축APT에 적용하였으며, 벌써 일부 라인에서는 300만원씩 거두었다.** 극ㅇ교회도 신자가 늘면 미ㅇ재건축 보상금 증대, 교세확장 이권 등으로 끊지 못하고 방임했다.

4. 향후 대책: 극ㅇ교회가 조ㅇ호 일당에게 속았어도 책임을 지고 사죄하라! **불법 사기범 조ㅇ 김ㅇ 등을 퇴출시키고 검찰고발 요망한다. 그리고 피해액 보상하고 알파교육 즉각 중단해야 한다.** 이런 요구를 거절하면 담임목사, 관계자 민형사 검토한다. 부디 **대화와 결단으로 잘 마무리해 하나님께 영광 돌리길 기도하며..**

2017. 3. 23. **극ㅇ교회 미ㅇAPT재건축 피해대책위원장 김한성**

(23) 현ㅇ건설은 체불노임 즉시 지급하라!!

저희들은 경기도 광주시 태ㅇ동 100, 현대스테이트APT현장 노임 받지 못했습니다. **체불 금액**이 **무려 1억 7천여만원** 됩니다. 금년 2월~ 4월까지 태ㅇ지구 아파트 공사현장에서 2월 3,600만원 3월 5,700만원 4월 7,100만원 체불금의 총액은 1억 6,800만원입니다. 저희는 현ㅇ건설 하도급 업체 누ㅇ건설 골조형틀 부문에서 일을 했습니다. 비록 현ㅇ건설 직영 아니라도 하청업체 노임만은 원청 회사에서 연대책임을 져야 합니다. (근로기준법 44조 2항)

만일 이런 규정이 없다면 원청사와 하도급업체가 짜고 고의부도 내면 그 피해는 고스란히 가련한 근로자 또는 하청업체에게 돌아 갈 겁니다. 따라서 본 **체불노임 1.7억원**은 반드시 현ㅇ건설에서 **책임지고 해결해야 합니다.** 그러나 태ㅇ지구 전ㅇㅇ 현장소장은 각종 핑계를 대며 차일피일 미루기만 했습니다. 답답한 맘에 본 사 방문하였더니 현장에 미루어 "핑퐁게임" "책임 떠넘기기"만 일삼고 있습니다. 저희 외에도 수십억원 체불이 있습니다. 이런 것이 **문재인 정부의 진정한 "적폐청산 1호"**라고 **봅니다.**

작년 하반기 **태ㅇ지구 공사현장 추락사고로 2명이 사망**했습니다. 저희는 나중에 알았지만 그 여파로 누ㅇ건설 2개월여 공사중지 되고, 저가수주 등 여파로 부도났습니다. 건실한 하도급업체관리 와 노임 직불은 원청사 책임입니다. 따라서 국내대표건설 회사 현ㅇ건설은 노임만큼은 직접 해결해야 합니다.

만일 **지금처럼 계속 미온적으로 대처하면 한달 두달이 넘더라도 현ㅇ건설 본사에서 집회 시위할 겁니다.** 부디 어렵고 힘든 건설일 용근로자와 인력업소 피해를 헤아려서 신속히 체불노임 전액을 지급해 주시길 간곡히 부탁드립니다.

2017.5.15. 태ㅇ지구 체불노임피해자 일용근로자, 태ㅇ인력 일동

중구청 집회 사유서

오늘 왜 집회를 해야만 하는가? 이는 불법을 방조하기 때문이다. 현재 중구청은 (사)한국외식업중앙회의 무료소개업허가업 취소사유가 발생했다. 음식점은 직업안정법 제26조 "겸업금지업종" 해당하나 시행령 제11조 의거 회원가입률 80% 이상이면 예외적으로 허용 한다. 즉 무료소개사업 할 수 없었으나 중구청은 1999. 2월경 80% 충족시켜서 조건부로 무료직업소개사업 허가하였다. 그러나 지난 40개월간 투쟁결과 54.2% 가입률을 확인하였다.

저희 전국파출연합회(약칭 전파련) 경험상 불가능한 회원가입률 및 회비납부률 80% 이상 조건에 의혹 제기하였다. 이후 2014년 3월부터 중구청에 외식업중앙회의 무료소개사업허가 취소청구, 서울시 행정심판위원회, 행정소송 2회 진행하였다. 최종 **대법원 판결의거 정보 공개한 2014. 6월말 가입회원 498,265개와 식약처 등록 음식점 609,092개의 실제회원 대조결과 일치률 54.2% 불과하였다**. 이후 수차례 주무부서 중구청 취업지원과에 허가 취소를 요구하였으나 각종 핑계대며 시간만 끌고 있다.

저희는 유료직업소개소 파출부문 종사자입니다. 중구청이 18년간 불법적 외식업중앙회 무료소개업을 방조해 매출이 급락하는 등 큰 피해를 보았습니다. 따라서 전파련은 아래 행동한다.
⇒ 중구청이 확인했던 **회원가입률 80% 이상 주장은 허위이므로 관계자 문책 및 무료소개업 허가를 취소**해야한다. 불법 무료소개 방조한 중구청 공무원 4명, 외식업중앙회장을 검찰에 고발하였다. 지속적 중구청 집회 및 민형사상 책임을 묻고 투쟁한다!!

2017. 7. 7. 전국파출소개연합회장 김 경 ㅇ (인)
(010- 7459- 0000)

(25) # 식약처 집회 사유서

　오늘 왜 집회를 하는가? 식약처가 불법을 묵인방조하기 때문이다. 비영리 단체인 (사)**한국ㅇㅇ업중앙회는 온갖 이권사업을 벌리고 불법으로 무료소개업을 합니다.** 식약처는 ㅇㅇ업중앙회의 관리감독권 및 처벌을 할 수 있는 정부기관입니다. 요즘 살충제 계란파동으로 국민을 실망시키듯이 식약처 무책임에 분노합니다.

　저희는 임의단체 전국파출소개연합회(약칭 전파련) **집행부입니다.** 외식업중앙회의 음식접객업은 직업안정법 26조 겸업금지업종으로 "무료소개사업"을 할 수 없으나 시행령 14조, 시행규칙 11조 "회원 가입률 80% 이상"일 때 허용합니다. **저희 단체가 3년간 행정심판, 행정소송 대법원 판결 의해 확인하니 회원률 54% 불과했습니다.** 이후 불법 무료소개사업에 대해 허가취소 청구하고, ㅇㅇ업중앙회장 및 중구청장 등 9명 검찰 고발해서 수사 중입니다.

　위의 불법 무료소개업 뿐 아니라 비영리단체 한국ㅇㅇ업중앙회는 온갖 돈 되는 이권 사업을 일삼고 있습니다. 일례로 ㅇㅇ업중앙회 회원 가입은 자유인데 각 구청 "위생 점검"으로 협박? 음식점을 반강제로 가입시키고 중앙회가 부가세, 소득세 신고와 화재배상책임보험 및 신한카드에서 수수료를 받습니다. 또한 식자재 전문점을 운영도 합니다. 이처럼 영리단체 행동을 계속하지만 식약처 담당 공무원은 단속 않고 묵인 방조합니다. 향후 "ㅇㅇ업중앙회 승인규정"을 식약처에 정보공개 청구해서 문책을 요구할 겁니다.

　전파련은 이 모두가 신정부 국정 과제인"적폐청산 1호 대상"이라고 주장합니다. 금번 집회 통해 ㅇㅇ업중앙회의 "불법 무료소개사업" 및 이권사업에 분명한 경고와 즉각 포기케 할 겁니다!!

　　　2017. 8. 24.　　　**전국파출소개연합회장 김 경 ㅇ** (인)

우리는 오늘 왜 집회를 하는가?

우리는 오늘 왜 집회를 하는가??

폐사는 **씨엠에스 부곡공장 신축 공사**현장에 골조관련 자재를 납품한 **두다산업** 입니다.

2017년 6월 14일 부터 시공사인 **트래콘건설**에 골조관련 자재를 납품하였으나,

2017년 7월 31일 되자 **트래콘건설**이 골조관련 공사를 하청 주었다고 (세기건설)하면서

앞으로 세기건설로 거래 해야 한다고 하며, 자재비는 걱정하지 말고 납품 하라고

트래콘 소장님이 독려하여 **트래콘건설**을 믿고 빚내어서 자재(합판,철물,안전용품)를 납품 하게 되었으나,

2017년 11월 14일 현재 자재대금(30,369,130원)을 못 받고 있습니다.

트래콘건설 현장소장에게 체불된 자재대금 결제를 문의 하였으나, 골조 공사가 다 끝나가니

트래콘에서는 이제와서 세기건설과 해결해야 한다고 합니다.

씨엠에스 대표님!! 저는 영세한 철물점을 운영하고 있는 사람이지만, **성실히 귀사의**

부곡공장 신축 현장에 골조관련 자재를 납품하였습니다, 골조관련 공사가 다 끝났다고

나 몰라라 하는 트래콘건설 하도급기성 대금 중 **저의 자재대금 좀 꼭!! 받게 해주십시오!!!**

이것이 관철되지 않으면 **부곡 씨엠에스 현장에서 저의 운명이 다하는 날까지 투쟁할것 입니다!!**

씨엠에스는 체불된 자재대금 3천만원을
트래콘에 지급하지 말고, 두다산업에 직접 지급하라!!!

2017. 11. 14   두다산업 대표
(031-   -3   5)

(의뢰인이 직접 작성한 유인물↑)

오늘 왜 집회를 하는가?

(27)

당사는 중랑구 묵동 소재 **에ㅇㅇ인력컨설팅**이라는 회사입니다.

2014년 8월 창업하여 현재까지 **성실하게 납부의무**를 수행하는 세무서에서도 인정하는 성실과세 사업자입니다.

인력사무실의 특성상 불특정 다수의 건설사 및 협력업체와 거래관계를 완전히 갑.을 관계가 아닌 병보다 못한 수준으로 거래하고 있습니다.
일부 건설사에서는 **노임 받으려면 세금계산서 발행**을 해야만
인건비 지급이 가능하다고 해 노임 받으려고 세금계산서를 발행했습니다.

그런데 건강보험공단 중랑지사 담당자는 세금계산서를 발행하였다는 이유 하나로 저희를 아웃소싱 업체로 몰아서 2014년, 15년, 16년 **건강보험료 1천 8백만원**을 납부하라고 고지서를 송부하였습니다.

당연히 제가 직원 채용했다면 제가 납부하겠지만 **사용자는 건설사**라는 사실을 알면서도 **담당자의 자의적 해석**으로 만만한 인력사무소를 죽음으로 내몰고 있습니다.

중랑지사장님!!!!
대한민국 어느직업소개소가 건강보험료를 부담합니까?
근로자를 사용한 건설사에는 왜 말도 못합니까?
깔아뭉개면 영세사업자는 죽어야 합니까?

이 추위에 생존권에 내몰려 저희는 길거리에서 이 호소문을 작성합니다.
부담한 건강보험료 청구 취소하십시오. 저희는 목숨이 다하는 날까지 이 자리에서 죽음으로 투쟁할 것입니다.

2017. 12. 8. 에ㅇㅇ인력컨설팅 대표

파ㅇ호텔은 공사 미불금 즉각 지불하라!!

파ㅇ호텔은 공사미불급 즉각 지급하라!!

저희 회사는 공사비 4억 5천만을 못 받아 억울해서 집회 합니다. 현 소재지, 영등포구 양평동5가 . 호텔전문 시공사 삼 ㅇㅇㅇ(주) 는 파ㅇ호텔 150실 규모로 2015.6월 착공~ 2017.6월 준공했습니다. 지금 업계에서 부러워할 정도의 호텔을 심혈 기울여 건축한 큰 자부심 느낍니다. 통상 준공검사 필하면 당연히 잔금 받아야 하나 아직 4억 5천만원을 하자보수 핑계로 안 줍니다.

그동안 삼 ㅇㅇㅇ은 신축공사 종료 후 준공승인 및 하자이행증권 을 하였고, 발주처의 하자내용을 접수하여 즉시 관련 하자보수업 체 및 전문 요원을 투입하였습니다. 그러나 **파ㅇ호텔은 이런저런 사유를 대며 하자보수 진행 방해하며, 말도 안되는 다른 하자부분 핑계로 공사 잔금 고의로 미루고 있습니다.** 이에 당사는 남부지방 법원에 공사대금청구 소송을 진행 중이며, 아울러 금번 집회 통해 8개월째 밀린 미불금을 받고자 합니다.

저희는 **고객만족 차원에서 파ㅇ호텔을 공후 해당관청 사용승인까** 지 득하여 인계하였고, 향후 하자발생 우려 위해 서울보증보험사 에서 하자이행증권까지 발주처에 제출했습니다. 공사대금은 완료 후 즉시 지급해야하며, 만일 명백한 하자가 있다면 당사에서 책임 지고 하자보수해 주면 됩니다. 따라서 공사대금 문제와 별개이므로 미결제분은 조속히 완불돼야 합니다. 만일 계속 **잔금 미지급한다면** 발주자의 갑질 행위라고 볼 수 있습니다..

현재 영등포경찰서에 1개월간 집회신고해 향후 미불금 4억5천만원 받을 때까지 시위할 겁니다. 부디 신속이행 촉구합니다~!!

2018. 2. 26. 삼 ㅇㅇㅇ 주식회사 임직원 일동

(연락처: 010-241 - ㅇㅇ)

(29) 고양시는 왜 지역주택조합원 생존권을 박탈하는가?

고양시는 왜 덕이동지역주택조합원 1,613명의 생존권을 박탈하려 하는가?

덕이동지역주택조합은 무주택자들로 구성된 서민 1,613명이 평균 6천만원이상의 납부금을 고금리의 이자로 대출받아 내 집 마련의 꿈을 키워 왔다.
조합이 2016년 12월 처음 사업을 제안했을 때, 고양시가 도시기본계획상 인구배분이 되어 있지 않아 사업제안을 받아들일 수 없다고 했었더라면 우리는 토지 대금 600억원을 투입하지 않았을 것이다.

결국 고양시의 1여년간의 책임회피로 인해 우리 조합 1,613명이 고스란히 개인당 수천만원의 빚을 떠 안게 됐다.

고양시는 도시기본계획상 인구배분이 안되어 있어 사업제안을 받아 줄 경우 상위계획에 부합되지 않기 때문에 사업제안을 받아 줄 수 없다고 하였다.
하지만 조합이 국토교통부에 질의하여 회신받은 바, 기본계획의 연속성을 위해 우선하여 개발이 가능하다는 답변을 하였다.
토지 대금 잔금기일이 얼마 남지 않아, 사업추진이 지연될 경우 토지주들의 대규모 계약 해제로 사업이 무산되고, 1,613명은 길거리로 나앉을 판이다.

조합원 1613명은 2년 동안 밤잠을 설치고, 일부 조합원은 가정이 파탄났으며, 정신적 충격으로 유산한 임산부가 있는가 하면, 비닐하우스에서 생활하는 사람도 있다!!!

이러한 모든 피해는 고양시의 비상식적인 행정편의주의 때문이다!!!!
고양시는 뚜렷한 이유도 없이 우리 조합원들을 거리로 내몰려고 하고 있다!!!
고양시는 각성하라!!!!
조합원 1,613명은 우리의 생존권을 지키기 위해서 죽음을 각오하고 투쟁할 것이다!!!!!

2018년 4월

덕이동지역주택조합추진위원회 위원장 용 ⬤ 외 조합원1,612인

(30) 예금보험공사는 불법깡패들 비호 말고 우리재산 지켜내라!!

　너무나 억울해서 집회 합니다. 가야 위드안은 서울시 관악구 신림동 1426-7에 소재한 소형아파트 187가구, 상가 60실의 주상복합건물로 2008년 분양 후 2012년 저축은행사태의 여파로 약속된 대출금이 나오지 않아 공사가 중단되었습니다. 당시 **공정율 47% 건물을 수분양자 150명은 마른걸레에서 물짜듯이 힘겹게 약 70억원 가까이 모금해 2013년 건물을 지었지만 미준공 상태입니다.** 그런데 느닷없이 **알지도 못하는 깡패들이 불법으로 점거해 수분양자들 집을 빼앗아 무단 임대 후 임대료를 챙기며, 심지어 수분양자가 입주한 집 현관문을 강제로 뜯어 내쫓기도 했습니다.**

　현재까지도 50세대가 넘는 집들을 **빼앗긴** 상황이며 상가들을 무단 임대하는 것도 모자라 건물 앞 공원에 불법 포장마차까지 개설해 이득을 취하고 있고, 그로인해 경관, 위생,치안은 엉망인 무법천지로 변질됐습니다. **채권자인 예금보험공사는 건물을 지은 수분양자들의 민원은 10년째 나 몰라라 하다가 이제서야 매각 하겠다며 정상적인 수분양자들 쫓아낼 궁리만 합니다.** 공기관이라 어쩔 수 없다는 식으로 예보는 일관하고 있으며, **수분양자들의 집을 빼앗아 임대사업을 하고 있는 깡패들을 비호하고 있습니다.**

　평생을 모아 늘그막에 조금이나 생활에 도움이 될까...또는 신혼의 부푼 꿈을 안고 계약했던 집을 깡패들에게 **빼앗기고** 10년을 분노와 눈물로 살아 왔습니다. 여러분 대한민국에 이런 곳이 또 있을까요? **예금보험공사는 분명히 깡패들을 해결할 힘이 있고 마땅히 억울한 수분양자들 보호해야하는 것 아닙니까? 은행 예금자들만 보호하는게 이들의 업무인겁니까? 장사꾼마냥 우리 피 같은 돈으로 올린 건물은 팔아 삼켜 이득 취하려는 예금보험공사가 과연 공기업 맞습니까?** 이제 막다른 절벽이고 무기한 투쟁을 시작합니다...

　우리의 호소를 들은 척도 안한 예금보험공사 담당자는 우리와 협의를 제대로 하지 않고 이대로 계속 나간다면 앞으로 모든 일들에 대한 책임을 지게 될 것입니다... 가야 위드안 수분양자들은 이제 목숨 걸고 투쟁합니다. 국민 여러분!! 이런 무법천지를 만천하에 함께 알려 주십시오. 그리고 예금보험공사의 무능함과 졸속행정 그리고 탁상, 불통행정을 함께 질타해 주십시오!!!

2018년 6월 일 서울시 관악구 신림동 가야위드안 수분양자 협의회 일동

(31) 남부중앙ㅇ은 깡패들 몰아내고 우리재산 지켜내라!!

너무나 억울해서 집회 합니다. 가야 위드안은 서울시 관악구 신림동 1426-7에 소재한 소형아파트 187가구, 상가 60실의 주상복합건물로 2008년 분양 후 2012년 저축은행사태의 여파로 약속된 대출금이 나오지 않아 공사가 중단되었습니다. 당시 **공정율 47% 건물을 수분양자 150명은 마른걸레에서 물짜듯이 힘겹게 약 70억원 가까이 모금해 2013년 건물을 거의 지었지만 미준공 상태입니다.** 그런데 느닷없이 **알지도 못하는 깡패들이 시행사 공사비 미지급 핑계로 불법 점거해 수분양자들 집을 빼앗아 무단 임대 및 임대료를 챙기며, 심지어 수분양자가 입주한 집 현관문을 강제로 뜯어 내쫓았습니다.** 또한 말도 안 되는 관리비를 매달 입주민에게 부과합니다.

현재까지도 50세대가 넘는 집들을 **빼앗긴** 상황이며 상가들을 무단 임대하는 것도 모자라 건물 앞 공원에 불법 포장마차까지 설치해 이득을 취하며, 그로인해 경관, 위생,치안은 엉망인 무법천지로 변질됐습니다. **신림동 최고 생활권이 될 이곳을 완전한 빈민가로 전락시켜 버린 남부중앙ㅇ과 관리실 운영을 맡고 있는 아민산업개발은 그저 깡패들로 뭉쳐진 집단일 뿐입니다. 관악구청, 관악경찰서에서 이런 불법을 알고도 손놓고 있는 것에대해 깡패들과 어떤 교감이 있는 것은 아닌지 의심스럽습니다. 이에 수분양자협의회에서는 모든 증거들을 채증하기 시작했고 그것들을 제시하며 이들을 몰아낼 수 있는 예금보험공사, 아시아신탁, 관악구청, 관악경찰서의 협조를 강력히 요청해 드디어 협조가 시작되었습니다.** 이곳의 온갖 불법을 자행하는 깡패들과 강탈한 곳에 살고 있는 측근들까지 모두 고소, 고발할 것입니다.

평생을 모아 늘그막에 조금이나 생활에 도움 될까.. 또는 신혼의 부푼 꿈을 안고 계약했던 집을 깡패들에게 **빼앗기고** 10년을 분노와 눈물로 살았습니다. **여러분 대한민국에 이런 곳이 또 있을까요? 이곳의 깡패들은 전국에 이런 식으로 불법점거한 곳이 여러곳 있다고 합니다.** 남의 일 아닙니다. 내 가족 일이 될 수도 있습니다. 이런 깡패들은 뿌리를 뽑아야 하고 그에 상응하는 대가를 치뤄야 합니다. 저희는 이제 더 이상 물러설 곳이 없습니다. 이제 막다른 절벽에서 무기한 투쟁을 시작합니다!!

수분양자를 지켜야만 할 의무가 있는 남부중앙ㅇ의 대표 최병락은 우리의 호소를 들은 척도 안한 채 이대로 나간다면 앞으로 모든 책임을 지게 될 것입니다. 가야 위드안 수분양자들은 이제 목숨 걸고 투쟁합니다. 국민 여러분!! 이런 무법천지를 만천하에 함께 알려 주십시오. 그리고 남부중앙ㅇ과 아민산업ㅇㅇ 관련자들과 깡패들 모두 함께 질타해 주시고 투쟁을 선포한 저희들을 끝까지 응원해 주십시오..

2018년 7월 서울시 관악구 신림동 가야위드안 수분양자 협의회 일동
(문의: 010- 0000- 0000)

(32) 리ㅇ스산업개발은 체불노임 즉각 지급하라!!

리ㅇ스산업개발은 체불노임 즉각 지급하라!!

저희 지ㅇ인력과 근로자는 4100만원 일당 노임체불로 집회합니다. 지난 2018년 6월말부터 8월초까지 일용근로자 형틀목수 일당노임을 받지 못하였습니다. 저희들은 경기도 안성군 대덕면 ㅇ리 ㅇ-ㅇ. 소재 다세대주택 공사현장에 시공사를 믿고 우ㅇ건설 하청업체에서 일했으나, 복잡한 내부사정으로 그 피해를 일용근로자와 담당 인력 업소만 피해를 보았습니다.

현재 형틀목수 225품 4,086만원을 2개월 넘게 못 받아 생계위협까지 받고 있습니다. 따라서 시공사 리ㅇ스산업개발은 책임지고 최우선적으로 위 일당노임을 먼저 해결바랍니다. 저희는 안성경찰서에 정식으로 집회신고 했으며, 담당 정보관 입회하 1개월간 계속 집회할 겁니다. 저희 목수가 일해서 다세대주택 건축되고 있으며, 부가가치는 전부 공사현장에 남아 있습니다. 부실한 협력사를 선정하고 노임체불을 방치한 시공사가 책임을 져야 합니다.

앞으로 위 체불노임 전액 받을 때까지 계속 집회할 겁니다. 지금이라도 리ㅇ스산업개발은 문제점을 인식하고 우선 41백여만원 전액을 지급바랍니다. 아니면 저희들은 생존권 차원에서 집회를 지속할 수 밖에 없습니다. 재삼 간곡히 부탁드립니다!!

2018년   9월   일

지ㅇ인력(주) 및 근로자, 건설일용근로자일드림협회 일동
(연락처: 010- 53ㅇㅇ-   )

호 소 문

불법, 탈법으로 우리 지역 주민들에게 2차 피해를 강요하는
GS ㅇㅇ 고발합니다!!!!!

문재인 정부의 탈원전, 탈석탄 발전정책과 지역주민들의 반대에도 불구하고 GSㅇㅇ은 청정지역인 우리마을 포천에 석탄화력 발전소를 완공했습니다.

그간, 인접지역의 각종 피해에 대한 우려와 수익사업의 마을기업 활용에 대해 수없이 협조를 요청했습니다.

그러나 저단가 입찰, 농간입찰로 인천으로부터 입고되는 석탄의 운송은 수개월 동안 불법, 탈법운송을 자행했으며, 급기야 발전소의 폭발사고로 지역주민들의 불안은 날로 가중되어 가고 있습니다.

GS 지역에 대한 갑질과 담당자의 이해할 수 없는 업무처리는 특정 업체와 결탁되었다고 의심할 수밖에 없습니다.

이러한 기업풍토에 맞서고 지역주민과의 상길의 길을 위하여 집회를 통해 알리고자 합니다.

*현장 : 경기도 포천시 신북면 소재 GSㅇㅇ 포천 석탄발전소

2018. 9. 13.

신평2리 청년회, 만세교 1, 2리, 마을회
(연락처: 010- 790 -   )

(34) 영양제2풍력발전사업에 대한 주민성명서

1. 영양군민과 석○면 주민들은 영양제2풍력발전단지 건설을 환영합니다!

현재 우리 지역에서 추진중인 영양제2풍력발전은 지역 주민의 의견을 수렴하고 농도상생 정신을 바탕으로 회사와 지역주민이 함께 발전할 수 있는 방법을 모색해 사업을 추진 중에 있습니다. 이에 **우리 주민들은 회사와 협약 체결을 통하여 주민들은 사업에 동의를 하였고, 회사는 주민 지원과 사회복지사업 등에 노력을 약속하였습니다. 이러한 과정을 통해 맺어진 GS와의 협약은 일각에서 떠드는 일방적인 노예계약이 아니라 수차례 주민설명회를 통해 충분하게 풍력발전단지에 대한 이해를 바탕으로 자발적으로 맺어진 협약입니다.** 또한, **GS와 주민은 서로 적대관계가 아닌 상호협력 및 상생하는 관계**로서 우리 주민들은 사업이 조속히 진행되기를 원하고 있습니다.

2. 도대체 무엇을 위해 반대하십니까?

석○면 주민 대다수는 영양제2풍력발전사업을 적극 찬성합니다. 반대하는 사람들의 의견을 들어보면 겉으로는 환경파괴, 산사태위험 및 농작물 피해를 주장하고 있습니다. 그러나 실제로는 일부 찬성주민들에게 "반대하면 돈 더 받을수 있다." 면서 찬성 주민들을 반대 운동에 동참시키려고 회유하고 있습니다. 실제로 반대 앞장서는 다른 마을 주민은 이미 다른 회사와 합의하고 돈을 받았다고 합니다.

GS와 발전단지 주변 지역 주민들 대부분은 **수차례 주민설명회**를 가졌고 **수차례 마을 협의**를 통하여 협약 체결을 하였습니다. 하지만 일부 다른 목적으로 반대하는 극히 소수의 주민들과 인근지역이 아닌 **다른 지역 주민** 및 **다른 군에서 거주하는 이들이 반대를 주장**하고 있는 것은 우리 지역의 주인인 영양군민을 무시하는 행동이며, 더 이상은 간과할 수 없어 이렇게 성명서를 발표하고 있습니다.

환경문제는 환경전문가가 판단할 것이며, 행정절차가 문제가 있다면 기관에서 따질 것입니다. **근거 없는 이유로 반대를 주장**하며 본인과 관련도 없는 사업에 내 허락 없이는 안 된다고 주장합니다.

또한 **근거없는 내용의 현수막**과 사람들 찾아다니며 **유언비어를 유포**하는 행동을 **강력히 규탄합니다.** 더 이상은 하지 마시기 바랍니다!

영양지역의 발전을 위한다면 근거없는 반대 그만 두기를 강력히 요구합니다!

무조건적인 반대가 영양군을 지키는 것이 아닙니다. 진실로 개인 사리사욕을 버리고 다른 목적을 가지지 말며, **영양을 사랑하는 마음으로 살아 가시길 바랍니다!**

<u>반대 아닌 반대는 영양군을 지키고 지역발전에 무슨 도움이 되겠습니까?</u> 당신들의 반대가 오히려 **영양군을 병들게 하고 부정적 이미지**로 남게 할 것입니다.

제발 영양을 사랑한다면 그만 하십시오. 더 이상 용납할 수 없습니다!

3. 다른 지역분들은 본인 삶으로 돌아가십시오!

현재 영양제2풍력발전사업를 저지하기 위해 곳곳에 근거없이 남을 비방, 비하하는 흉물스러운 플랜카드가 덕지덕지 붙어 있고, 반대단체들은 영양에서 집회하는 것도 모자라 <u>서울까지 원정가서</u> 반대시위를 하고 있습니다. 그러나 **이렇게 열심히 반대활동 하는 사람들 중에 많은 사람들은 영양군민이 아니라 다른 군에서 사시는 분들입니다.** 도대체 영양에 들어오는 풍력발전단지를 영양군민의 지역주민이 원하고 있는데 누가 반대한다는 말입니까? **현재 영양제2풍력발전단지가 들어서는 인근 8개의 마을은 GS와 원만한 관계를 바탕으로 협약을 맺었고, 조속히 영양제2풍력발전단지가 건설되기를 바라고 있습니다.** 그런데 몇몇 사람들이 외지 사람들을 동원하여 반대하고 있습니다. 이제 **본인들의 삶으로 다시 복귀해 주시길 당부**드립니다.

<u>**우리 지역은 우리가 알아서 하겠습니다.**</u>

4. 영양군과 환경부는 오늘 실제 영양군민 의견을 들으시고 조속히 사업을 진행하시길 바랍니다.

영양군과 환경부는 더 이상 마을 이장들과 군수를 비하하고 입에 담지 못할 욕설 하는 극소수의 반대 세력의 말에 휘둘리지 마시고 진정으로 영양군민의 말에 귀기울여 주시기를 바랍니다. 오늘 이자리에 모여 주장하는 모든 사람들의 이 한마디 한마디가 영양군민의 의견이며 생각입니다. 부디 영양에서 이루어지는 사업 영양군민 의견을 경청하여 주시고 불필요한 고민하지 마시고 우리 지역의 우수한 청정자원을 활용하는 풍력발전사업이 조속히 시행되게 협조 바랍니다.

 우리 주민들 삶의 질 향상과 지역 발전을 같이 도모 할 수 있도록 관계기관의 적극적이고 조속한 행정절차를 진행해 주시길 바랍니다.

석○면 영양제2풍력발전 찬성 주민 일동

(삼○리, 요○리, 화○리, 택○리, 신○리, 포○리 외)

2018. 10. 30.

영양군 지역 발전을 희망하는 영양군민 일동

호 소 문

호 소 문

김포시민 여러분!!
제발 뿌리산업인 중소기업체를 정상적으로 가동하게 해 주십시오!
그동안 저희가 환경에 무관심과 무지에 의해 피해를 받았다면 이해하여
주시고 용서를 바라겠습니다. 우리업계는 지금도 자율환경관리운동을 전개
하여 5년 전 보다도 많이 개선되어 운영하고 있고, 기업대표님들도 환경에
대해 공부하며 투자도 하고 직원들 교육도 시키고 있습니다. 시민여러분께
눈에 보이지 않고 느끼지 못하지만 협동조합 중심으로 많은 노력을 하고
있고 환경설비, 측정업체들과도 개선방법과 관계법을 숙지하기 위하여 많은
대화를 통해 환경개선에 노력하고 있습니다.
저희는 김포시민과 함께 상생하여 공장을 정상적으로 돌리면서 종업원의 고용을
유지하며 국가 기간산업에 핵심부품을 공급하고 있습니다.
김포시민 여러분!! 우리 김포는 전원도시에서 공업도시와 신도시로 변화중
입니다. 김포시청은 무분별한 계획으로 공장이 들어서며 혼란스럽습니다.
전국을 뒤덮는 미세먼지가 주조공장 때문인가요? 아니면 자동차 매연 또는
대 중국발 스모그와 황사가 주범 인가요? 시민여러분이 잘 아시지 않습니까?
지금 우리나라는 미국, 중국 무역전쟁 사이에 있고 최저임금 급상승, 시간
근로단축 등 경영이 매우 어려워지고 제조업 가동율이 반토막나고 있습니
다. 이런 상황에서도 중소기업 사장님들은 고용유지와 산업역군으로써 대
한민국 경제를 끌고 나가고 있습니다. 가동율이 반토막이 된다면 미세먼지
는 줄어야 하지 않겠습니까? 그러나 봄, 가을이면 하늘이 뿌옇습니다.
문제의 핵심은 대 중국발 스모그와 황사입니다. 우리나라는 한마디도 못하
고 있습니다. 주조업계, 자동차 매연이 그 주범으로 몰리고 있습니다. 전국
226개 지자체에서도 김포시만 표적적 함정단속을 하고 있습니다. 창문
1cm, 환풍기 부착이 위법하다 하여 조업정지를 내려야 하나요?
저희 잘못도 인정합니다. 우리는 이를 점진적으로 개선하려고 노력합니다.
김포시청도 어려운 경영여건과 고용불안 시대에 우선 지도 및 계도, 개선
요구하고 만약 개선이 되지 않을 시 조업정지, 공장폐쇄 등 행정조치를 해
야 한다고 봅니다. 김포시장님은 편향된 시정이 아니고 균형감 있고 미래
지향적, 동반상생할 수 있는 로드맵에 의거해 시정을 펼쳐야 할 것입니다.
우리는 이것을 바로잡고 시민들에게 우리의 보다 더 나은 환경개선 약속
을 드리고자 이 자리에서 생존권 사수 집회를 열고 있는 것입니다.
김포시민 여러분! 지금부터 업계는 환경오염의 주범이 되지 않도록 최선을
다 할 것입니다. 부디 공장을 가동하게 해 주십시오. 감사합니다.

2018. 11. 20.
경기주물공업협동조합원 일동

(36) 해ㅇ학원 서ㅇ외국어대학원대학교 양ㅇ동 증축현장
악덕 노임체불 즉각 지불하라!!

저희 근로자와 하도급업체는 양ㅇ동 10-0 서ㅇ외국어대학원대학교 (약칭: 서ㅇ외대) 현장에서 2018년 6월~9월까지 노임 2억 5500만원 못 받았습니다. 원청사가 지급능력이 없어 발주처 학교법인 해ㅇ학원이 2017년 10월부터 직불하므로 믿고 일했습니다. 그동안 마감공사인 벽돌, 미장, 방수 일용근로자와 인력업소 및 한ㅇㅇ엔씨 등은 순수 노임조차 받지 못해 극심한 고통 가운데 있습니다.

서ㅇ외대 증축현장은 2016년 9월부터 대ㅇ건설이 시공해서 추가공사비 포함 17억원이 체불되어 중단 상태입니다. **공사비는 서로 논란 소지가 있지만 순수 노임체불은 형사 처벌되는 중대한 범죄입니다. 현재 일당 받는 일용근로자는 생계위협을 받으며, 근로자 공급한 인력업소는 폐업 위기입니다. 또한 하도급업체 한ㅇㅇNC 등은 도산 일보 직전에 몰려 있습니다. 부디 신속한 해결바랍니다!!**

서ㅇ외국대학원대학교는 2003년 개교, 3개 통번역학과 석사학위를 수여하며, 실용음악과정 및 AI기반 연구소도 운영합니다. 홈피 공개한 2017년도 등록금 수입만 23억원으로 학교재정 건전하며, 전문성 갖춘 최고 인재양성교육기관입니다. 따라서 해ㅇ학원 이사회 결정 등으로 충분히 체불노임 해결할 능력이 됩니다.

그동안 건설일용근로자와 하도급업체는 다급하게 공사비까지 요구하였습니다. 금번은 국가적 과제인 체불 해소만 먼저 간청합니다. 예전 17억원 대비 18%이니 인도적 차원에서도 신속 처리바랍니다. 만일 **이번도 차일피일 시간 끌면 청와대 신문고, 유투브, 인터넷, 신문방송 등 최대 활용해 목숨 걸고 투쟁할 겁니다. 상생추구!!**

2018. 12. 9.

-서ㅇ외국어대학원대학교 양ㅇ동 건설현장 노임체불피해자 일동-

(37) **<u>고의적 체불노임 1억여원 즉시 지급하라!!</u>**

저희는 건설일용근로자 노임을 7개월째 받지 못해 집회 합니다. 강서구 염ㅇ동 200-00번지, 염창주거복합 공사는 아ㅇㅇ트건설(주)신축현장입니다. 2018년 5월~7월 3개월 노임 9400만원을 현장소장 차학0소장의 묵인 하에 해체담당자 이현0이 받아서 도주하는 황당한 사건이 발생하였습니다. 그래서 경찰에 이현0을 횡령으로 고소한 상태입니다. 차학0 현장소장이 지급하라는 노임을 이현0이 착복한 후 일용근로자 공급한 동성인력에게 노임송금을 차일피일 미루다 들통나기 직전에 도주한 것입니다.

이에 **아ㅇㅇ트건설(주) 감사이며 지주겸 건축주인 정0설은 관리책임 인정하고, 2018년 10월초 "노임 지급하겠다!"며 차0소장에게 전달한 사실 있습니다**. 하지만 이후 "수탁사인 신한은행에서 돈이 나와야 한다."고 핑계 대며 "노임 횡령한 이현0을 법적문제로 동ㅇ인력이 신고해 달라."고 해서 강서경찰서 고소했습니다. **경찰조사 받을 때에도 "체불노임 지급"을 약속했는데** 근래 갑자기 태도 돌변하여 오락가락 딴소리 합니다. 그래서 **동ㅇ인력은 작년 11월초 차학0소장에게 체불금 9,400만원 지불각서까지 받았습니다.**

차학0소장이 직접 작성한 각서에는 **"2018년 10월말 신한은행에서 대출금 나오면 9400만원 지급하려 했으나 지연되어 미루고 있다."**기재되어 관련은행 확인했습니다. 요즘도 위 실세 정0설이 체불금 준다 못준다하여 집회까지 합니다. 부지 **수백억원 땅주인이며 건축주, 아ㅇㅇ트건설 실질적 주인 정0 회장님은 지금이라도 사죄하고 건설일용근로자의 피, 땀 흘린 일당노임을 조속히 지불해 주시길 부탁합니다.** 아니면 저희는 목숨 걸고 체불금 받을 때까지 집회할 겁니다. **시민들도 건축주 파렴치함에 항의해 주십시오!!**

(연락자 대표 010- 3000- 0000)   2019. 1. 9.

체불노임 건설일용근로자, (주)동ㅇ인력, 한국ㅇ서비스협회 일동

(38) "갑질" 대ㅇ건설은 분양비, 광고비 즉각 지급하라!!

저희는 영세한 분양대행사 및 광고대행사, 현수막업체입니다.

시공사 대ㅇ건설은 2019년 4월말 경기도 시흥시 정ㅇ대ㅇ벨리온 만ㅇ지식산업센터의 분양대행 업무를 맡아 달라고 수차례 요청하였습니다. 저희는 다른 사업진행으로 여력이 없어 거절하였으나 대ㅇ건설의 지속 요청으로 어쩔 수 없이 분양대행 및 광고 업무를 맡게 되었습니다.

여러분!!! 분양대행사가 시행사 운영비, 광고홍보비, 홍보관 인테리어비, 홍보관 보증금 및 월세, 관리비 등 일체 부담하는 경우를 한번이라도 보셨습니까? 아마 못 보았을 겁니다.

그런데 대ㅇ건설은 저희들에게 시행사 운영비, 광고 홍보비 , 홍보관 인테리어비, 홍보관 보증금 및 월세, 관리비 등 일체를 선집행 요구했습니다. 향후 일정부분 보전해 주겠다고 저희에게 강요했고, 저희는 울며 겨자 먹기로 광고홍보비 등에 약 11억원 이상을 선투입 했습니다.

시간이 지나면서 영세한 저희들로써는 더 이상 감당하기 어려워 대ㅇ건설 측에서 약속하였던 보전을 수차례 요청했으나 "내부 검토중입니다.."이란 말만 되풀이 할 뿐 4개월째 아무런 답변이 없습니다. 요즘 대ㅇ건설은 전화를 피하며 만나주지도 않습니다. 저희는 대ㅇ건설의 요청에 의해 신뢰로 업무를 시작하였으나, 돌아온 것은 이 사업장으로 인하여 회사가 부도 일보직전 입니다. 현재 대ㅇ건설은 2019년 9월 1일부터 임의로 현장공사를 모두 중단해, 더 이상 분양 및 광고 업무를 진행할 수 없으며 아무런 연락도 없는 상태입니다. 이처럼 **대ㅇ건설의 부도덕함과 무책임이 하늘을 찌르고 있습니다!!**

악덕업체 대ㅇ건설은 "갑질"을 즉각 중단하라! 앞으로 저희 회사들은 광고비, 용역비 등의 선투입 비용과 운영비, 미지급 분양대행 수수료 등이 해결 될 때까지 목숨 걸고 시위할 것입니다!!

2019. 9.

㈜뉴ㅇ코리아, 바ㅇ코스메틱, 제ㅇㅇ알 송파지사 임직원 일동

(39) 건설회관 15층 업체 ➜ 공사비 5억 체불 즉각지급!!

1. 당사 와ㅇㅇ건설은 토목전문 건설업체로 2017년 3월, 현재 건설회관 15층 위치한 에ㅇㅇㅇ코리아 / ㅇㅇ코리아의 경주 라마다호텔 철거 및 토목공사를 계약하여 2017년 5월 시공완료 했습니다.

2. 공사금액 총 727,100,000원(VAT포함) 중 2017년 12월까지 265,000,000원을 받고 현재까지 3년동안 462,100,000원을 미지급하며, 수십번 지급약속을 미루다 여기까지 오게 되었습니다.

3. 당사는 갈수록 자금난을 감당하기 어려워서 위 2개사의 통장가압류도 했습니다. 그러나 가압류 해지하면 공사비를 일부 주고, 수개월 내 꼭 갚겠다고 해서 가압류를 해지하였으나 3년간 한푼도 주지 않았습니다.

4. 이후 막대한 빚을 떠안고 당사는 주유소, 장비대, 인건비, 폐기물업체 등에 힘들게 대신 지급했습니다. 그러나 건설회관 15층의 악덕업체 에ㅇㅇㅇ코리아 / ㅇㅇ코리아는 돈이 없다며 공사대금을 주지 않고 있습니다.

없다는 분들이 비싼 임대료와 벤츠차에 기사까지 두고 생활이 가능 할까요~??

저희 영세한 전문건설업자는 매일매일 피 말리는 사투를 벌이면서 살아갑니다!! 공사비 체불금 4억 6천만원은 회사 존망이 걸린 큰돈입니다. 이 시대 최고로 파렴치하고 부도덕한 두 업체는 3년동안 미룬 공사대금을 현재까지도 지불할 계획조차 없는 진정한 사기꾼 회사입니다.

악덕업체 에ㅇㅇㅇ코리아 / ㅇㅇ코리아는 공사비를 즉각 지급하라! 앞으로 저희는 미지급 받은 공사비를 해결 될 때까지 목숨 걸고 시위할 것입니다!!

2019. 11. 04.

(주)와ㅇㅇ건설 임직원, (사)한국ㅇㅇ서비스협회 일동

(연락처: 010- ㅇㅇㅇㅇ- ㅇㅇㅇㅇ)

(40) 유성 라ㅇㅇ호텔은 공사대 미불금을 조속히 지급하라!!

대전시 유성구 계룡00 에 위치한 라ㅇㅇ호텔은 대전을 대표하는 유성온천 랜드ㅇ호텔로 2019년 4월 준공을 하였습니다.

저희 회사는 라ㅇㅇ대전호텔 가구 및 대리석 공사를 마치고 공사비 잔금 삼억오천오백만원을 못 받아 억울해서 집회를 합니다.

2018.08월 계약체결 후,
2018.11월 공사 진행를 진행하였습니다.
준공을 앞두고 2019.03.25. 공사 중도금.잔금 등 지급 이행을 위한 공정증서를 작성하며 변제를 약속하고 준공을 위한 공사마무리를 요청하여서 신뢰를 바탕으로 2019.04월 준공을 위해 당사는 가구 납품 및 대리석 마감 시공. 하자보수까지 이행 완료 하였습니다.

이후 수차례 지급 약속을 연기하다가
2019년 12월 6일까지 현재일까지 공사대 잔금 지급이 지켜지지 않고 있습니다.

2019.11.25. 가구에 대한 모든 A/S를 마친 상태입니다.

이에 당사는 협력사들에게도 대금을 지급하지 못하여 회사 경영이 매우 어려운 상태입니다.
당사의 사활이 걸린 문제입니다.
부디 신속이행을 촉구합니다.

2019년 12월 6일 ㈜아트ㅇ 임직원 일동

(41) <u>살인기계=벤츠자동차</u> 한국 떠나라! 불매운동 돌입!!

※<u>벤츠차</u>➔ 주행중 바퀴이탈! 고속주행: Break 미작동! 부품값 7~10배 폭리

여러분이 매일 타고 다니는 자동차가 출근길에 갑자기 바퀴가 빠진다면 어떨까요? 그 **일로 목숨을 잃을수 있고 그 차가 벤츠자동차라면 또 어떨까요?** 더욱 더 믿을수 없는 사실은 **100% 벤츠자동차의 공식서비스센터의 수리를 받고** 그렇다면 믿겠습니까? <u>더구나 믿을 수 없는 점은 검찰의 조사결과 100% 벤츠자동차 과실로 밝혀졌음에도 2년 지난 지금까지 책임지는 보상을 전혀 않고 있습니다.</u>

2018. 6. 20. 토요일 퇴근길에 저는 주행중에 갑자기 차량 앞바퀴가 빠지고 생사가 걸린 교통사고를 당했습니다. <u>수십대의 차량 가운데</u> **제 회사소유의 벤츠차량 앞바퀴가 주행중 갑자기 튕겨 나갔습니다!** 상상 할 수도 없는 광경을 보면서, 갑자기 시간이 멈춘듯한 느낌이었습니다. 그 충격과 트라우마는 **지금까지 정신과 치료를 받고** 있습니다. 세계에서 가장 품질 좋은 차종이며, 고급차의 대명사인 벤츠차가 설마 그럴 리가 있습니까? 라고 많은 사람들이 믿지 못하겠다고 합니다...

그날의 **교통사고로 저는 장기치료와 정신적 장애를** 받았습니다. 이후 벤츠자동차의 사고수습 과정을 지켜보면서, 그들의 본질과 서비스 실태에 대해 알리지 않으면 안 된다는 사명감을 가지게 되었습니다.

사고 직후 <u>저는 독일 벤츠자동차 본사의 회장 및 한국의 벤츠코리아 사장, 그리고 벤츠코리아 서비스센타, 청와대 문재인 대통령과 주무 장관에게 이 사실을 알리고 책임있는 해결과 보상을 눈물로 호소하고 촉구</u>했습니다.

이를 통해 충격적 사실은 한국벤츠차 사장 = 벤츠차 수리과정에서 생긴 일은 아무런 관련 없다는 것입니다. **아니 세상에 <u>벤츠자동차의 공식서비스센터의 차를 맡길 때에는 벤츠자동차가 책임지고 수리한다고 생각합니다.</u>** 만약 아니라면 왜 수리가 끝나기 **6개월 전에 200만원 이상의 수리비를 미리 지급하고 통상 수리비 보다 10배 이상 비싼 금액을 지불**하겠습니까?

사고 당일은 제가 **10년간 준비해온 신규 2호점의 어학원 개업일이었습니다.** 그날 사고의 충격과 여파로 인테리어 비용 등 6억원 투입한 사업을 접었습니다. 하지만 **최대 충격은 벤츠자동차 서비스센터의 무책임한 태도입니다.** 결국 사고 1년 후 본인의 자동차보험으로 모든 비용을 처리할 수밖에 없었습니다. **벤츠차는** 저에게 살인기계이며, 살인 서비스업체입니다. 이러한 정비업체는 해체하고, 벤츠자동차는 영원히 한국에서 떠나야 합니다!!

   존경하는 대한민국 국민여러분! 현재 국내에 100만대 이상 수입차가 운행하는데 미국과 일본 대비 서비스는 형편없습니다. **정부는 금년 1월부터 "레몬법(불량차량 교환, 환불의무)을 권고하는데, BMW만 수용하고 벤츠차 등은 거부하고 있습니다.** 벤츠차는 2018년말 70,798대를 팔아 6조원 매출 추정됩니다. **비슷한 규모 일본은 서비스센타가 221개인데 한국은 65곳뿐**입니다.

   비싼 차량비와 **부품 7~10배 폭리,** 3~6개월 서비스기간 등 **한국민을 봉으로** 보고 **온갖 작태를** 저지릅니다. 2015년 9월 잦은 사고로 벤츠차를 부순 사건에도 **전혀 바뀌지 않습니다.** 이에 저는 『한국벤츠차사고 피해자모임』 결성했으며 대표자격으로 끝까지 투쟁하고, 벤츠차 불매운동 전개합니다. 고객을 무시한 메르세데스벤츠차는 일본차 및 BMW 전철을 밟도록 하겠습니다. 현재 수입차 1위에서 5위쯤으로 되고 한국에서 쫓겨나야 정신을 차릴 겁니다!!

   "살인기계 판매하는 벤츠자동차는 떠나가라!! 무책임한 살인 서비스센터는 본인의 과실에 대해 진심으로 사죄하고 보상하라!" 저는 대한민국의 안전과 생명 그리고 저의 사업과 인생에 끼친 손해가 보상될 때까지, 벤츠차량 피해자모임 회원과 함께 목숨 걸고 시위할 것입니다!!!

                    2019년   12월   24일

          한국벤츠차량사고 피해자모임 대표   박 ㅇ ㅇ
                (010- ㅇㅇㅇㅇ- ㅇㅇㅇㅇ)

(42) 합법집회 중단시킨 공무원 문책하라!!

수ㅇ구청 공무원은 합법집회 현수막 등을 절취하였습니다. 지난주 20.1.15. 수요일 저녁 9시경 수ㅇ구청 도시디자인과 김ㅇㅇ주무관은 야간집회 진행자가 식사하러 갔을 때 현수막 등 10여점을 절취, 훼손하였습니다. 현재 <u>대구시 ㅇㅇ동 벤츠차전시장 앞에서 1개월 신고한 집회하고 있습니다. 저의 벤츠 S500 승용차가 주행 중에 바퀴가 빠져서 죽음 직전에서 목숨을 건졌으나 정비, 보상 등 전혀 없으므로 벤츠차사고피해자모임 결성해 시위합니다.</u>

그동안 수ㅇ구청 측은 수차례 방문해 야간 집회시 현수막 떼라고 협박하였으나, **"헌법상 보장된 24시간 집회하며 진행원들이 상주하니 방훼하지 말라!"**고 하였지만, 그날 식사하려고 잠시 현장을 비울 때를 기다려 현수막 등 모두 가져갔습니다. 식사 후 돌아와 보니 황당하였습니다. 현장에는 "현수막 훼손금지 경고장"이 4개, 코팅한 "집회신고서" 3개를 붙였는데 떼어갔습니다...

저는 즉시 수ㅇ구청에 항의하니 횡설수설하였습니다. **3시간 지나 겨우 회수하니 현수막, 줄 등 훼손해 쓸수 없어 2일간 집회중단했**습니다. 불법 광고물이면 지정보관소 둬야 하는데, 인근 대구ㅇㅇ고등학교 담장 옆에 방치했더군요.. 즉 『**집회 중 현수막 수거는 불법이므로 보관소에 둘 수 없어서 몰래 버린 것입니다**』 이는 명백한 절도이며 집시법 위반입니다. 나중에 김ㅇㅇ 주무관은 "경고장 및 집회신고서 부착된 것을 못 보았다"고 변명했습니다.

이후 **피해자모임은 담당 주무관, 과장, 구청장을 절도/집시법위반/직무태만 등 고소했으며, 손해배상 소송할** 겁니다. 법을 지켜야할 공무원이 "벤츠차ㅇ모터스" 사주로, **퇴근**치 않고 **밤9시 기다려 훔쳐**<u>갔다는 유착의혹마저 듭니다.</u> **관계자를 즉각 문책하라!!!**

2020. 1. 20. **한국벤츠차사고피해자모임 대표 박ㅇㅇ**

(43) 벨ㅇㅇ 건축주는 공사 체불금을 지급하라!!

저희 회사는 공사비 27억 5천만을 못 받아 억울해서 집회합니다. 구의역 ㅇ출구 (소재지: 광진구 구ㅇ동) 벨ㅇㅇㅇ의 시공사 동ㅇ건설(주)는 근린생활시설, 오피스텔 1ㅇㅇ실 규모로 2018년 4월에 착공, 작년 2019년 12월 준공했습니다. 통상 **준공검사 필한다면 건축주는 당연히 공사비 잔금을 지급해야 하나, 아직 27억 5천만원을 하자 핑계를 대면서 지급하지 않고 있습니다.**

2019년 12월 ㅇㅇ일 광진구청으로부터 사용승인을 득한 이후 오피스텔이 입주를 시작하여 건축주는 계속 수익을 창출하고 있습니다. 그러나 **현재 일방적 주장뿐인 하자를 빌미로 공사비 정산 및 공사비 잔금을 지급하지 않고 있습니다.**

시공사는 지방의 소규모 업체로 공사 준공을 위하여 은행 대출까지 받아가며, 공사비를 선투입하는 등 각고의 노력으로 준공했습니다. 건축주는 시공사가 부득이 설계 변경하며 시공한 공사금액의 정산요구 및 공사잔금 지급요구를 이런저런 핑계를 대며 시간을 끌고 있습니다. **현재 공사비 정산 및 잔금을 받지 못해 함께 시공에 참여한 영세한 하도급업체도 공사대금 약 13억가량을 받지 못하고 있습니다. 그래서 당사와 함께 시공한 다수 하도급업체는 자금의 압박으로 도산 위기에 직면했습니다.**

벨ㅇㅇ 오피스텔 악덕건축주는 다수를 죽이는 갑질행위를 중단하고 **조속히 공사비 정산 및 잔여 공사비를 즉시 지급하라!!**

2020. 3. 19.

동ㅇ건설(주) 및 하도급업체 임직원 일동

(44) **나o병원장은 의료사고 책임지고 폐업하라!!**

　저는 무릎수술 합병증으로 죽다 살았습니다. 처음엔 의료사고 인정하고, 수차례 위로금 등 주더니 이제는 법대로 하랍니다!! 이런 무책임한 나o병원과 망가진 몸 때문에 시위합니다!!

　본인은 2019. 9. ○○일 o병원 정형외과 입원해 오○○원장에게 무릎수술을 받았습니다. **수술후 치료 중 주사기에 수액이 감염되어서 눈⇒ 황달, 손➡ 붓고, 열⇒ 구토하며 실신상태**에서 2019. 10. 7일 나o병원 구급차 실려서, **구리 한o대학병원 응급실로 이송**됐습니다. 그곳에서 나o병원의 주사기 세균감염이라는 진단으로 **한쪽 눈➡ 실명 직전, 손⇒ 고름 가득차 붓고, 폐렴과 심부전 증상**으로 **응급실, 중환자실 격리병동**에서 면회금지한 1개월간 죽음의 문턱을 오가며 치료를 받았습니다...

　그러나 겨우 진정돼 퇴원하니 나o병원은 보험사에게 보상받으라고 통보했습니다. **그렇게 6개월 후 지금은 어의 없이 환자의 잘못으로 돌리고, 의료분쟁이나 법대로 하랍니다.** 현재도 치료를 계속 해야하며 **한쪽 눈⇒ 잘 안 보이고, 팔➡ 성형수술 해야하고, 오른쪽 가슴 ➡ 호흡곤란/ 순간쇼크가 자주오고, 몸⇒ 항생제 주사와 약으로 망가질 대로 망가져 버렸습니다.** 나o병원은 처음엔 "치료만 잘 받으세요.." 하더니 이젠 **"환자 혈관이 잘 안보여서 주사 놓기가 힘들다"** 등 환자의 잘못으로 책임 돌리며 치료비 등 보상한 푼 안 해주고 법대로 하랍니다... **(이런 한심한 작태~ 돈만 아는 부도덕함 극치!!)**

이에 저는 억울함을 풀고자 법보다는 집회시위를 통해서 주변에 이런 일들을 먼저 알리려고 합니다. 환자를 생각하지 않고 **"나몰라라~"하는 o병원장은 당장 사퇴하라! 충분히 보상하라!!** 여러분들도 저처럼 망가질까봐 걱정되니 부디 몸조심하시길 빌며...

　　2020. 4. 16. 나o병원 무릎수술관련 의료사고자 김○○

(45) 시설물 유지업종 폐지반대 결의문 (국토부 장관 제출용)

《시설물유지업종 폐지반대 결의문》 ①

○ 국토교통부의 시설물유지관리업종 폐지를 전면 반대하며, 국민의 안전과 재난 예방을 위해 시설물유지관리업을 존치시켜 줄 것을 간절히 호소드립니다.

○ 우리 시설물유지관리업은 제2의 성수대교·삼풍백화점 붕괴 사고를 방지하고, 국민의 생명과 재산을 지키고자 25년간 시설물의 안전관리와 유지관리공사의 전문성을 강화해 왔습니다.

○ 노후 시설물의 증가에 따라 시설물유지관리가 그 어느때 보다 중요한 시기에 국토교통부는 시설물유지관리업종을 폐지하는 입법을 "시설물유지관리 고도화"란 허울로 추진하고 있습니다.

○ 시설물의 안전관리는 국민의 생명과 재산보호와 직결됩니다.

○ 시설물유지관리업이 폐지되면, 국민의 안전은 위협받게 될 것이며, 전국 7천여 시설물업체에 종사하는 5만명 이상의 인력이 일자리를 잃게 될 것입니다.

○ 시설물유지관리업이 폐지되면, 25년간 시설물유지관리업체들이 축적해온 경험과 신기술·특허 등이 사용되지 못하고 묵혀져 유지관리 기술은 퇴보할 것입니다.

○ 시설물유지관리업을 영위하는 업체와 종사원 모두는 업종 폐

지가 아닌 유지관리의 전문성을 강화하여 증가하는 유지관리 수요에 대비하고, 국민의 안전과 일자리 창출, 기술개발을 도모할 수 있도록 다시 한번 간곡히 탄원드리며,

이에 다음과 같이 결의 한다.

하나! 일방적인 시설물업 말살정책
김현미장관은 물러나라!
물러나라!

하나! 시설물유지관리업을 특화하여
국민의 생명과 안전을 보장하라!
보장하라!

하나! 5만여 종사자를 실업자로 전락시키는
시설물업종 폐지를 철회하라!
철회하라!

하나! 오늘의 결의가 관철될때까지 우리는
대동단결하여 끝까지 투쟁한다!
투쟁한다!

-포장공사협의회 업종통합 반대집회-

1. **시한부 업종**: 국토부 건설업종 개편방안 확정!!
   *현재: 29개 전문 업종 = 14개 대업종으로 통폐합!!
   포장공사업 ➜ 대업종화로 강행.. 건설업종 개편방안 철회요구!!

   ※도로포장 공사업 = 국가기간사업, 업종 특수성, 전문성으로
   그 기능에 맞게 각종 재료를 사용해서 도로포장 유지 보수하는
   공사 총칭 다른 여타 전문건설 업종 대비 등록기준 강화!!

2. **국토부 명분 상실**: 대업종화= 공종간 연계성, 시공기술 유사성,
   발주자 편의성과 전혀 부합되지 않음!!

   ※ 대업종화 = 기반조성 공사업: 토공사업, 보링, 그라우팅공사업,
   포장공사업, 파일공사업 모두에게 수주 불확실성 증폭!!

3. **대표 문제사례** : 토공, 보링, 파일공사 = 토목공사 선행 공종
   ◆포장공사= 마지막 공종➜ 도로 포장/유지/보수/보강, 특수성!!
   전문성 요구 인위적 통합 = 기술력 저하! 전문업체 부재!
   ➜ 시설 발전불가! 국민안전 문제초래!!

   ◆이해 당사자 부동의 : 강제, 일방적 업종개편 불가!! 독립 존치!!
   ➜ 포장공사업은 원도급이 90% 이상 차지함, 하도급 직접 시공보다
   공사관리 업체로 전락시킴.. 재하도급 또는 페이퍼컴퍼니 양산~!!

4. **대책, 대안** : 전문건설업 대업종화 보다는 공종별 전문건설업 육성~
   ➜ 경쟁력, 기술력 강화, 생산구조 혁신안정 기여~
   사례: 자율 주행차 시대 = 미래 교통수단 밀접~

   2020. 7. 21.

   포장공사협의회 업종통합반대 비상대책위원회

(47) 인천항 덤프차량 차주연합회 성명서

성 명 서

최저가 운송 입찰로 인한 항만 덤프운송노동자의 생계 관련

우리 인천항 덤프 차량 차주 연합회 소속 회원들과 차주들은 지난 수 십년 간 밤낮으로 인천항의 하역운송을 위해 고되고 위험한 운송 노동을 하여왔다.

그러한 노력과 삶의 투쟁 속 에서 우리의 권익과 인천은 악덕기업들에 의해 무참히 그리고 비참하게 무너지고 말았다.

최근 인천항 내항부두운영은 영세한 운수노동자의 생계는 뒷전인체 최저가 운송 입찰을 시행하여. 믿기 힘든 운송료의 인하를 단행하였다.

이에. 우리 차주들은 생업을 뒤로 한 채. 죽을 각오로 이 자리에 모이게 되었다.

정부는 2019년부터 화물자동차의 무리한 운행으로 인한 대형사고 방지와 안전운행 그리고 운수종사자의 권익을 보호하기 위해 안전운임제를 도입하여 강력히 추진하고 있다.

그러나 차주들의 고혈을 짜는 악덕기업인 IPOC, 동원그룹. 태왕은 운송료의 현실화를 요구하는 우리의 절규는 무시하고 기업이윤에만 혈안이 되어 덤프운송노동자들을 벼랑 끝으로 몰아 피눈물을 흘리게 하고 있다.

지난 2018년 효율성과 공정성을 이유로 통폐합된 하역사인 IPOC는 해양수산부에서 고시한 운송요율이 버젓이 있음에도 불구하고 그간 고시요율 대비 40%이하로 책정하여 60%가 넘는 우리의 운송료를 떼어 먹었다.

그것도 모자라 최저가 운송입찰의 시행으로 현행대비 22.5%를 삭감하는 황당한 운송요율 책정하여 70% 이상을 떼어 먹으려 하고 있다.

국제적 경기 침체와 코로나로 인한 인천항의 물량감소 등으로 고통 받고 있는 우리에게 상생의 길을 제시하기는커녕 우리를 짓밟아서 살고보자는 그들의 행태를 더 이상 묵과할 수 없으며. 그들에게 강력한 경고와 즉시 시정 할 것을 요구한다.

우리의 요구

IPOC는 즉각 운송료를 현실화 하라!

IPOC는 정부고시 운송요율을 준수하라!

IPOC는 철야 운송의 목숨 수당을 지급하라!

2020년 07월 27일

인천항 덤프 차량 차주연합 회장 김 천 ㅇ

3장 난제와 고발 등 돌파전략

1. 시위관련 난제 돌파사례

(1) 집회과정 문제들 적극 돌파하라!!

집회진행 시 여러 문제들이 생긴다. **집회용품, 인원조달 등은 스스로 해결하지만, 경찰정보관이 비협조적이면 "기피신청서" 등 활용할 수 있다.** 만약 시위관련 고소 고발되었다면 불성실한 수사관의 "교체요구서"를 경찰서장에게 제출할 수도 있다. 물론 이런 경우는 드물고 실제 이행하기 힘들지만 알고 활용한다면 무기가 될 수 있다. **필자는 수많은 시위 과정에서 이를 적극 실행하니 그 효과가 매우 컸다. 불성실하거나 무성의한 정보관, 수사관 교체 요구하는 것은 제도적으로 가능하다. 또한 편파수사 또는 늦장 수사 등에는 경찰서장 "항의방문 면담신청"도 할 수 있다.** 필자는 이럴 때 적극 행동하였고 그 주요사례를 싣는다.

(2) 서초경찰서 집회담당 정보관 기피신청서

집회담당 정보관 기피신청서

* 집회장소: 서초구 양재동 183. 기쁜소식강남교회 앞
* 담   당: 차철ㅇ 정보관 (서초경찰서 정보과)

위의 양재동 집회장소 담당은 차철ㅇ 정보관입니다. 그동안 위 강남교회에서 4차례 집회는 모두 대예배가 있는 일요일 합니다. 그래서 차철ㅇ 정보관은 휴일날 쉬지도 못하고, 계속 성실하고 원만한 집회진행을 해 주셨습니다.

그러나 <u>가짜목사 퇴진, 종교 사기꾼의 사죄 등을 요구하는 교회 집회시위는 언제 종료될지 아무도 모릅니다. 그래서 휴일근무 시 별다른 지원 없는 가운데 공무원의 사명감으로 버티는 데는 한계가 있습니다.</u> 특히 차 정보관님은 성격이 온순하고 신사적이라 거친 종교인들을 상대하기에는 다소 버거운 면이 있습니다.

그래서 <u>예전에 썬그라스 끼고 한번 집회지원 나오셨던 정보관 같이 카리스마 있고, 현장 장악력이 확실한 정보관님으로 교체해 주시면 대단히 감사 하겠습니다</u>.. 물론 서초경찰서 내부에 규정이 있기에 저는 가능하면 그에 따르려 합니다.

하지만 <u>최근 강남교회 측에서 지속적으로 고의적으로 집회방해 행위를 하며, 폴리스 라인 내 침범하여 10여차례 집시법을 정면으로 위반하고 있습니다. 그런데도 담당정보관은 "경고와 현행범 체포" 등 강력조치를 하지 않아 공권력을 무시하고 집회 진행자의 안전 등이 심히 우려 됩니다.</u> 그러므로 금번에 현장담당 정보관님의 교체에 대해 적극검토 후 조치해 주시길 바랍니다.

2015년   7월   일

기쁜소식강남교회 개혁비상대책위원장 김 한 성

서울지방경찰청 서초경찰서장 귀중

※ **조치 결과:** 위 <u>기피신청 결과 차ㅇ정보관이 한차례 더 나온 후에 다른 김일ㅇ정보관으로 바꾸었다.</u> 경찰은 민원에 상당히 민감하다!

-223-

(3) 지연, 태만수사 서초경찰서 수사관 교체요구서

수사관 교체요구서

* 고발사건: 2015형 제825 호
* 죄   명: 기부금품 모집 등 위반
* 피고발인: 배상o 외 3명
* 담   당: 한병o 수사관

1. 상기 고발은 2015. 9. 11. 검찰에 접수되어 동 11. 11일 까지 검찰에 수사 재지휘 받도록 통지 받았습니다. 그러나 고발 후 3개월 지난 현재까지 피고발인 3명에 대한 진술 및 불법기부금 모금 계좌에 대한 입출금 내역도 못 받고 있습니다.

2. 강남교회가 불법적으로 거액의 기부금을 모아서 박옥수 목사의 불법비리에 대한 변호사비 조달의혹을 수사합니다. 그런데 3개월 이 넘도록 수사가 지지부진 합니다. 문의할 때 마다 바빠서 그렇다지만 일반 교인들은 경찰서에서 오라면 잘 협조합니다.

3. 제가 볼 때는 다른 강남교회 사건처럼 박옥수 관련되면 이상하게 지연돼 편파 및 태만수사 의혹이 제기됩니다. 그러나 박옥수 반대측 조사는 신속하고 엄정한 수사로 종결짓는 경향이있습니다. 아무튼 제반 이유로 한병   수사관님을 교체하여 신속하고 공정하신 수사관으로 교체해 주실 것을 요구합니다.

2015. 11. 15.

위 사건 고발인 김 한 성 [인]
010-7459-6866

서초경찰서장 귀중

※ **조치 결과:** 청문감사실에 교체를 요구했더니, "현재 고소 후 2개월 지났다. 좀 더 시간을 달라.." 해명하고, 수사가 신속하게 진행 됨!!

(4) 편파, 봐주기 수사 서초경찰서장 항의방문

서초경찰서장 항의방문

1. 사 유: 현재 서초구 양재동 소재 구원파 박옥수 목사 강남교회 불법비리관련 사건에 대해 경찰조사 단계부터 고소인. 피고소인이 강남교회 입장을 편파적으로 두둔하는 것 같아서 서초경찰서장에게 직접 경위를 묻고 시정을 요구하기 위해서 방문함.

2. 사 례: ❶ 집시법위반. 집단폭행. 감금. 모욕 등으로 2015. 9. 30. 강남교회 김봉ㅇ외 2명을 고소했습니다.(2015형제 89 호) 고소인 김한성외 2명은 2015. 10. 27일 김기ㅇ 수사관에게 무성의한 조사(3명 개별적 물어보는 진술과정 생략, 고소인 제출서류만 검토후 간략히 진술서류에 유첨)를 받았으나, 교회측 3명 피고인들은 12월 14일 현재 아무런 조사를 받지 않고 있습니다.

❷ 무고죄 고소사건(2015형제 89 호, 김미ㅇ 수사관, 9월 30일 접수)에 대해 경찰은 2개월 동안 고소인 연락 한번 없다가, 고소인 김한성의 항의로 지난 12월 3일 겨우 조사를 받았습니다. 본건은 고소인 김봉진이 허위사실 근거로 명예훼손 및 모욕죄로 김한성을 고소해 무혐의(죄 없음)받은 사건으로 12월 11일 현재까지 김봉ㅇ은 피고소인 진술도 받지 않았습니다.

❸ 강남교회 장로 하상ㅇ이 집회 현수막 문구로 인해 11. 9일 김한성을 명예훼손 고소한 사건은 유시ㅇ 수사관이 즉각 조사 받으라고 해서 8일 후 11. 27일 신속히 조사를 받았습니다. 또한 유시ㅇ 수사관 담당 박옥수가 김한성을 명예훼손 고소한 사건은 장기간 피고소인 3회. 참고인 2명을 불러서 매우 철저히 수사하고 있습니다.

3. 항의내용: 상기 외에 박옥수 교회관련 전국 15건, 서초경찰서에 집회방해 7. 17일 긴급체포 사건 및 기타 3건 수사 중입니다. **위의 교회측 ❶ ❷ 사건은 2개월 동안 피고소인 조사도 않지만, 김한성 피고소인은 1주일에 조사는 편파 및 박옥수 교회 봐주기 수사의혹이 있습니다.** 부디 정정당당하고 공명정대한 수사촉구 합니다..

2015. 12.   . 기쁜소식선교회 개혁비상대책위원장 김한성

※ 조치 결과: 구원파 집단고소에 대해 3곳 담당관의 편파수사 의혹관련 경찰서장을 항의 방문하니, 이후 신속하고 공정한 수사를 느꼈다!!

(5) 수사축소, 왜곡의혹 수서경찰서장 면담신청서

①

*수　　신: 최주○ 수서경찰서장님
*참　　조: 수서경찰서 수사과장님
*내　　용: 경찰서장님 면담신청 건

존경하옵는 수서경찰서장님!
답답하고 안타까운 마음에 면담신청 합니다. 이는 귀 경찰서 지능팀에서 수사 중인 사건 때문이며, 그 중대성과 사회 파장을 고려하면 매우 큰 사안입니다. 그래서 면담코저 하오니 선처바랍니다.

1. 개　　요: 현재 수서경찰서 지능팀은 LGU+ 통신다단계 국내 1위업체 ifci 대표 2명을 방문판매법 등 조사합니다. ifci 는 업계 상위권이며 주로 휴대폰 다단계 통해 고가요금제 강요. 고직급자 0.1% 수익독식, 거액수당 착복, 중고폰 횡령 등 수십만명의 피해자가 있습니다. 저희는
✓ **ifci 피해자모임 만들어 3개월전 고소했으나 수사진척 없고 사건축소 및 왜곡 의구심 듭니다.** 그래서 **서장님 면담신청** 했습니다.

2. 고소 동기: 저는 휴대폰만 바꾸면 매달 돈 번다는 ifci 권영성 대표 강의에 속아서 통신다단계 사업했습니다. ifci 사업자 되려면 고가 엘지유플 휴대폰 구입해야 높은 포인트 줍니다. 그래서 LG 지플렉스 투 등의 휴대폰을 구입해 매달 9만원대 요금 납부했습니다. 강의 시 누구나 매달 큰 돈 벌 것처럼 현혹해도 실제는 상위 0.1%만 수백만원~ 수천만원 버는 구조입니다. 회원가입하면 기존 **휴대폰의 해약금, 고가 요금을 납부해도 일방 보상구조 변경 등으로 불이익 봅니다. 또한 현금 아닌 포인트만 주는 중고폰 10만여대 100억여원 착복의혹, 30여만명 회원 개인정보 무단유출 등등 많은 피해 발생**합니다. 그래서 ifci 피해자모임을 결성해 2016. 4. 18일 서울중앙지검에 2016형 제35507호로 고소했습니다.

3. 피해자 유형: 피해자 대다수는 저소득. 취약계층입니다. 정년 퇴직자. 실업자. 주부. 60대~ 80대 노인층입니다. 오히려 경제적으로 힘들어 정부지원이 절실한 분입니다. 이들에게 친구. 친척.

②

지인들이 온갖 달콤한 말로 ifci 통신다단계 권유합니다. 더하여 권영성 대표의 독보적(?) 강의에 왠만하면 넘어 갑니다. 그러면 문제가 될지 알아도 어쩔 수 없이 휴대폰을 바꿉니다. **수십만원 ~ 백만원 이상 수입 착각에 기존 휴대폰 남은 잔금 납부도 몽땅 냅니다. 내달부터 매월 8만원~ 10만원대 요금이 날아오면 고통이 가중됩니다. 수익 없는 실업자. 노인층. 저소득층에 더 큰 희생을 강요하고 이익은 ifci 상위 직급자가 챙깁니다.** 합법을 가장한 날 강도 같습니다. 불만 커도 지인이 소개해 소비자 고발도 못하므로 좋은 인간관계마저 깨뜨리는 반사회적 조직입니다.

4. 수사 과정: 고소일 이후 3개월 지났습니다. 1개월 지나 담당경찰관에게 겨우 연락해 5월 26일 수서경찰서 지능팀 설ㅇ 수사관에게 고소인 진술받았다. 죄목은 "사기, 방문판매법위반" 이다. 그런데 첫 조사에서 **설ㅇ 수사관은"내용 약하니 사기 혐의는 빼자"고 했다. 지금 돌아보니 수사도 제대로 안하고"사기죄"삭제시켜 좀 이상하다.** 이후 ifci 권영성. 이용기 대표 범죄 입증할 피해자 4명을 데려가 구체적 피해내용 자필로 제출했다. 6월 28일 ifci 홈피에 무차별적 공개되는 주민번호. 주소. 휴대폰번호 등을 추가로 고소하였다.

이날 **설ㅇ수사관은 이날"검찰과 공조에 ifci 본사와 권영성 압수수색을 하려니 권영성 출생년도 차량번호. 자택 주소 등 알아봐 주세요."했다.** 나는 **"사건이 크니 신문에도 나와야 되겠지요.."하니 설ㅇ 수사관은"무슨 소리 입니까? 9시 뉴스에는 나와야지요.."하였다. 그러나 이후 별로 진척 없었다. 그런데 설0 수사관은"본건이 최우선 수사 1순위이다."** 피해자 개인진술서 등을 추가 제출할 것이다. 사안의 중대성 감안할 때 적극적으로 수사해야 하나 시간만 끌었다. 7월 18일 갑자기 설0수사관은 "ifci 권영성 인터넷 동영상을 모두 캡처해 제출하라" 요청 받고 확인하니 7. 10일 권영성 대표 모든 유튜브 동영상이 지워졌다. 수사상 불리하니 **증거인멸을 자**

-227-

행했다. 기존 권영성 강의 녹취록에도 "유튜브 수천건 있으니 들어 ③
보라" 더니, 과장허위광고 증거인멸 했다.

　피해자모임은 이와 같은 <u>사실을 보며 더 이상 담당 수사관만 믿고
있을 수 없어서 전체 모임을 열고 직접 수서경찰서장님을 면담후
요구사항 전달키 위해 면담요청</u> 했습니다.

※ 요구사항

<u>첫 째</u>: <u>별도 전담 수사팀을 구성요망</u>; 통신다단계 피해자 30만명
및 개인정보 무단유출 그리고 중고폰액 100억원 이상 착복의혹
등을 제대로 파해치려면 4~5명의 수사팀 보강요망..

<u>둘 째</u>: <u>증거인멸 방지위해 본사/권영성 압수수색 요망</u>; 지금 *ifci*
는 유튜브 권영성 대표의 동영상 전면삭제처럼 광범위하게 증거
인멸 첩보 있습니다. 검찰과 협의해서 신속한 압수수색 요망..

<u>셋 째</u>: <u>고소인과 언론에게 수사진행 공개요망</u>; 사안 특성상 깜깜이
수사지양하고 가능한 수사팀장과 긴밀한 수사공조 유지요망..

　본 사건은 인터넷에 보면 조선일보, 파이낸셜, 전자신문 등 수
많은 언론에서 통신다단계 문제점을 집중 보도합니다. 특히 **"MBC
경제메가진에서 금주 토요일 7월 23일 07시 "엘지유플 통신다단
계 ifci 피해실태" 20분 집중방영 예정**입니다. 오늘 **7월 21일(목)**
11시부터 엘지유플 용산 본사 앞에서 집회합니다. 따라서 사회적
문제와 피해자를 양산하는 ifci 고소에 선처바랍니다.

* 유　첨: ifci 피해실태 내역 및 기타자료 ... 각 1부

2016.　7.　21.

ifci 통신다단계 피해자모임 대표 김 한 성

※ 조치 결과: 피해자모임대표 고소 서울중앙지검 이첩, **<u>수서경찰서장 항의
방문 후 철저한 수사와 기소</u>로 이어져 3명이 유죄까지 선고되었다!!**

(6) 모범 정보관으로 인한 감사편지: 수원남부경찰서장

존경하옵는 유진○ 서장님~!

저는 귀 경찰서 지열○ 정보관이 하시는 일에 감동 받아 서신을 올립니다. 저는 15. 9. 28 ~ 10. 24일까지 영통 하이골프에 집회신고 한 사람입니다. 당시 하이골프는 금년 4월 10일 보증금 2억 5천만원에 계약을 해서 계약금과 중도금으로 5,500만원을 건넸으나, 잔금 연기했다고 일방적으로 타인과 이중계약 하였습니다. 이후 원금도 반환 않고 전화도 안 받아 공동 임차인들이 격앙된 상황이었습니다. 그래서 경제적 손해와 배심감에 집회신고와 형사고소를 병행하려 했습니다.

지열○ 정보관은 처음부터 저희 입장을 충분히 듣고, 상대방 임대인의 상황도 파악하며 적극중재 했습니다. 그 결과 큰 충돌 없이 10월 7일 서로 합의하 배상금 없이, 원금 5500만원 전액을 돌려받고 웃으며 마무리 했습니다. 양쪽 의견이 심각히 부딪히는 가운데서 지열○ 정보관 친절하고 헌신적으로 중재를 이끌었습니다. 밤 9~10시경에도 저에게 전화하며 서로 입장을 조율했습니다.

요즘 공무원분들 많이 달라진 점은 누구나 인정하지만, 이렇게 일과 후에도 적극적. 헌신적으로 일하는 분이 계신 점에 큰 감동과 위로를 받았습니다. 따라서 귀 경찰서 홈.피 "칭찬 합시다." 에 올리려 했으나 인증과정이 힘들어 직접 서신을 올립니다. 경쟁력이 높다는 일반 기업체도 이렇게 까지 업무를 자신의 일처럼 해주는 사람은 거의 없다고 봅니다. 지열○ 정보관은 초면이었지만 앞으로 모든 대민 업무에 적임자란 느낌입니다. 저도 육군 대위로 예편 했기에 경찰이나 직업 군인에 대해서는 상당히 호감을 가지고 봅니다.

그동안 나름대로 바쁘게 살다보니 오늘 서신을 올립니다. 물론 위의 지 정보관이 대민업무에 열성을 다하는 것은 유진○ 서장님의 지휘방침과 솔선수범 때문이라고 봅니다. 그 분은 어느 곳에서도 경찰명예를 크게 높일 것을 굳게 믿습니다. 그럼 이만 줄이며 고맙습니다..

2015년 10월 27일(수) 김 한 성 올림

※ **동기 및 결과:** 수원 골프연습장 이중계약 따른 피해금 5500만원 반환 관련 **정보관의 적극 중재로 원만한 합의 ➔** 해당 서장님께 감사 서신!!

존경하옵는 김병O 용산서장님!

귀 서의 훌륭한 경찰관 있어 감사 편지를 드립니다.

저는 건설인력 업소 집한성 대표이며 사랑역에서 작년에 삼성물산 용산 래미안 현장에 사람을 보냈습니다. 저와 거래업체 외 총 7여개면 노임 체불 되어서 판교 본사 및 대처를 목감 사유로 있어서도 정리 했지만 효과가 없었습니다.

그래서 최후 수단으로 지난 2월 23일(木) 용산 래미안 현장 정문에서 체불관련 업체와 일용 근로자 30여명이 몰려가서 "박소석한 삼성물산은 7억원 노임체불 즉각 시행하라! 공사와 함O해 채상을 책임져라!"등의 주장을 외쳤습니다.

당시 용산 경찰서 집회담당은 김기O 정보관 이었던거다. 저는 "체불노임 대책 위원장"으로서 양심 없으며 양쪽이 일촉 촉발의 위기 상황도 있었지만, 김 정보관께서 삼성용산 측과 대화를 주선해 양쪽이 합의에 이르도록 이끌었습니다. 저는 건설인력 협회 홍보 이사 일도 하는데 비슷한 체불 협상을 많이 봐왔지만 김 정보관님 처럼 적극적이고

지혜롭게 합의 게 하는 분은 처음 입니다. 양쪽의 입장을 존중하고 화내 깨지지 않게 도맡 수없습니다. 참으로 성실한 자으로 친절함과 유능함 그리고 자신 있어 0억 정을 다하신 김 정보관께 감사 드립니다...

앞으로 3/15일까지 연장 속에 3월~5월에 양쪽 하도급업체와 합의된 공역을 모두 지급 받는거 크게 안심이 됩니다. 저희와 거래했던 (주) 비염 버스 현재 법정관리 상태이자만 노임체불 산출은 원청사 삼성물산와 면대책임 지나본 근로자송법 44조에 의해 노임 시급을 오게 하였습니다.

그동안 6차례 집회로 해맸어 불신감이 쌓였으나 자신번에 협상으로 거액 체불노임 해결 될 수 있는 화상을 갖게 되었습니다. 다시한번 김기O 정보관님와 소속 용산 서장님께도 사야를 표합니다. 복시라도 거성위거 이후에도 끝까지 "위증의 이" 거둑게 도와 주시길 빌며..

2017. 2. 26. 집한성 올림
(010-7459-0806)

※ **동기** 및 **결과**: 용산역 앞 래미안현장 다수 하청업체 **체불금 7억여원** 독촉관련 **담당정보관의 현명한 중재로 합의**➜ 경찰서장님께 감사편지!!

(8) 방배경찰서 당담정보관 교체요구 민원 신청서

수 신: 손동ㅇ 방배경찰서장 귀하
담 당: 방배경찰서 청문감사관실
내 용: 집회관련 담당정보관 교체요구 민원

대민업무에 수고 많습니다.
저는 어제부터 방배동 1ㅇ××번지 ㅇㅇ빌딩 앞에서 집회를 하고 있습니다.
담당 ㅇ성ㅇ정보관을 교체해 달라고 민원 제기합니다. 저는 함지박사거리
ㅇㅇ학원장입니다. 학원 내 이상ㅇ 수학강사가 25명의 학생들을 속여서
위 주소에 데려 갔습니다. 그 학생들은 초등학교부터 우리 학원에서 배
운 고등학교 1학년들입니다. 그는 수학을 가르치며 "나는 ㅇㅇ학원이 고
액을 준다고 스카웃하고 돈도 안준다."고 거짓말하며, 대다수 학생들을
데려 갔습니다. 스카웃이 아니라 일반채용 강사입니다.

그래서 변호사 선임하고 형사고발과 함께 시위하고 있습니다. 어제 오후
2시 반경 ㅇ성ㅇ 정보관이 "현수막이 너무 크고 영업 방해되니, 현수막
철거하라. 그리고 해당 건물 앞에서 피켓만 들고 있으라!!"고 지시해서
그대로 따랐습니다. 저희는 강사에게 배신을 당하고 학생들까지 모두 뺏
겨서 큰 타격을 받고, 너무나 억울해서 시위하는 겁니다.

그러나 **담당 ㅇ성ㅇ 정보관은 불친절하고 위압적 표정으로 명령하고
짜증을 냅니다.** 특히 제가 "위 4층 ㅇㅇ학원장에게 올라가서 대화할 수
있도록 자리를 마련해 주세요.." 라며 부탁했으나 **"정보관이 그런 일하
러 온 것이 아닙니다.."라며, 올라가 대화하지 않고 전화로 얘기했습니다.
이후 "시위자 중에서 학생들에게 막말하였다. 대질 심문하겠다!"며 ㅇㅇ
학원장을 1층으로 내려오게 해, 오히려 양쪽간 고성과 언쟁으로 확대
시킨 전적인 책임이 있습니다.** 이는 민주경찰, 대화경찰관으로서 본분
과 직책에 반하는 공무수행이라 하겠습니다.

**저는 가능한 ㅇ정보관과 같이 동행한 정보관처럼 친절하고, 업무파악이
빠른 분으로 교체하여 주실 것을 민원제기 합니다.** 혹시 교체가 힘들다
면, 최소한 ㅇ성ㅇ정보관 만은 절대로 사양하겠습니다.

2020. 8. 14. 위 집회신고 민원인 ㅇ 정 ㅇ

(010-××12-   )

※ 조치 결과: 즉각 효과 있었다! **원하는 수사관으로 교체**되어 **건물주와
대화 창구를 만드는 등** 적극 움직였지만, 협상이 좀 길어지고 있다!!

228-3

2. 시위관련 고소장, 판결문, 불기소 결정문 등
(1) 집회시위 고소 고발을 적극 활용하라!!

사람들은 고소 고발을 두려워한다. 그런 두려움은 무지 때문이다. 나도 시위 전에는 딱 한번 고소했었다. 2015년 5월 구원파 교회 앞 집회신고 후에 대예배 시간에 집단폭행을 당하였다. 그래서 억울한 마음에 변호사 도움으로 4명을 고소하였고, 2명은 70만원씩 벌금 받았다. **당시 나는 구원파 교주와 전면 투쟁했었기에 시위 훼방하면, 집시법 위반 등으로 고소한 것만 10여명 되었다. 그 중에 절반쯤은 벌금이상 유죄를 받았다. 그러니 상대방도 함부로 시위 방해하지 못**하였다.

2016년 4월에는 휴대폰 통신다단계피해자모임 결성해서 회사측 대표자 2명을 고소했는데, 징역 1년 6개월에 2천만원 벌금이 나왔다. **상대방도 가만히 있지 않았다.** 업무방해, 명예훼손, 공갈미수, 모욕 등으로 무차별 고소하였지만 모두 무혐의 처분 받았다. **통신다단계 ifci는 태평양 법무법인 변호사 총 25명을 선임하여 고발했지만, 적극 대응하니 의외로 좋은 결과가 나왔다.** 결코 변호사와 법무법인이라고 유리하지 않다는 것을 경험으로 알았다. 물론 매순간 힘들 때도 많았고, 포기하려고 했었지만 "호랑이 등에 올라탄 형국"이라 내려올 수도 없었다.

그러나 나는 **이런 쓰라리고 가슴 조인 체험을 통해서 집회시위 두려움 벗었고, 법적인 공부를 충분하게 하였다. 법률 전문가 수십명을 상대하여 이겼으니, 그 감격스러움 무엇으로 표현할 수 있겠는가? 이젠 어떤 문제와 시위 앞에서도 당당하고 쫄지 않는 것은 이렇게 온 몸으로 싸운 경력 때문이다.** 그래서 두려움을 벗으니 새로운 세계가 보였고, 비슷한 여건에 있는 분들을 돕는다. **이 항목에는 그 당시 싸운 실제 기록을 공개한다. 고소장과 고발장, 판결문, 불기소 결정서 등은 집회시위 하려는 분들에게 큰 용기를 줄 것이다.**

이럴까 저럴까? 머리가 번잡한 분은 저의 용기 있던 행동이 크게 도움이 되시리라! **이곳에서 실 사례를 보며 파이팅 하시길~!!**

(2) 통신다단계 업체를 고소하고 본격 시위하다!!

고 소 장

①

고 소 인: 김한성 (010-7459-6866)
　　　　　김진 　(010-3952-　　　)
　　　　　서울 서초구 동작대로 10, 5층 (방배동) : 주소동일

피고소인: 이용기 (070-5024-　　　)
　　　　　권영성 (010-8107-　　　)
　　　　　서울 강남구 삼성로 85길28 ifci 타워 (대치동) : 주소동일

고 소 취 지

위 피고소인들을 사기 및 방문판매에 관한 법률위반 혐의로 고소하오니 철저히 조사하여 엄벌하여 주시기 바랍니다.

고 소 사 실

1. 피고소인 이용기와 권영성은 통신다단계 법인 주식회사 ifci 통해 가입회원에게 큰 피해를 주었습니다. 위의 이용기는 주식회사 아이에프씨아이 법인 대표자이며, 권영성은 사업자 대표입니다. (증 제1호)

2. ifci는 엘지유플러스 휴대폰. 070전화. 인터넷 등을 사용만 해도 큰 수익이 발생한다고 현혹하여 회원을 모집합니다. 길거리 휴대폰 대리점과 달리 지인. 친척이 주로 가입하므로, 나중에 요금폭탄 등 피해가 발생해도 항의 못해서 수많은 피해자가 입을 닫습니다. 이 회사는 엘지유프러스 인판대리점입니다. 엘지유플러스가 ifci 본사 건물 10층 전체 전세금을 대납했으며, 2013년~14년 고객만족 대상을 주었습니다. (증 제2호) 회원 중에는 엘지 계열사로 착각도 합니다.

3. 위의 이용기는 이름만 빌려준 명색만 회사 대표자이며, 실제 주요 결정은 통신다단계 사업자 대표 권영성이 좌지우지 합니다. 주식회사 ifci는 현재 전국에 25만명 회원이며, 전국 다단계 업계 7위라고 자랑합니다. 저희는 아래와 같은 피해를 입었습니다.

첫째, 통신다단계 가입자에 요금폭탄을 안겨 줍니다: 권영성은 매일 수

차례 강의와 상담을 통해 ifci 사업하면 큰돈 벌 것처럼 현혹해서 휴대폰 가입시켜서 결국은 매달 8만~9만원대 요금만 돌아옵니다. 초기엔 힘없는 노인들이 피해를 많이 보았습니다. 통신다단계 회원과 사업자 중에는 권영성 사업자 대표의 말에 넘어가서, 기존에 KT. SKT 사용자 중에서 약정기한 2년 내 위약금을 물고 ifci 엘지 휴대폰으로 갈아타서 손실 본 사람이 많습니다. 저와 김진주도 마찬가집니다.

둘째, 상위 직급자 0.05% 만 고수익 받는 구조입니다: ifci 회사가 자체 발표한 자료에 의하면 2015. 8. 10일 현재 20여만명 회원 중에서 에메랄드.다이어몬드.크라운 직급자는 총 46명으로 0.046%입니다.(증 제3호) 그 사람만이 매달 수백만~수천만원 넘으며, 골드.루비.사파이어 직급자는 매달 10만원대~ 백여만원대로 추정됩니다. 즉 최저생계비도 안되는 돈을 받는데 권영성은 강의(증 제4호, 녹취록) 통해 누구나 다이몬드 되고, 수천만원~ 수억원씩 벌 수 있다고 선동을 일삼고 있습니다.

셋째, 엘지유플러스 재고폰을 주로 팔아서 피해줍니다: 방통위 조사결과 통신다단계 업체에 잘 팔리지 않는 엘지 구형 휴대폰 G-pro 2 와 G 3 두개 기종을 11만대, 전체 판매량 중에서 61.8% 판 것으로 드러났습니다.(증 제5호) 엘지유플러스는 재고품 처리해 좋고 ifci는 막대한 법인대리점 수수료 14%챙깁니다. (현재: 일반통신대리점 동일한 7% 조정) 엘지와 통신다단계 유착혐의도 엄중 조사바랍니다. (증 제6호)

넷째, 신규 휴대폰 교체 시 중고폰 무상으로 받아 큰 이권 챙깁니다: 본건은 외부에 알려진 내용 아닙니다. ifci 는 재고폰을 현금으로 주지 않고 포인트 방식으로 적립합니다. 무상으로 받은 재고폰 추정치 10만대 이상 대당 10만원 총 100억원 이상 금액을 고위 직급자끼리 착복 의혹이 큽니다. 그 공짜로 받은 재고폰을 중고시장 판매 또는 중국 수출해 막대한 이권 챙겼다는 의혹입니다. 철저한 수사 요망됩니다.

다섯째, 실업자 일자리 빼앗으며 돈 모두 털리는 곳입니다: 통신다단계 회원은 실업자이거나 저소득층입니다. 점심 값도 없어 김밥 1줄로 때울 형편이지만 후불제 단말기는 구입합니다. 그런 분들에게 온갖 감언이설로 휴대폰부터 바꾸게 하고, 이후엔 부담이 본인에게 돌아와서 최

③

하층 밑바닥 삶을 더욱 고통스럽게 합니다. 결국 일자리는 제공하지 않고 가진 것을 모두 털리게 만드는 사회 암적 조직입니다. 지난날 유사수신으로 10여만명에게 수천억원 피해를 준 조희팔 못지않습니다. 아마도 ifci 회사 내부 파헤치면 회원들이 모르는 무궁무진한 횡령과 비리가 만연하리라 봅니다. 부디 철저한 수사로 없는 사람을 더 힘들게 하는 ifci 실체를 밝혀 주십시오.. (증 제7호)

여섯째, ifci 권영성 사업자 대표 1인 독선체제입니다: 그는 강의와 상담 통해서 누구나 수천만원씩 벌수 있다고 합니다.(녹취록) 이는 방문판매법 제11조 및 23조 2항 금지행위 (거짓 또는 과장된 내용을 사용해 소비자를 유인하거나 거래하는 행위)위반입니다. 또한 후원수당을 원칙 없이 수시로 바꿉니다. (증 제8호) 강의 통해 모든 보상체계를 권영성이가 직접 만들었다고 자랑합니다. 이는 동법 제20조 2항 후원수당의 지급기준 등 (다단계판매업자는 후원수당의 산정 및 지급기준을 객관적이며 명확하게 정해야 하며, 후원수당의 산정 및 지급기준을 변경하려면 대통령령으로 정한 절차에 따라야 한다) 위반입니다. 위와 같은 사항을 위반 시 "방문판매법 11조 및 23조 1항, 2항은 5년 이하의 징역 또는 1억 5천만원 이하의 벌금에 처한다." 는 **양벌 규정의 범죄행위를 권영성 대표는 강의 및 상담 등 통해 일상**으로 저지릅니다.

일곱째: 피해자 보상에 무성의 합니다: 주식회사 ifci 이용기 법인대표와 권영성 사업자 대표는 저희 피해자들이 지난 1월 29일 ifci 본사 앞 집회 이후 철저히 무시하는 전략입니다. 오히려 온갖 음해와 문자메시지로 명예훼손 발언을 일삼았습니다. 그래서 저희는 용산 엘지유플러스 본사 집회와 청와대 및 공정거래위원회에 진정서까지 보냈습니다. (증 제9호) 그러나 무성의와 무대응으로 일관합니다.

저희는 **현재 전체 회원의 1% 수준인 2천명의 피해자를 모아서 1명당 100만원 총 20억원 규모의 ifci 피해자 보상 요구하는 소송을 준비합니다.** 주변 잘 아는 사람 때문에 가입하는 통신다단계 특성상 겉으로 드러나지 않아도 실제적 피해자 및 규모는 상당하리라 봅니다. 부디 철저히 조사하셔서 사회 암적 존재인 통신다단계 주모자를 엄단해 주시길 바랍니다. 세부적인 자료는 차후에 제출하겠습니다. (증 제10호)

2016.   4.   15.

위의 고소인   김 한 성

고소인   김 진

첨부 서류

서울 중앙지검장 귀중

(3) 필자가 고소한 사건: 징역 1년 6개월~ 실형 등 선고하다.

서울중앙지방법원

판 결

사 건	2017고단7532 방문판매등에관한법률위반	
피 고 인	1. 이용기 (0406-1******)	

등록기준지　아산시 온천동 이하 기재생략

2. 권영성 (1012-1******)

등록기준지　서울 중구 신당동 이하 기재생략

3. 주식회사 봄코리아(변경 전 상호 : 주식회사 아이에프씨아이)

소재지　서울 강남구 삼성로85길 이하 기재생략

대표이사 김호일

검 사　　장태형

판 결 선 고　2018. 8. 16.

주 문

피고인 이용기, 권영성을 각 징역 1년 6월에, 피고인 주식회사 봄코리아를 벌금 20,000,000원에 각 처한다.

다만, 이 판결 확정일로부터 각 2년간 피고인 이용기, 권영성에 대한 위 각 형의 집행을 유예한다.

피고인 이용기, 권영성에게 각 120시간의 사회봉사를 명한다.

피고인 주식회사 봄코리아에게 위 벌금에 상당한 금액의 가납을 명한다.

이   유

범 죄 사 실

1. 피고인들의 지위

피고인 주식회사 봄코리아(2011. 7. 22. '주식회사 아이에프씨아이'라는 사명으로 설립된 뒤, 2016. 12. 16. 사명을 '주식회사 봄코리아'로 변경함. 이하 '아이에프씨아이'라고 한다)는 2011. 7. 22. 설립된 이동통신단말기장치 및 이동통신서비스 등을 판매(위탁 및 중개 포함)하는 법인(본점 소재지 : 서울 강남구 삼성로85길 28, 우전빌딩 5층)으로서 방문판매 등에 관한 법률(이하 '방문판매법'이라 한다)에서 규정한 다단계판매업자이고, 피고인 이용기는 아이에프씨아이의 이사, 감사 등으로 재직하다가 2013. 7. 17. 아이에프씨아이의 대표이사로 취임하여 2017. 3. 2.까지 대표이사로 재직한 사람이고, 피고인 권영성은 2011년 말경 아이에프씨아이의 최상위 다단계판매원으로 등록하여 2012. 11.경부터 아이에프씨아이의 다단계판매원이 되려는 사람이나 다단계판매원 등을 상대로 아이에프씨아이의 판매 상품, 다단계판매원이 되면 얻을 수 있는 수익, 다단계판매원이 되는 방법 및 사업 방법 등에 대해 홍보·교육하는 등 사업 마케팅 업무를 수행하는 대표 다단계판매원이다.

그리고 아이에프씨아이는, 최초 가입신청만 하면 일반 회원으로 등록이 되나 일반 회원에 대하여는 후원수당을 지급하지 아니하고, 아이에프씨아이에서 취급하는 통신 상품(이동통신단말기장치, 이동통신서비스 또는 단말기장치와 통신서비스의 결합 상품

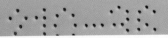

③

등)을 직접 구입하거나 타인에게 판매하여 본인 매출 실적이 발생하면 '브론즈' 직급의 다단계판매원으로 등록되고, 이후 자신의 하부 좌우 라인에 각 450만 PV[1]를 달성하면 '골드' 직급으로 승급하며, 이후 자신의 하부 좌우 라인 중 한쪽에 골드 회원 2명, 다른 한쪽에 골드 회원 1명(소위 2:1 비율)을 맞추면 '루비' 직급으로 승급하고, 그 이후로 2:1 비율을 달성하면, '사파이어 - 에메랄드 - 다이아몬드 - 크라운[2]' 순으로 승급되는 구조의 다단계판매업체이다.

2. 피고인 이용기, 피고인 권영성의 허위 또는 과장된 사실을 알리거나 기만적 방법을 사용하여 상대방과의 거래를 유도한 방문판매법위반의 점

다단계판매자는 거짓 또는 과장된 사실을 알리거나 기만적 방법을 사용하여 상대방과의 거래를 유도하는 행위를 하여서는 아니 된다.

피고인 이용기는 2016. 2. 18.경 서울 강남구 삼성로85길 28, 우전빌딩 3층에 있는 아이에프씨아이 교육장에서, 아이에프씨아이의 다단계판매원 겸 강사인 피고인 권영성을 통해 아이에프씨아이의 사업 홍보 및 교육 강의를 하게 하였고, 이에 피고인 권영성은 위 일시, 장소에서 김한성 등 아이에프씨아이의 다단계판매원들과 다단계판매원으로 가입하려는 인원수 불상의 사람들을 상대로 사업 홍보 강의를 하면서 "Top Member's Club에 많은 분들이 아름답게 사진이 올려져 있습니다. 저분들이 참 어려웠던 분들인데, 지금은 저희 최저, 최저 소득자가 월 한 2,000만 원 되고요., 많은 분은 2억에 가까운 돈을 매달 받아가십니다.", "오직 인터넷개통 하나나 휴대전화 하나 바꿨

---

1) PV(point value) : 다단계판매원들은 다른 판매원들의 재화 등 거래실적, 조직관리, 교육훈련 등 실적에 따라 일정한 PV를 지급받음. 예를 들어 휴대전화 단말기 1대를 판매하면 30만 PV를 지급받는다면 자기 하부 양측 라인 별로 15대를 판매(15명 모집)해야 함. 2015. 6.경까지는 골드 승급 조건이 450만 PV에서, 2015년 하반기부터 2016. 4.경까지는 600만 PV로 변경
2) 2016. 4.경부터 크라운 등급의 상위 직급으로 '엠버서더 - 크라운엠버서더' 직급이 추가됨

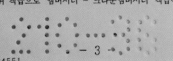

④

는데 더 이상 살 것도 없고 팔 것도 없고 단돈 1원도 투자 없이 모든 것이 공짜인 회사에서 불과 2년 정도 지나면서 전부 사진이 올라간다는 것을 보면은 오늘 새롭게 오신 분들도 금년 연말과 내년 연말 정도 되면은 여러분들도 저 위치까지 끌어올릴 수 있다고 각오 가지시면 됩니다.", "이제 정말 여러분들이 열정을 가지시고 저와 함께 1년만 지나시면, 그리고 한 2년 지나면 정말 <u>내가 인생을 제대로 못 살았다 하는 분도 시스템 속에 들어오시기만 하면은 아무리 안 돼도 한 달에 1,000만 원 정도 버실 겁니다.</u>", "이름은 촌스럽지만 김성자예요. 그런데 저분은 이 사업을 통해서 2년 만에 적어도 1,400만 원에서 2,000만 원 사이를 매달 받아가시고. 그리고 아드님, 작년에 아드님 생일날 아우디를 선물해주신 분입니다. 휴대전화 하나 바꾸고 그리고 이 사업 진행하셨더니. 우리 회사는 능력이 있다 그래서 돈을 벌고 능력이 없다 그래서 돈을 못 버는 회사가 아닙니다.", "<u>우리는 오너의 리스크가 없는 회사입니다. 금년도 상반기 저희는 직급자 모두가 4,000여 명이 넘는 직급자 모두가 주주가 됩니다. 주식을 49%를 배분받아서 나누게 됩니다.</u>", "주식을 가지고 있으면 투명경영을 할 수가 있을 겁니다. 그래서...(중략) 절대로 오너의 횡포는 우리 회사에선 일어나지 않는다는 걸 말씀을 먼저 드립니다.", "<u>우리 회사의 마케팅은 현재까지 제가 다 만들었습니다.</u> 저는 대표이사가 아니고 대표 사업자입니다. 1번 사업자에요. 전세계 네트워크 마케팅을 하는 회사들 중에서 회원이 주식을 단 1주도 가진 회사 없습니다. 암웨이를 비롯해서 어떠한 회사도 단 1주도 회원에게 지급을 하지 않습니다. 또 상장한 회사도 하나도 없습니다. 세계 최초로 우리 회사가 주식을 배분받고 상장할 계획을 가지고 있습니다.", "이 사업을 통해서 한두달 만에 가는 첫 번째 직급을 가시게 되면 최저 임금의 2배 정도를 받아가고 행복한 가정을 영위할 수 있고", "2014년 12월 한 달에 1억 2,300만 원을 받았다는 이야기, (중략)

면 브론즈 직급자가 되는 것일 뿐이고 골드 직급이 되기 위해서도 앞서 본 바와 같이 450만 PV의 실적을 올려야 하는 등 구매 및 판매 실적을 계속 올려야 하는 것이지 더 이상 추가 투자를 하지 않더라도 1~2년 뒤에 매월 최저 2,000만 원의 실적을 올릴 수는 없는 구조였으며, 실제로 아이에프씨아이의 다단계판매원 중 2016. 1. 기준으로 월

★ 1,000만 원 이상 소득을 올린 사람은 아이에프씨아이의 전체 다단계판매원 209,296명[4] 중 33명에 불과했으므로 아이에프씨아이의 시스템에 가입만 하면 누구나 월 1,000만 원의 소득을 올릴 수 있는 구조도 아니었고, 아이에프씨아이의 최대주주인 박상돈이 자신이 보유한 주식 중 49%를 다단계판매원들에게 배분할 현실적인 계획이나 가능성도 없었고[5], 월 100만 원 이상 받아간 다단계판매원의 수도 2015년 6월 344명, 7월 392명, 8월 372명, 9월 372명, 10월 414명, 11월 380명, 12월 344명, 2016년 1월 228명, 2월 231명에 불과했으며, 각 직급별 평균 소득액도 피고인 권영성이 설명한 것처럼 "첫 직급(골드) 월 소득 170만 원, 두 번째 직급(루비) 월 소득 250만 원, 세 번째 직급(사파이어) 월 소득 400만 원, 네 번째 직급(에메랄드) 월 소득 900만 원"에 미치지 못하는 액수였다.

그럼에도 불구하고 피고인들은 공모하여, 위와 같이 2016. 2. 18.경 아이에프씨아이의 다단계판매원 또는 다단계판매원이 되려는 사람들을 상대로 허위 또는 과장된 사실을 알리거나 기만적 방법을 사용하여 거래를 유도한 것을 비롯하여, 2013. 7. 17.경부터 2016. 4.경까지 매주 월요일마다 이와 같은 방법으로 홍보 강의를 함으로써 다단계판매원 또는 다단계판매원이 되려는 사람들을 상대로 허위 또는 과장된 사실을 알리거나 기만적 방법을 사용하여 거래를 유도하였다.

---

4) 브론즈 직급자를 제외한 골드 직급 이상의 다단계판매원 수도 4,002명이었음
5) 실제로 다단계판매원들에 대한 49% 상당의 주식 배분은 이루어지지 않았음

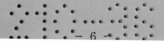

3. 피고인 이용기, 피고인 권영성의 다단계판매원이 되려는 자에게 다단계판매원의 등록 조건으로 연간 5만 원을 초과하는 부담을 지게 한 방문판매법위반의 점

다단계판매업자는 다단계판매원이 되려는 자 또는 다단계판매원에게 등록·자격유지 또는 유리한 후원수당의 지급기준을 적용받게 할 조건으로 연간 5만 원을 초과하는 부담을 지게 하여서는 아니 된다.

그럼에도 불구하고 피고인들은 위 제2항 기재와 같이 불특정 다수의 다단계판매원이 되려는 사람들을 상대로 휴대전화 가입 등 매출 실적을 올려서 다단계판매원(브론즈 직급)이 되면 이후 추가 투자 없이도 월 1,000만 원 소득을 올릴 수 있다고 하는 등 많은 돈을 벌 수 있다고 설명하여, 2014. 12. 2.경 아이에프씨아이의 다단계판매원이 되려고 하는 김정국에게 '휴대전화단말기 727,000원, 이통통신서비스 요금 월 89,900원, 약정기간 24개월'인 상품을 구입하게 하고, 2016. 4. 4.경 다단계판매원이 되려고 하는 박진욱에게 '이통통신서비스 요금 월 19,000원, 약정기간 36개월'인 상품(연간 부담 요금 = 월 19,000원 × 12개월 = 228,000원)[6]을 구입하게 하는 등, 2014. 12. 2.경부터 2016. 4. 4.경까지 사이에 별지 범죄일람표 기재와 같이 다단계판매원이 되려는 사람 총 184,898명에게 다단계판매원 등록 조건으로 아이에프씨아이에서 판매하는 통신상품 합계 340,439,260,440원 상당을 직접 구입하게 하거나 이를 판매하게 하였다.

이로써 피고인들은 공모하여 다단계판매원이 되려는 사람들에게 다단계판매원 등록 조건으로 연간 5만 원을 초과하는 부담을 지게 하였다. (종략)

4. 피고인 주식회사 봄코리아(변경 전 주식회사 아이에프씨아이)

---

[6] 아이에프씨아이가 브론즈 직급의 다단계판매원으로 등록하는 사람에게 판매한 상품 중 가장 금액이 적은 상품이 '월 요금 19,000원, 약정기간 36개월'인 이른바 19요금제 상품임

죄사실 제3항 기재 범행을 범하였다고 인정된다.

양형의 이유

피고인 이용기, 권영성은 공모하여 상당 기간 동안 허위 또는 과장된 내용의 홍보 강의를 하여 거래를 유도하였던 점, 다수의 사람들에게 다단계판매원 등록 조건으로, 연간 5만 원을 초과하는 부담을 지게 하였던 점 등은 불리한 정상이다.

다만, 피고인들이 판매한 상품은 주식회사 엘지유플러스의 이동통신 단말기 및 이동통신서비스 상품으로서 정상적인 상품이었던 점, 피해를 입었다고 주장하는 사람들이 그리 많지 않고, 피고인 회사가 소비자 피해보상을 위한 공제조합에 가입하여 17억 5,000만 원 상당의 소비자 피해보상 준비금을 마련해 놓은 상태인 점, 피고인 이용기는 범죄전력 없는 초범인 점, 피고인 권영성은 동종 전과 없고 벌금형을 넘는 처벌 전력도 없는 점, 그 밖에 피고인 이용기, 권영성의 나이, 성행, 환경, 가족관계, 범행 수단과 결과, 범행후의 정황 등 이 사건 변론에 나타난 제반 양형조건을 고려하여 주문과 같이 형을 정한다.

판사 _____

(4) 다단계사의 필자 고소에 대해 검찰은 무혐의 처분하다.

불기소 사건기록 및				보 존	제		질
불기소 결정서					제		호
						년	

부장검사	차장검사	검 사 장	서울중앙지방검찰청	공소 시효	장기	
					단기	
				재 기		

검사 임창국은 아래와 같이 불기소 결정을 한다.

2016년 형제115263호	결 정	2016. 12. 29.	검사	임 창 국	(인)

피 의 자	죄 명	주 문
김한성	가. 공갈미수 나. 명예훼손 다. 업무방해 라. 모욕	혐의없음(증거불충분)

피의사실과 불기소이유는 사법경찰관이 작성한 의견서에 기재된 내용과 같음

부 수 처 분 석방지휘/소재수사지휘/지명수배(통보),해제	명 령	집 행	인
(해당없음)			

압 수 물 처 분 가환부대로본환부/제출인환부/피해자환부/보관/폐기/국고귀속	명 령	집 행	인
(해당없음)			

비 고			

집행		사 건		압 수		결과통지	

범죄사실

피의자는 인력사무실을 운영하며, ㈜아이에프씨아이의 다단계판매 회원으로 가입된 자로,

가. 명예훼손

1) 2016. 1. 29.경 서울 강남구 대치동 891-54번지에 있는 ㈜아이에프씨아이 본사 길 건너편에서 사실은 고소인들이 영업으로 피해를 입힌 사실이 없음에도 불구하고, 불특정 다수인이 있는 가운데 "LGU+ 사주받은 권**은 각성하고 피해 보상하라!, 다단계 대리점 ifci 요금폭탄=1%고직급만 배터진다!" 라고 허위의 사실을 적시한 현수막을 설치하고, 확성기를 이용하여 발설함으로써 공연히 허위사실을 적시하여 고소인들의 명예를 훼손하였고,

2) 2016. 2. 1.경 서울 용산구 한강로 3가 엘지유플러스 본사 앞에서 불특정 다수인이 있는 가운데 1).항과 같은 방법으로 공연히 허위사실을 적시하여 고소인들의 명예를 훼손하였고,

3) 2016. 6. 23. 서울 광진구 광장동에 있는 워커힐 호텔 부근 도로변에서 사실은 고소인들이 영업으로 형사사건에 계류 중인 사실이 없음에도 불구하고, 불특정 다수인이 있는 가운데 "권**은 착복한 25만명 공유수당 및 미출근 사업자 소득 돌려주라!, ifci 중고폰 10만대 100억원 이상 횡령의혹 권**을 구속 수사하라!, ifci 회원 99.9%가 최저 생계비 미달~ 권**은 더 현혹말고 사죄 후 물러나라!, LGU+ 사주받은 권**은 각성하고 피해 보상하라!, 다단계 대리점 ifci 요금폭탄=1% 고직급만 배터진다!" 라고 허위의 사실을 기재한 현수막 4개를 게시함으로써 공연히 고소인들의 명예를 훼손하였다.

나. 모욕

2016. 7. 16.경 장소를 알 수 없는 곳에서 LGU+, 고소인의 회사 및 고소인 회사의 다단계 판매원들을 비하하려는 목적으로 유튜브 사이트에 '엘지유플러스 사람들로부터 ㈜아이에프씨아이 회원들이 좀비 바이러스에 감염이 되어 기하급수적으로 피해자가 양산이 된다. 다단계 판매원들이 5주년 행사에 참석하기 위해

인천 남동 체육관 행사장으로 줄지어 들어가는 모습을 엘지유플러스가 키우는 ③
로봇들, 다단계 좀비들의 인천행'라는 문구가 삽입된 동영상을 게시함으로써 공
연히 고소인들을 모욕하였다.

다. 업무방해
피의자는 2016. 1. 29.경부터 가.항과 같은 방법으로 허위사실을 유포함으로써
고소인들의 휴대폰 단말기 판매 및 이동통신 서비스판매 중개사업을 방해하였
다.

라. 공갈미수
피의자는 2016. 1. 4.경 장소를 알 수 없는 곳에서 고소인 ㈜아이에프씨아이에게
서한으로 고소인이 자신의 보상 요구에 응하지 않을 경우 '소비자보호원 고발,
소송단 구성, 국회의원 방문, 집회시위 돌입 등 피해자 구제책'을 적극 추진할
것이라 통지하였고, 같은해 1. 28.경 집회·시위 신고를 접수한 상태에서 고소인
권**에게 "시위를 중단하는 대가로 5,000만원을 보상하라."라고 겁을 주었다.
피의자는 이와 같이 고소인들을 공갈하였으나, 고소인들이 피의자의 요구에 응
하지 아니하는 바람에 그 뜻을 이루지 못하고 미수에 그쳤다.

수사결과 및 의견

○피의자 김한성은,

가.항의 범죄사실과 같이 쓰인 현수막을 게재하고 확성기를 이용하여 시위한
사실은 인정하나, 이는 고소인의 회사가 ㈜LGU+의 가입자를 늘리기 위해 무분
별하게 다단계영업을 해왔음에 따라, 자신도 고소인 회사의 다단계판매원으로
특정 등급에 오르기 위하여 고가의 휴대폰을 구입하거나 비싼 요금제에 가입하
라 강요받았으며, 자녀까지 하위 사업자로 가입시켜 놓은 바람에 매달 단말기
할부금과 비싼 요금을 배로 물게 되는 피해를 보았다며 이러한 실태를 알리고
자 한 공익적인 목적이었고, 그 방법 또한 집회 및 시위에 관한 법률에 의하여
적법하게 신고한 범위 안에서 개최한 것이라며 범의를 부인하고 있고,

- 나.항 관련하여 피의자는 동영상이 존재한다는 사실 조차 몰랐다고 항변하며,

이를 직접 제작하거나 게시한 사실이 없다고 진술한다.

○적시한 내용이 사실인지 허위사실인지 여부

- 고소인들은 피의자가 '허위사실을 적시하여 명예를 훼손하였다.'는 주장이고, 피의자는 고소인 권**을 통하여 '휴대전화 하나 바꿨는데 매주 돈이 들어온다, 한 달에 1,000만원도 벌 수 있다. 사업자가 만든 회사이기 때문에 리스크가 없다.'라는 하위 직급자 육성 및 후원교육을 받고 고소인의 회사에 판매원으로 가입한 이후, 판매원으로 활동하며 수당을 받기 위해 자기 자신은 물론, 지인과 자녀들의 명의로까지 가입하였음에도, 고소인의 회사는 후원수당 정책을 하위 직급자에게 불리하게 변경하거나 해지 요구 시 그 자격의 박탈하여 불이익을 주었고,

- 이러한 영업형태의 문제점이 각종 언론에 보도 되는 중, 공정거래위원회로부터 과태료와 시정명령까지 있었기에, 피의자로서는 스스로 허위의 사실을 적시한다는 범의 없이 주장 사실을 진실한 사실로 믿고 있었고, 그렇게 믿을 만한 상당한 이유가 있다고 보여 진다.

○유튜브 동영상 게시자 정보에 대하여,

고소인들은 '피해자 모임'에서 집회시위를 주도하며 대표자로 칭하는 정황증거로 유튜브 사이트에 동영상을 게시한 자가 피의자라고 의심하나, 피의자는 이를 완강히 부인하고 있고, 피의자의 연령대와 서한문을 우편발송하거나 집회시위로 항의해 왔던 그간의 행태로 보더라도 피의자가 직접 게시하였다 보기 어렵고, 동영상을 게시한 자를 확인하려면 해당 동영상이나 게시한 자의 프로필 URL 정보를 필요로 하나 해당 동영상은 본 건을 접수할 때 고소인들에 의하여 삭제되었고, 소장에서 확인된 계정정보 '슬윤'만으로 동영상을 게시한 자를 확인할 수 없다는 구글 코리아의 회신이다.

○범죄사실 라.항 관련하여,

고소인들은 2016. 1. 4.경 피의자가 송부한 서한문(기록 41쪽)에서 고소인들이

자신의 보상 요구에 응하지 않을 경우 '소비자 보호원 고발, 소송단 구성, 국회의원 방문, 집회시위 돌입 등 피해자 구제책'을 적극 추진할 것이라 통지하며, 신고한 집회시위를 중단하는 대가로 10억원, 5억원, 2억 5,000만원, 5,000만원으로 홍정하듯이 요구하며 협박을 해와 의사결정의 자유를 방해받을 정도로 겁을 먹었다고 주장하나, 이미 고소인들은 2015. 9. 9.자 방송통신위원회 심의·의결로 통신다단계 영업과 관련하여 시정명령 및 100만원 과태료를 처분 받은 바 있고, 공정거래위원회에서도 심의(기록 256쪽 이하) 중이었기에 자신들의 영업방식이 문제가 있음을 인식하고 있었고,

- 서한문에도 회사의 다단계식 영업으로 인해 고액 휴대폰과 요금폭탄을 떠안은 것을 보상하라며 소송단을 구성하여 관련부처에 고발 및 집회시위 등의 방법을 취하겠다는 취지로, 고소인 회사의 다단계판매원으로 활동하며 피해를 본 피의자로서는 보상을 요구할 권리가 있다 할 것이며,

- 그 권리실행의 수단이나 방법에 있어 관할 경찰관서에 집회신고를 완료하였던 점, 집회신고 된 인원이 고소인 회사에 다단계판매원으로 가입된 56,278명(기록 257쪽)에 비하여 30명으로 비교적 적은 수였던 점 등 그 규모나 방법에서 적법절차를 지키고자 하였던 것으로 사회통념상 허용된 범위를 이탈하지 않았다고 할 것이다.

○의견

종합하여 본 바, 고소인 회사의 다단계판매원으로 활동하던 피의자로서는 자신과 같이 피해를 본 피해자를 대표하여 집회라는 절차를 통하여 고소인 회사에 통신다단계영업의 폐단이나 판매원들을 상대로 단기간에 큰 수익을 벌 수 있다고 유인하는 고소인 권**의 교육에 과장이 있다는 것을 알리고자 했다는 동기나 실제로 공정거래위원회 등으로부터 고소인 회사의 영업방법에 대하여 이용자들의 피해를 우려하여 제재가 있었고 피의자로 하여금 피해의 보상을 구할 권리 안에서 사회 통념상으로 허용되는 범위로 볼 여지 있음으로,

피의자에 대하여 모두 불기소(혐의없음) 의견임.   "끝"

(5) 구원파 교주가 시위 고소: 검찰 무혐의 결정하다.

 서울중앙지방검찰청

2015. 12. 23.

사건번호   **2015년 형제86308호**

제 목   불기소결정서

검사 **최명규**는 아래와 같이 불기소 결정을 한다.

Ⅰ. 피의자   김한성

Ⅱ. 죄 명   가. 명예훼손

나. 모욕

Ⅲ. 주 문

피의자는 증거 불충분하여 혐의 없다.

Ⅳ. 피의사실과 불기소이유

이 사건 피의사실의 요지 및 불기소이유는 사법경찰관 작성 의견서 기재와 같으나 불기소이유를 부기함

1. 게시 내용의 허위성 여부

가. 운화주식 투자 유도

○ 고소인이 기소되어 재판 중인 사건의 공소장(1권 33쪽 이하)에 고소인이 운화 주식 투자를 유도하였다는 내용이 기재되어 있고, 공적 수사기관의 수사결과가 표현된 공소장의 내용을 진실이라고 믿을만한 상당한 이유가 있으므로,

○ 피의자가 허위사실을 적시하였다고 인정하기 어렵다.

나. 사모의 26억원 징수, 복음장사 수백억, 결혼식당 1,000만원

○ 고소인이 기소되어 재판 중인 사건의 증인신문조서(1권 53쪽)에 의하면 고소인의 부인이 21억원의 돈을 받았다는 신문 내용, 교회 예식을 통해 거액을 입금받았다는 신문 내용, 고소인과 고소인 가족 계좌에 수백억원의 입출금 내역이 있다는 신문 내용이 확인되는바(1권 54쪽),

○ 증인신문 내용을 진실이라고 믿을만한 상당한 이유가 있으므로, 피의자가 허위사실을 적시하였다고 인정하기 어렵다.

다. 1회 설교 500만, 칸타타 사례 수천만

○ 고소인이 기소되어 재판 중인 사건의 증인신문조서(1권 50쪽)에 의하면 고소인이 설교 시 500만원, 칸타타 설교 시 월 2,000만원 내지 3,000만원의 수익을 올렸다는 내용이 확인되는바,

○ 피의자가 허위사실을 적시하였다고 인정하기 어렵다.

라. 3,000만원 식탁 부분

○ 고소인의 진술에 의하더라도 도**으로부터 식탁을 받은 것이 사실이므로(1권 172쪽), 피의자가 허위사실을 적시하였다고 보기 어렵다.

마. 황제석사 공수

○ 김**의 진술에 의하면 교회 식당에서 고소인 가족에게 좋은 재료로 음식을 공수하였다고 하는바, 허위사실을 적시하였다고 보기 어렵다.(1권 67쪽)

바. 박의 성폭행, 고소인의 성범죄**

○ 피의자에게 본건 내용을 전달한 종교 매체 기자 전**의 진술에 의하면 고소인과 관계가 가까운 우**, 양** 등에게 이와 같은 내용을 들었다는 것이고, 김**도 양**으로부터 고소인의 성범죄 관련 발언을 들었다는 취지로 진술한다.

○ 2014.경 전**이 고소인 및 박**의 성추문 의혹을 제기하는 기사를 인터넷에 게재하는 등 이와 관련된 내용이 전파되었으나, 전**은 위 기사 게재에 대하여 혐의없음 처분을 받았던 점 등의 사정을 종합하면,

○ 피의자가 적시한 사실이 허위라고 단정하기 곤란하거나 피의자에게 허위성에 대한 인식이 있었다고 보기도 어렵다.

2. 사실적시에 의한 명예훼손 여부

○ 피의자가 게시한 내용은 교회의 지도자 위치에 있는 고소인의 신상에 관한 것인 점, 목사의 도덕성 등 신상에 관한 사항은 교인들에게 주된 공적 관심 사안인 점, 본건 게시 내용은 고소인의 잘못을 지적하며 사퇴를 촉구하는 내용인 점 등을 종합하면,

○ 공공의 이익에 관한 것으로 위법성이 없다.

○ 다만 중한 죄명인 허위사실 적시에 의한 명예훼손을 혐의없음 처분하므로 따로 주문에서 표시하지 아니한다.

3. 모욕죄 성립여부

○ 피의자가 '사기꾼', '가짜목사' 등의 경멸적 표현을 사용한 사실은 인정된다.

○ 그러나 피의자의 비행을 지적하며 이를 교인들에게 알려 고소인의 사퇴를 촉구하는 것이 전체적인 취지인 점, 특정 사실을 기재한 후 그 평가의 내용으로

경멸적 표현을 사용한 점, 경멸적 표현의 정도가 아주 중하지 아니한 점 등을 종합하면 사회상규에 위배되지 아니하는 행위로서 위법성이 없다.

○ 다만 중한 죄명인 허위사실 적시에 의한 명예훼손에 대하여 혐의없음 처분하므로 따로 주문에서 표시하지 아니한다.

무고판단: 고소인의 무고혐의는 인정하기 어렵다.

　　　　검사　　　　　　　　　　　　(인)

(6) 구원파 교주는 불기소에 "재정신청" 했으나 기각하다!!

김한성

06693

2060416-302037
제26형사부
2016-422-1383-447

서울고등법원

정 본 입 니 다
2016. 4. 29.
서울고등법원
법원사무관 김대천

제 26 형 사 부

결 정

사 건	2016초재1383 재정신청
신 청 인	박옥수
	주거 서울 서초구 남부순환로342길 100-15(양재동, 기쁜소식강남
	교회)
신 청 대 리 인	변호사 박문택, 이동규
피 의 자	김한성
불 기 소 처 분	서울중앙지방검찰청 2015년 형제86308호 2015. 12. 23.자 결정

주 문

이 사건 재정신청을 기각한다.

이 유

신청인은 피의자를 명예훼손 등 혐의로 고소하였고, 이에 대하여 검사는 혐의없음(증거불충분)의 불기소처분을 하였다. 기록상 알 수 있는 여러 정황 등에 비추어 볼 때 수사기록과 제출된 자료만으로는 피의자가 신청인의 고소 내용과 같은 범행을 하였다고 보기에 부족하고, 달리 이를 인정할 자료가 없다.

-250-

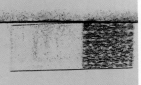

그렇다면, 신청인의 이 사건 재정신청은 이유 없으므로 형사소송법 제262조 제2항 제1호에 따라 <u>이를 기각하기로 하여 주문과 같이 결정한다.</u>

2016. 4. 29.

재판장   판사   이동원

판사   윤정근

판사   이인석

(7) 필자가 구원파 교주 고발: 관련사건 2천만원 처벌하다.

고 발 장

① (우측 상단)

고 발 인: 김 한 성
　　　　　서울 서초구 동작대로 10. 5층(방배동) 010-7459-6866

피고발인: 박 옥 수
　　　　　서울 서초구 남부순환로 342길 100-15 (양재동183) 010-9063-

죄　　명: 국토의 계획 및 이용에 관한 법률위반 등

고 발 취 지

위의 박옥수 피고발인을 국토의 계획 및 이용에 관한 법률위반, 농지법 위반 등으로 고발하오니 철저히 조사하여 엄벌 바랍니다.

고 발 사 실

1. 위의 피고발인 박옥수는 기쁜소식선교회 강남교회 담임목사입니다. 박옥수 피고발인은 한교련 등 교회 주요 단체에서 구원파 이단 교주로 규정합니다. 위의 박옥수 피고발인은 강남교회 목사로 10여년간 수많은 불법과 비리로 고발 및 고소되어 조사 받았습니다.

2. 고발인 김한성은 위 교회에 2008년부터 작년 2015년 5월까지 충실하게 다녔으나, 박옥수 비리의혹에 대해 집회신고 했다고 대예배 시간에 10여명 신도에게 강제로 끌려나온 적이 있습니다. 제가 알기로는 작년 2015년 3월경에 동 부지에 대해 유사내용(금번 고발에서 건축법, 공원법 위반 등 제외)등에 고발 되었습니다.

3. 위 부지 서초구 양재동 183 외 다수 번지에는 현재 기쁜소식 강남교회가 있으며, 옆 인접 땅 1천여평 이상을 무단 주차장으로 사용합니다. 교회부지 및 주차장은 자연녹지지역 지목 "전"으로 농지법 제8조

②

가 적용되는 농지입니다. 고발일 현재도 교회 주차장 및 기타 용도로 100% 사용 중입니다. 농지법 8조는 "경자유전" 원칙 의거해 농사짓는 농민만이 농지를 취득해 반드시 농사지어야 합니다. 만일 주차장 용도 등으로 농지불법전용하면 원상복구명령 및 농지가액의 20% 강제 이행금을 물립니다. 관례상 농지불법전용 등은 엄하게 처벌합니다.
(갑증 제1호... 불법 농지전용 현장사진 및 기타 자료 등)

4. 제가 알기에도 서초구청에도 수차례 고발되어 원상복구명령 받으면, 위 농지에 깔려 있는 500여평 이상 적벽돌을 걷어 내는척 하다가 다시 주차장으로 사용을 반복했습니다. 즉 위의 농지 불법전용을 단속할 책임 있는 서초구청 공무원이 오히려 위 교회와 결탁해 불법을 매번 눈 감아준 의혹 제기되므로 이 부문에 대해서도 조사바랍니다.

5. 따라서 위의 농지 불법전용에 따른 위의 위반사항에 대해 철저히 조사하여 위와 같은 내용이 반복되지 않게 엄벌해 주시길 바랍니다. 세부 입증자료는 진술시 추가 제출하겠습니다.
(갑증 제2호... 토지이용계획확인원, 토지대장, 건축물대장 기타 관련자료)

첨부서류
1. 갑증 제1호 ...... 불법 농지전용 현장사진 및 기타 자료 등
1. 갑증 제2호 ...... 토지이용계획확인원, 토지대장 등 기타 관련자료

전　화: 02- 522- 1634
휴대폰: 010-7459-6866
이메일: kim797034@daum.net

2016.　10.　　.

위 고발인 김 한 성

서울중앙지검장 귀중

대한민국 법원
COURT OF KOREA

빠르고 편리한 고품질 사법서비스
대법원 전자소송

본 사이트에서 제공된 사건정보는 법적인 효력이 없으니, 참고자료로만 활용하시기 바랍니다.
민사, 특허 등 전자소송으로 진행되는 사건에 대해서는 전자소송 홈페이지를 이용하시면 판결문이나 사건기록을 모두 인터넷으로 보실 수 있습니다.

사건일반내용	사건진행내용

사건번호 : 서울중앙지방법원 2016고단6738　　　（서울 중앙지법）　　　박옥수 ✓

기본내용

"국토의 계획 및 이용에 관한 법률위반 용"

사건번호	2016고단6738		
피고인명	박옥수	재판부	형사11단독
접수일	2016.09.28	종국결과	2016.12.08 선고
형제번호	2015형제41302		
상소제기내용	2016.12.15 피고인상소 / 2016.12.26 상소법원으로 송부		

박옥수 피고 : 2천만원 벌금선고
(2016. 12. 8)

심급내용

법 원	사건번호
서울중앙지방법원	2016노5308

최근기일내용

일자	시각	기일구분	기일장소	결과
2016.10.20	10:45	공판기일	서관 525호 형사법정(4번 법정출입구)	기일변경
2016.11.10	10:30	공판기일	서관 525호 형사법정(4번 법정출입구)	속행
2016.11.22	10:05	공판기일	서관 525호 형사법정(4번 법정출입구)	변론종결
2016.12.08	10:00	선고기일	서관 525호 형사법정(4번 법정출입구)	판결선고

최근 기일 순으로 일부만 보입니다. 반드시 상세보기로 확인하시기 바랍니다.

최근 제출서류 접수내용

일 자	내 용
2016.12.07	기타 김OO 서류정정 신청서 제출

일 자	내 용	
2016.12.09	기타 고○○○○○○ 판결등본	
2016.12.09	변호인 법무법인 동인 판결등본	④
2016.12.15	피고인 박옥수 항소장 제출	*"2016. 12. 15일. 항소장 제출"*

최근 제출서류 순으로 일부만 보입니다. 반드시 상세보기로 확인하시기 바랍니다.

피고인 및 죄명 내용

이 름	죄 명
1. 박옥수	국토의계획및이용에관한법률위반등

변호인내용

구 분	이 름
피고인1	변호사 이동진 (취소)
피고인1	법무법인 동인 (담당변호사 : 김용배,김우석)

형사공판사건의 사건진행내용은 2001년 7월 1일 이후의 정보만 제공됩니다.

대한민국 법원
COURT OF KOREA

빠르고 편리한 고품질 사법서비스
대법원 전자소송

사건일반내용	사건진행내용

사건번호 : 서울중앙지방법원 2016노5308   박옥수 ▾

기본내용

사건번호	2016노5308		
피고인명	박옥수	재판부	제1형사부(나) (전화:530-2123)
접수일	2016.12.26	종국결과	2017.05.11 항소기각판결(변론)
형제번호	2015형제41302		
상소제기내용			

2017. 5. 11. "항소기각 판결"

심급내용

법 원	사건번호
서울중앙지방법원	2016고단6738

최근기일내용

일자	시각	기일구분	기일장소	결과
2017.04.06	10:55	공판기일	서관 제318호 법정(4번 출입구)	변론종결
2017.05.11	14:10	선고기일	서관 제318호 법정(4번 출입구)	판결선고

최근 기일 순으로 일부만 보입니다. 반드시 상세보기로 확인하시기 바랍니다.

최근 제출서류 접수내용

일 자	내 용
2017.04.07	기타 서OOOO 사실조회회신 제출
2017.04.26	기타 전OO 의견서 제출
2017.05.12	변호인 법무법인(유) 동인 판결등본

(8) 구원파 열성신도 집시법 위반, 모욕죄 벌금선고하다!!

①

서 울 중 앙 지 방 법 원

판   결

사　　　건	2016고정3072　집회및시위에관한법률위반, 모욕
피　고　인	이영● (430●●-2*)
	주거　서울 서초구 *
	등록기준지　서울 용산구 *
검　　　사	이재원(기소), 김민수(공판)
변　호　인	변호사 김현준(국선)
판 결 선 고	2016. 12. 21.

주   문

피고인을 벌금 50만 원에 처한다.

피고인이 위 벌금을 납입하지 않는 경우 10만 원을 1일로 환산한 기간 피고인을 노역

장에 유치한다.

위 벌금에 상당한 금액의 가납을 명한다.

이   유

범 죄 사 실

1. 집회및시위에관한법률위반

　누구든지 폭행, 협박, 그 밖의 방법으로 평화적인 집회 또는 시위를 방해하거나 질서

-257-

를 문란하게 하여서는 아니 된다.

  피고인은 2015. 12. 13. 10:20경부터 같은 날 10:40경까지 약 20분 동안 서울 서초구 서초동 산52-5에 있는 <u>서초IC진입로 앞 인도에서</u>, '기쁜소식강남교회' 교인 등으로 구성된 '개혁비상대책위원회' 회원들과 집회를 하고 있는 <u>주최자 김○○(55세)의 앞을 막아서며 그가 들고 있는 확성기를 뺏기 위해 손을 잡아당기는 방법으로 평화적인 집회를 방해하였다.</u>

2. 모욕

  피고인은 위 일시, 장소에서 피해자 김○○(55세)에게 삿대질을 하며 "이 놈의 새끼, 현수막 빨리 떼라. 저주받아 이 새끼야."라고 큰 소리로 말하는 등 공연히 피해자를 모욕하였다.

증거의 요지

1. 증인 김○○, 최○○의 법정진술

1. 고소장

1. 옥외집회신고서

1. 사진

법령의 적용

1. 범죄사실에 대한 해당법조 및 형의 선택

  집회 및 시위에 관한 법률 제22조 제1항, 제3조 제1항(집회 방해의 점), 형법 제311조(모욕의 점), 각 벌금형 선택

1. 경합범가중

  형법 제37조 전단, 제38조 제1항 제2호, 제50조

1. 노역장유치

　형법 제70조 제1항, 제69조 제2항

1. 가납명령

　형사소송법 제334조 제1항

　　　　　판사　　류호중 _____

(9) 구원파교주 일가 집회금지가처분 인용: 서울고법 뒤집다!!
(서울동부지법 1심 패소 ➜ 김한성 고법에서 완전 승소!!)

서 울 고 등 법 원

제25민사부

결   정

사   건   2016라20881 가처분이의

채권자, 상대방   1. 기쁜소식 강남교회

　　　　　　　　서울 서초구 남부순환로342길 100-15(양재동, 기쁜소식강남교회)

　　　　　　　　대표자 목사 박옥수

　　　　　　　2. 박옥수

　　　　　　　3. 김명○

　　　　　　　4. 박영○

　　　　　　　5. 박은○

　　　　　　　　채권자 2 내지 5의 주소 서울 서초구 강남대로43길 ○○, ○○호

　　　　　　　　(서초동, ○○○○○)

　　　　　　　6. 하상○

　　　　　　　　서울 서초구 태봉로2길 30, ○○동 1○○호(우면동, 서초네이처

　　　　　　　　힐 단지)

　　　　　　　채권자들의 소송대리인 변호사 김경민

채무자, 항고인   김한성

　　　　　　　서울 송파구 가락로 길 ○, ○1호(석촌동, ○○빌리지)

　　　　　　　송달장소 : 서울 서초구 동작대로 10, 5층(방배동, 정연빌딩)

제1심 결정   서울동부지방법원 2016. 7. 13.자 2016카합10155 결정

주　　문

1. 제1심 결정을 취소한다.

2. 채권자들과 채무자 사이의 서울동부지방법원 2016카합10018 인격권침해금지 및 업무방해금지가처분 신청사건에 관하여 위 법원이 2016. 4. 22. 한 가처분결정을 취소한다. 채권자들의 가처분신청을 기각한다.

3. 소송총비용은 각자 부담한다.

신청취지 및 항고취지

1. 신청취지

　채무자는 별지1 목록 기재 각 장소에서 별지2 목록 기재 각 행위를 하거나 제3자로 하여금 이를 하게 하여서는 아니 된다. 위반행위 1회당 100만 원의 간접강제 신청.

2. 항고취지

　주문과 같다.

　[신청취지 기재 가처분신청에 대하여 제1심 법원은 2016. 4. 22. 간접강제 신청을 제외한 가처분신청을 전부 인용하는 주문 기재 가처분결정(이하 '이 사건 가처분결정'이라 한다)을 하였고, 이에 대한 이의신청 사건에서 2016. 7. 13. 이 사건 가처분결정을 인가하는 제1심 결정을 하였다. 이에 대하여 채무자가 항고하였으므로 이 법원의 심판범위는 이 사건 가처분결정에서 인용된 부분이다]. (중략)

-261-

③

사실이라는 점이 채무자의 표현행위를 가처분으로서 금지하여야 할 필요성이 인정될 정도로 충분히 소명되었다고 볼 수 없다. 오히려 채무자는, 채권자 김명순이 20억여 원의 돈을 받았고 교회 예식을 통해서도 거액을 입금 받은 사실, 채권자 박옥수가 설교 사례금 500만 원, 칸타타 사례금 2,000만 원 내지 3,000만 원을 받은 사실, 채권자 박옥수가 도기권으로부터 식탁을 받은 사실, 채권자 박옥수 가족이 교회 식당에서 좋은 음식을 제공받은 사실 등을 뒷받침할 만 한 근거자료를 제출하고 있고, 채권자 박옥수의 성범죄에 대한 의혹 및 채권자 교회의 신도 추교인의 자살과 관련된 의혹이 종교 매체나 관련자의 진술 등에 의해 제기되어 온 사실 등도 기록에 의하여 소명된다. 따라서 위와 같이 적시된 사실들이 모두 허위사실이라고 단정하기는 어렵다. 또한 채권자들의 지위와 채무자의 활동 경위에 비추어 보면 이러한 의혹을 알리는 목적 역시 공공의 이익을 위한 것이라고 볼 여지가 크다.

한편, 이 사건 각 표현에 포함된 '가짜목사', '종교사기꾼', '복음장사', '불법비리', '박옥수 왕국', '옥수 왕국' 등의 표현은 앞서 본 사실적시와 관련한 상황을 강조하기 위해 채무자의 의견이나 평가를 포함한 내용으로서 채권자들의 사회적 가치 또는 평가와 다소의 관련이 있어 보인다 하더라도 채무자의 표현의 자유에 기초한 정당한 권리 행사의 범위를 벗어났다고 단정할 수 없다. 이 사건 각 표현의 나머지 부분들은 위 적시된 사실들에 대한 의혹을 해명할 것, 사죄할 것, 물러날 것, 착복한 돈을 반환할 것 등을 요구하는 표현으로서 채권자들에게 일정한 행동을 요구하는 취지일 뿐 채권자들의 사회적 가치 내지는 평가를 침해할 수 있는 사실을 적시한 내용이라고 볼 수 없다.

　　3) 소결

　　앞서 본 바와 같이 채권자 박옥수의 운화주식 사기 관련 사실에 대해서는 위 채

④

권자가 무죄 판결을 받았고 채무자 역시 위 사실이 허위가 아니라는 합당한 근거자료를 제출하지 못하고 있다. 그러나 채무자가 채권자 박옥수에 대한 사기죄 형사재판의 항소심에서도 무죄판결이 선고된 2016. 9. 13.경 이후에도 이러한 사실을 적시한 표현행위를 하고 있다거나 향후 그러한 행위를 할 개연성이 크다는 점을 소명할 자료가 없고, 채무자 역시 더 이상 시위를 할 의사가 없다고 진술하고 있는바, 위 표현행위를 가처분으로써 시급히 금지하여야 할 필요성이 없어 보인다.

그렇다면, 채권자들이 금지를 구하는 이 사건 각 표현의 대부분은 채무자의 표현의 자유를 넘어 채권자의 명예를 훼손하는 허위사실의 적시라고 단정하기 어렵거나 채무자들의 표현행위를 시급히 금지하여야 할 필요성이 있다고 볼 수 없다.

다. 채권자들이 금지를 구하는 채무자의 표현 전달방식과 장소에 관하여 본다.

1) 채권자들은 위에서 본 표현내용들을 '별지1 기재 장소에서 현수막, 피켓, 머리띠, 이와 유사한 물건을 설치 또는 게시하거나 이를 이용하여 시위를 하는 행위(별지2 목록 제1항)'와 '위 내용이 담긴 유인물을 제작, 배포, 부착하는 행위 및 그와 같은 내용을 인공적 음향증폭장치를 사용하거나 고성의 구호로 제창하는 행위(별지2 목록 제2항)'의 금지를 구하고 있다.

2) 그러나 위와 같은 표현행위의 전달방식이나 표현행위가 이루어지는 장소가 일반적으로 허용되는 표현의 자유에 기초한 권리행사의 범위를 넘어서고 있어 이를 제한하거나 금지하여야 한다고 보기는 어렵다. 오히려 앞서 본 바와 같이 채무자는 이 사건 각 장소에서 관할관청의 집회허가를 받아 시위를 하였고, 이 사건 각 표현이 위법하게 채권자들의 인격권을 침해한다고 단정할 수 없는 이상 위와 같은 표현행위의 전달방식 또는 표현행위의 장소를 현 단계에서 시급히 제한하여야 할 필요성이 인정되지

않는다(채무자의 시위 또는 표현행위의 자유가 종교단체나 신도들의 종교활동의 자유와 충돌하여 종교활동이 이루어지는 시간과 장소에서의 적절한 제한이 필요할 가능성이 있음은 별론으로 한다).

라. 한편, 표현행위자가 타인에 대하여 비판적인 의견을 표명하였다는 사유만으로 이를 위법하다고 볼 수는 없지만, 만일 표현행위의 형식 및 내용 등이 모욕적이고 경멸적인 인신공격에 해당하거나 혹은 타인의 신상에 관하여 다소간의 과장을 넘어서서 사실을 왜곡하는 공표행위를 함으로써 그 인격권을 침해한다면, 이는 명예훼손과는 별개 유형의 불법행위를 구성할 수 있다(대법원 2009. 4. 9. 선고 2005다65494 판결 참조). 따라서, 현재로서는 채권자들이 금지를 구하는 이 사건 각 표현이 표현의 자유의 한계를 일탈하였다거나 가처분으로써 이를 금지하여야할 시급한 필요성이 있다고 볼 수 없다 하더라도, 채무자가 향후 그 내용을 전달함에 있어 표현의 자유의 한계를 넘는 형식과 내용을 포함할 경우 채권자들의 인격권을 침해하는 불법행위가 될 수도 있음을 밝혀둔다.

4. 결론

따라서 이와 결론을 달리한 제1심 결정을 취소하고, 이 사건 가처분결정을 취소하고 채권자들의 가처분신청을 기각하되, 소송비용에 관해서는 민사소송법 제99조를 적용하여 주문과 같이 결정한다.

2016. 11. 24.

재판장　　　판사　　　강영호

　　　　　　판사　　　민지현

　　　　　　판사　　　조광국

정본입니다.

2016. 11. 25.

서울고등법원

법원사무관 이덕재

4장 집회 전문가 칼럼

1. 집시관련 전문가 칼럼

(1) 첫 집회의 두려움과 설렘

처음 가는 길은 두려움과 기대가 교차한다. 필자도 처음 집회할 때의 황당함과 공포가 생생하다. 준비할 것은 많은데 묻거나 도움 받을 곳이 없었다. "어차피 한두 번하고 끝마칠 것"이라는 생각에 나름대로 준비하였다. 처음 시위하는 분들에게 물어보면 지금도 같을 것이다. 나의 첫 집회는 과천 정부청사였다. 고용노동부가 일부 인력업소에게 "반값 유료직업소개료 지원사업"을 시행해 생존권 차원에서 반대한 것이다. 나는 집회신고, 용품준비, 연락, 시위진행 등 총괄준비 했다. 참가인원 120명을 위해 10일간 준비해도 무척 바빴다.

드디어 2012. 7. 24. 과천청사 11시 집회시간 되어도 5~ 6명만 나왔다. **최소 70명 예상인원 대비 10% 수준만 나온 것이다.** "하늘이 노래지고 땅이 꺼진다."는 심정이었다. 10분 후 2~ 3명이 더 와서 멀리 떨어져 있었다. 스스로 생각해도 창피하게 본 것이다. "아! 역시 인력업계는 단결이 안 돼! 오늘 힘들겠어.." 하는 망연자실한 표정이었다. 나는 결단을 내렸다. **"여기서 물러나면 앞으로 집회는 영원히 못한다. 그냥 밀고 나가자!"** 결심 후 10명 인원으로 시작하니, 나중 봉고차로 13명이 내리고 50명까지 늘어났다. 나는 신이 나서 구호를 힘차게 외쳤다. 과천경찰서 버스 2대가 대기하니 오히려 든든하였다.

이후 시위는 일사천리로 진행하여 성공적으로 마쳤다. 그리고 원하는 "반값 수수료철폐"를 얻어내고, 일드림 인력협회 설립까지 하였다. 지금 돌아봐도 무척 아찔하다. 만약 11시 되어 소수인원 때문에 집회 포기하고 돌아갔다면 실망과 후회만 남았으리라!! 생각만 해도 무척 자랑스럽고 힘이 난다. 그 경험으로 이후 인력관련 시위에는 늘 앞장 섰으며 집회컨설팅 및 용역 업무하게 되었다. 우연이 필연이 되었다. 필자가 첫 통화하는 의뢰인은 대다수 초보자이다. 나도 초심으로 돌아가서 아무것도 모르고 막막하였던 기억을 떠올리며 상담한다. 그리고 진심으로 도와 드리고 싶다. 물론 서로 맘이 통해야 한다!!

(2) 시위 맡기면 진짜 다 해 주나요?

상담 전화 올 때 가끔씩 "우리는 시위에 대해서 아무 것도 모르는데, 그쪽에 맡기면 진짜로 알아서 다 해 주나요?" 하고 물어본다. 이러한 질문 의도를 잘 안다. 그러면 필자는 "네 그렇습니다. 그 곳에 서 있기만 해도 됩니다." 라고 답변한다. 사실 국내에는 집회시위 행사를 대행하는 곳은 여기뿐이다. 나머지는 집회대행 한다고 언급해도 "야유회, 친목회, 종교모임" 단체행사 진행이다. **그래서 정확한 표현은 시위대행이라고 본다.** 나는 홈피를 보고 연락오면 가능한 친절하게 상담해 준다. 심지어 집회 신고할 장소도 모르는 분도 있다.

누구나 시위하려면 부담되고 혼란스럽다. 집회 신고하러 경찰서 방문하는 것부터 꺼려진다. 그러나 시위장소 관할 경찰서를 방문하면 무척 자상하고 친절하다. 강압적인 분위기는 전혀 없다. 이후가 문제이다. **집회 현수막, 어깨띠 등의 문구작성, 업체의뢰 그리고 동원인원, 구호제창, 엠프 임대, 행사 사회자 등등 모두 진행자 몫이다. 구체적으로 현수막 문구와 몇 개로 할 것인가? 구호 작성 및 엠프 임대, 유인물 작성 등.. 무엇보다 3~ 6시간 진행할 사회자는 누가 할 것인가? 어느 것 하나 쉽지 않다. 그래서 집회신고 후에도 포기가 많다.**

국내에 연간 집회신고 건수는 10만여건, 횟수 100만여회 이상이지만 개최횟수는 4만~ 6만여회이다. (2009~ 2018년도 경찰청 정보공개자료 기준) 신고건수 대비 50%, 횟수 대비 5% 정도 실행한다. 즉 1건 집회신고 해서 1회... 10회 실행할 수 있으므로, 10건 집회 신고해도 평균 1 ~2건 실행한다고 추정한다. 이와 같은 수치는 정보관이 취합하므로 비교적 정확하다. 즉 어렵게 집회 신고해도 10명 중 1~ 2명만 실행한다.

또한 **각종 난관을 뚫고 시위를 해도 정보관 통제, 상대방과 협상방법 등 잘 모르기에 소득 없이 끝나는 경우가 많다. 그래서 전문가 조언이 필요하다.** 우리는 법률, 건강상담 등은 전문가에게 믿고 맡긴다. 집회 비용도 얻을 이익대비 무척 낮다. 잘 모르기에 주저할 뿐이다. 네이버 "오케이집회컨설팅" 홈피에 궁금한 것이 구체적으로 설명되어 있다. 이처럼 모든 것을 해주는 시위업체가 고맙지 않은가?

(3) 인력업계와 집회 중요성

현재 인력업계는 4개의 협회가 있다. 사단법인 전국고용서비스협회, 건설일용근로자일드림협회, 한국고용서비스협회, 전국일자리협회이다. 모두 구인자와 구직자의 일자리 연결하며 소개료를 받는다. 즉 건설근로자, 파출부, 가사도우미, 간병인, 헤드헌터 등 분야이다. 인력사업자들의 권익을 대변하는 4개 협회이지만 제 목소리를 못 내고 있다. 그 중에 일드림협회는 건설인력 중심으로 사업하기에 노임이 체불되면 집회로 잘 해결한다. 일드림협회는 2013년 10월 고용노동부의 인가를 받았다. 나는 협회 초기 홍보이사 활동하며 시위 주도했다.

필자는 인력업계 최초로 집회를 도입하였다. 당시 인력업계는 20여년 역사였지만, 단 한번 집회시위가 없었다. 노임 체불되어도 집회시위를 통해서 받겠다는 생각이 없었다. 처음 노동부 집회를 통해서 위력을 실감하고, 이어서 건설근로자공제회 시위하며 "반값 수수료정책"을 폐기시켰다. 지금도 "집회시위"를 불량한 눈으로 보는 분들이 많지만 민주국가의 정당한 권리이다. 헌법과 제도로써 집회자유를 보장한다. 사회적 약자 및 저소득 계층의 가장 빠른 해결책이다.

건설인력은 일당으로 받거나 매월 결제한다. 인력사무소 입장은 매일 노임 받으면 1일만 작업 후 다음날 거래 끊길 수 있기에 먼저 작업자에게 노임을 주고 나중에 받는 경우가 많다. 그 허점을 노리고 월단위 고액이 되면 고의적으로 떼먹고 도망가는 경우가 있다. 초보 사업자는 구인자 말만 믿고 기다리다 수천만원, 수억원을 못 받고 망하는 경우도 있다. 소송을 한다면 몇 년씩 끌고 반드시 받는다는 보장도 없다. 그러나 노임 체불현장에 즉시 집회신고 후에 시위한다면 최단기간에 받을 수 있다. 나는 지금도 필요시 1인 시위하러 달려간다.

그 묘미를 모르면 시간만 끌다 떼인다. 필자 근처 현0인력도 개업 4년 차인데 체불 노임으로 망하였다. 보통 시위경험이 없기에 구인자에게 매달리고 끌려간다. 일단 집회신고 후 협상하면 경찰 정보관이 개입하므로 훨씬 유리하다. 현재 4개 인력협회는 집회시위 중요성을 잘 알고 활용한다. 필자는 그 개척자로써 큰 자부심을 갖는다!!

(4) 인접빌딩과 첫 보상시위 성공담

나는 2009년 12월 11일 창업했다. 현재 10년 6개월 지났다. 사업초기 인근집회 사연을 소개한다. 첫 집회는 과천 정부청사이지만 개인적인 집회신고는 옆 건물이다. 개별적 다툼이지만 시위 협박(?)을 통해서 보상금도 충분하게 챙겼다. 내 사업장은 사당역 13출구 바로 앞이다. 옆 빌딩 명칭은 "파스텔시티"인데, 건물 에어콘 대형 냉각탑에서 발생하는 더운 바람이 문제였다. 나는 5층에 있는데 에어콘이 없으므로 문을 열면 곧 바로 덥고 습한 바람이 들어왔다. 그래서 관리실을 찾아가서 대책을 요구했으나 반응이 전혀 없었다.

이후 파스텔시티 관리실에 2011. 7. 28. 내용증명을 보냈다. "대책을 세우지 않으면 건물 전체 임차인과 연대투쟁하고, 서초구청에도 민원 제기하겠다!!" 통보했다. 일체 반응이 없어서 서초구청에 "진정서"를 제기하며, 냉각탑 습한 공기로 감기가 걸리고 기침도 자주해 "의사 소견서"를 동봉했다. 그래도 서초구청과 건물관리실은 반응이 없었다. 어느덧 2개월이 지나서 9월이 되니 찬바람이 불어 에어콘 가동을 중단하였다. 다음 해 2012년 6월이 되니 동일하게 대형 에어콘을 틀었다. 이번에도 관리실과 구청에 민원을 제기했으나 소용이 없었다.

민사소송을 해도 허가난지 10년이 넘어서 승산이 없었다. 고민하는 가운데 좋은 아이디어가 떠올랐다. "그래 집회신고 후 투쟁하자!!" 즉각 인근 방배경찰서에 집회신고하였다. 또한 "악덕업주 파스텔시티 대표는 에어콘 냉각탑을 철거하라!" "오염물질 배출로 세입자 피해본다. 즉각 대책을 세우고 보상하라!"는 현수막을 외벽에 걸었다. 그러니 즉각 반응이 왔다. 왜냐하면 경찰 정보관이 실태파악 위해서 관리사무소 방문하고, 20명이 빌딩 앞에서 시위 통보했기 때문이다. 서초구청에서도 관리실에 민원해소 요청하는 공문을 보냈다.

드디어 관리소장이 찾아와서 "보상할테니 견적서를 달라!"고 하였다. 협상 끝에 2012년 7월말 600만원을 받았다. 즉시 사무실 신형 에어콘을 설치하고, 인력업소 직원 및 구직자 20여명과 회식했다. 집회신고 하지 않았다면 보상은 절대로 불가능 했으리라!!

(5) 시위 리더는 타고 나는가?

필자는 시위 현장에서 사회자, 구호, 협상 등 총괄한다. **참가자 5명 이상이면 "대표자가 앞에 나와서 집회사유, 결의, 향후 방향 등 한 말씀해 달라."고 부탁한다.** 그러면 대다수 "됐습니다.." 하거나 간단하게 한마디 하고 들어간다. 이처럼 남 앞에 나서는 것을 두려워한다. 평소 연습이 안 되어 있기 때문이다. 집회 신고자는 그 시위대 주인공이다. 그런데 뒤에만 있으려 한다. 만일 필자를 만나지 못하였다면 분명히 시위를 포기했으리라! 이런 분들을 대신하는 것에 대해서 필자는 큰 보람을 느낀다!!

남 앞에 서는 것에 대해 누구나 두려움 느낀다. 필자도 마찬가지였다. 가끔씩 수백명 이상 사회를 본다. 현장에서 처음 보는 분들이 대부분이다. 이제는 공포와 두려움을 떨치려 무수히 노력 결과 수천명 앞에서도 괜찮다. 잘 알다시피 데모스테네스는 고대 로마의 최고 웅변가이다. 그는 원래 선천성 말더듬이며 대인공포증 환자지만, 결점 극복을 위한 피 맺힌 노력으로 위대한 웅변가로 거듭났다. 국민 다수는 말더듬이가 아니다. 이 한가지만 해도 엄청난 축복이다. 다만 여러 사람 앞에서 얘기할 기회가 없었을 뿐이다. 내 경험상 누구나 공포증은 가지고 있지만, 자꾸 연습한다면 무조건 좋아진다.

어쩌면 절실함의 문제이다. 더 이상 뒤로 물러날 수 없는 최악의 경우에 시위한다. 막상 구호 한번을 못 외친다면 어떻게 되겠는가? 사실 아무나 남 앞에 설 수 없다. **우리는 어릴 때부터 자기주장을 펼치는 교육이 부족하였다.** 그런 면에서 나는 특수 과정을 밟았다. 초등학교 6년간 반장하며 선생님을 대신할 때가 많았다. 그리고 5년간 신문배달 하며 독립심 키웠고, 대학 등록금도 직접 벌려고 뛰었다. 군대 장교를 거쳐 대기업 교육팀장 등 대중 앞에 자주 섰다. **지금 인력사업도 직접 결정하였다. 처음인 집회시위도 두려움 극복하며 밀고 나갔다. 필자는 이 집회사업을 위해 났다고 믿는다. 이런 일들은 자신감이 기본이다. 따라서 시위 리더 즉 진행자의 기질은 타고 나야한다.** 하지만 시간이 없거나 전문가가 필요하다면 도움 받으면 된다!!

(6) 집회의뢰 받으면 혼신을 다한다.

보통 1주일에 1~ 2회 시위상담 전화 받는다. 주로 비용문의와 답답함을 호소한다. 나는 상대방 입장에서 최대한 들어준다. 전화 올 때는 대개 나름대로 시도하다 진척이 없을 때이다. 필자는 상담 중에 반드시 집회신고 했는지 확인한다. 그리고 견적서를 작성해 보낸다. 그 속에 인원, 거리, 특성에 따라 현수막, 어깨띠 등 개수가 달라진다. 가능한 저렴하게 산정한다. 통상 인건비는 1명 도우미 일당은 13만원, 나는 30만~ 50만원이다. 최소 인원은 3명 이상이다. 초기에 엠프 비용은 차량포함 하루 40~ 50만원 받았으나 지금은 10만원 수준이다. 현재 엠프 2대, 발전기 2대를 확보하고 있다.

시위 규모가 크거나 의뢰인이 원하면 방문한다. 수도권은 가능한 당일 찾아간다. 수도권 무료이나 이외 지역은 출장비 받는다. 부산의 경우 서울역에서 KTX 타고 다녀왔다. 이후 집회시위가 확정되면 자료송부와 현수막 문구, 구호 등 작성을 부탁한다. 이를 정리해서 용품 제작업체에 보내서 현수막, 어깨띠, 피켓 등 시안 샘플 받으면 의뢰인과 협의해서 수정한 후 제작하게 된다. 그래서 -1일 전까지 수령해 집회 당일 가져간다. 현수막 길이 6~ 8m, 폭 1.5~ 1.8m 등 가능한 크게 만든다. 그래야 시위 주장이 한 눈에 들어온다.

필자가 가장 신경 쓰는 것은 구호와 집회경위 핵심파악이다. 단순한 노임체불은 편하지만 코스닥 상장폐지, 수년간 의류거래 하도급업체의 납품대금 후려치기 등은 복잡하다. 받은 자료와 상담내용 및 인터넷 검색 등으로 상세히 파악한 후 별도 정리해서 출력한다. 나는 의뢰인 분신이기에 어쩌면 더 잘 알아야 한다. 시간이 촉박하면 전날 밤 11시까지 구호 및 자료 정리할 때도 많다. 무엇보다 인원조달에 신경 무척 쓴다. 고정 도우미 외에 20명 이상이면 타 인력사무소 지원 요청한다. 현장 상황에 알맞게 복장, 여성 참가, 사전교육 등 철저히 점검한다. 이를 모두 마치면 자신감이 충만해 다음날 출발한다. "나폴레옹 군대의 승리는 전선 막사에서 결정 났다!!"는 격언처럼 치밀한 준비만이 시위성공을 보장하며, 기쁨을 함께 나눌 수 있다. (자료 별첨 2부)

※별첨: 집회구호 작성사례 1.

집 회 구 호 2019. 2. 12 ~

1. 한국거래소는 재량권남용 인정하고, 감마누거래 즉시 재개하라!!

2. 한국거래소는 공권력을 이용한 갑질행위를 즉각 중단하라!!

3. 거래소 이의신청에 대한 남부지방법원의 기각결정을 환영한다!

4. **감마누 1만여명 주주는 거래소의 갑질행위를 규탄한다!!**

5. 감마누 영세서민 주주 죽이려는 한국거래소 관계자를 문책하라!

6. 거래소 갑질행위에 감마누 주주만 피해본다. 거래를 즉시 재개하라!

7. 남부지법 가처분 인용결정에 대한 거래소 이의신청을 기각했다. 한국거래소는 사죄하고 우량기업 죽이는 관계자를 퇴출하라!!

8. 한국거래소는 일괄 상장폐지로 인한 과도한 정리매매로 인한 기업 죽이기와 재량권 남용에 대해 정지원 이사장은 사죄하라!!

9. **핵심:** 감마누는 2018.9.19. 거래소 **기업심사위원회**에서 조건부 상장폐지 결정을 받았다. 2017년 회계연도 감사보고서를 9월 21일 까지 미제출 시 상패 시키겠다. 회생절차 진행 중이던 감마누가 기한 내 감사의견 받지 못하자 최종 상장폐지결정하고, 2018. 9. 28. ~ 10.10. (7영업일) 정리매매 기간을 부여함. 감마누= 삼일회계법인 으로부터 12월 중순까지 확약받아 거래소 제출완료. 상장폐지 결정 유보요청 거부!! **2019.1월15일 "적정"의견 감사보고서 제출** → 법원 거래소 이의신청 기각: 본안소송 예고!! 주주 손해배상 청구 등…

통상 본안 소송 2~3년 장기간 소요, 결과에 따라 정리매매 결정 불거진 주주들의 손해배상 당사자 가려짐..)

즉 감사의견 거절→ 상장폐지결정→ 회생신청절차 → 정리매매 효력금지
가처분 **회생절차졸업**→ 감사의견 **"적정"** (상장폐지 사유소멸, 상폐취소!!)

※별첨: 집회구호 작성사례 2.

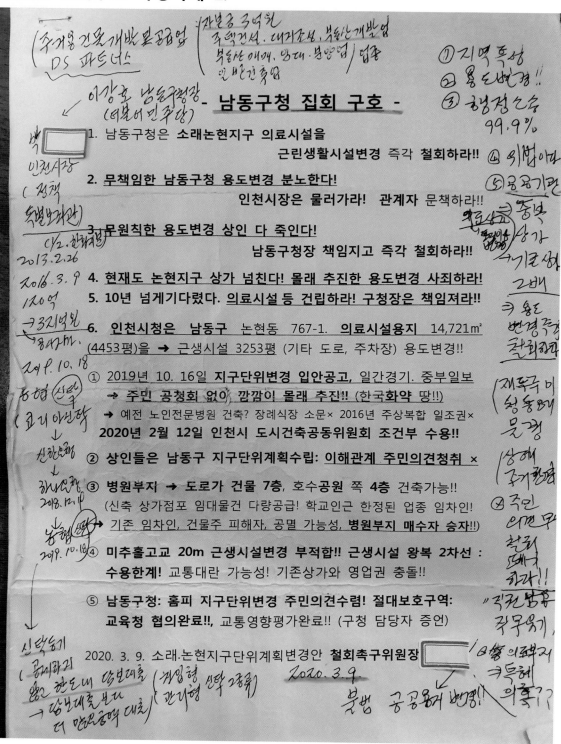

- 남동구청 집회 구호 -

1. 남동구청은 소래논현지구 의료시설을
   근린생활시설변경 즉각 철회하라!!

2. 무책임한 남동구청 용도변경 분노한다!
   인천시장은 물러가라! 관계자 문책하라!!

3. 무원칙한 용도변경 상인 다 죽인다!
   남동구청장 책임지고 즉각 철회하라!!

4. 현재도 논현지구 상가 넘친다! 몰래 추진한 용도변경 사죄하라!

5. 10년 넘게기다렸다. 의료시설 등 건립하라! 구청장은 책임져라!!

6. 인천시청은 남동구 논현동 767-1. 의료시설용지 14,721㎡
   (4453평)을 → 근생시설 3253평 (기타 도로, 주차장) 용도변경!!

① 2019년 10. 16일 지구단위변경 입안공고, 일간경기. 중부일보
   → 주민 공청회 없이 깜깜이 몰래 추진!! (한국화약 땅!!)
   → 예전 노인전문병원 건축? 장례식장 소문× 2016년 주상복합 일조권×
   2020년 2월 12일 인천시 도시건축공동위원회 조건부 수용!!

② 상인들은 남동구 지구단위계획수립: 이해관계 주민의견청취 ×

③ 병원부지 → 도로가 건물 7층, 호수공원 쪽 4층 건축가능!!
   (신축 상가점포 임대물건 다량공급! 학교인근 한정된 업종 임차인!
   기존 임차인, 건물주 피해자, 공멸 가능성, 병원부지 매수자 승자!!)

④ 미추홀고교 20m 근생시설변경 부적합!! 근생시설 왕복 2차선 :
   수용한계! 교통대란 가능성! 기존상가와 영업권 충돌!!

⑤ 남동구청: 홈피 지구단위변경 주민의견수렴! 절대보호구역:
   교육청 협의완료!!, 교통영향평가완료!! (구청 담당자 증언)

2020. 3. 9. 소래.논현지구단위계획변경안 철회촉구위원장

2020. 3. 9.

(7) 집회신고만 해도 성공한 사례

집회신고만 해도 성공한 사례들이 많다. 대표적으로 금ㅇ건설 한남동 박삼ㅇ회장이다. **작년 10월 동탄2신도시 금호ㅇㅇㅇ아파트 주민회의가 의뢰하였다.** 아파트 입주 1년이 안 되어서 조경 나무, 출입문, 계단 등 수십건 하자 발생했으나 보수를 미루었다. 급기야 입주민들이 한남동 박회장 자택 앞에 집회 신고하였다. 이것은 대기업 횡포, 갑질이라고 볼 수 있다. 작년 7월 한남동 신축현장 집회시 근처 박회장 자택이 있어서 친숙했다. **지도부와 연락 오가며 시위당일 아파트 주민 50명이 상경할 예정이었다. 하지만 전날 밤 9시 집회가 취소되었다. 시공사인 금호건설 측이 요구사항을 전격 수용하였다.**

이런 경우는 전혀 피 흘리지 않고 타결된 경우이다. **적어도 10~ 20%는 집회신고만으로 해결된다고 추정한다. 양측 모두가 이익이다.** 입장을 바꾸어 잘 아는 사람이 집회신고 했다면 어떤 기분일까? 단순히 집회 신고해서 마음 상할 뿐 아니라, 불이익 없을까 걱정한다. 평소 직원 및 지인들에게 "노임 떼먹거나, 사기 치는 사람" 등 이미지 준다면 큰 부담이 된다. 그런 연락을 경찰 정보관이 대신해 준다. 그러니 심리적 압박이 더 크다. 특히 **금ㅇ건설 박회장 자택 인근엔 대사관, 고급주택들이 많다. 당시 아시아나 항공매각작업 및 동탄 금호APT 2단지에도 영향 줘서 공동투쟁하거나 언론보도 되면 큰일이었다.**

이런 사정으로 어쩔 수 없이 받아 들였을 것이다. 실제로 집회신고 후 80~ 90%는 실행 포기한다. 경험상 압박용으로 신고하면 상대방 태도가 달라진다. 즉 협상에 훨씬 유리하다. 왜냐하면 **당장 정보관이 사실 확인차 방문하거나, 전화하기에 부담이 크다. 매사를 지나치게 신중하면 타이밍을 놓친다. 필자는 될까 말까하면 행동부터 한다. 그러나 거의 후회가 없다.** 이 외에도 역삼동 삼ㅇ호텔 지하층 철거비 1억원, 학동역 인근 임ㅇ리얼 호텔 룸싸롱 철거비 3천만원 등등 집회신고로 즉각 받았다. 상대방은 호텔 앞에 시위하면 나머지 잔금을 못 받기에 반응이 빨랐다. 따라서 **억울하면 필자와 무료상담을 받고, 집회신고하시길 권한다. 인생사 행동하지 않으면 아무런 변화도 없다!!**

(8) 1인 시위는 얼마나 효과 있을까?

내가 100건 분석한 집회 사례 중에 "1인 시위"는 17건이다. 이는 6건 중에 1건으로 의외로 많은 편이다. 주로 소액 노임체불, 정책이의, 배신자 항의 등이다. **그 중에 상당수는 내가 직접 시위하였다.** 1인 시위 장점은 경찰서 신고할 필요가 없다. 따라서 사안이 급하거나, 혼자 시위해도 무난할 때 1인 시위가 좋다. 예전에 **공주지원은 원거리, 시간부족으로** 일정거리 띄워서 "인간띠 잇기 1인 시위" 하였다. 나는 인력사업하므로 노임 체불되면, 지금도 즉각 "1인 시위" 한다.

그동안 숭실대학, 신림동, 방배동 현장 등 혼자 시위해서 받아 왔다. 숭실대는 그날 일당까지 별도로 받았다. 1인 시위를 가더라도 약간의 준비가 필요하다. 시위는 상대방에게 하지만, 주변 사람들부터 납득시키고 압박하기 위해서다. 우선 왜 시위하는지 기재한다. 보통 큰 달력 뒷면에 매직으로 써서 라면 박스, 합판 등 스카치테이프 붙이면 된다. 또한 확성기 등 인터넷으로 구입하면 5만~ 10만원 정도면 된다. 그냥 위 피켓을 들고 서 있기만 해도 된다.

1인 시위는 사전에 경고하면 효과가 있다. 어떨 때는 선전포고 없이 할 때가 좋을 수도 있다. 1인 시위하는 날은 현장 도착해서 가장 먼저 당사자를 찾아서 "그동안 ○○사유로 수차례 독촉했으나, 계속 약속을 어기므로 부득이 시위하니 이해바랍니다!!" **당당하게 경고하고 시위하는 것이 좋다. 그러면 상대방도 위축되고 대책을 세운다.** 혹시 꺼려지면 그냥 그 건물 앞에 서있기만 해도 된다. 이제는 피켓을 만드는 사유를 이해할 것이다. 피켓 문구에 본인이 주장하는 내용을 쓰면 굳이 말할 필요가 없기 때문이다.

좀 더 배짱 있거나, 열 받으면? 구호 준비해 외치면 훨씬 효과적이다. 처음이 힘들지 한번 소리치면 용기도 생기고 상대방도 겁을 낸다. 또한 생각만큼 주변사람도 신경 안 쓴다. 본인 생각이 문제다. 직접 경험하면 약발에 놀란다. 1인 시위는 노임체불 등 즉각 해결된다. 좀 더 복잡해도 해결의 실마리를 제공한다. 영수증 없는 등 법적으로 불가능한 사안도 쉽게 해결한다. 그 위력이 대단하지 않은가??

(9) 구원파 교주와 맞장 뜬 시위

누구나 세월호 사건과 구원파 유병언 교주는 잘 안다. 또 다른 구원파 교주인 박옥ㅇ도 아는 분들이 많다. 매주 일요일 아침 일찍 지하철에 뿌리는 구원파 신문의 박옥ㅇ목사이다. 나는 양재역 인근 그곳에 7년 동안 다녔다. 처음엔 몰라서 다녔지만 2015년 5월 "종교 사기꾼" 임을 확실히 알고 31차례 집회시위를 했다. 국내외 40여만명 신도를 보유한 교주 시무 교회 앞에서 집회는 결코 쉽지 않다. 더구나 세월호 침몰 사건일 2014. 4. 16. 1주년이 지난 시점이었다. 그동안 벌거숭이 임금님처럼 박옥ㅇ가 종교사기꾼을 느끼지만 말은 못하였다.

왜냐하면 박옥ㅇ는 돈과 조직이 막강하기 때문이다. **약자가 강자에게 대항하는 수단은 사실상 시위뿐이다. 나는 그런 점을 나중에 알았다.** 박옥ㅇ교회에 다니면 그가 좀 이상하고 언행이 다르고, 돈을 무척 밝힌 것으로 안다. 그러나 그 이상 알려하지 않는다. 나는 교회에서 5년간 신도 셔틀차량 운전하며 나름대로 충성하였다. 어느날 가까운 변호사가 박옥ㅇ교주 실체를 알려주어 직접 검증한 후 집회신고부터 했다. 나도 처음엔 무척 두려웠다. 저쪽은 수천명이 다니는 교회 정문에서 시위하기 때문이다. 그냥 그만둘 생각도 들었다.

하지만 **내 특성 중에는 강자 앞에 더 강한 기질이 있다. 일단 부딪혀 보려고 했다. 이런 점은 집회 때에 꼭 필요하다. 사회적 약자를 위해 부여한 것이 집시법이다. 그러므로 집회신고 후에 몸을 던져서 부딪혀 봐야한다.** 그러나 많은 분들은 집회신고 자체를 꺼리고, 이후 행동은 더욱 망설인다. 그러니 상대방이 웃고 만다. 필자는 불의와 강자에게 굴하지 않은 기질을 물려주신 부모님께 정말로 감사하다!!

박옥수교회 앞 **집회신고 후 배짱 좋게 일요일 대예배 참석했다.** 그곳에서 10여명에게 강제로 끌려나오며, 이후 30여회 이상 시위하였다. 박옥ㅇ 자택 등등 계속 집회하며 "가짜목사 종교사기꾼 물러가라!!" "돈만 아는 교주를 구속하라!!" 등 외쳤다. 기독교 언론과 방송에도 많이 보도 되었다. 나에 대한 고소, 고발 및 가처분 들어왔지만 **결국 모두 이겼다.** 그 일을 통해 용기와 전문적 식견을 배웠다!!

(1O) 특이한 경험 부산 완월동 집회?

가끔 특이한 문의가 들어온다. 지금은 희미하지만 전국 4대 사창가는 청량리 588, 인천 엘로하우스, 대구 자갈마당, 부산 완월동이다. **이중 다 개발되고 마지막 부산 완월동에서 집회의뢰 들어왔다.** 2004년 9월 "성매매특별법" 시행으로 서리를 맞았지만, 마지막으로 갈 때 없는 종사자 200여명과 60여개 건물주가 버티고 있었다. 부정적 명칭 때문에 충무동으로 개명했으며, 1902년부터 120여년 역사를 가진 곳이다. 부산시 서구청 관내로써 그동안 "성매매방지대책협의체" 꾸려 경찰서, 소방서, 여성인권센터 등 합동으로 점검 및 단속하였다.

그곳 충0상인회 고문님 연락 받고 작년 9월 자갈치시장으로 내려갔다. 사실 답사하는데 많은 고민하였다. 거리도 멀고 성매매단속 항의 하는 게 불법이라고 보았다. 하지만 71세 고문님은 "우리도 폐업하고 싶다. 그래서 10년전 뉴타운지정 했지만, 사업성이 없어서 건설회사가 포기하였다. 대책 없이 떠날 수는 없다. 일단 방문해 달라!"는 간청 받고 KTX로 달려갔다. **의사가 환자요청을 거절할 수 없는 심정**이었다. 도착해 식사 후에 사무소 방문하니 건물주 20여명이 모였다. 그 분들은 좀 특별한 분들이라는 선입견이 깨졌다. 이웃집 아줌마처럼 순박하게 보였다. 너무나 간절하게 "경찰 함정단속" 고통을 얘기했다.

나는 밤늦게 상경하며 시위참여를 결심하였다. 성매매는 불법이지만 대책 없이 무조건 단속만 일삼는 것도 공권력 과잉이다. 나는 4명을 데리고 전날 도착했다. 10월 1일 서구청 앞에서 비가 내리는 가운데 집회 시작하니, 08시부터 수백명이 몰려왔다. 모두 검은 마스크를 끼고 단체로 걸어오는데 섬뜩한 느낌이었다. 나중 보니 미인도 많았다~ㅎㅎ 이날 시위는 업계 최초였다. 언론에서도 크게 보도했다. 나는 "서구청장과 서부경찰서는 살인단속 중단하라!!" "상생 대책을 제시하라" 등 외치며 서부경찰서까지 행진하고 항의하였다. 처음에는 순한 분들이 집회하니 무서웠다. 당시 사고방지 위해 최선 다했다. 결국은 성공적으로 마치고 단속도 크게 완화되었다. 집회비도 충분히 받았다. 이후에도 **수차례 시위 요청 받았지만 거절했다. "내가 방법을 알려 주었으니 스스로 하셔요.."** 지금도 가끔 통화하며 자문한다.

(11) 초대형 통신다단계 사기꾼들의 몰락

주변에 다단계 피해자들이 많을 것이다. 그들은 확증편향 환자처럼 듣고 싶은 얘기만 듣는다. 나도 처음엔 몰라서 통신다단계 가입했지만 이후 실체를 알았다. 지속적 시위와 고발로 인해 2015년 업계순위 4위 2031억원 매출액이 반토막 나고 ifci➜ 봄코리아로 사명을 바꾸었다. 2016년 국회 국정감사 미방위에서 주거래 통신사 LGU+ 부회장을 출석시켜서 통신다단계사업을 포기한다고 발언케 만들었다. 나는 유무형 피해자 100만여명, 1조원 피해방지 시켰다. 대단하지 않은가? 이것이 집회시위 힘이다. 그 다단계 회사와 단말기 공급업체 LGU+ 용산 사옥 앞에서 13회 시위했다. 의협심으로 시작했지만 엄청난 결과였다!

2016년 4월에는 ifci 회사 대표 등을 고소해서 1년 반 법정투쟁 끝에 1년 6개월 실형에 벌금 2천만원 선고 받았다. 완전 아작이 난 케이스이다. 나는 당시 적정한 보상을 요구했지만, 나중에 사람을 시켜 몰래 녹취하는 등 더러운 짓거리 계속하였다. 시위 절정은 인천남동체육관에서 2차례 시위이다. 전국 40여만명 회원 가운데서 컨벤션을 여는데 "다단계사기꾼 권영0 구속하라!!" 등 외치니 영향이 엄청났다. MBC, TV조선 등과 동아일보와 경제신문이 크게 보도했다. 이러면 신규회원이 가입을 망설인다. 그런 여파로 회사는 폭망하였다.

만약 나와 협상초기에 "미운 놈 떡 하나 더 준다." 는 속담처럼 타협했다면 아마도 몇 년간 더 잘해 먹었을 것이다. 이로 인해서 나의 피해도 컸다. 시위인원 5~ 10명에 대한 13차례 집회비가 얼마인가? 모두 내가 부담했다. 후회도 몇 번했지만 얻은 것도 많다. 우선 시위에 대한 두려움이 없어지고, 매출 수천억원 조직을 망하게 했다. 값진 경험이다. 그리고 정도를 가지 않으면 결국 문 닫게 된다는 교훈을 주었다. 다단계 핵심은 상위 1%가 수당 70% 이상을 가져간다. 공정위에 등록된 자료이니 정확하다. 나머지 99% 평균 수당은 연간 50만원이다. 암웨이, 허벌라이프, 뉴스킨도 비슷하다. 다단계 회사는 사기꾼 집단이라고 보면 된다. 그들이 제공하는 통계를 분석하면 간단하게 안다. 차후 "통신다단계 3개사 퇴출 백서" 책까지 출간하였다. 만약 시위가 아니라면 꿈같은 얘기다. 지금도 자랑스럽고 만족한다!!

(12) 조직 깡패들 모두 제압한 시위

사람들은 깡패라면 지레 겁을 먹는다. 물론 혼자라면 꼼짝 못하지만 시위는 다르다. 단체 힘이 있으며 경찰관이 현장을 지키고 때문이다. 그 무지막지한 깡패 김태촌, 조양은도 검사 앞에서 벌벌 긴다. 공권력이 있어서 구속시킬 수 있다. 그러므로 집회신고 후 정보관이 나와 있으면 거의 문제가 없다. 합법적 시위를 방해하면 긴급체포할 수 있다. 신림역 인근의 가야위드안은 시행사 부도로 10년간 미등기 상태에서 깡패가 점령해서 행패를 부렸다. 시행사가 관리회사를 세워 APT관리비 받는 등 전횡을 저질러도 어쩌지 못하였다.

수분양자 187가구는 상당수 가구가 분양 잔금을 납부했지만, 미준공 상태이므로 재산권 행사를 못한 허점을 이용해 아파트 강탈까지 했다. 인근 경찰지구대가 출동하면 일방적으로 그들 편을 들어서 불만폭발 직전이었다. 그동안 공매관련 예금보험공사, 건물 앞 불법 포장마차 관련 관악구청, 깡패유착관련 관악경찰서 집회를 만2년간 13차례 실행하였다. **시위를 통해서 분위기 잡고, 고소고발 및 명도/손해배상 소송 등으로 불법 앞잡이들을 응징해갔다. 나는 수분양자협의회 요청으로 2018년 6월 종각역 인근 예금보험공사 앞 시위한 후에 13회 집회했다. 특히 시위대 120여명과 경찰관 50여명, 조직깡패들 30명이 대치해 KBS "제보자들"특집 방영하고 언론에서도 크게 보도**하였다.

이럴 때 나는 더 힘을 내서 진행한다. 나는 불의 앞에 분노하는 묘한 유전인자가 있다. 깡패들은 겁주려고 박광덕, 강호동 같은 거구들이 설쳤다. 또한 빨간 팬티만 입고 시위대 주변을 돌아다니기도 했으나 경찰들은 쳐다보기만 한다. 나는 이럴 때 마이크를 잡고 "여러분 오른쪽 보세요! 우리를 겁주려고 깡패가 팬티만 걸치고 다니고 있습니다. 쪽팔린 줄 알아야 됩니다. 쳐다보니까 몸매도 별로입니다. 우리 야유를 보냅시다!! 우~~~~~" 하니 금방 사라졌다...
이런 순간이 지나고 수많은 고비를 넘어서 이제는 등기 직전이고 모두 자기 집을 되찾게 되었다. 만약 집회가 아니라면 공권력과 유착의혹? 받는 깡패를 어떻게 제압할 수 있겠는가???

(13) 다단계 회사의 변호사 25명과 싸워 이기다

지금 생각하면 꿈같은 일이다. **국내 최상위 태평양 법무법인 25명과 혼자 싸워서 이겼다니!!** 이미 언급한 것처럼 필자는 2015년 9월 IFCI 통신다단계 업체에 회원 가입하였다. 지인 소개로 찾았지만 그들의 사기성을 4개월 후 알고 적절한 보상 요구했다. 그들 입장에서는 황당하였으리라!! 통신다단계 피해자모임도 만들었다. 회사 측에 내용증명을 발송 및 시위도 10회 이상 이어갔다. 곤혹스러워진 IFCI 대표는 간부진을 데리고 필자 인력업소에 06시경 찾아왔다. 마침 그날은 주 거래 통신사인 LGU+ 용산 사옥에서 집회할 예정이었다.

모두들 통사정하고 매달렸다. "제발 오늘 집회만은 하지 말아 주세요. 원하는 보상을 해드리겠습니다.." 하더니 **나중에 말을 바꾸고 고발하였다.** 업무방해, 명예훼손, 공갈협박 등 온갖 죄목으로 필자를 고발하고 괴롭혔다. **태평양 법무법인이 누구인가? 박근혜 탄핵사태 때 변호하던 국내 2위 로펌이다. 막대한 선임료를 지급하고, 기선을 제압하려 하였다. 필자는 변호사비 지급할 형편이 아니므로 혼자서 싸웠다.** 위 고발부터 한 사건에 3~5명씩 변호사를 쓰니 총 25명 되었다. 서울중앙 지검 고발해서 첫 무혐의 처분 나올 때부터 끝까지 괴롭혔다.

그럴 때 두려운 점은 "혹시 잘못되면 어떻게 하지?"라는 걱정이다. 형사처벌 받으면 민사소송이 따라오기 때문이다. 그러나 여기서 멈출 수도 없었다. 피해자모임의 구성원들이 지켜보며 응원하기 때문이다. 이럴 경우에 주눅 들지 않고 싸우는 묘한(?) 유전인자를 부모님께 물려받은 것을 감사한다. 사실 고발인 변호사가 많을 때는 5명까지 기재된 것을 보면 만감이 교차한다. 이럴 때는 진솔한 답변서 제출과 변호사 등 자문을 받아가며 대응하는 것이 중요하다. 내가 알고 있는 것과 법적 행위는 많이 다르다. 관련법 공부도 필수이다.

결국 고발- 검찰불기소- 항고- 재항고- 재정신청- 기각까지 최종 승리하였다. 이후 상대방은 언론보도 및 국정감사 통하여 꼬리를 내렸다. 매출액 2천억 이상 회사와 25명 변호사와 혼자 싸워 이기니, 두려움이 없어지고 평안함이 넘친다. 그 동력으로 여기까지 왔다!!

(14) 성공보수 제의와 변호사법 위반

집회시위 하려는 분들은 대개 돈이 없다. 노임, 공사비, 대여금 등 못 받아서 자금난에 시달린다. 그러니 적게는 50만원 ~ 수백만원 이르는 집회비용을 어찌 감당하겠는가? 나도 그 점을 잘 알고 있기에 가능한 본인 힘으로 시위하라고 권한다. 하지만 집회 초보자가 어찌 맘대로 진행할 수 있을까? 초창기 "나는 돈이 없으니 일부 돈을 대서 같이하면 어떨까요?" 제의하는 분들이 있다. 처음엔 나는 잘 모르고 의뢰인 형편이 안타까워 일부 비용을 들이기도 했다. 나중에 보니 결과가 안 나오면 문제가 없지만, 상대에게 돈을 받는다면 대다수 말 바꾸었다. 본인이 제안했어도 까마득히 잊어버리기도 했다.

그 일례로 용산역 앞 ○○ 센트럴APT 공사장에서 4억여원 못 받아서 2017년 2월 삼성○산 판교본사 등에서 시위하였다. 용산역 현장에서도 10여개사가 합동 집회해서 체불금을 상당액 받았다. 성과급 4억원의 10%이면 4천만원으로 큰돈이다. 그러나 돈 받기로 시공사와 합의서 쓴 후부터 전화를 받지 않았다. 몇 번 시도 후에 주소지 화성시 자택을 방문해 보았다. 역시 가짜 주소이고 연락이 닿지 않았다. 자택 사진을 찍어 보내며 만나자 했더니 "자꾸 귀찮게 하면 경찰에 신고하겠다"고 협박했다. 나는 깨끗하게 잊기로 결심하였다.

이후 누구랑 얘기하다 "잘했어! 그 돈 자꾸 달라고 했다면 변호사법 위반으로 고소할 수 있었다." 말했다. 아는 변호사께 물어보니 "그런 경우에 성과급을 받으면 변호사법 위반소지가 있으니 앞으로는 절대로 삼가라."고 자문하였다. 변호사법 제109조는 "변호사가 아니면서 금품, 향응, 그 밖의 이익을 받을 것을 약속하고 화해, 중재, 대리, 청탁, 법률상담 등 행위 알선자는 7년 이하 징역이나 5천만원 이하 벌금에 처한다."고 하였다. 즉 나중에 시위 결과가 좋으면 합의금의 00% 성과급 지급하다고 합의하면 문제가 될 수 있다. 이후 유혹을 떨쳐 버렸다. 대신 사업자등록증에 집회컨설팅, 용역제공 등 종목 추가하고, 받은 돈은 부가세 세금계산서 발급하고 종합소득세까지 납부하였다. 합법적으로 국내 1호 집회컨설팅 및 용역을 제공한다!!

(15) 집회시위는 타이밍의 예술이다

세상사는 타이밍이 중요하다. 시작과 마칠 때를 놓치지 말아야 한다. 특히 집회신고 할 때와 시위를 강하게 할 때, 그리고 쉬거나 마칠 때 모두 중요하다. 경험상 집회 신고할 때도 크게 고민한다. 상대방과 관계가 깨지거나 악감정을 품고 줄 돈을 안 줄 수 있다. 그래서 장기간 대화하면 타이밍을 놓친다. 통상 대화하다 신뢰에 금이 갈 때면 많은 시간이 흐른 시점이다. 큰 맘 먹고 집회신고 했어도 언제 실행할지도 고민이다. 혹시 상대방이 "당신 맘대로 해봐~!!"하고, 오히려 큰소리 치면 기죽을 수 있다. 막상 시위를 하려고하면 무엇을 할지 막막하다. 집회용품 등 어떻게 만들지 자신이 다 준비해야 하니, 차라리 좀 기다렸다가 받는 것이 나을 거라고 물러난다.

그래서 타이밍을 놓친다. 무슨 일은 주도적으로 끌고 가야한다. 양쪽 다 얻을 수 없다. 예를 들어 집회 등 압박수단이 없다면 상대방에게 결정권을 넘기는 것이다. 절실하고 독하지 않으면 집회신고, 현장시위 및 경찰정보관 협조 등 모두 힘들다. 따라서 깊이 생각해서 소송 등은 너무 길므로 신속한 결과를 바라면 시위가 적격이다. 우유부단하면 다 놓친다. 필자는 이런 때가 제일 안타깝다. 작년 9월 성복역에 롯데몰 공사비 2억원 못 받아 집회신고까지 해놓고, 시공사 말에 속아서 아직도 비슷한 상황이다. 롯데건설은 계속 "조금만 기다려라!" 한다. 이렇게 우유부단하면 아무 일도 못한다.

시위는 용기가 있어야 한다. 용기는 두려움이 없는게 아니고, 겁이 나도 밀고 나가는 것이다. 우선 가능한 당당한 자세를 취하면 상대방이 놀란다. 그리고 공권력이 개입되므로 상대방이 부담 느낀다. 정보관도 신고자가 적극 행동하지 않으면 그냥 기다린다. 처음에만 전화해주고 기간을 넘기면 다시 1개월까지 신고해야 한다. 상대방은 이쪽을 너무 잘 알기에 비웃을 것이다. 그래서 나는 무조건 집회에 개입 않는다. 처음엔 자신의 힘으로 집회 신고한 후 진행하다가 필요할 때만 도움 청하라 한다. 용기가 없어서 시간만 끌다가 망치는 경우가 많다. 우선 장기간 = 소송, 단기간 = 시위이니 선택 후 행동해야 한다.

(16) 집회신고로 "갑과 을" 신분이 바뀐다

집회신고자는 "갑" 신분이 된다. 지금까지 을이었다. 예전 근로계약서에 사용자는 갑이고 종업원은 을이다. 그래서 갑에게 결정권이 있고 을은 따르는 입장이다. 즉 <u>갑은 강자이고 을은 약자이다. 일반적으로 시위자는 집회신고 전까지 을이다. 공사대금 당연히 받는데 저자세로 기다려야하고, 일당 노임은 혹시 안 줄까봐 마음 졸인다. 차용금은 계속 미루다 큰소리치기도 한다. 다른 민원도 마찬가지이다.</u> 혹시 영수증이나 계약서, 확인서 등이 없으면 더욱 불안하고 법정으로 간다고 승소하리란 보장이 없다. 이게 모두 을의 위치이다.

그러나 집회신고하고 공권력이 개입하면 상황이 바뀐다. 우선 경찰이 전화하면 상대방은 심리적으로 위축된다. 둘만이 아는 은밀한 사정이 주변에 모두 알려진다. 예를 들면 공사대금, 노임을 안줄 때 집회신고하면 시공사, 시행사 하청업체에 알려진다. 그러면 불안 때문에 공사 중단될 수 있고 공사기간이 늘어난다. 은밀하게 봉합하려 할 것이다. 혹시 영업장이면 매출 격감하고, 대기업이라면 신용 하락할 수 있다. <u>시위자는 결정권을 쥐고, 시위하거나 지연이 가능하다. 상대방은 집회할까봐 마음 졸인다. 갑으로 신분이 바뀐 것이다..</u>

<u>이렇게 신분이 바뀐 것도 모르면 예전처럼 끌려 다닌다. 바보가 따로 없다.</u> 이 모두는 필자가 300회 집회 경험해보니 깨달은 것이다. 처음 시위를 접하면 도저히 알 수가 없다. 사회적 약자가 강자에게 대항할 수단은 별로 없다. 법은 강자 입장을 대변하는게 많다. 그러나 헌법상 집회시위는 약자를 대변한다. 얼마나 좋은가? 모르면 당한다. 오히려 필요한 시기에 원하는 장소에서 공격할 수 있다. 필자는 2016년 1월에 매출 2천억 통신다단계업체 대표가 새벽 06시, 7명 임원 데리고 필자 사당역 인력사무소를 찾아왔다. "당일 LGU+ 용산 본사에서 집회하지 않으면 원하는 것 주겠다."고 제의하였다!! 얼마나 다급했으면 체면 불구하고 방문하였겠는가? 이처럼 사연은 다양하지만, 집회신고하면 사정이 급변한다. 이래도 계속 저자세, 을의 입장일 필요가 있는가?? 알고 공격하면 한방에 간다. 필자는 그것을 돕고 싶다!!

(17) 공익적 관점에서 싸운 2대 집회

공익성이 인정되면 명예훼손죄 등 처벌 받지 않는다. 내가 집회로 인해 구원파교회와 ifci 통신다단계사에게 많은 고소, 고발을 당해도 공익성이 있다고 보았기에 처벌되지 않았다. **나는 위 2곳에서 각종 공격 받았지만 단순히 항의와 보상에 머물지 않고, 피해자모임을 만들어서 그들의 입장을 대변하고자 노력하였다. 이 책의 상당한 분량은 위 거대조직과 용감하게 싸운 실 사례를 들었다.** 지금은 편하게 글을 쓰지만 당시에는 형사처벌과 민사소송에서 진다면, 거액을 물어 줘야할 절박한 상황이었다. 내 스스로 그것을 자초한 것이다!!

외부인과 당사자는 하늘과 땅 차이다. 제3자는 결과 따른 불이익이 전혀 없다. 위 **구원파, 다단계사와 싸울 때 처음에는 혼자 항의하고 끝내려 했으나, 피해자들이 많으니 자연스레 피해자모임이 결성되었다. 그 힘은 막강하였다. 언론방송에서 크게 다루고 검찰 및 판결이 호의적인 것도 개인이 아닌 피해자모임이 큰 힘이 되었다.** 이미 언급했지만 집회시위로 동력을 만들고, 언론이 피해자를 도와주니 통신다단계사는 사명을 바꾸었다. 또한 구원파는 신도수 급감 및 이미지 손상을 입었다. 이런 거대한 조직과 싸운 경험은 내게 엄청난 자산이 되었다.

필자에게 집회를 의뢰하는 분들은 스스로 어찌해 보려다가 잘 안되니까 절박한 상태이다. 그러면 본인의 문제만 크게 보인다. 하지만 피해자가 더 있을 때 공동 투쟁하면 훨씬 싸우기 쉽다. 피해자모임의 경우에도 대표는 자금, 시간을 더욱 투입해야 한다. 당시 위 2곳은 구원파 교주가 250억원 주식사기에 연루되어 재판 중이고, 휴대폰다단계 사업이 잘 되고 있었다. 누군가 앞장서지 않으면 다수 피해자가 발생할 상황이었다. 이해관계만 따지면 할 수 없는 집회였다. 근본적 해결을 위해서 양재동 구원파교회와 역삼동 다단계회사 상대로 시위와 법적인 투쟁했다. 초기에는 피해자들 위해서 합의하려 했으나 대화를 거부했다.

필자는 결국 다소 금전적, 시간적인 손해를 보았지만 공익적 차원에서 싸우니 더 큰 보상이 생겼다. 보다 넓은 인맥과 각종 집회에서 냉철한 시각과 대담함을 갖게 되었다. 이 모두가 자랑스럽다~!!

※별첨 자료: 통신다단계 퇴출백서 (403쪽 외 2권)

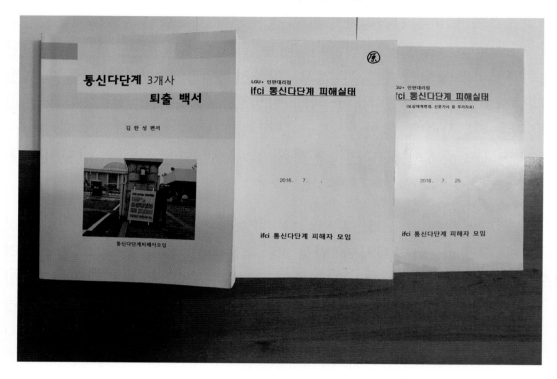

박옥수 구원파 교주와 투쟁기 (상. 하권 871쪽 외 2권)

(18) 시위관련 증거물 = 협상력이다

시위는 억울해서 한다. 현장에서 그 근거를 제시한다면 설득력 크다. 상대방이 아닌 제3자는 누가 맞는지 모른다. 그래서 1억원 체불금을 언제 준다는 합의서가 있다면 현수막에 주민번호, 주소, 성명 등 가려서 공개하면 효과 크다. **집회는 주변인을 통해 상대방을 제압해 받아낸다. 차용증, 계약서, 각서 등 공개하면서 압박 시 훨씬 효율적이다. 그러나 가까운 친척, 동료, 친구 등은 대다수 서류 없이 말만으로 거래한다. 오히려 무엇인가 쓰는 것은 그를 믿지 못하기 때문이라고 말한다. 큰 착각이다. 거래는 현재이지만 분쟁은 나중이다.**

오히려 가까울수록 꼼꼼히 작성해야한다. 돈 빌려준다고 마누라 등등 핑계대면 상대는 대다수 호응한다. 선택의 여지가 없으며 오히려 좋은 관계를 장기간 유지할 수 있다. 물론 큰돈이 아니거나 100% 믿는다면 융통성을 발휘할 수 있다. **한국에서 사기 고소가 많은 것도 계약서 등 서류를 대충 작성하는 것과 연관이 깊다. 추가공사 시 확인서 등 작성하면 간단한데, 말만으로 때운다. 녹취록도 없다. 그러니 공사비 지급 청구소송으로 가도 쉽지 않다. 변호사만 좋아진다. 하도급업체는 당하면서도 동일한 일을 반복한다. 답답할 뿐이다.**

필자는 확인서, 추가 공사계약서 등 작성이 어려우면 관리자의 녹취록은 꼭 확보해 놓으라고 강조한다. 나중에 민. 형사 진행하면 증거싸움이 된다. 이런 증거들은 상대방과 시위 후 협상할 때도 매우 유리하다. 가끔 우리는 줄 돈이 없다고 버티는 경우도 있다. 사람의 기억은 유한하므로 증거서류가 없다면 부인할 가능성이 높다. 그러면 그 입증 책임은 본인 몫이다. 과연 무엇으로 증명할 것인가?

시위현장 배포유인물에 확실한 증거와 일자 기재 시 상대는 항복한다. 수개월 전 구의역 28억원 공사비 독촉집회에서, 건축주는 추가공사비 5억원을 못 준다고 버티었다. 집회신고자는 곤혹스러워도 받아들였다. **입증서류나 증거물이 없어서 불리한 조건에서 협상했다. 만약 사후에 통화한다면 계약조건 등 관련 상대방을 말로 유도하며 녹취해도 된다. 분쟁이 생기면 증거가 곧 돈이고 협상력이다!!**

(19) 대화경찰관은 협상의 열쇠이다.

경찰청은 2018년 10월부터 대화경찰관 제도를 도입했지만 모르는 분이 많다. 아직도 경찰이 적극 제도를 운영하지 않고 있기 때문이다. 대화경찰관 제도는 2001년 스웨덴 예테보리에서 "반세계화 시위" 당시 시위대와 경찰관 무력충돌을 반성해서 2008년 스웨덴에서 최초로 시작하였다. 이를 대한민국 경찰도 도입한 것이다. 대화경찰관이란 문구가 적힌 조끼를 착용하고 양측 대화를 중재하고 시민불편을 해소하는 역할을 한다. 그러나 소규모 집회에는 정보관이 "대화경찰관"이란 조끼 착용을 꺼려서, 충돌이 예상되는 대형 시위 때 나올 가능성이 높다.

현재 집회 시 참석하는 정보관은 대화경찰관이란 표식이 없어도 동일한 역할을 수행한다. 수백번 집회 참석한 필자 경험에 의하면 경찰정보관은 무척 중요하다. 처음 시위자는 정보관은 단순한 참관인 정도로만 아는데 절대 아니다. 우선 집회 시작하면 소음 등으로 엄청 많은 경찰신고가 들어간다. 그때마다 경찰관이 출동하는데 정보관이 있다면 상황 설명하고 돌려보낸다. 혹시 자리 비운다면 주최자가 "집회신고서"보이며 대응해야 하니 불편하다. 수차 언급했지만 집회는 수단이고 협상을 통해 요구사항을 얻어야 한다. 그러니 정보관이 얼마나 중요한가?

"무지도 죄"라는 말이 있다. 경찰정보관 입장을 잘 알면 좋다. 그는 집**회를 잘 마무리하면 "인사고과"상 유리하므로, 양측을 이해하고 조율하려 노력한다. 그런데 일반 시위 주최자는 정보관을 통한 상대방과의 협상을 요구할 줄 모른다.** 이런 경우 정보관의 활용은 매우 중요하다. 집회 신고자는 적극적 시위와 동시에 대화를 통한 마무리에 최선을 다해야 한다. 만약 주최자가 시위 때 건물 내 진입해서 "대화 합시다!!"하면 모양이 안 좋고, 업무 방해죄 등으로 고발될 수 있다. **그 부담스러운 창구역할을 정보관이 해주니 얼마나 고마운 분인가?**

만약 경찰청이 정보관이라는 권위적 명칭을 대화경찰관으로 바꾸었다면 훨씬 이해가 빨랐을 것이다. 요즘 경찰관은 많이 바뀌었어도 도움 요청해야 양측을 조율해서 신속히 타결하리라!! 필자도 정보관 첫 만남 때 이쪽 의견을 충분히 설명해주고 협조를 부탁한다.

(20) 절실함 + 자신감 = 시위성공!!

집회시위 성공하려면 절실함과 자신감이 관건이다. <u>집회 신고한 분들은 간절함은 있으나 절실함은 부족하다. 대개 문제를 해결하려는 의지력은 있으나 반드시 성공할 수 있다는 자신감은 없다. 필자는 집회의뢰 받으면 반드시 해결하려 전의를 다진다! 그러나 정작 의뢰인은 "과연 될까? 그냥 해보고 안 되면 말고.." 식으로 절실함이 부족하다.</u> 그 적절한 사례는 101번째 소개한 남양주 집회이다. 내가 2차례 시위하고 개인 사정으로 집회 신고자가 2차례 더 진행하여 원만히 합의하였다.

대개 필자가 부득이한 사정으로 시위 못하면 힘이 쪽 빠져서 포기하는 분들이 많다. 오히려 위의 김ㅇ 여사는 더 기운을 내고 전의를 다녀서 결국 합의까지 이끌었다. 좀 희귀한 케이스이다!! 이처럼 본인이 더 용기를 내고 적극적으로 앞장서야 필자도 더욱 힘을 받는다. 그러나 많은 분들은 마음속에 패배감을 갖는다. <u>"나는 시위 성공하지 못하면 죽는다! 어떻게 해서든 해 낼거야!!"라는 자세가 부족하다. 이럴 때 필자는 격려하고 결국은 해내지만 그만큼 힘든 것도 사실이다. 아직 결과도 나오지 않았는데 실패를 떠 올리는데 자신감이 생기겠는가?</u>

필자도 예전에는 비슷했다. 하지만 베트남 사업실패 후 교통비 없어서 걸어 다니는 처절함을 맛보며 달라졌다. 기왕 시작하면 "반드시 된다. 나는 무조건 성공한다!!"라고 자기암시하며, 자신감 갖으려고 노력한다. 사실 자신감은 다른 사람이 주는 것이 아니다. 自信感은 스스로自 믿는 信 것이다. 은행에서 돈 찾듯이 분명하다면 왜 자신감이 필요하겠는가? 당연히 해결되는 일인데.. 이후 행동에 따라 성사여부가 갈릴 때, 스스로를 믿는 것으로 절대적인 힘이 나온다. 자기도 불신하면서 집회 상대방을 대하면 말과 행동에서 그 마음이 묻어 나온다.

그래서 **<u>필자는 시위 때 당사자는 지켜만 보라 한다. 오늘 진행과 협상 등 모든 것을 주도한다. 필자 본인의 1인 시위, 집회는 거의 성공했다. 숭실대학 1인 시위 경우 그날 일당까지 받아 왔다. 이는 경험과 자신감 때문이다.</u>** 나는 분명히 보이는데 의뢰인은 절망만 한다. 믿어주며 따라만 와도 된다! 그냥 자신을 믿고 절실한 맘으로 행동해 보자!!

(21) 집회시위 사업의 전망은?

누가 시위사업을 계획할까? 그것이 과연 사업이 될까? 의아할 것이다. 그러나 주변에는 계속 집회시위가 일어난다. 무경험으로 집회신고서를 작성하고 암담한 분이 많다. 전국 집회신고는 매년 10만건 이상이다. **이 분야만 아직도 사각지대로 남아있다. 고객들은 간절하게 도움을 바란다. 적정한 비용으로 신속하게 해결하고 싶다. 그러나 그럴 곳이 없다. 이 정도면 황금시장 아닌가? 누군가 문을 두드리면 길은 반드시 열린다. 나는 그 선구자, 개척자가 되기로 결심하였다.**

집회사업이 힘든 것은 기피 업종이므로 진입장벽이 높다. 단순히 집회음악만 틀어주면 되는 것이 아니다. **가장 중요한 것은 집회 신고자를 대신해야 한다. 즉 시위 현장에서 인원 통제하여 진행하고, 구호 외치며, 상대방과 협상을 주선해야 한다.** 통상 경찰 정보관과 접촉을 싫어하는데 그 분에게 상황 보고하고, **협상을 통해 원만한 결과가 나오게 만드는 것은 고도의 기술이다.** 또한 가능한 정보관이나 상대방에게 컨설팅업체라는 신분을 숨기는게 좋다. 제3자 개입이라는 삐딱한 시선이 부담스럽고, 실제로 큰 도움이 안 된다.

진행 여건상 3명~ 수십명, 백여명 인력동원이 요구된다. 그 외 집회용품 제작, 유인물 작성/배포, 시위 이후 수고비 지급, 의뢰인에게 집회비 잔금수령 등 필요하다. 또한 집회비용은 부가세 세금계산서 발급 등 처리하고, 종합소득세 납부도 필요하다. **가장 중요한 사항은 좋은 시위결과이다. 그래야 시위 잔금도 잘 주고, 타 고객을 소개해 준다. 의뢰인은 피폐해졌으므로 용기와 희망을 주는 발언과 "아! 나를 위해 최선다하는 유능한 분이다.."라는 인상을 줘야한다.** 긴급하면 "그냥 나를 믿고 따르세요!!"라는 배짱도 부려야 한다. 즉 의뢰인에게 잘 보이려고 저자세이면 곤란하다. 프로는 늘 결과로 말한다..

어떤가?? 집회사업은 고도의 전문성과 경험이 필요하다. 아마추어가 넘볼 곳이 아니다. 그래서 아직 사각지대이므로 신 시장, 블루오션이라고 볼 수 있다. 나는 이런 점을 이해할 유능하신 파트너를 찾는다. 언젠가는 이 분야가 인정받는 날이 꼭 올 것이다!!

(22) 나를 위기에서 구한 집회사업

누구나 살면서 엄청난 시련을 겪는다. 나는 2008년 8월 베트남에 진출한 사업이 부도나서 귀국할 때가 가장 큰 위기였다. 그 전에는 학사장교로 대위 예편하여 대기업 다니다가 부동산업으로 돈을 벌어서 베트남에 갔다. 그 곳에서 공장건축 등 사업하다 미국발 금융위기를 넘기지 못했다. 한국에 돌아와서 다시 빌딩매매 사무소 출근했으나 차비도 없어서 점심 굶고, 논현역에서 석촌역 자택까지 걸어다니기도 했다. 아내에게 그동안 남에게 빌린 돈 고백해서 엄청나게 욕을 먹었고, 아직도 그 앙금이 가시지 않았다. 당시 강원도 평창군 임야 1만여평을 몰래 팔아서 사업자금으로 모두 탕진하였으니 용서가 되겠는가? 나는 지금도 아내에게 속죄하는 마음으로 살고 있다.

당시 아내에게 고백은 했어도 일부 남은 돈이 수천만원 있어서 매달 원리금 갚기도 버거웠다. 할 수 없이 자존심 버리고 예전 경험을 살려 2009년 5월 노가다? 인력 사무소에 나갔다. 수중에 몇 천원도 없는데 하루 일하면 7만~ 8만원 받으니, 얼마나 좋겠는가? 우선 주변 눈치 볼 필요 없고 점심도 사 주었다. 그렇게 6개월 일하다 배짱으로 인력사업 하였다. 하지만 매월 임대료, 생활비, 빌린 원리금, 활동비 등으로 600백~ 800백만원씩 나가면 매번 남는게 없었다. 그래도 대외 활동은 열정적으로 매달려서 2개 인력관련 협회까지 주도적으로 만들었다. 그 후에 업계 일드림협회 홍보이사를 맡아서, 노임 못 받은 공사장에서 적극적으로 집회시위를 해 주었다.

자기 일처럼 열심히 시위하니 노임 체불되면 나를 부른다. 개별적으로 연락 올 때도 있다. 내가 집회하기 전에는 수천만원~ 수억원 떼어도 하소연을 못하고, 민사소송에 매달리다가 즉각 돈 받으니 얼마나 좋겠는가? 어느덧 건설인력 업계에서 체불 해결사? 되었다. 이후 "건설인력 외에 비슷한 분들 시위해주자.." 며 네이버 광고하니 많은 연락이 왔다. 특히 대낮엔 시간여유로 집회에 전념할 수 있다. 나는 인력업계에서 부족한 자금력을 시위 대행하며 받은 것으로 보충했다. 지금까지 300여회 시위를 통하여 골치 아픈 빚을 모두 청산하고 여유가 생겼다. **자타에게 희망을 준 집회사업이 고마울 뿐이다!!**

(23) 나의 하루 일상은 어떤가?

건설인력 사업가들은 일반인과 좀 다르다. 우선 아침 일찍 일어난다. 나도 새벽 3시 반경이면 자동으로 눈을 뜬다. 나는 사무실에 라꾸라꾸 침대를 이용하며, 송파구 집은 토요일날 간다. 이른바 주말 부부이다. 요즘은 일어나서 침구를 개고 청소 후 세면한다. 우선 집회관련 글을 쓴다. 04시경부터 05시까지 1쪽 쓸 수 있다. 5시 15분에 건물 출입문 열고, TV 켜며 작업자 맞을 준비한다. 05시 40분이면 거의 다 나온다. 요즘은 코로나19 사태로 일거리가 반 가까이 줄었다. 하루 30~ 50명 정도 나간다. 예전 많을 땐 1일 80명 이상 보내고 최대 100명 나갔다. 나는 인원 늘리려고 부단히 노력했지만 10년간 비슷하다.

건설일용근로자는 부지런하다. 대개 07~ 08시 시작해 17시경 마친다. 전날 나간 현장은 바로 출근하며, 신규현장 갈 때만 사무실로 나온다. 인력업소가 자금력이 좋으면 1개월 단위로 선 지급 후에 나중 받는다. 나는 주로 당일, 1주일 결제위주 거래를 한다. 작업자도 등급이 있다. 최상급, 상급, 중급, 하위급이다. 최상급은 구인업체가 스카웃할 수 있으므로 중상급이 보통이다. 현장에서 계속 지적 받는 사람은 출력을 못하고 귀가 시킨다. 구인자가 싫어하는데 보낼 수는 없다. 통상 나오는 사람의 80~ 90% 정도 일 나간다.

06시 30분이면 사무실에 혼자 남는다. 일 나간 출력자 컴퓨터 입력시키고, 추가로 일 나오면 전화해 직접 가라고 한다. 07시 간단히 먹고 인근 도구머리공원을 2시간 산책한다. 하루 1만보 이상 걷는다. 그 후 하루 중 시간될 때마다 글쓰기, 독서로 보낸다. 가끔 현장 답사하고 건설인력협회, 파출연합회, 학사장교 총동문회 일도 본다. 오후 16시 일 나간 현장에 전화해서 작업현황 묻고, 내일 작업계획을 기재한다. 18시경 인건비를 인터넷 송금한다. 틈틈이 집회문의 전화 오면 상담하고 견적서 보낸다. 유투브 시청 및 신문 정독한다. **하루 마무리로 일기를 쓴다. 45년간 계속 썼으며, 인력사업 9년간은 하루도 빼지 않고 기록했다. 내 힘 원천은 일기장이다. 글재주가 없으나 매일 쓰다 보니 책 몇 권이 나왔다**.(유첨) 밤 11시경 감사 기도하고 잠든다..

※별 첨: **인력사업 기록일지 사례** (2012년 1월 1일 이후 ~ 현재 17권 기재 中)

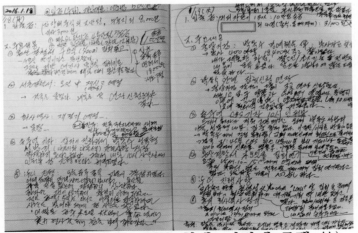

(일례: 2016.1.18. CBS 취재, 다단계 투쟁 外)

(24) 가족은 집회를 어찌 보는가?

나는 시위현장에서 가급적 스트레스 적게 받으려 노력한다. "피할 수 없다면 즐기라!"는 명언도 있다. **사명감으로 일하고, 의뢰인과 나를 동일시 한다. 한 몸이니 갈등도 적고 의외로 즐겁게 진행한다. 하지만 가족들은 다르다. 내가 집회사업을 한다고 얘기한 것은 1년 전이다. 처음에는 놀라더니 지금은 가족 카톡방에 올리면 격려의 말도 해준다. "코로나19 대비 마스크 꼭 착용하라!!"고 걱정한다.** 나는 딸만 둘이다. 두 공주를 생각하면 행복하다. 아내는 은행을 다녔고 지금도 직장생활한다. 3년 후면 60대이니 마음이 무겁다. 결혼 후 30년이 넘었고, 엄동설한을 잘 견뎌주었다. 미안할 뿐이다.

어느 가족이 험한 시위현장에 서길 바랄까? 아직 집회 분위기는 좋지 않고 어떤 일이 벌어질지 모른다. 특히 4~5년 전 통신다단계, 구원파 교주와의 시위는 집회금지가처분 서류 등이 집으로 날아왔다. 아내는 몹시 놀란 표정이었다. 좋은 사건이 아니며 차후 손해배상도 들어 올 수 있었다. 나는 잘 수습했지만 이후 가족들이 걱정되지 않도록 했다. 큰 딸은 시위현장에 3~4회 데리고 갔다. 그래서 아빠를 이해하려 노력한다. 그러나 둘째는 시위를 전혀 모른다. 방송에서 보는게 전부다. **"이 사업은 세상에서 가장 값진 일"이라는 자부심이 없다면 어찌 큰 딸을 시위현장에 동행했겠는가? 나는 딸에게 사진 촬영 등을 부탁하고 아빠의 노고를 알길 바랬으며, 적정한 일당을 지급하였다.**

누구나 마찬가지다. 가장은 한 가정을 책임져야 한다. 나는 사회 첫 직장 쌍용자동차 영업팀장 이후 가족에게 안정감을 심어주지 못했다. **나의 2대 목표로 건설인력은 하루 평균 100명을 넘기고, 집회사업은 국내에서 새로운 이정표 제시할 것이다. 어쩌면 블루오션 신시장이기 때문이다.** 지금 배달의 민족, S1 보안산업, 유투브 등은 시대와 맞아 폭발적으로 성장했다고 본다. **아직 집회사업은 전 근대적이고 완전히 초보단계이다. 내가 선점은 했으니 무엇을 담느냐가 중요하다. 나의 마지막 사업이 될 것이다. 이 책이 세상에 나올 때면 가족들이 나를 좀 더 이해하여 주리라 믿는다. 자랑스러운 아빠, 믿음직한 남편을 넘어서 이웃의 고통에 진심으로 함께할 날을 고대한다!!**

(25) 내 인생의 목표는 무엇인가?

삶의 목표는 나이와 무관하다. 평생을 두고 할 일이 있는가 여부이다. 그리고 틈틈이 그것을 생각하고 노력하느냐다. 젊어도 목표 없이 사는 분도 많다. 늙고 병들었어도 삶의 목표가 있으면 활기차고 행복하다. **내 삶의 목표는 사업적으론 열악한 인력업계와 집회시위 문화를 향상시키고, 가정적으론 좀 더 행복하며, 개인적으론 건강하게 살고 싶다.** 나는 이미 사업적으로 많이 언급하였다. 여기선 함축적으로 표현한다. 인력업계 4대 협회는 교류하지 않고 각자 길을 간다. 나름대로 통합의 길을 위해 노력했지만 쉽지 않다. 내가 그 중에 1개 협회장을 맡으면 교류 가능성 있지만 아직은 때가 아니다.

차후 일ㅇㅇ협회 부회장으로 일할 것이다. 우선 고용노동부 위탁교육 등에 힘쓰고, 궁극적으로 전국 15천여개의 구직관련 소개수수료 년간 1조원 규모를 정부일자리기금에서 지원토록 국회 법제화작업에 노력할 것이다. 금번 21대 총선에서 학사장교 총동문회 출신 국회의원 6명이 당선되어 여건이 좋다. 또한 7년간 활동한 전국파출소개연합회 200여명 회원들의 권익향상에도 힘쓸 것이다. 조직이 없으면 업계 전체의 권익을 위해 일할 수 없다. 그동안 외식업중앙회의 불법적인 무료소개 사업저지를 위한 민. 형사적 투쟁이 큰 경험되리라!

가정은 내게도 무척 소중하다. 사실 그동안 남편으로서, 두 딸 아빠로 잘한게 별로 없었다. 근년에 크게 느낀바 있어 3년 전부터 가정 위해 엄청 노력한다. 요즘 생활비도 빠짐이 없고, 관절염 앓는 아내 건강도 챙기려 신경 쓴다. 아내의 눈빛이 평화로워졌다!! 두 공주는 사적으로 필요한 것을 주려하니, 믿고 따르는 듯해서 마음이 뿌듯하다! 행복이 가까운 곳에 있는데 먼 길을 돌아왔다.. 집엔 10년생 독일산 슈나우저 "보석이"와 교감을 나누고, 늘 성내천 산책을 시킨다.

내 건강은 특별히 노력한다. 매주 평일 6시간 관악산 등산하며, 하루 1만보 이상 평균 12천보 걷는다. 건강에 무척 도움이 된다. 무엇보다 평정심을 가지려 한다. 나이 60 되니, 일이 안 풀려도 편하게 기다릴 줄 알게 되었다. 이 모두에 대해서 감사한다!!!

5장 대외 교류활동 사례

1. 집회연관 대외 교류활동

(1) 대외교류 능력은 주요 성공요인이다!

집회성공은 대외교류에 의해서 결정될 수 있다. **집회시위는 수단이고, 궁극적 목적은 소망을 이루는 것이다. 따라서 필요하면 대외적인 활동도 중요하다.** 필자는 통신다단계업체 ifci 측과 전면투쟁 시 서울YMCA가 도와줘서 국회 정기 국정감사에 참석했다. 당시 YMCA는 다년간 휴대폰 다단계 폐해를 지적했으나, 우리 "통신다단계피해자모임"을 만나 마무리할 수 있었다. 그런 계기는 언론보도였다. 용산 LGU+ 본사 앞에서 시위한 신문기사로 필자에게 전화 왔다. 이후 국정감사에 참고인 출석했고, 엘지유플 권영수 부회장이 국정감사장에 출석해서 "통신다단계 판매중단 선언" 등으로 통신 3사가 다단계영업을 중단하였다.

이 곳에서는 **위 국정감사 출석요구서 외에 청와대에 휴대폰 다단계정책 관련 질의사항, ifci 측에서 고소당하여 YMCA 측에게 협조요청 공문이 있다. 또한 경찰청에 "10년간 전국 집회시위 신고건수 등" 정보공개 청구해서 받은 자료, 그리고 집회현장에서 기준 소음치를 초과해서 받은 경고장 등 게재하였다.** 이를 통해 저자가 얼마나 치열하게 대외활동 및 자료 확보에 노력하였는지 이해할 것이다.

(2) 통신다단계피해 실태증언: 정기국회 국정감사장 출석요구서

수신 : 서울 서초구 방배동 444-9 두리인력

참 고 인 출 석 요 구 서

수 신 : 김한성 다단계피해자모임 대표

발 신 : 국회 미래창조과학방송통신위원회 위원장 신상진
        (서울시 영등포구 의사당대로 1)

국회가 2016년도 국정감사를 실시함에 있어 「국정감사 및 조사에
관한 법률」 제10조 및 「국회에서의 증언·감정등에 관한 법률」 제5조
의 규정에 따라 이 요구서를 발부하오니 아래와 같이 참고인으로 출석
하여 주시기 바랍니다.

1. 출석일시 : 2016년 9월 27일(화) 14:00
2. 출석장소 : 국회 미래창조과학방송통신위원회 국정감사장(본관 627호)
3. 신문요지 : 휴대전화 다단계판매 관련

우편물은 2016-09-20
3118401005109호에 의하여
용증명우편물로 발송하였음을 증명함
국회구내우체국장

2016년 9월 20일

대 한 민 국 국 회
미래창조과학방송통신위원장

(3) 청와대 민원 통보서: 휴대폰 다단계 문제점 대책 및 의견제시

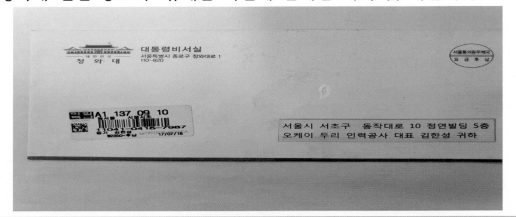

대통령비서실
서울특별시 종로구 청와대로 1
110-820
청 와 대

서울시 서초구 동작대로 10 정연빌딩 5층
오케이 두리 인력공사 대표 김한성 귀하

대 한 민 국
청 와 대

안녕하십니까?

새정부의 통신정책에 대해 관심을 가져주셔서 감사드리며,
선생님께서 질의하신 사항에 대해 다음과 같이 답변 드립니다.

선생님께서는 이동통신사 휴대전화 다단계판매 대책과
통신기본료 폐지 정책에 대한 의견 제시를 위하여 면담을 신청하신 바,
이에 답변 드립니다.

현재 이동통신사 휴대전화 다단계판매 관련해서는 방송통신위원회가
업무를 소관하고 있으며, 통신요금 정책은 미래창조과학부 소관으로
추진 중에 있습니다.

선생님의 의견을 듣고 이를 정책에 반영하기 위해서는 실제 정책을
소관하고 있는 정부 부처와 면담을 진행하는 것이 바람직할 것으로
판단되어, 방송통신위원회 · 미래창조과학부의 관련 정책을 총괄하는
담당자와 면담을 가지실 수 있도록 해당 부처 실무자(미래창조과학부
통신정책국 잡은영사무관(☎ 02 2110 1911)이 연락을 드리도록 하겠습니다.

* 이동통신 다단계판매 관련 담당국장 : 방송통신위원회 이용자정책국장
  통신 기본료 폐지 관련 담당국장 : 미래창조과학부 통신정책국장

통신정책에 대한 관심과 지원에 다시 한번 감사드리며, 김한성님의
가정에 행복과 건강이 함께 하시기를 기원합니다.

감사합니다.   2017. 07. 18.

대 통 령 비 서 실

(4) ifci의 김한성 가처분 소송관련: YMCA 측에 협조공문

수 신: 서울 YMCA 안창원 회장님
참 조: 서울 YMCA 시민사회운동부 서영○ 간사님
발 신: ifci 통신다단계피해자모임 대표 김한성 (010-7459-6866)
내 용: ifci 대표자의 김한성 가처분 관련 협조사항

존경하는 서영○ 간사님! 더운 여름날 수고가 많으십니다. 저는 2016년 1월초부터 통신다단계 피해자모임 활동하다 만났지만 서 간사님은 그동안 오랜 기간 노고가 많으셨습니다.

서 간사님!! 근래에 ifci 회사측은 사활을 걸고 대항을 합니다. 특히 **저의 통신다단계피해모임 활동을 방해하려고 뚜렷한 물증도 없으면서 저에게 "업무방해금지 및 인격권금지 가처분 신청"을 했습니다. 이에 따른 5천만원 손해배상청구도 별도 추진합니다. 만일 소홀히 대처한다면 향후 집회금지 등으로 활동제약 및 큰 경제적인 압박을 받게 될 겁니다.** 그래서 저는 70여쪽의 답변서를 제출하고 2016. 8. 4. 1차 공판에도 참석했습니다.

물론 뚜렷한 증거 없으므로 서울중앙지법 재판부가 가처분 기각 결정을 믿습니다. 하지만 불안한 점도 사실입니다. 서 간사님의 도움이 꼭 필요합니다. 가처분의 핵심은 집회금지이며 합법적 집회는 **"공익성과 진실"** 입니다. 특히 **공익성 측면**은 통신피해자모임을 대변한다는 주장도 좋지만 **"YMCA와 협력적 관계인 ifci 피해자모임"** 활동은 공익성 입증에 큰 도움이 됩니다.

그래서 가처분 서류 표지와 법원제출 답변서를 유첨하니 참고해 1~2쪽의 **"탄원서"** 내용으로 **1. YMCA 사회운동 역할 2. ifci 통신다단계에 대한 피해방지 노력 3. ifci 통신피해자모임과의 관계 4. 모임대표 김한성 활동의 공익측면 5. ifci 부도덕과 피해실태 언급**하며 가처분 기각결정 바랍니다. 라고 마무리 하시면 좋을 겁니다. 바쁘시더라도 금주 내 도착하게 선처 부탁드립니다.

2016. 8. 13. ifci 통신다단계피해자모임 대표 김 한 성 (인)

(5) 대한민국 경찰청에 정보공개청구: 10년간 집회시위 건수 외

■ 공공기관의 정보공개에 관한 법률 시행규칙 [별지 제7호서식] <개정 2016. 12. 13.>

경 찰 청

수신자 김○성 귀하
(경유)
제 목 정보 ([√]공개 [ ]부분 공개 [ ]비공개) 결정 통지서

(앞 쪽)

접수번호 5990563		접수일 2019. 9. 7.
청구 내용	2018년 이전 10년간 전국 집회시위 신고, 시행, 미시행 건수	
공개 내용	2009년부터 2018년까지 집회시위 신고건수, 신고횟수, 개최횟수, 미개최횟수 (전국)	
공개 일시	2019. 9. 24.	공개 장소

* 수수료를 추가납부 하여야 할 경우 「공공기관의 정보공개에 관한 법률 시행령」 제12조에 따라 부득이하게 공개일이 변경될 수 있습니다.

공개 방법	[ ]열람·시청	[√]사본·출력물	[ ]전자파일	[ ]복제·인화물	[ ]기타
수령 방법	[ ]직접 방문	[√]우편	[ ]팩스 전송	[ ]정보통신망	[ ]기타

납부 금액	① 수수료 원	② 우송료 원	③ 수수료 감면액 원	계(①+②-③) 원
	납부일	수수료 산정 명세	수수료 납입계좌(입금 시)	

* 귀하의 청구에 따른 정보공개 내용을 확인한 결과 상기와 같이 수수료를 산정하였으나, 사본제작 후 수수료 금액이 상이하여 사후 정산을 할 수도 있습니다.

비공개(전부 또는 일부) 내용 및 사유	

귀하의 정보공개 청구에 대한 결정 내용을 「공공기관의 정보공개에 관한 법률」 제13조제1항 및 제4항에 따라 위와 같이 통지합니다.

경 찰 청 장 [인]

기안자 경위 장재호   경정 박정준   정보1과장 김성재
협조자
시행 정보1과-3014 (2019. 9. 23.)
우 03739 서울특별시 서대문구 통일로 97, 정보1과 (미근동) / 홈페이지주소 http://www.police.go.kr
전화번호 02-3150-1325 팩스번호 02-3150-2587 / winj@police.go.kr / 비공개(6)

210㎜×297㎜[백상지(80g/㎡)]

※ 정보공개 한 집회시위 신고현황 등 내역서

집회시위 신고 개최현황 (전국)

연도	신고건수	신고횟수	개최횟수	미개최횟수
2009	155,030	1,034,986	27,641	1,007,345
2010	195,213	1,004,581	53,682	950,899
2011	164,032	1,099,287	42,130	1,057,157
2012	148,301	1,052,820	10,038	1,042,782
2013	139,814	1,126,921	42,562	1,084,359
2014	145,843	1,363,320	44,664	1,318,656
2015	127,483	1,403,916	47,654	1,356,262
2016	83,427	1,085,976	45,755	1,040,221
2017	68,913	1,101,413	43,017	1,058,396
2018	81,358	1,517,104	68,262	1,448,842

(6) 집회현장 소음치 초과: 기준 이하로 소음유지 명령서
(아래 명령서 신고자 서명 이후: 필히 기준치 준수요망!!)

기준이하의 소음유지 (확성기 등 사용중지) 명령서

귀하가 개최하고 있는 집회에 대하여 2020 년 2 월 27 일 13 시 51 분에 확성기 등 소음을 측정한 결과 대상소음도 (80)dB로 집회 및 시위에 관한 법률 시행령 제14조(별표2)에서 규정한 소음제한을 위반하였으므로, 집회 및 시위에 관한 법률 제14조 제2항의 규정에 의하여 측정소음(61.1)dB[대상소음(65)dB] 이하의 소음유지(확성기 등 사용중지)를 명합니다.

☐ (주간기타, 야간기타, 주간주거, 야간주거)지역으로 소음제한 기준은 (75dB, 65dB, 60dB)입니다.

☐ (주간기타, 야간기타, 주간주거, 야간주거)지역으로 소음제한 기준은 (75dB, 65dB, 60dB)이지만, 배경소음 (   )dB이므로 측정소음(   )dB[대상소음(   )dB]이하의 소음유지가 필요합니다.

※ 대상소음 : 측정소음과 배경소음의 차이를 보정한 값

귀하가 위 명령을 위반하면 집회 및 시위에 관한 법률 제24조 제4호의 규정에 의하여 6월 이하의 징역 또는 50만원 이하의 벌금·구류 또는 과료로 처벌받게 됩니다.

2020 년 2 월 27 일 14 시 00 분

서울 관악경찰서장 (인)

송 병 호   귀하

6장 언론방송 적극 홍보사례

1. 시위관련 언론방송 홍보사례

(1) 언론방송 활용은 시위협상의 1등 공신이다!

수차례 말했지만 시위는 수단이다. 그 목적은 금전 등 다양하다. **수단은 목표를 위한 과정이므로 많을수록 좋다. 그래서 언론, 방송을 활용하면 큰 도움이 된다. 보통 시위는 도저히 대화가 안 되므로 마지막으로 시도할 때가 많다. 싸움으로 말하면 정공법이다.** 상대방 회사, 사업장 앞에서 집회 외에 신문, 방송, 유투브 나오면 셈법이 복잡해진다. 특히 사회적 파급력이 큰 대기업이나 유명업체는 언론보도에 민감하다. 필자가 통신 다단계업체 ifci와 싸울 때 신문, 방송보도로 인해서 정기국회에서 다루었고 LGU+가 다단계사업을 포기하였다.

당시 휴대폰 통신다단계로 인해서 서민들이 큰 피해를 보았어도 언론이 보도하지 않았다면 대기업이 손들 리가 없다. 요즘 이단종교인 신천지가 크게 문제가 된다면, 2015년은 세월호 사건(2014. 4. 16.) 발생 다음해로서 구원파의 관심이 컸다. **세월호 선주 유병언은 구원파 교주였다. 유병언과 박옥수는 같이 배운 신학동기생이다. 종교 언론에서 관심이 뜨거웠다. 필자와 박옥수 교주 싸움을 크게 보도했다. 주요 사안마다 언론, 방송에서 보도하면 상대방도 조심하고 시위자는 큰 위안이 된다.** 저자는 처음 거대세력 다단계 회사, 구원파 교주와 싸울 때 언론에 대해 알지 못했다. 그러나 수년간 투쟁할 때 언론도 큰 관심을 가졌다. 만약 그들이 없었다면 중도에 낙마할 수도 있었을 것이다.

나는 당시 경험으로 언론과 방송의 중요성을 깨달았다. 집회시위 관심자도 같다. **비록 작은 집회라도 가능한 언론에 제보하고, 청와대 게시판에 올리며, 유투브에 동영상 띄우면 상대방은 긴장한다. 만약 인터넷신문이나 지방신문이라도 기사 나오면, 복사해서 현장 배포하면 효과가 무척 크다. 이를 통해 유리하게 협상할 수 있다.** 이곳에는 주로 LGU+ 박옥수 교주와의 언론보도가 주종이며, 기타 내용도 게재하였다. 집시현장에서 구호와 농성뿐 아니라, 언론으로 다양하게 압박할 것을 권유한다. **시위가 정공법이라면 언론은 게릴라전이다!!**

(2) 용산 LGU+본사 통신다단계피해자 최초 집회: 노인 등 피해보도!!

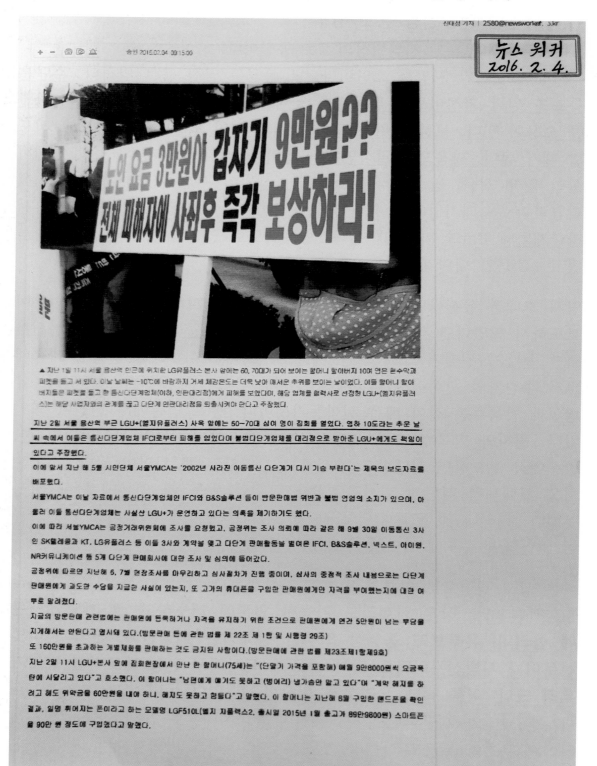

뉴스 워커
2016. 2. 4.

▲ 지난 1월 11시 서울 용산역 인근에 위치한 LG유플러스 본사 앞에는 60, 70대가 되어 보이는 할머니 할아버지 10여 명은 현수막과 피켓을 들고 서 있다. 이날 날씨는 -10℃에 바람까지 거세 체감온도는 더욱 낮아 매서운 추위를 보이는 날이었다. 이들 할머니 할아버지들은 피켓을 들고 한 통신다단계업체(이하, 인판대리점)에게 피해를 보았다며, 해당 업체를 협력사로 선정한 LGU+(엘지유플러스)는 해당 사업자와의 관계를 끊고 다단계 인판대리점을 퇴출시켜야 한다고 주장했다.

지난 2월 서울 용산역 부근 LGU+(엘지유플러스) 사옥 앞에는 60~70대 십여 명이 집회를 열었다. 영하 10도라는 추운 날씨 속에서 이들은 통신다단계업체 IFCI로부터 피해를 입었다며 불법다단계업체를 대리점으로 받아준 LGU+에게도 책임이 있다고 주장했다.

이에 앞서 지난 해 5월 시민단체 서울YMCA는 '2002년 사라진 이동통신 다단계가 다시 기승 부린다'는 제목의 보도자료를 배포했다.

서울YMCA는 이날 자료에서 통신다단계업체인 IFCI와 B&S솔루션 등이 방문판매법 위반과 불법 영업의 소지가 있으며, 아울러 이들 통신다단계업체는 사실상 LGU+가 운영하고 있다는 의혹을 제기하기도 했다.

이에 따라 서울YMCA는 공정거래위원회에 조사를 요청했고, 공정위는 조사 의뢰에 따라 같은 해 9월 30일 이동통신 3사인 SK텔레콤과 KT, LG유플러스 등 이들 3사와 계약을 맺고 다단계 판매활동을 벌여온 IFCI, B&S솔루션, 넥스트, 아이원, NR커뮤니케이션 등 5개 다단계 판매회사에 대한 조사 및 심의에 들어갔다.

공정위에 따르면 지난해 6, 7월 현장조사를 마무리하고 심사절차가 진행 중이며, 심사의 중점적 조사 내용으로는 다단계 판매원에게 과도한 수당을 지급한 사실이 있는지, 또 고가의 휴대폰을 구입한 판매원에게만 자격을 부여했는지에 대한 여부로 알려졌다.

지금의 방문판매 관련법에는 판매원에 등록하거나 자격을 유지하기 위한 조건으로 판매원에게 연간 5만원이 넘는 부담을 지게해서는 안된다고 명시돼 있다.(방문판매 등에 관한 법률 제22조 제1항 및 시행령 29조)

또 160만원을 초과하는 개별제화를 판매하는 것도 금지된 사항이다.(방문판매에 관한 법률 제23조제1항제9호)

지난 2월 11시 LGU+본사 앞에 집회현장에서 만난 한 할머니(75세)는 "(단말기 가격을 포함해) 매월 9만8000원씩 요금폭탄에 시달리고 있다"고 호소했다. 이 할머니는 "남편에게 애기도 못하고 (벙어리) 냉가슴만 알고 있다"며 "계약 해지를 하려고 해도 위약금을 60만원을 내야 하니, 해지도 못하고 힘들다"고 말했다. 이 할머니는 지난해 8월 구입한 핸드폰을 확인 결과, 일명 취거지는 폰이라고 하는 모델명 LGF510L(엘지 지플렉스2, 출시일 2015년 1월 출고가 89만9800원) 스마트폰을 90만 원 정도에 구입했다고 말했다.

(3) ifci 피해자모임에서 통신다단계 대표 등 고소: 언론 보도기사

개통만 하면 고수익...피해자 양산, 이동통신 다단계 | 뉴스&이슈

심호석 | 조회 64 | 2016/07/11 08:22:05

통신다단계 피해자모임 허위 과장광고로 업체 대표 고소

뉴스&이슈
2016. 7. 11.

다단계판매는 생산자와 소비자를 직접 연결해주는 '유통혁신'을 제창하며 1980년 대 말 국내에 처음 도입됐다. 복잡한 중간유통 과정을 줄여 이익을 소비자에게 돌려준다는 마케팅 기법은 낯설지만 합리적이었고 누구나 무자본으로 고수익을 낼 수 있다는 설명은 충분히 매력적이었다.

하지만 고수익을 미끼로 터무니없이 비싼 가격의 제품을 강매하거나 불법 합숙에 대출까지 강요하는 등 불법적 행태가 성행하며 다단계판매는 '피라미드 사기'라는 이미지로 점철된 채 좀처럼 음지에서 벗어나지 못했다.

다단계판매가 합법적으로 수용된 것은 1995년 1월 '방문판매 등에 관한 법률'이 새로 개정·공포되면서부터다. 미국과 일본에 의해 유통시장 개방 압력을 받고 있던 정부가 규제일변도였던 기존의 방판법을 개정해 제도권 내로 받아들인 것이다.

그로부터 20년이 지난 요즘, 다시금 다단계판매가 도마 위에 오르고 있다. 국내 이통업계 3위인 LG유플러스의 다단계 대리점 IFCI가 사기 및 방문판매법 위반으로 최근 피소를 당한 것이다.

IFCI 통신다단계 피해자모임 김한성 대표는 최근 서울중앙지방검찰청에 권영성 IFCI 대표사업자 등에 대한 고소장을 제출했다. 김 대표는 "휴대폰 개통만 하면 누구든지 고수익을 거둘 수 있다고 했지만 약속된 금액은 실제로는 에메랄드 직급에 올라야만 가능한 수익으로 이는 전체 회원의 0.05%에 그친다"며 이는 방문판매법 23조 2항 금지행위(허위·과장광고)에 해당된다고 주장했다.

공정위 통계를 보면 김 대표의 주장대로 2014년 10만 명이 넘는 IFCI 판매원 가운데 9만 명 정도는 월 4만원도 벌지 못했다. 연간 한 푼도 벌지 못한 사람도 4만 명이나 됐다. 최상위 1% 미만에 속한 사람만 연간 1천만 원 넘는 돈을 벌었다.

고가요금제나 위약금, 요금대납 등으로 수입보다 더 많은 지출을 감수해야 하는 것도 문제다. 공정위에 따르면 2014년 12월부터 2015년 5월까지 후원수당을 받는 브론즈 직급으로 승급한 IFCI 회원은 총 7만4천347명으로 이 가운데 80%인 5만9천496명은 스스로 휴대폰을 구매함으로써 브론즈가 된 것으로 나타났다.

이동통신 다단계판매의 위법성에 대한 이의제기는 이번이 처음이 아니다. 지난해 9월 방통위는 LG유플러스가 다단계 및 일반 대리점에 요금수수료, 판매 장려금 등을 과도하게 차별 지급해 이용자 차별을 유도했다며 23억7천200만원의 과징금을 부과했다. 7개 다단계 업체에 대해서는 시정명령을 내리고 각 100만~250만원의 과태료를 부과했다.

지난 5월에는 IFCI, B&S솔루션, NEXT, 아이원 등 4개 이동통신 다단계 업체가 공정거래위원회로부터 시정명령을 받았다. 방문판매법상 다단계업체는 160만원이 넘는 제품을 팔아선 안되지만 지난해 6월 기준으로 IFCI는 최소 7만6천 건, NEXT는 3만3천 건 이상의 160만원 초과 이동통신 상품을 판매한 것으로 드러났다. IFCI와 아이원은 다단계판매원에게 공급한 상품가격의 35%를 넘는 후원 수당을 지급할 수 없도록 금지한 법도 어겼다.

하지만 이들 업체들은 공정위의 시정명령에 불복하고 서울고등법원에 소송을 제기한 상태다. 휴대폰 가격을 `단말기값+2년 약정요금`으로 산출한 공정위의 시정명령이 부당하다며 철회를 요구하는 소송과 함께 집행정지를 신청했다.

이에 대해 다단계를 통한 피해 규모에 비하면 솜방망이에 불과한 시정명령과 과태료 처분 등의 강도를 높이고 실효성 있는 관련법 개정이 이뤄져야 한다는 주장이 제기되고 있다. 휴대폰 다단계 판매가 법의 사각지대에서 수많은 피해자를 양산하고 있기 때문에 방판법 뿐만 아니라 단통법, 전기통신사업법 등 관련법을 개정해 교묘히 법망을 회피할 소지를 없애야 한다는 것이다.

또한 "대리점을 우리가 통제할 수 없다"며 책임에서 한 발 물러나 있는 이동통신사에 대한 직접적인 제재도 필요해 보인다. 재주는 곰이 부리고 돈은 왕서방이 버는 것처럼 다단계 판매로 발생한 수익을 챙기는 이상 곰의 위법행위에 대한 책임 또한 연대해야 할 것이다.

< http://www.koreaittimes.com/story/60782/%EA%B0%9C%ED%86%B5%EB%A7%8C-%ED%95%98%EB%A9%B4-%EA%B3%A0%EC%88%98%EC%9D%B4%ED%94%BC%ED%95%B4%EC%9E%90-%EC%96%91%EC%82%B0-%EC%9D%B4%EB%8F%99%ED%86%B5%EC%8B%A0-%EB%8B%A4%EB%8B%A8%EA%B3%84 >

인쇄하기   취소

(4) LG유플러스 사옥 앞 다단계피해자들 시위 보도: 조선일보 기사

①

테크

ICT/미디어

LG유플러스 사옥 찾아간 다단계 폰 피해자들 "다단계를 퇴출시켜라"

조선비즈   심민관

입력 2016.07.22 11:30

"LG유플러스는 즉각 IFCI와 관계를 끊고 통신다단계 사업을 포기하라"

21일 오전 11시 LG유플러스 용산 사옥 앞. 회사 앞에 걸린 붉은색 플랜카드에는 이 같은 문구가 적혀 있었다. 국내 최대 휴대전화 다단계 업체 IFCI의 사죄를 요구하는 팻말을 든 사람들의 모습도 보였다. 이들은 IFCI 회원으로 활동했다가 피해를 입었다고 주장하는 사람들이었다. IFCI는 LG유플러스 (12,150원 ▼ 200 -1.62%)와 협약을 맺고 휴대전화 다단계 판매 사업을 해오고 있다.

이들은 30도가 넘는 폭염 속이었지만 사람들은 "IFCI를 퇴출시켜라" "IFCI는 사죄하라"라는 구호를 외쳤다.
이날 시위를 주도한 김한성 피해자모임 대표는 "IFCI는 휴대폰 개통만 하면 누구든지 수백만원의 수익을 거둘 수 있다고 유혹했지만 실제 수입은 상위 1%가 독식하고 있다"고 주장했다.

이에 대해 LG유플러스 관계자는 "피해자들이 LG유플러스가 다단계 사업을 포기하라고 외친다고 포기할 수 있는 게 아니다"라며 "다단계는 적법한 사업이며 이통시장 3위 업체에게 있어선 가입 자를 확보하는 유효한 마케팅 전략 중 하나"라고 말했다.

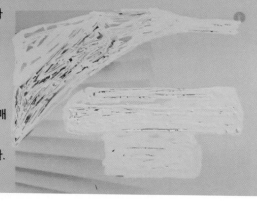

7월 21일 LG유플러스 용산 사옥 앞에서 김한성 통신다단계 피해자모임 대표(왼쪽에서 네번째)
가 확성기를 들고 IFCI를 규탄하는 시위를 하고 있다. / 사진=추다솜 인턴기자

다단계 피해자들의 집회는 지난 지난 7월 16일에도 열렸다. 이날 오후 1시 인천 남동체육관에는
휴대전화 다단계 판매업체 IFCI의 창립 5주년 기념 행사에 참석하기 위해 관광버스를 대절해 올라
온 IFCI 회원들로 인산인해를 이뤘다.

체육관 밖에선 우비를 입고 비를 맞은 채 다단계로 피해자라고 주장하는 사람들은 "LG유플러스
는 부도덕한 IFCI 퇴출시켜라"는 팻말을 들고 있었다.

이날 시위에 참가한 대학생 김모(22)씨는 "IFCI가 일반회원이 후원수당을 받을 수 있는 브론즈 직
급 이상으로 승급하기 위한 조건으로 본인이 직접 구매하거나 타인에게 판매해 본인 명의의 매출
을 낼 것을 요구했다"면서 "친구들에게 소개해 가
입시켰다가 돈은 못 벌고 매달 10만원 이상의 통
신요금 폭탄만 맞았다"고 말했다.

피해자인 박모(61)씨도 "정년 퇴직 후 쉽게 돈을
벌 수 있다는 말에 속아 다단계에 가입했다"며 "매
달 25000원 이상 나오지 않던 통신비가 10만원
이상 나와 큰 부담을 느끼고 있다"고 하소연 했다.

''끝''

(5) 국정감사 때 LGU+ 다단계업체 보도: 피해자모임 대표 시위모습

테크

ICT/미디어

[국감 2016] "LGU+ 다단계 업체, 가입자 수 6개월만에 32% 늘려"

조선비즈   심민관 기자

2016. 10. 7.
조선일보

입력 2016.10.07 11:15 | 수정 2016.10.07 11:16

국내 최대 이동통신 다단계 업체 IFCI의 사업규모가 크게 늘어난 것으로 나타났다. 이 회사는 LG
유플러스와 계약을 맺고 통신 상품을 팔고 있다.

7월 16일 국내 최대 다단계 폰 판매업체인 IFCI 창립 5주년 행사가 열린 인천 남동체육관 밖에서 IFCI
피해자들이 규탄 시위를 벌이고 있는 모습. / 심민관 기자

6일 국회 미래창조과학방송통신위원회 윤종오 의원(무소속)이 공개한 자료에 따르면, IFCI를 통
해 이동통신 서비스에 가입한 수는 2015년 12월 16만2569명에서 올해 6월 21만4695명으로 5만2
126명 늘었다. 전년대비 32.1% 증가한 수치다. 같은 기간 전체 다단계 업체의 이동통신 가입자 수
는 32만5700명에서 38만285명으로 5만4585명(16.8%) 증가했다.

IFCI의 다단계 판매원 증가율도 평균보다 높았다. IFCI 다단계 판매원 수는 전년 대비 16.5% 늘어
난 27만2461명이었다. IFCI는 전체 다단계 판매수 증가율은 11.4%였다. 전체 다단계판매원 수는
50만8322명 중 IFCI의 판매원 비율은 48%에 달한다.

(6) 국정감사 LGU+ 권영수부회장 참석, 다단계 포기발언 등 보도

테크

ICT/미디어

[큐레이션] LGU+ 왜 다단계 매달리나...권영수 부회장 국정감사 출석

조선비즈 심민관 기자

2018. 10. 18
조선일보

입력 2016.10.18 12:09 | 수정 2016.10.18 15:17

10월 17일 국회 공정거래위원회 국정감사에서 KT가 휴대전화 다단계 영업 중단을 선언했습니다. SK텔레콤도 지난 7월부터 휴대전화 다단계 영업을 정리해 왔습니다. SK텔레콤의 9월 다단계 영업건수는 120건에 불과하고 연말까지 0건으로 만들 계획입니다. 18일 오후 국회 정무위원회 국정감사에 권영수 LG유플러스 부회장이 참석해 LG유플러스의 휴대전화 다단계 영업에 대한 입장을 밝힐 예정입니다.

휴대전화 다단계 판매는 방문판매법상 엄연한 '합법'입니다. 다단계 판매 자체는 문제가 없습니다. 또 다단계 판매로 생계를 이어가는 사람도 많기 때문에 함부로 없앨 수도 없습니다. 휴대전화 다단계 판매가 문제가 된 것은 노인이나 취업준비생 등 정보에 어두운 사람을 대상으로 구형 단말기와 고가의 요금제를 판매하고 불법보조금을 살포하는 등 여러 부작용 때문입니다.

올해 국정감사에서 논란의 중심이 된 휴대전화 다단계 영업과 관련해 그동안 어떤 우여곡절이 있었는지를 정리해 봤습니다.

②

7월 21일 LG유플러스 용산 사옥 앞에서 김한성 통신다단계 피해자모임 대표(왼쪽에서 네번째)가
확성기를 들고 IFCI를 규탄하는 시위를 하고 있다. / 추다솜 인턴기자

◆ 단통법 이후 휴대전화 다단계 영업 부활

다단계 판매 합법화는 1995년의 일입니다. 방문판매법 개정으로 제도권에 편입된 후 다단계 판매
방식은 빠르게 확산됐습니다. 전체 다단계 시장에서 비중은 크지 않았지만 휴대폰 판매도 2000년
대 초반까지 꾸준히 확대되는 모습을 보였습니다.

2002년 정부가 제동을 걸면서 휴대폰 다단계 판매는 한동안 시장에서 자취를 감췄습니다. 당시
통신위원회(현 방송통신위원회)는 KTF가 다단계 판매회사인 앤알커뮤니케이션과 선불요금제와
관련해 사실상 독점 계약을 맺고 일반 대리점보다 많은 수수료를 지급한 사실을 적발했습니다.
당시 통신위원회는 통신 서비스 특성상 다단계 모집은 통신 시장의 공정 경쟁을 저해하고 서비스
제공 체계를 혼란스럽게 만들 수 있다고 지적했습니다.

그 이후 10년 넘게 모습을 감춘 휴대전화 다단계 판매는 2014년 이동통신 단말장치 유통구조 개
선에 관한 법률(단통법) 시행과 함께 다시 모습을 드러냈습니다. 단통법 시행으로 번호이동이 줄
어들자 통신사들이 휴대전화 다단계 판매를 강화하기 시작한 것입니다.

흥미로운 점은 3위 통신사인 LG유플러스 (12,150원▼ 200 -1.62%)가 다단계 판매에 공을 들였다는 점
입니다. 국회 입법조사처 국정감사 자료에 따르면 6월말 기준 다단계를 통해 이동통신 서비스에
가입한 이용자는 55만2800명입니다. 이 가운데 SK텔레콤 가입자는 5만1600명으로 가장 적었고

KT 역시 6만2000명에 불과했습니다.

반면 LG유플러스는 다단계를 통해 43만5000명의 고객을 확보했습니다. LG유플러스 전체 다단계 가입자 수의 79%에 달합니다. 전체 LG유플러스 가입자 가운데 다단계를 통해 확보한 이용자 비중은 3.7%로 큰 편에 속합니다.

단통법 영향이 큽니다. 법으로 단말기 할인 가격을 제한하는 단통법 때문에 가입자들이 다른 통신사로 이동(번호이동)해도 단말기를 싸게 구입하기 어렵습니다. 그렇다보니 같은 번호 내에 기기만 바꾸는 기기변경이 많아졌고 다른 통신사업자로부터 가입자를 뺏어와야 하는 3위 통신사 LG유플러스는 불리한 입장에 놓였습니다. LG유플러스가 다단계 영업에 매달린 이유입니다.

[국감 2016] "LGU+ 다단계 업체, 가입자 수 6개월만에 32% 늘려"<2016.10.07.>

◆ 방통위, 공정위 제재에도 다단계 영업 성행

박성우 기자

단통법이 시작된지 얼마 지나지 않아 불법 다단계 문제가 불거졌습니다. 최성준 방송통신위원장은 2015년 4월 휴대전화 다단계와 관련해 이통사의 과도한 장려금, 공시 지원금 초과 지원금, 고가 요금제, 특정 단말기 강요 여부 등을 점검하겠다고 밝혔습니다. 한달 뒤인 2015년 5월 서울YMCA도 방통위와 공정위에 불법 여부 조사를 요청했습니다.

그 결과 2015년 9월 방통위는 LG유플러스의 법 위반을 적발했습니다. 방통위는 "다단계업체 와 일반 대리점간에 요금수수료와 판매 장려금 등을 과도하게 차별 지급해 이용자 차별을 유도했다"며 LG유플러스에 23억7200만원의 과징금을 부과했습니다. 방통위는 적발된 7개 다단계 유통

점에 시정명령을 내리고 100만에서 250만원까지의 과태료를 각각 부과했습니다.

④

하지만 방통위 조치에도 다단계 영업은 사그라들지 않았습니다. 서울YMCA는 단말기 통신 요금(24개월) 없이 단독으로 사용 가능한 상품이 아니라며 '단말기 가격+통신요금'이 '방문판매 등에 관한 법률'이 정한 다단계 판매 상한금액 160만원을 초과해 위법이라고 공정위에 조사를 요청했습니다.

이를 검토한 공정위는 2016년 5월 국내최대 휴대전화 다단계업체 IFCI 등 4개 이동통신 다단계업체의 방문판매법 위반행위에 대해 시정명령을 부과했습니다.

다단계 판매 위법' LG유플러스 과징금 23억7200만원 철퇴<2015.09.09.>
서울YMCA, 'LG유플러스 다단계 심의 결과 발표하라"...공정위에 촉구<2016.03.07.>
공정위, 4개 다단계 판매업체 제재..."휴대폰+약정상품, 160만원 넘어"<2016.05.12.>

10월17일 오전 국회 정문에서 통신다단계 피해자모임 일원이 1인 시위를 하고 있다. /통신다단계
피해자모임 제공   (국회 정문: 김한성 대표)

이런 가운데 LG유플러스가 다단계 대리점을 통해 LG전자의 구형 스마트폰을 '밀어내기'식으로 판매한 정황이 있다는 피해자 주장이 계속됐습니다. 심지어 LG유플러스가 IFCI 본사 사무실까지 임대해주고 있는 정황도 포착됐습니다. IFCI 본사인 서울시 강남구 대치동 우전빌딩의 등기사항전부증명서를 확인해 본 결과 이곳의 전세권자가 LG유플러스로 설정돼 있었습니다.

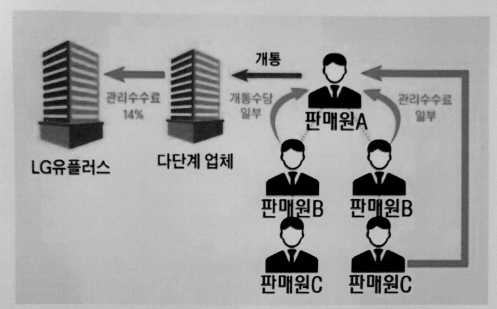

휴대폰 다단계 사업자의 판매수익 구조 / 그래픽:이진희

◆ 권영수 LG유플러스 부회장, 결국 국감 출석

LG유플러스는 권영수 부회장 취임 후 휴대전화 다단계 판매 방식을 버릴 것을 시사해왔습니다. 하지만
권영수 LG유플러스 부회장은 지난 9월 기자간담회에서는 "다단계 자체는 글로벌 마케팅 수단이지만 우리나라는 잘못 시행되고 있어 잘못 인식되고 있다"면서 "논란에 밀려서 다단계를 접지는 않겠다"고 말하기도 했습니다.

권영수 LGU+ 부회장 "케이블TV 사업자 M&A 추진하겠다" <2016.09.25.>

또 김영주 의원(더불어민주당)에 따르면 LG유플러스는 국감이 열리기 전인 지난 10월 9일 권영수 LG유플러스 부회장 명의로 "내년 1월까지 다단계 판매를 중단하겠다"는 내용의 공문을 김 의원실에 3차례나 보냈습니다.

LG유플러스가 다단계 영업을 접겠다는 의사를 밝히자 김 의원은 정무위에 당초 신청했던 권영수 부회장의 증인 출석 요구를 철회하기도 했습니다.

(7) 통신다단계피해자모임 시위 활동: 다단계영업 중단 보도기사

아시아경제 기사 프린트하기　　프린트하기

①

아시아 경제
2017. 1. 9.

LG유플러스, 다단계 영업 접는다

기사입력 2017.01.09 11:05　최종수정 2017.01.09 11:05

고가요금제 가입 유도 등 부정적 인식 고려

대리점 IFCI와 업종 변경 등을 위한 협상 중

지난해 7월 IFCI 통신다단계피해자모임 회원들이 LG유플러스 용산사옥 앞에서 시위하는 장면.

[아시아경제 안하늘 기자]LG유플러스가 논란이 됐던 휴대폰 다단계 영업을 점진적으로 정리한다.

9일 업계에 따르면 LG유플러스는 최근 다단계 대리점 IFCI와 휴대폰 다단계 영업을 종료하기 위한 협상을 시작했다.

지난해 국정감사에서 이 문제를 지적한 김영주 더불어민주당 의원실 관계자는 "지난달 중순 LG유플러스가 찾아와 IFCI가 휴대폰 외 업종을 변경하는데 있어 도움을 주기 위한 협상을 진행하고 있다고 밝혔다"고 말했다.

IFCI는 LG유플러스의 대표적인 다단계 대리점으로, 지난 2015년 기준 가입자 26만명, 연 매출 2031억원, 영업이익 276억원을 기록했다.

휴대폰 다단계 영업 자체는 불법이 아니지만, 이들은 후원 수당 등 영업 구조를 통해 사실상 고가요금제 가입을 강요하는 것으로 전해진다.

서울YMCA에 따르면 이동통신3사 전체 가입자 중 6만원대 이상 고가요금제 가입비중은 12.5%인 반면 다단계 총 가입자 18만2493건(2014년 10월~2015년 5월 기준) 중고가요금제 사용 비율은 86.4%에 달했다.

다단계를 통한 수당도 상위 1%에게 몰리는 '피라미드식 구조'도 문제가 됐다. 공정거래위원회에 따르면 지난 2015년 후원수당을 지급받은 실제 판매원을 기준으로 상위 1%는 1972만원을 받았지만, 1~6%는 54만원, 6~30%는 14만7000원, 30~60%는 7만6000원, 60~100%는 2만8000원을 받는데 그쳤다.

IFCI 다단계 피해자들은 '가입만 하면 매달 수백만원을 벌 수 있다'는 말에 속았다며 LG유플러스 및 IFCI 본사 앞에서 시위를 벌이는 등 LG유플러스의 다단계 영업은 사회적 논란이 됐다.

이에 김 의원은 권영수 LG유플러스 부회장을 국감 증인으로 부르기까지 했다. 당시 LG유플러스는 김 의원실에 "계약 등의 문제로 2017년 1월 이후 다단계 영업을 중단하겠다"는 뜻을 밝혔다.

이후 LG유플러스는 법무팀을 중심으로 다단계 중단 절차 등을 검토했다. 다단계 채널을 통한 가입자는 월 2만명에서 현재는 5000~7000명으로 지속적으로 줄고 있다.

실제로 IFCI는 최근 들어 화장품 , 건강식품 등 취급 품목을 확대하고 있으며, 지난 3일에는 사명을 '봄코리아'로 변경한다는 계획도 밝혔다.

LG유플러스 관계자는 "IFCI에 휴대폰 다단계 영업에 대한 사회적 인식 등에 대해 충분히 설명했다"며 "가입 건수가 급격히 줄었으며, 다단계 영업을 근절한다는 내용을 알리

③

는 시점에 대해 검토하고 있다"고 말했다.

안하늘 기자 ahn708@asiae.co.kr

프린트하기

-315-

(8) ifci 다단계업체 검찰기소 3천만원 구형 및 재판보도 기사

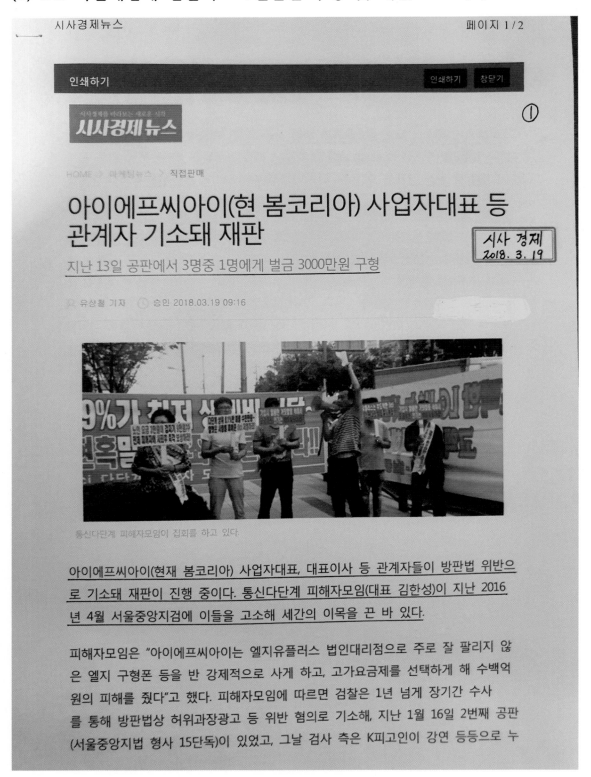

인쇄하기 　　　　　　　　　　　　　　　　　　　　　인쇄하기 ┃ 창닫기

시사경제 뉴스
지사 정책를 바라보는 새로운 시각

HOME > 마케팅뉴스 > 직접판매 　　　　　　　　　　　　　　　　①

아이에프씨아이(현 봄코리아) 사업자대표 등 관계자 기소돼 재판

지난 13일 공판에서 3명중 1명에게 벌금 3000만원 구형

시사 경제
2018. 3. 19

유상철 기자　　승인 2018.03.19 09:16

통신다단계 피해자모임이 집회를 하고 있다.

아이에프씨아이(현재 봄코리아) 사업자대표, 대표이사 등 관계자들이 방판법 위반으로 기소돼 재판이 진행 중이다. 통신다단계 피해자모임(대표 김한성)이 지난 2016년 4월 서울중앙지검에 이들을 고소해 세간의 이목을 끈 바 있다.

피해자모임은 "아이에프씨아이는 엘지유플러스 법인대리점으로 주로 잘 팔리지 않은 엘지 구형폰 등을 반 강제적으로 사게 하고, 고가요금제를 선택하게 해 수백억 원의 피해를 줬다"고 했다. 피해자모임에 따르면 검찰은 1년 넘게 장기간 수사를 통해 방판법상 허위과장광고 등 위반 혐의로 기소해, 지난 1월 16일 2번째 공판(서울중앙지법 형사 15단독)이 있었고, 그날 검사 측은 K피고인이 강연 등등으로 누

-316-

②

구나 거액을 벌 수 있다는 허위과장 발언 등으로 회원을 가입시켜 400억원의 피해를 줬다며 검사의견서를 재판부에 제출했다.

피해자모임은 고소 이후 집회, 언론 등을 통해 피해사실을 알리고 2016년 10월 국감을 통해 통신 3사가 휴대폰 다단계 사업을 접도록 했다. 기소된 관계자들은 피해자모임 대표를 영업방해 등으로 고소했지만 검찰 조사 후 무혐의 처분 받았다.

아이에프씨아이는 현재 봄코리아로 상호를 바꾸고 생활용품 등 취급제품을 다양화해 영업을 지속하고 있다. 피해자모임 관계자는 "아이에프씨아이는 불법적 영업으로 수많은 피해를 줘 재판까지 받지만 여전히 반성하지 않고 피해자 보상은 전혀 이뤄지지 않고 있다"고 했다. 지난 13일 공판에서 기소된 3명 중 1명에게 검찰은 벌금 3000만원을 구형했다. 오는 4월 24일 공판이 진행될 예정이다. 아이에프씨아이는 지난 2015년 기준 2000억원이 넘는 매출에 26만여명의 회원이 있었다. 2016년 12월에 봄코리아로 상호명을 바꿨다.

유상철 기자 ysc14@sisaenews.com

<저작권자 © 시사경제뉴스, 무단 전재 및 재배포 금지>

인쇄하기

"끝"

(9) 월간 현대종교: 구원파교주 강남교회 앞 시위 최초 보도기사

기쁜소식강남교회, 신도 폭행과 시위 방해

2015.05.28 14:01 입력 | 2015.05.29 13:18 수정

현대종교
2015. 5. 29.

기쁜소식선교회(대표 박옥수) 내부에 개혁비상대책위원회(대표 김한성, 개혁비대위)가 조직됐다. 개혁비대위는 주식사기, 또별사건 등의 문제를 제기하며 박옥수 목사의 즉각퇴진을 촉구했다.

위원장 김한성씨는 교회 주변에 집회를 신고했다는 이유로, 지난 5월 10일 기쁜소식강남교회 예배 시간에 황○○ 장로를 비롯해 10여 명에게 예배당 밖으로 끌려 나가 폭행을 당했다.

개혁비대위는 동월 17일 기쁜소식강남교회 정문에서 김씨에게 집단폭행을 행사한 것과 박옥수씨의 문제를 제기하며 시위를 벌였다. 기쁜소식강남교회 측은 차량을 동원해 현수막을 가리는 등 시위를 방해했다.

편집부 mrmad@hdjongkyo.co.kr

인쇄하기   창닫기

(10) 박옥수 구원파교주 서초동 자택: 비대위 1인 시위 보도

기쁜소식선교회개혁비상대책위원회 측, 일인시위

2015.07.14 11:26 입력 | 2015.08.05 11:40 수정

현대종교
2015. 7. 14

▲ 기쁜소식선교회개혁비상대책위원회(대표 김한성) 측은 지난 7월 4일 박옥수씨의 거주지로 알려진 서초구 서초동의 ○○리츠빌에서 일인시위를 벌였다.

기쁜소식선교회개혁비상대책위원회(대표 김한성) 측은 지난 7월 4일 서초구 서초동의 ○○리츠빌에서 일인시위를 벌였다. 이곳은 기쁜소식강남교회 대표 박옥수씨의 거주지로 알려져 있다. 시위자는 "박옥수 일가는 복음장사로 성도에게 수백 억 원 받은 입출금내역 즉각 공개하라!"라며 시위를 이어갔다.

박옥수씨는 신도가 운영하는 ㈜운화의 실질적인 지배권을 행사하면서 또별을 암, 에이즈 치료제로 선전하여 2008~2011년간 800여 명에게 252억 원을 편취했다는 혐의와, 금융위원회의 인가를 받지 않고 261억 원의 증권을 발행하고, 분식회계를 하여 금융기관으로부터 115억 원을 불법으로 대출받았다는 혐의로 재판 중에 있다.

조민기 기자 5b2f90@naver.com

-319-

(11) 박옥수 구원파교주 성범죄의혹 규탄 현수막: 서초구청 건너편

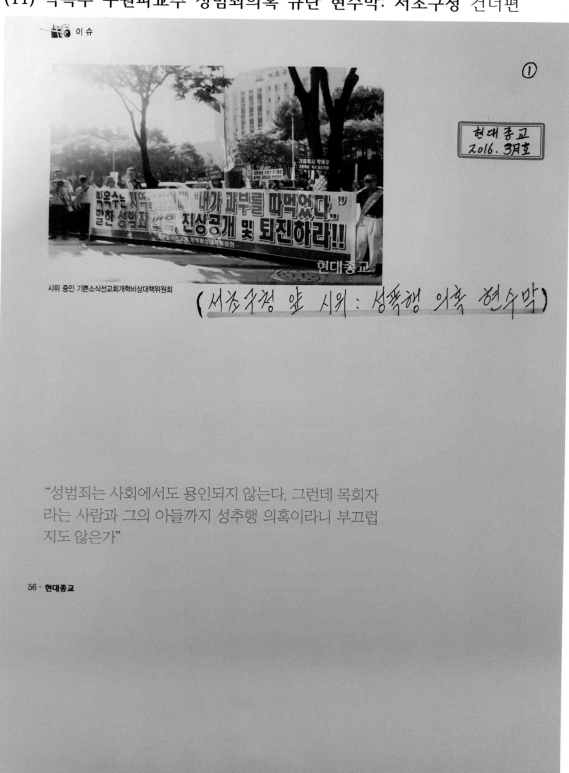

이 슈

현대종교
2016. 3月호

①

시위 중인 기쁜소식선교회개혁비상대책위원회

(서초구청 앞 시위: 성폭행 의혹 현수막)

"성범죄는 사회에서도 용인되지 않는다. 그런데 목회자
라는 사람과 그의 아들까지 성추행 의혹이라니 부끄럽
지도 않은가"

◇박옥수 구원파교주가 김한성 검찰고소에 따른 불기소 처분 기사

박옥수 성범죄 폭로에
검찰 불기소 처분

ⓐ

■ 김한성 위원장, 경찰 조사 앞두고 "명확한 근거가 있다"
■ 검찰, "공공의 이익에 관한 것으로 위법성이 없다"
■ 전해동, 과거 박씨 측에 성폭행 의혹 제기로 고소당했지만 '혐의없음' 처분

조민기 기자 | 5b2f90@naver.com

기쁜소식강남교회 담임 박옥수씨는 자신의 성범죄 의혹을 폭로한 김한성 위원장 기쁜소식선교회개혁비상대책위원회, 기소선개혁비대위을 '명예훼손'과 '모욕죄'로 고소했다. 그러나 서울중앙지방검찰청 서울지검은 지난해 12월 23일 불기소처분을 내렸다.

30여 차례의 시위

김 위원장은 지난해 5월부터 기쁜소식강남교회 앞과 박씨의 집 앞에서 약 30여 차례 시위를 이어왔다. 김 위원장은 박씨의 부도덕함, 비윤리적인 문제점을 지적하며 박씨의 퇴진을

2016년 3월 · 57

③

촉구했다. 김 위원장은 박씨가 ▲'또별' 식품을 약품으로 선전해 벌금을 받은 점 ▲주식사기 혐의로 재판 중인 점 ▲목사안수 여부가 명확하지 않은 점 ▲성범죄(강간) 의혹을 제기 및 지적했다. 이 외에도 박씨 아들의 여고생 성폭행 진상규명을 촉구했다. "박옥수가 심판을 받을 때까지 시위를 이어갈 것입니다." 김 위원장의 완강한 태도와 끊임없는 시위에 박씨는 지난해 8월 김 위원장을 '명예훼손'과 '모욕죄'로 고소했다.

기쁜소식강남교회 앞에서 시위 중인 기소선개혁비대위

김한성 위원장, "명확한 근거 있다"

박씨의 고소로 김 위원장은 지난해 9월, 10월, 11월 세 차례 경찰 조사를 받았다. 김 위원장은 심야까지 이어지는 강도 높은 조사를 받아야 했다. 그뿐만 아니라 시위 당시 사용한 현수막에 적힌 문구에 대한 출처를 밝혀야 했다. 김 위원장은 "육체적으로 힘들고 지치기도 했지만, 명확한 근거가 있어 걱정 없었다"며 강한 자신감을 보였다. 김 위원장의 의로운 싸움은 외로운 싸움이 아니었다. 김 위원장이 경찰 조사에 임하게 되자, 김○○씨(전 기쁜소식선교회 부목사)와 전해동 대표(구원파피해자모임)가 참고인으로 경찰 진술에 참석했다. 김○○ 목사와 전 대표는 박씨의 성폭행 의혹과 관련된 녹취자료를 제출하고 본인들의 증언을 통해 김 위원장의 진술에 힘을 실었다. 김 위원장은 "거짓은 진실을 감출 수 없다"고 목소리를 높였다.

검찰, "공공의 이익에 관한 것으로, 위법성이 없다"

경찰의 수사내용을 토대로 검찰은 지난해 12월 말 김한성 위원장이 혐의가 없다며 불기소처분을 내렸다. 검찰은 "피의자가 게시한 내용은 교회의 지도자 위치에 있는 고소인의 신상에 관한 것인 점, 목사의 도덕성 등 신상에 관한 사항은 교인들에게 주된 공적 관심 사안인 점, 본건 게시 내용은 고소인의 잘못을 지적하며 사퇴를 촉구하는 내용인 점 등을 종합하면, 공공의 이익에 관한 것으로 위법성이 없다"고 밝혔다.

과거에도 유사한 사례가 있었다. 전해동 대표가 박옥수씨와 박씨 아들의 성범죄 의혹을 제기한 사건이다. 박씨는 전 대표를 명예훼손으로 고소했지만, 서울동부지방검찰청은 '혐의없음(증거불충분)' 으로 처분했다. 전 대표는 "성범죄는 사회에서도 용인되지 않는다. 그런데 목회자라는 사람과 그의 아들까지 성추행 의혹이라니 부끄럽지도 않은가"라며 박씨 부자를 규탄했다. 박씨 측은 검찰 수사 결과를 받아들일 수 없다며, 법적 대응을 검토하고 있는 것으로 전해졌다.

한편 박씨의 주식사기 혐의와 관련된 항소심재판(사건번호 2015노172)은 2월 23일로 잡혀있다. 검찰은 지난해 9월 박씨에게 주식사기 혐의로 징역 9년을 구형했지만 전주지방법원은 무죄를 선고했다. 판결에 대해 박씨 측 변호사 김○○씨가 수원지법 부장판사로 활동한 점과 재판을 담당한 변성환 판사와 서울대 법대 선·후배 사이인 점이 밝혀지면서 박씨 측 변호사가 '전관예우'를 받은 것이 아니냐는 의혹이 제기되었다.

김한성 위원장의 끊임없는 시위에 박씨가 직접 개입한 것은 이번이 처음이다. 결론은 증거불충분으로 인한 불기소처분. 추후 박씨 측이 어떠한 조치를 취할지 귀추가 주목된다.

(12) 구원파 교회 앞 시위관련 비리폭로수기: 인터넷 신문기사

교회와신앙 amennews.com

🖶인쇄하기 ⊠창닫기

①

● 홈 > 뉴스 > 이단&이슈 > 구원파(유병언 권신찬 박옥수 이요한)

[폭로수기] 나는 왜 박옥수 교회를 나왔는가?

기쁜소식 강남교회 앞 시위 김한성 씨… '개혁' 외치는 이유

교회와 신앙
2016. 2. 16.

2016년 02월 16일 (화) 13:21:51

김한성 ⊠ webmaster@amennews.com

[기쁜소식 박옥수 씨와 그의 아들 박영국 씨의 '성문제' 의혹을 제기했던 기쁜소식선교회 개혁비상대책위원장 김한성 씨가 '폭로수기'를 보내왔다. 김 씨는 박옥수 씨의 기쁜소식강남교회에서 수년 간 차량운전 봉사를 한 바 있으나 2015년부터 박옥수 씨 측의 비리를 폭로해왔다. 박옥수 씨는 주식사기 유도발언 등으로 1심에서 징역 9년 구형에 무죄 판결 후 2심 재판을 받고 있으며, 김 씨의 이런 폭로와 주장들에 대해 부인해왔다. 그러나 최근 박 씨 부자의 '성문제' 의혹을 제기한 김한성 씨에게 검찰이 불기소처분을 내림에 따라 이목이 다시 쏠리고 있어 박옥수 씨 측의 반론권 허용을 전제로 김 씨의 '폭로수기'를 게재한다. / 편집자 주]

김한성 / 전 기쁜소식강남교회 신도

▲ 김한성 위원장 / 개혁비상대책위

작년(2015년) 5월 10일 주일날 대예배 시간에 나는 강제로 끌려 나갔다. 이유는 박옥수가 시무하는 기쁜소식선교회 강남교회 앞에 집회신고를 했기 때문이었다. 집회를 통해서 난 박옥수가 정식으로 목사 안수를 받지 않은 "가짜 목사"이며, 교인을 대상으로 거짓을 일삼는 "종교사기꾼"의 실체를 드러내고 싶었다.

나는 2008년 11월 처음으로 강남교회를 다녔으며 6년 동안 교통 봉사하는 매우 충성스런 신자였다. 즉 주일날마다 교회 셔틀 승합차를 양재역에서 교회까지 오전 9시, 오후 12시 두 차례 3시간씩 한주도 빠짐없이 운전 봉사를 했던 것이다. 그래서 대다수 교인들을 알고 있었다. 그런 사람이 갑자기 박옥수에게 반기를 들었으니 어찌되었겠는가. 당연히 충격을 받을 수밖에. 왜 내가 그토록 충성을 다했던 박옥수에게 반기를 들게 되었는지 자세한 내막을 밝히려 한다.

나는 1980년 4월 처음으로 교회를 다녔다. 이후 예수님을 영접한지 30년이 되었으나 구원의 확신은 없었다. 2009년 2월 베트남 건설사업에서 철저히 실패하여 빈손으로 귀국 하였을 때 산더미 같은 빚과 정신적 고통으로 자살까지 시도하였다. 그야말로 삶의 막바지로 몰리고 있었다. 당시 가깝게 지내던 전OO 성도를 우연히 만나 "혹시 박옥수 목사를 아세요?"하고 물어 보기에 나는 "글쎄요. 이단교회 목사라고 들었습니다. 잠실

체육관 빌려서 대형 행사를 가끔 열더군요." 하였다. 그랬더니 "맞아요. 하지만 확실히 구원 받는 복음을 전합니다. 한번 이 책 읽어 보세요." 하며 박옥수 목사가 쓴 <죄에서 벗어나는 속죄제사>라는 책을 선물했다. 처음에는 박옥수 목사에 대해 부정적인 생각도 있었으나 그 책을 읽으며 구원에 대해 확신을 갖게 되었다.

일반 교인들 중엔 평생 교회 다녀도 "천국에 간다"는 믿음이 없는 사람들이 있다. 나 자신도 행위에 기초한 믿음이었기에 내가 잘 하면 천국에 갈 것 같고, 잘 못하면 지옥 갈 것이라는 믿음으로 살았다. 그러나 그 책에서는 "예수님이 십자가에서 속죄의 피를 흘려서 과거 현재 미래의 죄를 영원히 용서했다. 구약시대 제사장이 속죄 제사를 지낼 때 제단 뿔 위에 죽은 염소의 피를 바르면 죄 사함을 받는다. 제단 뿔은 인간의 죄를 상징하는데, 그 위에 희생 제물의 피를 바르면 죄는 보이지 않고 피만 보이기에 죄 용서를 받는다. 신약 시대에는 예수님의 피가 마음속에 있으면, 하나님은 아들의 피를 보고 죄 용서를 해 주신다. 즉 우리의 행위와 무관하게 마음속에 '예수의 피가 이미 영원한 속죄를 해 놓았다.'는 믿음이 있으면 구원을 받는다."라는 책 내용이었다. 다시 말하면 '이미 예수의 피가 앞으로 지을 죄까지 완벽하게 용서해 놓았는데, 그 사실을 믿지 않기에 지옥에 간다'는 주장이었다.

그 책을 보며 '이미 내 죄는 예수의 피를 통해 영원히 용서 되었다'고 믿으니 마음에 큰 자유로움이 찾아 왔다. 이제는 죽어서 천국 가려고 전전긍긍 하는 것에서 벗어 날 수 있었다. 이미 나는 예수님의 눈으로 볼 때는 하나님의 자녀임이 믿어졌다. 그동안 나는 10여개 교회를 옮겨 다니며 마음속에 구원의 확신을 가지려 했으나 모두 실패 했었다. 오히려 교회와 담임 목사의 인간적 모습으로 괴로워했다.

이후 기쁜소식 강남교회에 등록해 열심히 교회를 다녔다. 주일 예배시간이 10시부터 12시까지 진행하여 지루하며 박옥수 목사는 유사한 성경 내용을 주제로 반복적인 설교를 하였다. 주일 설교 사례도 동일한 내용을 계속 반복하였다. 예를 들면 박옥수가 통신학교 입학해서 훈련 받을 때 누가 군용 장갑을 훔쳐가서 기도 하였더니, 훈련생 동료가 줘서 "갑자기 어디서 장갑이 나왔니?" 물어 봤더니 "응 이 부대 중대장이 내 형님인데, 나에게 1켤레를 더 주어서 너에게 준다." 라는 식이었다. 이런 예화를 1년에 수십 회 들으면 나중에는 아주 질리게 된다. 그래서 교회를 몇 개월 나오지 않았는데, 예전의 신앙으로 돌아가는 듯해서 교회를 다시 나갔다. 그래서 교통봉사를 적극 참여 하였다. 교회 행사에 참여하니 보람도 있고 기쁨이 컸다. 그래서 2010년부터 작년 5월 10일 대예배 시간에 강제로 쫓겨날 때 직전까지 차량봉사를 하였다.

<u>내가 박옥수에게 반기를 들게 된 계기는 교회 담당 변호사를 통해서다. 그 변호사는 경찰대학교를 나와서 일선 경찰서에 근무하다 사법시험에 합격한 특이한 경력의 소유자였다. 그 분은 박옥수의 온갖 사건을 맡았다. 누구보다 박옥수의 불법비리를 잘 알 수 있는 위치에 있었다.</u> 나의 가평 땅 불법묘지 조성 사건도 맡아서 가까운 사이였다.

2014년 말 박옥수가 교인 대상 200억원 주식사기 유도발언으로 사전 영장이 청구 되었다가 불구속된 사건이 있었다. 당시 유병언 세월호 사건과 더불어 구원파 신학교 동기생 박옥수에 대한 언론의 관심이 뜨거웠었다. 이후 그 변호사를 만나보니 "박옥수에게

③

교인들이 속고 있다. 목사 안수 받지 않은 가짜 목사이고, 50만원 월급 받는다 하면서 실상은 70평대 호화 아파트에 살면서 수백억원의 은행통장 입출금 하였다. 부인 명의로 전국 지역장에게 26억 원을 상납 받았다. 박옥수는 가짜 목사이며 종교 사기꾼이 정확한 실체이다."라는 충격적인 사실을 알려 주었다. 그래서 도저히 믿을 수 없었기에 증거자료를 요구했더니, 현재 살고 있는 아파트 소유권이 박옥수 딸 공동명의로 되어 있고, 서초구 내곡동 보금자리 아파트를 딸 명의로 등기 후에 교회 모 장로에게 팔아버린 등기부 보고 "속았다!!"는 마음이 들었다.

박옥수는 초등학교 학력으로 목사안수가 불가능해서 스스로 "자칭 목사"라고 하였다. 박옥수에게 목사 안수를 한 것으로 알려졌던 미국 "믿음의 방패 선교회" 딕 욕 선교사는 박옥수에게 목사 안수를 하지 않았다는 사실이 밝혀졌다. 현재 90세가 넘어도 여전이 왕성하게 선교활동을 하고 있다는 딕 욕 선교사가 박옥수에게 목사 안수를 하지 않았다고 이메일로 폭로하였다. 박옥수는 목사안수 받았다고 주장해왔지만 사진이나 졸업장 등 증거 하나 없으니 얼마나 황당한가? 이것이 박옥수 실체이다. 목회 시작부터 가짜로 출발했으니, 나머지는 "가짜 목사이며, 종교 사기꾼"으로 살고 있는 것이다. 세상 사람도 "가짜 박사" 드러나면 사과하고 물러난다. 그런데 박옥수는 큰 소리 치면서 "딕 욕이 망령이 들었다."며 멀쩡한 스승 선교사를 치매 늙은이 취급하니 얼마나 황당한 일인가?

이후 박옥수 주변을 살펴보니 무려 친인척 100여명을 교회 요직에 임명해 족벌체제를 유지하며, 교회에서 결혼 할 때는 박옥수 부인 명의로 한 쌍당 1천만원씩 총 7억여원을 받고, 3천만원 식탁을 상납 받는 등 비리가 만연하였다. 특히 박옥수는 자신이 "하나님의 종" 이라고 부르며, 성도들은 무조건 "종의 말"에 순종 해야 한다고 강요하였다. 조금이라도 박옥수와 선교회에 비판적인 언행을 하면 목회자는 "연수"명목으로 대기 발령시키고, 일반 성도는 "교제"를 통해 무조건 박옥수에게 충성을 강요하였다. 나도 구원의 길을 확실히 제시한다 믿고 2014년 8월 "기쁜소식선교회와 박옥수"를 찬양하는 책까지 썼지만, 지금은 모든 것이 박옥수에게 놀라난 기분이다.

또한 이단 지도자의 특징은 돈과 여자라고 한다. 박옥수는 교회운영에서 영수증 등 증거서류를 남기지 않고 박옥수 말이 법이나 다름없다. 그래야만 돈을 빼돌려도 근거가 남지 않기 때문이다. 박옥수는 주식사기 재판과정에서 가족 명의로 천문학적인 입출금 내역이 있으며, 그와 아들은 성범죄 의혹까지 받고 있다. 이런 사실 하나라도 물러나는데 74세인 박옥수는 전혀 개의치 않고 부끄러움을 모른다. 거짓 선지자의 특징은 하나님을 두려워 않고, 세상 물질과 영광에 집착한다. 이런 사실 때문에 "박옥수는 물러가라."고 계속 외쳤다.

작년 5월 이후 나는 기쁜소식선교회 개혁비상대책위원회를 조직해 교회입구에서 주일집회 때 30여회 시위를 하였다. 그동안 교회 측에서 세 번 나에게 "명예훼손과 모욕죄" 등으로 고소하였다. 검찰은 박옥수와 아들 "성범죄 의혹" 등을 제기한 나에게 무혐의 결정을 내렸다. 이에 대해 많은 언론과 CBS에서 집중보도 하였다.

나는 교회 측 상대로 폭행 및 집시법 위반 등으로 7회 고소와 고발하였다. 교회 대예배 ④
때 나를 강제로 쫓아내며 집단 폭행한 2명은 벌금형을 받았다. 그 외에도 수많은 조사
를 받았다. 박옥수 측은 상기 건 외에도 총 15건이 고소. 고발되어 조사를 받고 있다.

지금 나는 육체. 정신. 물질적으로 힘들지만, 박옥수 불법비리에 과감하게 맞서 싸우는
것이 하나님이 주신 소명이라고 믿고 있다. 모든 것을 바쳐서 끝까지 싸울 것이다. 할렐
루야.

🖨인쇄하기 ⊠창닫기

(13) 박옥수 구원파 교주와의 투쟁과정: 종교지 만화제작 보도!!

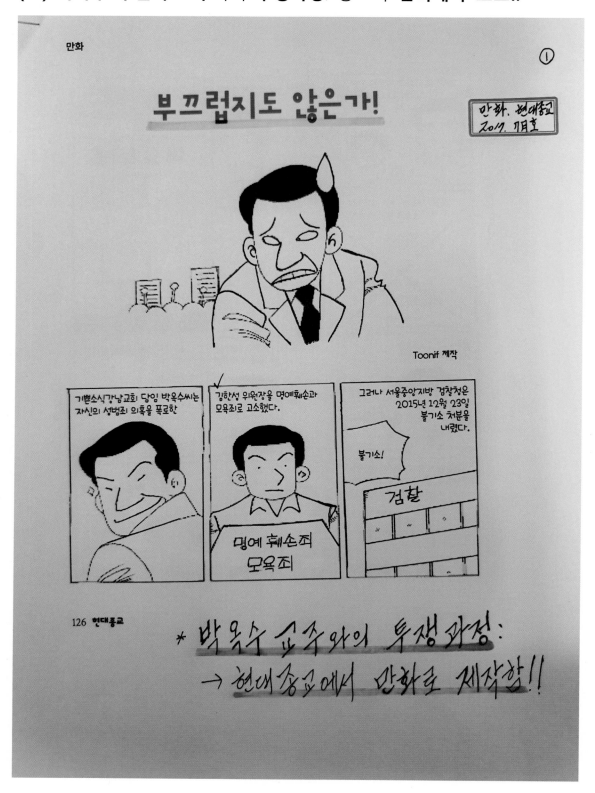

(14) 구원파 거듭된 시위 금지위한 가처분 신청: 서울고법 기각!!

박옥수, 항고심 패소

기소선개혁비대위 상대로 '인격권침해금지 · 업무방해금지' 가처분 신청했으나 기각

2017.01.20 10:05 입력

▲기쁜소식강남교회 앞에서 시위 중인 기쁜소식선교회개혁비상대책위원회

<u>기쁜소식선교회개혁비상대책위원회(기소선개혁비대위)</u> 김한성 위원장이 박씨 일가와의 <u>법적 싸움에서 1심을 뒤집고 항고심에서 승소했다.</u> 김 위원장은 박씨로부터 "인격권침해 금지 및 업무방해금지가처분" 신청을 받았다. 1심을 맡았던 서울동부지방법원(서울동부지법)은 박옥수 일가의 손을 들어줬다. 그러나 김 위원장은 포기하지 않고 법적 다툼을 벌인 끝에 서울고등법원(서울고법)으로부터 1심 결정을 취소하고 가처분신청 기각이라는 결정을 이끌어냈다.

진실규명 촉구 시위 이어온 기소선개혁비대위

김 위원장은 2015년 5월부터 기쁜소식강남교회와 박씨의 집 앞 등에서 50여 차례 시위를 이어왔다. 박씨 일가의 부도덕함, 비윤리적인 문제점을 지적하며 진실규명 및 박씨의 퇴진을 촉구했다. 김 위원장은 집회 당시 ▲사모 김○순은 전국 사역자에게 징수한 26억 원 사용처 공개하라 ▲1회 설교에 500만 원 청렴 목사 박옥수? 매년 칸타타 사례금 수천만 원 토해내라 ▲박옥수 지역장회의때 "내가 과부를 따먹었다"고 말한 성범죄 의혹, 진상공개

및 퇴진하라 ▲박옥수 아들 박○국의 혼혈 여고생 성폭행(뉴욕교회) 의혹을 규명, 처벌하라!! ▲기쁜소식선교회 박옥수 왕국, 그라시아스 박○숙 왕국, 미국 마하나임 박○국 왕국, 전국지역장 박○준 왕국, 부패한 친인척 100명의 옥수 왕국 즉각 퇴진하라는 등 37가지 문구의 플래카드를 걸고 시위 때마다 외쳤다.

박옥수 일가, "인격권침해금지 및 업무방해금지가처분" 신청

김 위원장의 끊임없는 시위에 대안이 필요했던 박옥수 일가는 "인격권침해금지 및 업무방해금지가처분" 신청으로 김한성 위원장을 법정에 세웠다. 사건을 맡은 서울동부지법은 "집회 및 시위의 자유는 헌법상 보장된 기본권으로서 최대한 보장되어야 할 것이지만, 타인의 평온한 업무수행을 현저하게 방해하여서는 아니되고, 그 시위 과정에서의 표현행위도 타인의 명예나 권리를 침해하지 아니하는 범위 내에서 이루어져야 하는 내재적 한계가 있다"며 박씨 일가의 가처분 신청을 받아들였다.

사실상 집회를 할 수 없게 된 김 위원장은 서울동부지법의 판결에 가처분결정을 취소하고, 박씨 일가의 가처분 신청 기각을 요청하는 이의신청서를 제출했다. 그러나 서울동부지법은 받아들이지 않았다.

뒤집어진 1심 결정 … "공공의 이익을 위한 것" 인정

지난해 박씨의 성범죄 의혹을 폭로하였을 때도 서울중앙지방검찰청이 증거불충분으로 불기소처분을 내렸기에, 이번 사건도 잘 해결되리라 믿었다. 너무 다른 결과에 김 위원장은 "여기서 포기해야 하나", "내가 더 감당할 수 있을까" 등을 고민하기도 했다. 그러나 여기서 물러서면 모든 것이 수포로 돌아간다는 생각에 마음을 다잡고 항고를 준비했다. 잦은 시위로 재정이 넉넉지 않아 변호사를 선임하진 못했다. 하지만 시위 당시 게재한 플래카드의 내용이 허위가 아니란 증거자료들을 더 꼼꼼히 수집해 제출했다.

2심을 맡은 서울고법은 ▲김○순이 20억여 원의 돈을 받았고 교회 예식을 통해서도 거액을 입금 받은 사실 ▲박옥수가 설교 사례금 500만 원, 칸타타 사례금 2,000만 원 내지 3,000만 원을 받은 사실 ▲박옥수가 도기권으로부터 식탁을 받은 사실 ▲박옥수 가족이 교회 식당에서 좋은 음식을 제공받은 사실 등을 뒷받침할만한 근거자료를 제출하고 있다. "박옥수의 성범죄에 대한 의혹 및 채권자 교회의 신도 추○인의 자살과 관련된 의혹이 종교 매체나 관련자의 진술 등에 의해 제기되어온 사실 등도 기록에 의하여 소명된다"며 "적시된 사실들이 모두 허위사실이라고 단정하기 어렵다"고 밝혔다. 서울고법은 "의혹을 알리는 목적 역시 공공의 이익을 위한 것"이라며 "타인에 대하여 비판적인 의견을 표명하였다는 사유만으로 이를 위법하다고 볼 수는 없(다)"며 "1심 결정을 취소하고, 이 사건 가처분결정을 취소하고 가처분신청 기각"을 결정했다.

김 위원장은 "사실 이렇게 좋은 결과가 나올지 상상도 못 했다. 모든게 하나님 은혜"라고 고백한다. 김 위원장은 "사건이 대법원까지 가지 않겠나. 더 철저히 준비해 대법원에서도 승소하여, 기쁜소식선교회 대처에 좋은 사례로 남길 수 있게 노력하겠다"는 굳은 의지를 보였다.

조민기 기자 5b2f90@naver.com

인쇄하기   창닫기

(15) 구원파 교주의 집회금지 가처분신청: 대법원 승소 보도기사!!

교회와신앙
(교계신문)

홈 > 뉴스 > 이단&이슈 > 구원파(유병언 권신찬 박옥수 이요한)

🖨 인쇄하기 ❌ 창닫기 ①

"박옥수 구원파 소송, 대법원 승소했습니다"

김한성 집사(구원파 피해자 모임 대표) 인터뷰

"교회와 신앙" 신문.
2019. 6. 3. 인터뷰

2019년 06월 03일 (월) 13:46:55

장운철 기자 ✉ kofkings@hanmail.net

【<교회와신앙> 장운철 기자】 "박옥수 구원파로부터 소송을 당했습니다. 그것이 이번에 최종 대법원 판결이 났습니다. 물론 승소했지요. 정말 하나님의 은혜입니다. 2심(고등법원)부터는 변호사의 도움 없이 저 혼자 변론을 했거든요. 비용 때문이죠. 저를 위해 기도해주신 분들에게 정말 감사를 드립니다."

김한성 집사(58, 구원파 피해자 모임 대표)는 이번 대법원 판결(사건번호 2016마6159)에 대해 '하나님의 은혜'라고 거듭 강조했다. 박옥수측에 비해 김 집사는 모든 준비를 혼자서 해왔기 때문이다. 마치 다윗과 골리앗과 같은 싸움이었다. 그러나 법원의 판단은 최종적으로 김 집사의 손을 들어주었다.

김 집사는 박옥수측으로부터 '집회금지 및 인격권 침해금지 가처분신청'의 내용으로 소송을 당했다. 그는 박옥수 피해자들과 함께 지난 2015년 5월 17일부터 박옥수측 교회(강남교회) 앞에서 '가짜 목사, 종교 사기꾼은 물러가라' 등의 구호 등을 외치며 시위를 했기 때문이다. 김 집사는 2016년 3월까지 총 32차례 집회를 이어갔다. 박옥수에 대한 비성경적인 내용을 알리기 위한 행동들이었다.

그러나 1심 재판부는 박옥수측의 손을 들어주었다. 김 집사는 실의에 빠질 수밖에 없었다.

-335-

"이 일을 그만 두어야 할까 하는 생 ② 각도 들었습니다. 때마침 박옥수측 에서 연락이 왔습니다. 박옥수측 교회로 와서 공개적으로 잘못했다고 사과하면 모든 것을 엎던 것으로 하겠다는 것이었습니다. 그러나 아무리 기도하고 기도해도 그렇게는 할수가 없었습니다."

김 집사는 2심, 고등법원에서 다시 진실을 가려보기로 했다. 변호사 없이 혼자 싸움판에 뛰어들었다. 변호사 비용이 없었기 때문이다. 발로 뛰어다녔다. 피해자들의 탄원서를 모으고 제출했다. 자신의 집회 구호 등이 공익을 위한 것임을 최대한 설명했다. 밤잠을 설치며 준비하고 또 준비했다. 하나님만 의지할 수밖에 없었다.

그러자 2심 재판부는 지난 2016년 12월 1일 김 집사의 손을 들어주었다. 1심 재판부의 결론을 뒤집은 것이다. 고등법원은 "제 1심 결정을 취소한다"며 "채권자들(박옥수측)과 채무자(김한성 집사) 사이의 서울동부지방법원 2016카합10018 인격권침해금지 및 업무방해금지가처분 신청 사건에 관하여 위 법원이 2016. 4. 22. 한 가처분 결정을 취소한다. 채권자들의 가처분신청을 기각한다"고 결정을 내린 것이다. 박옥수측은 이에 불복하고 3심, 대법원에 다시 이 문제를 판결해 달라고 신청을 했다.

"고등법원에서 승소한 기쁨도 잠시였습니다. 박옥수측은 재정과 인원이 저보다 풍부했습니다. 저는 혼자였습니다. 그들이 다시 대법원으로 문제를 끌고 갔습니다. 저 혼자서 대법원 판결을 다시 받아야 한다는 게 다시 긴장되었습니다."

1년이 지나고, 또 2년이 지나도 대법원의 결론이 나오지 않았다. 생각보다 시간이 길었다. 그렇지만 김 집사는 할 수 있는 게 없었다. 오직 하나님의 손길에 의지하는 것뿐이었다.

"며칠 전 아는 분으로부터 연락을 받았습니다. 대법원 판결이 나왔다는 것입니다. 고등법원 판결이 나온 후 약 2년 6개월이 걸려 대법원의 결정이 내려진 것입니다. 두렵지만 담대한 마음으로 판결문을 받아보았습니다. 제가 최종적으로 승소했다는 것이었지요. 할렐루야."

대법원(재판장 대법관 김상환, 사건번호 2016마6159)은 지난 5월 28일 박옥수측이 재항고한 사건에 대해 "재항고를 모두 기각한다"며 최종 판결을 내렸다. 판결 이유에 대해 "관련 법리와 기록에 비추 살펴보면, 원심이 그 판시와 같은 이유로 이 사건 가처분 신청을 기각한 것은 정당하다. 거기에 헌법, 법률, 명령 또는 규칙을 위반하여 재판에 영향을 미친 잘못이 없다"며 "그러므로 재항고를 모두 기각하고 재항고비용은 패소자들이 부담하도록 하여 관여 대법관의 일치된 의견으로 주문과 같이 결정한다"고 판시했다.

"이번 대법원 판결로 아직도 구원파 내부에 남아 있는 신도들이 구원파의 본질을 잘 깨달았으면 좋겠습니다. 한국교회에서 이단이라고 규정한 것이 구원파에 대해 시기나 질투나 무엇을 모르고 행한 것이 결코 아니라는 말입니다. 박옥수 구원파는 진정한 이단입니다."

(16) 월간 현대종교, 박옥수 교주가 제기한 가처분: 최종 승소기사!!

▶ 인쇄하기

박옥수 윤리적 문제 제기해온 김한성 위원장 끝내 승소

2019.08.21 10:29 입력

2019. 6. 21. ①

▲기쁜소식강남교회 앞에서 시위 중인 기쁜소식선교회개혁비상대책위원회

기쁜소식선교회개혁비상대책위원회 김한성 위원장이 박옥수(기쁜소식강남교회 담임) 구원파와의 싸움에서 대법원 판결을 통해 최종 승소를 확정지었다.

김 위원장은 2015년 5월부터 기쁜소식강남교회와 박씨의 집 앞 등에서 ▲사모 김○순은 전국 사역자에게 징수한 26억 원 사용처 공개하라 ▲1회 설교에 500만 원 청렴 목사 박옥수? 매년 칸타타 사례금 수천만 원 토해내라 <u>▲박옥수 지역장 회의 때 "내가 과부를 따 먹었다"고 말한 성범죄 의혹, 진상공개</u> <u>및 퇴진하라</u> ▲박옥수 아들 박○국의 혼혈 여고생 성폭행(뉴욕교회) 의혹을 규명, 처벌하라!! ▲기쁜소식선교회 박옥수 왕국, 그라시아스 박○숙 왕국, 미국 마하나임 박○국 왕국, 전국지역장 박○준 왕국, 부패한 친인척 100명의 옥수 왕국 즉각 퇴진하라는 등 37가지 문구의 플래카드를 걸고, 박씨 일가의 부도덕함과 비윤리적인 문제에 대한 진실규명 및 퇴진을 촉구했다.

김 위원장의 행보에 박옥수 구원파 측은 '집회금지 및 인격권 침해금지 가처분신청'의 내용으로 김 위원장에게 소송을 걸었다. 1심 재판부(서울동부지방법원)는 "인격권침해금지 및 업무방해금지가처분" 신청으로 김한성 위원장을 법정에 세웠다. 사건을 맡은 서울동부지법은 "집회 및 시위의 자유는 헌법 김한성 집사는 다시 집회를 가질 예정이다. 이번 대법원 판결의 사실을 구원파측 신도들에게 알려야 한다는 의무감 때문이다. 과거 자신처럼 아직도 구원파의 비성경적인 교리에 속아 그곳에 남아 있는 이들을 돕겠다는 마음이다.

김 집사는 또 하나의 일을 준비하고 있다. 가칭 '이단 대책, 피해자 모임'을 계획중이다. 구원파 등 각종 이단을 대처하는 것은 물론 이단 단체에 빠졌던 분들을 위로하고 다시 올바른 길을 걸어갈 수 있도록 돕는 모임이다.

🖨인쇄하기 ⊠창닫기

2. 집회 의뢰인이 섭외한 언론보도

(1) 언론홍보는 시위 성공의 중요한 관건이다!

시위는 상대방을 위력과 기세로 제압하는 것이다. 그래서 현수막, 피켓, 어깨띠 등을 사용한다. 하지만 눈에 보이는 것이 전부는 아니다. 시위에 따라 언론 방송을 활용하면 훨씬 효과적이다. **상대방 입장에서는 일이 자꾸만 커질수록 대외 이미지 등에 큰 타격을 입는다. 현재 집회시위도 부담스러운데 신문, 방송에 나가면 수습이 어렵고 브랜드 손상이 크다. 외부에 많이 알려질수록 협상을 통한 해결이 쉬워진다. 보도자료를 만들어서 배포하고 시위 소식을 적극 알려야 한다.**

집회규모가 커질수록 대 언론홍보가 중요하다. 단순히 현장에서 시위만 하지 말고, 상대방에게 다양한 압박을 취해야 한다. **어느 곳에서 총알과 대포가 날라 올지 몰라서 두렵게 만들어야 한다. 즉 정공법 외에 게릴라 전도 수행해야 협상이 빠르다.** 만일 신문이나 방송에 보도 되면, 복사해 배포하거나 관계자에게 보내면 좋다. 이곳은 **필자가 직접 진행했던 시위에서, 집회 의뢰인이 직접 접촉해서 언론에 보도된 내용**들이다. 향후 집회 관련 아이디어를 얻길 기대한다!!

(2) 한국거래소 감마누 상장폐지취소 시위: 기사회생 가능성 보도!!

증권

증권 일반

감마누 '부활'에 망신살 위기 놓인 한국거래소

조선비즈 김유정 기자

2019. 1. 16. 조선일보

입력 2019.01.16 15:39

한국거래소의 상장폐지 결정으로 벼랑 끝에 내몰렸던 감마누 (410원▼ 150 -26.79%)가 재감사를 통해 '적정' 의견을 받아내며 기사회생에 나섰다. 거래소가 지난해 9월 감사의견 '거절'을 이유로 상장폐지를 결정한지 5개월여만의 일이다.

감사의견 '적정'의 여파로 거래소의 상장폐지 결정이 적절했는지를 다투고 있는 법원에서도 거래소의 결정을 뒤집을 가능성이 커졌다. 주가 하락과 거래정지로 손실을 본 감마누 주주들은 거래소의 상장폐지 결정이 너무 성급했던 것 아니냐며 비판을 쏟아내고 있다.

16일 감마누는 재감사를 통해 삼일회계법인으로부터 '2017년 재무제표'에 대해 '적정' 의견을 받았다고 밝혔다.

감마누는 지난해 3월 외부감사에서 '의견거절'을 받았다. 최대주주 에스엠브이홀딩스, 종속기업 천계국제여행사, 신룡국제여행사, 해피고 등 특수관계자와의 거래에서 자료를 충분하게 확보하지 못했다는 이유에서다.

◇ 시위 신고자 입장을 대변하여 보도한 감마누 언론기사~

한국거래소 서울 사옥 모습/한국거래소 제공

이후 대표이사 변경, 감마누와 5개 종속회사의 회생절차 진행을 통한 우발채무 우려 해소 등 재감사 적정의견을 위한 내부 작업을 진행했으나, 기한 내 재감사보고서를 제출하지 못한 사유로 한국거래소로부터 지난 9월 상장폐지 결정을 받았다.

이후 지난해 9월 28일부터 정리매매가 이뤄지던 중 10월 5일 서울남부지법원이 상장폐지 결정 등 효력정지 가처분을 신청을 인용하면서 정리매매가 보류되고 거래가 중단됐다. 상장폐지 결정을 무효화해야 한다는 본안 소송이 현재 진행 중이다.

감마누의 상장폐지 사유가 해소됐지만, 거래소는 본안 소송 최종 결론이 나야 거래 재개 등의 조치를 취하겠다는 입장이다. 거래소 관계자는 "적정 감사의견을 받아올 수 있도록 여러차례 제출 기한을 연장했고 개선 기간을 부여했음에도 이를 지키지 못했다"며 "상장폐지 최종 결정 이후에 적정 감사의견을 받아오는 기업들을 모두 부활시킨다면 결정을 수 없이 번복해야 하는 문제가 있다"고 지적했다.

본안 소송에 수 년이 소요되는데다 그 기간에 회사의 재정 상황이 더욱 악화될 가능성이 있어 감마누 측의 우려는 여전하다. 감마누 관계자는 "삼일회계법인 측에서 추가 시간을 주면 적정 의견을 줄 수 있다는 얘기를 들었던 터라 거래소에 시간을 좀 더 달라고 얘기했었다"며 "그럼에도 무리하게 상장폐지 결정을 하는 바람에 회사도 주주도 피해를 보게 된 것"이라고 주장했다.

감마누가 상장폐지 사유를 해소하면서 법원이 거래소의 상장폐지 처분을 뒤집고 거래 재개 결론을 내는 초유의 사태가 일어날 가능성도 그만큼 높아졌다. 지난 2011년 상장폐지 결정이 난 제일창업투자와 대양글로벌, 트루아워 등은 법원이 상장폐지 효력 정지 가처분 신청을 받아들이면서 (중략)

(3) 부산 서구청사 시위: 완월동 업소 과잉단속 항의 및 행진 기사!!

노컷뉴스

①

"생존권 보장하라" 부산 완월동 성매매 여성·업주 거리 집회

2019-10-01 13:40   부산CBS 박진홍 기자

2019. 10. 1.
부산 CBS

성매매 여성·업주 등 200여명 "관계당국, 대책 없이 단속만 강화"
완월동 일대 도시재생사업 시행 때까지 생존권 보장 요구

1일 부산 서구청 앞에서 완월동 업주 모임 '충초회'와 성매매 여성 등 200여명이 생존권을 보장하는 집회를 열고 있다. (사진=부산
CBS 박진홍 기자)

1일 부산의 마지막 성매매 집결지인 서구 '완월동' 업주와 종업원들이 생존권 보장을 요구하며 거리
로 나왔다.

완월동 업주 모임 '충초 친목회(충무동·초장동)'와 성매매 여성 등 200여명은 이날 오전 9시 부산
서구청 앞에서 집회를 열고, "완월동 일대 지역민 생존을 위한 상생 방안을 마련하라"고 주장했다.

이들은 이날 집회에서 "부산의 마지막 성매매 집결지인 완월동에는 현재 업소 30여곳에 150여명의
여성이 종사하고 있다"면서, "이들은 생계를 위해 불가피하게 완월동에 남아있다"고 강조했다.

이어 "최근 관할 서부경찰서는 물론 부산 시내 각 경찰서에서 수시로 단속을 해 거의 영업을 못 하
는 실정"이라면서, "대책 없는 단속에 업주와 성매매 여성들의 생존권이 위협받고 있다"며 목소리를
높였다.

충초 친목회 강태규 회장은 "완월동 일대 개발계획이 구체적으로 나오지 않은 상황에서 단속만 강

◇ 시위 당일 비 내리는 가운데 필자가 행진인솔 등 총괄지휘!!

화해서는 안 된다"면서, "추진 중인 도시재생사업이 시행될 때까지만이라도 대부분 생계형인 성매
매 여성들이 먹고살 수 있도록 해달라"고 요구했다.

흰 우비에 검정 마스크·선글라스를 낀 집회 참가자들은 "무자비한 단속은 죽음뿐이다", "서구청장은
충무동 일원 개발 적극 협조하라" 등의 문구가 적힌 손팻말을 들고 구호를 외쳤다.

이어 서구청에서 서부경찰서까지 행진하며 시민들에게 생존권 보장을 호소하는 유인물을 배포했
다.

1일 부산 서구청 앞에서 생존권 보장 집회를 연 완월동 업주 모임 '충초회'와 성매매 여성 등 200여명이 서부경찰서로 행진하고 있
다. (사진=부산CBS 박진홍 기자)

이들은 완월동 폐쇄와 공익개발을 주장해 온 여성인권지원센터 '살림' 건물 앞에서 면담을 요구하며
실랑이를 벌이다 충돌을 우려한 경찰의 제지를 받고 돌아갔다.

참가자들은 서구청과 서부경찰서에 요구사항이 적힌 서한과 성매매 여성들이 쓴 편지를 전달하는 *"총략"*
것으로 집회를 마무리했다.

(4) 신림역 폭력배 동원 내집 강탈항의 시위: 신문보도 후 경찰투입!!

5년째 준공 못한 내집, '강탈자들의 성'이 됐다

①

등록 :2020-02-20 04:59 수정 :2020-02-20 09:20

한겨레신문 보도
2020. 2. 20.

[현장] 서울 한복판 주상복합에 무슨 일이
'공정률 90%' 신림 가야위드안
용역들, 시행사 비리 공백 틈타
편법 법인 동원해 점거·불법 임대
분양 받은 사람 내쫓아도 무방비

눈앞에서 현관문 뜯고 쳐들어와 '살벌한 주인행세'
"괴한들이 느닷없이 집 비우라 해"
시행사 대표 구속 뒤 용역과 결탁 '미완공 땐 소유권 없다' 허점 이용
문짝 떼어가고 번호키 바꾸는 등 60가구 '강탈' 등 건물 대부분 장악
내집 뺏긴 최씨 "월셋집 살며 식당 일"

주민에 경고하듯…화단엔 일본도
점거세대·상가 등은 불법 임대사업
수익은 '폭력조직 운영비' 사용 정황…임차인도 권리금 등 몽땅 날릴 판

서울 신림역 주위엔 주상복합 건물들이 즐비하다. 숱한 자취생과 상인들이 이곳을 보금자리 삼아 삶을 일군다. 그러나 우후죽순 솟은 주상복합 건물들 사이에 '무방비도시'가 있는 것을 아는 이는 많지 않다. 내 돈 주고 산 집에서 느닷없이 쫓겨나고, 불현듯 괴한들이 침입해 내 집 문짝을 떼어가는 일이 벌어지는 곳, 신림역 5분 거리의 가야위드안이다. 240여 세대를 품을 수 있는 이 10층짜리 재건축 건물은 5년째 몸살을 앓고 있다. <한겨레>는 지난 7일과 18일 두 차례 가야위드안을 찾아 관계자들에게 지난 5년간 이곳에 벌어진 일을 들어봤다.

-344-

일본도, 단도가 널린 아파트의 비밀

'전쟁터'의 외관은 평범했다. 1층엔 오는 5월 중형 마트가 입점할 것이란 펼침막이 크게 내걸려 있었다. 페인트를 바른 지 몇 년 되지 않은 옥색 외벽은 단정한 모습으로 방문객들을 부르고 있었다.

건물 안으로 몇 발자국만 들어가면 분위기는 험악해진다. 입구에 들어서자마자 보이는 건 외국 여성들이 접대한다고 알려진 유흥업소 간판이다. 지하 1층엔 슬롯머신이 돌아가는 오락실이 입점해 있다. 이런 오락실이 10층짜리 건물 안에 4곳이나 자리잡았다.

멀끔한 건물의 외관과 달리 내부는 사람의 손길이 닿지 않는 폐가처럼 흉흉하다. 층마다 자리잡은 전기 설비실의 문이 있던 자리엔 용접으로 뜯어낸 흔적이 뚜렷했다. 사람이 살고 있는 아파트의 문짝엔 호수가 없어, 매직으로 적어놓거나 하얀 종이에 숫자를 인쇄해 임시방편 격으로 붙여놓았다. 검은 스프레이로 아무렇게나 도색된 문짝에는 '불법점유'한 이들에게 물러날 것을 명하는 '경고장'이 붙어 있기도 했다.

서울시 관악구 신림동에 있는 가야위드안 전경. 진광준 기자

③

가야위드안 지하에 위치한 성인 오락실. 안에는 슬롯머신이 어지럽게 돌아가고 있다. 전광준 기자.

그나마 이날은 가야위드안이 잠시 '안정'을 찾은 뒤였다. "저기 화단 보이시죠? 한달 전 순찰하다가 화단 풀숲 사이에서 일본도를 발견했어요." 7일 만난 공병호 가야위드안 주민자치위원장이 한숨을 내쉬며 말했다. 공 위원장은 "옥상에서는 지난해 10월에 단도를 발견했다"고 덧붙였다. 이처럼 건물을 지배하는 살벌한 공기를 만들어내는 건 '용역'들이다. 이 건물이 용역직원의 탈을 쓴 '폭력조직원'들에 장악됐다는 게 주민들의 주장이다. 각층 복도마다 3개씩 매달린 폐회로텔레비전(CCTV)도, 한때 이곳에서 세력 다툼을 벌였던 여러 조직들이 남긴 흔적이라고 했다. 주민들은 폭력조직원으로 추정되는 용역들의 패악질을 막기 위해 자경단을 꾸려 하루 세 차례 순찰을 돌고 수상한 일이 있으면 신고한다.

올해 가야위드안 화단에서 발견된 일본도. 주민 제공.

"중략"

(5) 인천 남동구청사 논현지구 의료부지 용도변경 항의: 보도 기사!!

인천일보
①

HOME > 사회 > 인천

인천 논현동 상가주 "근생시설 용도변경 철회하라"

2020. 3. 4.

👤 박정환   🕐 승인 2020.03.04

4일 오전 인천시 남동구 논현동 11단지 앞 상가주 20여 명이 인근 의료시설 터를 근린생활시설로 용도변경하는 내용을 담은 소래논현지구단위계획 변경안을 철회할 것을 남동구에 촉구하고 있다.

인천시 남동구 논현동 7단지와 11단지 사이 상가 주인들이 인근 의료시설 터를 근린생활시설로 바꾸는 소래논현 지구단위계획 변경안에 반대하고 나섰다.

소래·논현지구단위계획변경안 철회촉구위원회(회장 정진하) 소속 20여 명은 4일 오전 남동구청 정문 앞에서 집회를 열고 지구단위계획 변경안(의료시설→근린생활시설) 철회를 촉구했다.

지구단위계획 변경안은 지난달 12일 인천시 도시건축공동위원회에서 조 ②
건부로 수용됐다. 준주거지역 안 의료시설용지(1만4721㎡·논현동 767-1)를
근린생활시설(1만755㎡), 도로(3086㎡), 주차장(880㎡) 등으로 바꾸는 내용
을 담고 있다. 건물은 도로가에 7층, 호수공원 쪽에는 4층까지 올릴 수 있
다.

의료시설 용지에서 근린생활시설로 용도가 변경된 인천시 남동구 논현동 767-1 터

상가 주인들은 남동구가 지구단위계획을 변경하면서 이해관계가 있는 주
민들의 의견을 듣지 않았다고 주장했다. 이 터의 경계가 미추홀외국어고등
학교와 20m밖에 떨어지지 않아 근린생활시설로 용도변경은 적절치 않다
고 지적했다.

이 터에 근생시설이 들어올 경우 왕복 2차로인 도로가 수용한계를 벗어나
교통대란이 빚어질 가능성이 크고 기존 상가와 영업권 충돌을 빚는다며 지
구단위변경을 반대했다.

남동구는 지난해 10월 구 홈페이지에 지구단위계획 변경안을 공고하고 서
면으로 주민의견을 받았다고 설명했다. 이 터는 교육환경 보호에 관한 법
률을 적용받는데다가 절대보호구역이어서 교육청과 협의를 마쳤다고 밝
혔다. 지구단위계획 결정을 하면서 교통영향평가를 거쳤다고 구 담당직원
은 덧붙였다. (終竭)

7장 집시법령 및 개정 보도

1. 근래 집시법 개정 관련보도

(1) 집시법 제11조 개정은 헌법불합치 결정에 반한다!!

지난 2020. 5. 20. 20대 국회 마지막 본회의에서 집시법 제11조를 개정하였다. 이는 절대적 집회금지 장소를 규정한 집시법 제11조에 대해서 헌법재판소가 2018년 7월 "집회의 자유를 침해하여 헌법에 어긋난다."며 "헌법불합치"결정하였고, 국회는 2019년 12월 31일까지 개정하라고 하였다. 그런데 **입법 시한을 넘긴 20대 국회는 "헌법불합치 결정취지"에 반하는 개정안을 통과시켰다.** 헌법재판소가 "국회, 각급 법원, 국무총리 공관 100m 이내에서 집회를 금지"하는 절대적 금지에서 "원칙적으로 집회를 허용하되, 예외적으로 금지 조항을 두라"고 하는 헌재 결정취지와 거꾸로 개정한 것이다.

개정안은 국회의사당의 경우 경계선에서 100m 이내 장소 시위는 "국회의 기능이나 안녕을 침해할 우려가 없거나 대규모 시위로 확산될 우려가 없다고 인정될 때" 예외적으로 집회를 허용한다고 규정하여, 경찰관이 자의적으로 해석할 여지를 두었다. 이에 각 시민단체는 강력하게 반발하였다. 각급 법원이나 헌법재판소의 경우는 "법관이나 재판관의 직무상 독립이나 구체적 사건의 재판에 영향을 미칠 우려가 없거나, 대규모 집회시위로 확산할 우려가 없는 경우로서 각급 법원, 헌법재판소의 기능이나 안녕을 침해할 우려가 없다고 인정되는 때"에만 예외적으로 허용하기로 했다. 이러한 조항은 참으로 애매모호하다.

여기엔 우려 시각의 신문보도를 게재한다. 헌법 21조는 집회의 자유를 보장하고 있다. **대한민국 국회가 헌법과 헌재의 취지를 반하는 결정을 하였으므로 다시 재개정할 것으로 본다. 이런 집시법 제11조 법조문 개악은 국민을 무시한 처사이다. 또한 2017년 경찰개혁위원회에서 제안한 집시법 제8조 금지 및 제한조건 등은 원칙적으로 허용하는 방향으로 개정해 평화적 시위를 최대한 보장해야 한다.** 주권자를 더 이상 통제와 감시 대상으로 보는 것을 버리고, 비폭력 평화적 시위를 권장해야만 한다. 그런 관심에서 언론 보도를 읽어 보길 바란다!!

(2) 집시법 제11조 개정안에 대해서 악법이라는 언론보도

Law Leader
로리더   법률뉴스 창

로리더
2020. 5. 21.

HOME > 입법 > 법안

집시법 개정, 국회·법원 100이내 절대금지서 예외적 허용...헌법학자 "악법"

👤 신종철 기자   🕐 승인 2020.05.21 12:21

[로리더] 제20대 국회 마지막 본회의가 열린 20일 국회는 국회의사당, 각급 법원, 헌법재판소, 국무총리 공관 인근 100m 이내에서의 집회·시위를 예외적으로 허용하는 규정을 마련해 집시법을 통과시켰다.

시민사회단체는 절대적 집회금지장소를 규정한 집시법(집회 및 시위에 관한 법률) 제11조에 대해 헌법재판소의 위헌 헌법불합치 결정 취지에 따라 집시법 제11조를 폐지해야 한다는 목소리를 냈지만, 국회는 예외적 규정을 둬 집회·시위를 허용하는 방안으로 입법을 마련했다.

게다가 '지각입법'이다.   (중략)

5월 20일 국회 제1차 법제사법위원회에서는 국가기관 주변의 집회·시위에 관한 타국 입법례 및 명확성 원칙 등 헌법 위반 여지에 대한 검토가 필요하다는 소수의견이 있었다고 한다.

행정안전위원회의 집시법 개정안 대안은 "집회·시위의 자유는 헌법상 기본권으로 의사표현의 수단이며 특히 소수집단에게 의사표현의 통로가 된다는 점에서 민주주의의 필수적인 요소"라며 "다만 집회·시위는 집단적 행동을 수반하므로 타인의 법익을 침해하거나 공공의 안녕질서와 충돌할 수 있기 때문에 집회·시위의 자유와 공공의 안녕질서의 적절한 조화를 모색하는 것이 필요하다"고 밝혔다.

그러면서 "이에 국회의사당, 국무총리 공관, 각급 법원, 헌법재판소의 경계 지점으로부터 100미터 이내의 장소에서 집회·시위를 예외적으로 허용해 헌법재판소 결정의 취지에 따라 옥외집회 및 시위의 금지 장소에 관한 규정을 개정해 집회·시위의 자유와 공공의 안녕질서의 조화를 이루고자 한다"고 설명했다.

5월 20일 국회 본회의를 통과한 집시법 개정안은 국회의사당, 국무총리 공관, 각급 법원, 헌법재판소의 경계 지점으로부터 100미터 이내의 장소에서 집회·시위를 예외적으로 허용하는 규정을 마련했다.

국회의사당의 경우 "'국회의 활동을 방해할 우려가 없는 경우', '대규모 집회 또는 시위로 확산될 우려가 없는 경우'로서 국회의 기능이나 안녕을 침해할 우려가 없다고 인정되는 때"에는 예외 규정으로 허용하기로 했다.

서울 서초동 대법원 청사

각급 법원과 헌법재판소의 경우 "'법관이나 재판관의 직무상 독립이나 구체적 사건의 재판에 영향을 미칠 우려가 없는 경우', '대규모 집회 또는 시위로 확산될 우려가 없는 경우'로서 각급 법원, 헌법재판소의 기능이나 안녕을 침해할 우려가 없다고 인정되는 때"에는 예외 규정으로 허용하기로 했다. ③

국무총리 공관의 경우, "'국무총리를 대상으로 하지 않는 경우', '대규모 집회 또는 시위로 확산될 우려가 없는 경우'로서 국무총리 공관의 기능이나 안녕을 침해할 우려가 없다고 인정되는 때"에는 예외 규정으로 허용하기로 했다.

한편, 이번 개정안은 집시법 제11조 조항에 대해 헌법재판소가 헌법불합치 결정을 내리면서 입법시한으로 제시한 2019년 12월 31일을 훌쩍 넘겨 집시법 제11조가 효력을 상실해 지각 입법이다.

이에 국회는 집시법 개정안이 공포한 날부터 시행되도록 부칙을 마련해 입법 공백을 최소화했다.

사회자 이재근 참여연대 국장의 선창에 따라 구호를 외치고 있다.

한편, 참여연대와 '집시법 11조 폐지 행동'은 지난 3월 6일에 이어 5월 19일에도 국회 정문 앞에서 긴급 기자회견을 열고 "개정안은 국회의사당, 법원, 국무총리 공관 인근 100미터를 집회금지장소로 정하면서, 집회 및 시위가 예외적인 경우를 몇 가지 정하고 있어, 개정안은 개선이 아닌 개악"이라며 "위헌적 조항을 다시 입법하려는 집시법 개정안 논의를 당장 중단하라"고 요구했었다.

헌법학자 한상희 건국대 법학전문대학원 교수가 19일 기자회견에 참여해 국회에 쓴소리를 냈다. 한 교수는 참여연대 정책자문위원장과 '집회와 시위의 자유 확대 사업단장'으로 활동하고 있다.

(중략)

(3) 법원 시위 "안녕, 우려" 법조문 해석에 따른 문제점 비판 보도

db 데일리동방

①

법원 '안녕·우려'에 좌우되는 '총수 구속' 팻말 시위

데일리 동방
2020. 6. 16.

총수 법원 출석 때 '구속하라' 팻말
100m 내 집회·시위금지 예외 허용
"예측성 떨어지는 기준...판례 쌓여야"

이범종 (laughing@ajunews.com) | 입력 : 2020-06-16 14:02:00 | 수정 : 2020-06-16 14:02:00

8일 오전 서울중앙지방법원에서 한 시민단체 회원이 앞면에 '이재용 구속', 뒷면에 '이재용 사퇴'가 적힌 팻말을 들자, 법원 관계자가 "내려놓으라" 말하고 있다.
[사진=이범종 기자]

[데일리동방] #. 지난 8일 오전 서울 서초동 법원종합청사. 이재용 삼성전자 부회장이 영장실질심사(구속 전 피의자 심문)를 받으러 입구에 들어서자, 시민단체 회원들이 "이재용 구속"을 외치며 같은 내용의 팻말을 들었다. 법원 관계자들이 "내려놓으시라" 수차례 권고했지만 쉽게 물러서지 않았다.

법원 앞 시위를 금지한 현행법에 예외조항이 생겼지만 적용 기준이 모호하다는 비판이 ③
나온다. 시위가 사건에 영향 줄 '우려'가 없어야 하는데 당사자와 시위자 모두 일관된
시위 제지나 허용을 기대하기 어렵다는 설명이다.

정부는 9일 집회 및 시위에 관한 법률(집시법) 일부 개정을 공포·시행했다. 집시법
11조는 법원과 헌법재판소 등 경계 지점 100m 이내 옥외집회나 시위를 금지해왔다.
헌법재판소가 2018년 7월 해당 조항에 위헌 결정을 내리자 20대 국회는 지난달 20일
마지막 본회의에서 예외 사유를 넣어 통과시켰다.

개정법은 "각급 법원, 헌법재판소 기능이나 안녕을 침해할 우려가 없다고 인정되는
때"에 집회·시위를 금지하지 않는다. 구체적으로 법관이나 재판관의 직무상 독립이나
구체적 사건 재판에 영향을 미칠 우려가 없거나, 대규모 집회 또는 시위로 확산될
우려가 없는 경우다. 예외 조항은 2018년 12월 더불어민주당 유동수 의원, 2019년 1월
송갑석 의원, 7월 강창일 당시 의원 등이 대표발의했다.

지난달 20일 20대 국회가 마지막 본회의를 진행하는 모습. [사진=이범종 기자]

◆입법부도 '기준 불명확' 우려

국회에선 개정안 속 '안녕'과 '우려'가 뜨거운 감자였다. 지난 4월 국회 법사위 회의에서
더불어민주당 이재정 의원은 모호한 방식이 표현의 자유를 사전 차단하는 효과가
있다며 문제를 제기했다. 같은 당 박주민 의원도 미국 연방 대법원 사례를 들어
"정밀하게 정교하게 외과 수술을 하듯이 금지되는 행위를 명확하게 표현을 해서 그런

행위들만 제한을 해야 된다는 문구들을 계속 쓴다"고 거들었다. 우려나 안녕이라는 단어가 판례와 법령에 쓰이곤 하지만 표현의 자유를 제한할 때는 부적절하다는 주장이다.

이에 민갑룡 경찰청장은 우려라는 개념이 명확성 원칙에 반하지 않는다는 헌재 결정례가 있다며 반박했다. 헌법기관의 본질적 기능을 침해하지 않는 선에서 예외를 폭넓게 인정하는 입법안이라는 반론이다.

우려가 명확성 원칙에 위반되는지에 대한 헌재 판단은 맥락에 따라 달랐다. 미성년자에게 음란성 또는 잔인성을 조장할 우려가 있는 만화 반포를 금지하고 이를 위반하면 처벌한 미성년자 보호법 조항은 2002년 위헌 결정이 났다. 사회통념상 정당하다고 볼 여지가 있는 부분도 처벌 대상이 될 수 있어서다. 반면 2006년에는 농림부령이 정한대로 조사한 결과 재해발생이 우려되는 경우 채석을 금지하는 조항에 합헌 결정이 났다. 현지조사와 주민조사로 채석에 따른 재해 발생을 예측할 수 있어서다.

헌재는 집시법 위헌 결정 당시 "법원을 대상으로 한 집회라도 사법행정과 관련된 의사표시 전달을 목적으로 한 집회 등 법관의 독립이나 구체적 사건의 재판에 영향을 미칠 우려가 없는 집회도 있다"고 판단했다. 집회의 자유에 대한 과도한 제한 가능성이 완화될 수 있도록 시위 가능성을 열어둬야 한다는 취지다. 집시법 자체에 보완 규정이 많다는 설명도 덧붙였다.

서울법원종합청사. [사진=이범종 기자]

◆ 재판부 재량에 달린 안녕과 우려

법원이 청사 내외에서 시위를 막을 근거는 집시법 외에도 많다. 법원조직법, 법원보안관리대의 설치조직 및 분장사무 등에 관한 규칙, 법원보안관리대 운영에 관한 예규 등이다. 법원보안관리대는 법원조직법 55조에 따라 법원 청사 내 질서 문란행위를 제지한다. 각 규칙 5조와 예규 12조도 이를 뒷받침한다. 예규 2호는 질서 문란행위를 청사 출입자의 생명·신체·재산 등에 대한 위해행위로 정의한다.

이 때문에 피의자나 형사 피고인 입장에서 일관된 시위 제지나 허가를 기대하기 어려울 전망이다. 서울중앙지법 관계자는 "개정된 집회 및 시위에 관한 법률 제11조 적용에 관해서는 관련 사건을 담당하는 개별 재판부에서 판단할 사항으로 보인다"고 말했다. 각 사건 재판부가 안녕과 우려의 기준을 판단해 개별 적용해야 한다는 의미다.

법조계에선 모호한 예외 규정이 본래 입법 취지를 살리지 못할 가능성을 우려한다. 관련 소송이 반복되며 판례가 쌓여야 일관된 해석이 적용되지 않겠느냐는 관측이다. 이충윤 법무법인 해율 변호사는 "해당 조항에 대한 헌법재판소의 헌법불합치 결정은 전면 금지 조항이 헌법상 집회의 자유를 침해하는 것에 근거한다"며 "개정안처럼 원칙적 금지와 예외적 허용 조항은 이러한 취지에 반한다"고 분석했다.

이 변호사는 "개정안의 예외 또한 명백하지 않고 판단 여지가 있어 상당수의 판례가

(종략)

(4) 헌재 집시법 11조 헌법불합치 결정 따른 무죄 판결 언론보도

파이낸셜뉴스

글자크기 　 줄간격 　 인쇄하기 　 취소

'국회 앞 집회' 전교조 조합원 무죄 확정..헌법불 ①
합치 결정 탓

파이낸셜뉴스 입력 :2020.06.19 06:00 수정 : 2020.06.19 06:00

2020. 6. 19.

[파이낸셜뉴스] 국회 앞에서 집회를 벌인 혐의로 재판에 넘겨진 전국교직원노동조
합 조합원의 집회 및 시위에 관한 법률(집시법) 위반 혐의가 최종적으로 무죄로 인
정됐다. 이 조합원은 1심에서 유죄가 인정됐지만 헌법재판소가 집시법 관련 조항에
대해 헌법불합치 결정을 내린 것이 형사사건에 적용되면서 최종적으로 관련 혐의
에 대해 무죄가 선고됐다.

대법원 1부(주심 이기택 대법관)는 집시법 위반 및 일반교통방해 혐의로 기소된 A
씨(51)의 상고심에서 집시법 위반 부분은 무죄로, 일반교통방해 부분은 유죄로 보고
벌금 150만원을 선고한 원심을 확정했다고 19일 밝혔다.

전교조 국장인 A씨는 지난 2015년 3월과 5월 서울 국회 본관 앞에서 전교조와 전국
공무원노동조합 소속 조합원들과 함께 노사정 대타협을 반대하며 구호를 외치는
한편 '공적연금 개악저지' 등의 구호를 제창한 혐의로 2016년 기소됐다.

A씨는 경찰로부터 수차례 해산명령을 받고도 해산하지 않아 교통을 방해한 혐의
(일반교통방해)도 받았다. 당시 집시법 11조는 '국회의사당 100m 이내 장소에서는

옥외집회 또는 시위를 해서는 안된다'는 내용을 담고 있었다.

1심은 A씨의 공소사실 전부를 유죄고 보고 벌금 300만원을 선고했다. ②

반면 2심은 헌재의 집시법 11조에 대한 헌법불합치 결정에 따라 무죄를 선고했다. 앞서 헌재는 지난 2018년 집시법 11조(옥외집회와 시위의 금지 장소) 중 '국회의사당', '각급 법원', '국무총리 공관' 부분에 대해 "입법목적 달성에 필요한 범위를 넘는 과도한 제한"이라며 지난해 12월까지 법 개정을 하라며 헌법불합치 결정을 내린 바 있다.

2심은 "형벌에 관한 법률조항이 위헌으로 결정된 이상 그 조항은 헌법재판소법 47조에 정해진 대로 효력이 상실된다"며 "헌재가 이 사건 헌법불합치결정 주문에서 이 사건 법률조항이 개정될 때까지 계속 적용되고, 개정시한까지 개선입법이 이뤄지지 않는 경우 그 다음날부터 이 사건 법률조항이 효력을 상실하도록 했더라도 헌법불합치결정을 위헌으로 보는 이상 이와 달리 해석할 여지가 없다"고 판시했다.

헌법재판소법 47조 2항은 '형벌에 관한 법률조항에 대해 위헌결정이 선고된 경우 그 조항이 소급해 효력을 상실한다'고 규정하고 있다. 대법원은 2심 판단이 옳다고 봤다.

한편, 헌재가 헌법불합치 결정한 집시법 11조는 법 개정이 이뤄지지 않으면서 올 1월부터 종전 조항의 효력이 상실되면서 법률 공백이 생겼다.

그러나 윤석열 검찰총장은 지난 2월 집시법 11조 위반으로 기소돼 진행중인 사건들에 대해 전면적인 공소취소 및 상소취하를 지시했다. 공소가 취소되면 법원은 공소기각 결정을 하게 되고, 검찰의 공소 제기(기소)가 없었던 것으로 보는 결정으로 당사자의 재판기록이 아예 남지 않는다.

mountjo@fnnews.com 조상희 기자

인쇄하기   취소

2. 집시법 관련 법령
(1) 집회 및 시위에 관한 법률

(일부개정 2020. 6. 9. 법률 제17393호, 시행 2020. 6. 9.)

제1조(목적)

이 법은 적법한 집회를 최대한 보장하고 위법한 시위로부터 국민을 보호함으로써 집회 및 시위의 권리 보장과 공공의 안녕질서가 적절히 조화를 이루도록 하는 것을 목적으로 한다.

제2조(정의)

이 법에서 사용하는 용어의 뜻은 다음과 같다.

1. "옥외집회"란 천장이 없거나 사방이 폐쇄되지 아니한 장소에서 여는 집회를 말한다.

2. "시위"란 여러 사람이 공동의 목적을 가지고 도로, 광장, 공원 등 일반인이 자유로이 통행할 수 있는 장소를 행진하거나 위력 또는 기세를 보여, 불특정한 여러 사람의 의견에 영향을 주거나 제압을 가하는 행위를 말한다.

3. "주최자(主催者)"란 자기 이름으로 자기 책임 아래 집회나 시위를 여는 사람이나 단체를 말한다. 주최자는 주관자를 따로 두어 집회 또는 시위의 실행을 맡아 관리하도록 위임할 수 있다. 이 경우 주관자는 그 위임의 범위 안에서 주최자로 본다.

4. "질서유지인"이란 주최자가 자신을 보좌하여 집회 또는 시위의 질서를 유지하게 할 목적으로 임명한 자를 말한다.

5. "질서유지선"이란 관할 경찰서장이나 지방경찰청장이 적법한 집회 및 시위를 보호하고 질서유지나 원활한 교통 소통을 위하여 집회 또는 시위의 장소나 행진 구간을 일정하게 구획하여 설정한 띠, 방책, 차선 등의 경계표지를 말한다.

6. "경찰관서"란 국가경찰관서를 말한다.

제3조(집회 및 시위에 대한 방해 금지)

① 누구든지 폭행, 협박, 그 밖의 방법으로 평화적인 집회 또는 시위를 방해하거나 질서를 문란하게 하여서는 아니 된다.

② 누구든지 폭행, 협박, 그 밖의 방법으로 집회 또는 시위의 주최자나 질서유지인의 이 법의 규정에 따른 임무 수행을 방해하여서는 아니 된다.

③ 집회 또는 시위의 주최자는 평화적인 집회 또는 시위가 방해받을 염려가 있다고 인정되면 관할 경찰관서에 그 사실을 알려 보호를 요청할 수 있다. 이 경우 관할 경찰관서의 장은 정당

한 사유 없이 보호 요청을 거절하여서는 아니 된다.

제4조(특정인 참가의 배제)
집회 또는 시위의 주최자 및 질서유지인은 특정한 사람이나 단체가 집회나 시위에 참가하는 것을 막을 수 있다. 다만, 언론사의 기자는 출입이 보장되어야 하며, 이 경우 기자는 신분증을 제시하고 기자임을 표시한 완장을 착용하여야 한다.

제5조(집회 및 시위의 금지)
① 누구든지 다음 각 호의 어느 하나에 해당하는 집회나 시위를 주최하여서는 아니 된다.

1. 헌법재판소의 결정에 따라 해산된 정당의 목적을 달성하기 위한 집회 또는 시위

2. 집단적인 폭행, 협박, 손괴, 방화 등으로 공공의 안녕 질서에 직접적인 위협을 끼칠 것이 명백한 집회 또는 시위

② 누구든지 제1항에 따라 금지된 집회 또는 시위를 할 것을 선전하거나 선동하여서는 아니 된다.

제6조(옥외집회 및 시위의 신고 등)
① 옥외집회나 시위를 주최하려는 자는 그에 관한 다음 각 호의 사항 모두를 적은 신고서를 옥외집회나 시위를 시작하기 720시간 전부터 48시간 전에 관할 경찰서장에게 제출하여야 한다. 다만, 옥외집회 또는 시위 장소가 두 곳 이상의 경찰서의 관할에 속하는 경우에는 관할 지방경찰청장에게 제출하여야 하고, 두 곳 이상의 지방경찰청 관할에 속하는 경우에는 주최지를 관할하는 지방경찰청장에게 제출하여야 한다.

1. 목적

2. 일시(필요한 시간을 포함한다)

3. 장소

4. 주최자(단체인 경우에는 그 대표자를 포함한다), 연락책임자, 질서유지인에 관한 다음 각 목의 사항

가. 주소

나. 성명

다. 직업

라. 연락처

5. 참가 예정인 단체와 인원

6. 시위의 경우 그 방법(진로와 약도를 포함한다)

② 관할 경찰서장 또는 지방경찰청장(이하 "관할경찰관서장"이라 한다)은 제1항에 따른 신고서를 접수하면 신고자에게 접수 일시를 적은 접수증을 즉시 내주어야 한다.

③ 주최자는 제1항에 따라 신고한 옥외집회 또는 시위를 하지 아니하게 된 경우에는 신고서에 적힌 집회 일시 24시간 전에 그 철회사유 등을 적은 철회신고서를 관할경찰관서장에게 제출하여야 한다. <개정 2016.1.27>

④ 제3항에 따라 철회신고서를 받은 관할경찰관서장은 제8조제3항에 따라 금지 통고를 한 집회나 시위가 있는 경우에는 그 금지 통고를 받은 주최자에게 제3항에 따른 사실을 즉시 알려야 한다. <개정 2016.1.27>

⑤ 제4항에 따라 통지를 받은 주최자는 그 금지 통고된 집회 또는 시위를 최초에 신고한 대로 개최할 수 있다. 다만, 금지 통고 등으로 시기를 놓친 경우에는 일시를 새로 정하여 집회 또는 시위를 시작하기 24시간 전에 관할경찰관서장에게 신고서를 제출하고 집회 또는 시위를 개최할 수 있다.

제7조(신고서의 보완 등)
① 관할경찰관서장은 제6조제1항에 따른 신고서의 기재 사항에 미비한 점을 발견하면 접수증을 교부한 때부터 12시간 이내에 주최자에게 24시간을 기한으로 그 기재 사항을 보완할 것을 통고할 수 있다.

② 제1항에 따른 보완 통고는 보완할 사항을 분명히 밝혀 서면으로 주최자 또는 연락책임자에게 송달하여야 한다.

제8조(집회 및 시위의 금지 또는 제한 통고)
① 제6조제1항에 따른 신고서를 접수한 관할경찰관서장은 신고된 옥외집회 또는 시위가 다음 각 호의 어느 하나에 해당하는 때에는 신고서를 접수한 때부터 48시간 이내에 집회 또는 시위를 금지할 것을 주최자에게 통고할 수 있다. 다만, 집회 또는 시위가 집단적인 폭행, 협박, 손괴, 방화 등으로 공공의 안녕 질서에 직접적인 위험을 초래한 경우에는 남은 기간의 해당 집회 또는 시위에 대하여 신고서를 접수한 때부터 48시간이 지난 경우에도 금지 통고를 할 수 있다.

1. 제5조제1항, 제10조 본문 또는 제11조에 위반된다고 인정될 때

2. 제7조제1항에 따른 신고서 기재 사항을 보완하지 아니한 때

3. 제12조에 따라 금지할 집회 또는 시위라고 인정될 때

② 관할경찰관서장은 집회 또는 시위의 시간과 장소가 중복되는 2개 이상의 신고가 있는 경우 그 목적으로 보아 서로 상반되거나 방해가 된다고 인정되면 각 옥외집회 또는 시위 간에 시간을 나누거나 장소를 분할하여 개최하도록 권유하는 등 각 옥외집회 또는 시위가 서로 방해되지 아니하고 평화적으로 개최·진행될 수 있도록 노력하여야 한다. <개정 2016.1.27>

③ 관할경찰관서장은 제2항에 따른 권유가 받아들여지지 아니하면 뒤에 접수된 옥외집회 또는 시위에 대하여 제1항에 준하여 그 집회 또는 시위의 금지를 통고할 수 있다. <신설 2016.1.27>

④ 제3항에 따라 뒤에 접수된 옥외집회 또는 시위가 금지 통고된 경우 먼저 신고를 접수하여 옥외집회 또는 시위를 개최할 수 있는 자는 집회 시작 1시간 전에 관할경찰관서장에게 집회 개최 사실을 통지하여야 한다. <신설 2016.1.27>

⑤ 다음 각 호의 어느 하나에 해당하는 경우로서 그 거주자나 관리자가 시설이나 장소의 보호를 요청하는 경우에는 집회나 시위의 금지 또는 제한을 통고할 수 있다. 이 경우 집회나 시위의 금지 통고에 대하여는 제1항을 준용한다. <개정 2007.12.21, 2016.1.27>

1. 제6조제1항의 신고서에 적힌 장소(이하 이 항에서 "신고장소"라 한다)가 다른 사람의 주거 지역이나 이와 유사한 장소로서 집회나 시위로 재산 또는 시설에 심각한 피해가 발생하거나 사생활의 평온(평온)을 뚜렷하게 해칠 우려가 있는 경우

2. 신고 장소가 「초·중등교육법」 제2조에 따른 학교의 주변 지역으로서 집회 또는 시위로 학습권을 뚜렷이 침해할 우려가 있는 경우

3. 신고 장소가 「군사기지 및 군사시설 보호법」 제2조제2호에 따른 군사시설의 주변 지역으로서 집회 또는 시위로 시설이나 군 작전의 수행에 심각한 피해가 발생할 우려가 있는 경우

⑥ 집회 또는 시위의 금지 또는 제한 통고는 그 이유를 분명하게 밝혀 서면으로 주최자 또는 연락책임자에게 송달하여야 한다. <개정 2016.1.27>

제9조(집회 및 시위의 금지 통고에 대한 이의 신청 등)
① 집회 또는 시위의 주최자는 제8조에 따른 금지 통고를 받은 날부터 10일 이내에 해당 경찰관서의 바로 위의 상급경찰관서의 장에게 이의를 신청할 수 있다.

② 제1항에 따른 이의 신청을 받은 경찰관서의 장은 접수 일시를 적은 접수증을 이의 신청인에게 즉시 내주고 접수한 때부터 24시간 이내에 재결(재결)을 하여야 한다. 이 경우 접수한

때부터 24시간 이내에 재결서를 발송하지 아니하면 관할경찰관서장의 금지 통고는 소급하여 그 효력을 잃는다.

③ 이의 신청인은 제2항에 따라 금지 통고가 위법하거나 부당한 것으로 재결되거나 그 효력을 잃게 된 경우 처음 신고한 대로 집회 또는 시위를 개최할 수 있다. 다만, 금지 통고 등으로 시기를 놓친 경우에는 일시를 새로 정하여 집회 또는 시위를 시작하기 24시간 전에 관할경찰관서장에게 신고함으로써 집회 또는 시위를 개최할 수 있다.

제10조(옥외집회와 시위의 금지 시간)
누구든지 해가 뜨기 전이나 해가 진 후에는 옥외집회 또는 시위를 하여서는 아니 된다. 다만, 집회의 성격상 부득이하여 주최자가 질서유지인을 두고 미리 신고한 경우에는 관할경찰관서장은 질서 유지를 위한 조건을 붙여 해가 뜨기 전이나 해가 진 후에도 옥외집회를 허용할 수 있다.

[헌법 불합치, 2008헌가25, 2009.9.24, 집회 및 시위에 관한 법률(2007. 5. 11. 법률 제8424호로 전부개정된 것) 제10조 중 '옥외집회' 부분 및 제23조 제1호 중 '제10조 본문의 옥외집회' 부분은 헌법에 합치되지 아니한다. 위 조항들은 2010. 6. 30.을 시한으로 입법자가 개정할 때까지 계속 적용된다.]

[한정위헌, 2010헌가2, 2014.3.27. 집회 및 시위에 관한 법률(2007. 5. 11. 법률 제8424호로 개정된 것) 제10조 본문 중 '시위'에 관한 부분 및 제23조 제3호 중 '제10조 본문' 가운데 '시위'에 관한 부분은 각 '해가 진 후부터 같은 날 24시까지의 시위'에 적용하는 한 헌법에 위반된다.]

제11조(옥외집회와 시위의 금지 장소)
누구든지 다음 각 호의 어느 하나에 해당하는 청사 또는 저택의 경계 지점으로부터 100 미터 이내의 장소에서는 옥외집회 또는 시위를 하여서는 아니 된다. <개정 2020.6.9>

1. 국회의사당. 다만, 다음 각 목의 어느 하나에 해당하는 경우로서 국회의 기능이나 안녕을 침해할 우려가 없다고 인정되는 때에는 그러하지 아니다.

가. 국회의 활동을 방해할 우려가 없는 경우

나. 대규모 집회 또는 시위로 확산될 우려가 없는 경우

2. 각급 법원, 헌법재판소. 다만, 다음 각 목의 어느 하나에 해당하는 경우로서 각급 법원, 헌법재판소의 기능이나 안녕을 침해할 우려가 없다고 인정되는 때에는 그러하지 아니다.

가. 법관이나 재판관의 직무상 독립이나 구체적 사건의 재판에 영향을 미칠 우려가 없는 경우

나. 대규모 집회 또는 시위로 확산될 우려가 없는 경우

3. 대통령 관저(관저), 국회의장 공관, 대법원장 공관, 헌법재판소장 공관

4. 국무총리 공관. 다만, 다음 각 목의 어느 하나에 해당하는 경우로서 국무총리 공관의 기능이나 안녕을 침해할 우려가 없다고 인정되는 때에는 그러하지 아니하다.

가. 국무총리를 대상으로 하지 아니하는 경우

나. 대규모 집회 또는 시위로 확산될 우려가 없는 경우

5. 국내 주재 외국의 외교기관이나 외교사절의 숙소. 다만, 다음 각 목의 어느 하나에 해당하는 경우로서 외교기관 또는 외교사절 숙소의 기능이나 안녕을 침해할 우려가 없다고 인정되는 때에는 그러하지 아니하다.

가. 해당 외교기관 또는 외교사절의 숙소를 대상으로 하지 아니하는 경우

나. 대규모 집회 또는 시위로 확산될 우려가 없는 경우

다. 외교기관의 업무가 없는 휴일에 개최하는 경우

[헌법불합치, 2013헌바322, 2018. 5. 31. 집회 및 시위에 관한 법률(2007. 5. 11. 법률 제8424호로 전부개정된 것) 제11조 제1호 중 '국회의사당'에 관한 부분은 헌법에 합치되지 아니한다. 위 법률조항은 2019. 12. 31.을 시한으로 개정될 때까지 계속 적용한다.]

[헌법불합치, 2015헌가28, 2018. 6. 28. 집회 및 시위에 관한 법률(2007. 5. 11. 법률 제8424호로 전부개정된 것) 제11조 제3호는 헌법에 합치되지 아니한다. 위 법률조항은 2019. 12. 31.을 시한으로 개정될 때까지 계속 적용한다.]

[헌법불합치, 2018헌바137, 2018. 7. 26. '집회 및 시위에 관한 법률'(2007. 5. 11. 법률 제8424호로 전부개정된 것) 제11조 제1호 중 "각급 법원" 부분은 헌법에 합치되지 아니한다. 위 법률조항은 2019. 12. 31.을 시한으로 개정될 때까지 계속 적용한다.]

제12조(교통 소통을 위한 제한)
① 관할경찰관서장은 대통령령으로 정하는 주요 도시의 주요 도로에서의 집회 또는 시위에 대하여 교통 소통을 위하여 필요하다고 인정하면 이를 금지하거나 교통질서 유지를 위한 조건을 붙여 제한할 수 있다.

② 집회 또는 시위의 주최자가 질서유지인을 두고 도로를 행진하는 경우에는 제1항에 따른 금지를 할 수 없다. 다만, 해당 도로와 주변 도로의 교통 소통에 장애를 발생시켜 심각한 교통

불편을 줄 우려가 있으면 제1항에 따른 금지를 할 수 있다.

제13조(질서유지선의 설정)
① 제6조제1항에 따른 신고를 받은 관할경찰관서장은 집회 및 시위의 보호와 공공의 질서 유지를 위하여 필요하다고 인정하면 최소한의 범위를 정하여 질서유지선을 설정할 수 있다.

② 제1항에 따라 경찰관서장이 질서유지선을 설정할 때에는 주최자 또는 연락책임자에게 이를 알려야 한다.

제14조(확성기등 사용의 제한)
① 집회 또는 시위의 주최자는 확성기, 북, 징, 꽹과리 등의 기계·기구(이하 이 조에서 "확성기 등"이라 한다)를 사용하여 타인에게 심각한 피해를 주는 소음으로서 대통령령으로 정하는 기준을 위반하는 소음을 발생시켜서는 아니 된다.

② 관할경찰관서장은 집회 또는 시위의 주최자가 제1항에 따른 기준을 초과하는 소음을 발생시켜 타인에게 피해를 주는 경우에는 그 기준 이하의 소음 유지 또는 확성기등의 사용 중지를 명하거나 확성기 등의 일시보관 등 필요한 조치를 할 수 있다.

제15조(적용의 배제)
학문, 예술, 체육, 종교, 의식, 친목, 오락, 관혼상제(관혼상제) 및 국경행사(국경행사)에 관한 집회에는 제6조부터 제12조까지의 규정을 적용하지 아니한다.

제16조(주최자의 준수 사항)
① 집회 또는 시위의 주최자는 집회 또는 시위에 있어서의 질서를 유지하여야 한다.

② 집회 또는 시위의 주최자는 집회 또는 시위의 질서 유지에 관하여 자신을 보좌하도록 18세 이상의 사람을 질서유지인으로 임명할 수 있다.

③ 집회 또는 시위의 주최자는 제1항에 따른 질서를 유지할 수 없으면 그 집회 또는 시위의 종결(종결)을 선언하여야 한다.

④ 집회 또는 시위의 주최자는 다음 각 호의 어느 하나에 해당하는 행위를 하여서는 아니 된다.

1. 총포, 폭발물, 도검(도검), 철봉, 곤봉, 돌덩이 등 다른 사람의 생명을 위협하거나 신체에 해를 끼칠 수 있는 기구(기구)를 휴대하거나 사용하는 행위 또는 다른 사람에게 이를 휴대하게 하거나 사용하게 하는 행위

2. 폭행, 협박, 손괴, 방화 등으로 질서를 문란하게 하는 행위

3. 신고한 목적, 일시, 장소, 방법 등의 범위를 뚜렷이 벗어나는 행위

⑤ 옥내집회의 주최자는 확성기를 설치하는 등 주변에서의 옥외 참가를 유발하는 행위를 하여서는 아니 된다.

제17조(질서유지인의 준수 사항 등)

① 질서유지인은 주최자의 지시에 따라 집회 또는 시위 질서가 유지되도록 하여야 한다.

② 질서유지인은 제16조제4항 각 호의 어느 하나에 해당하는 행위를 하여서는 아니 된다.

③ 질서유지인은 참가자 등이 질서유지인임을 쉽게 알아볼 수 있도록 완장, 모자, 어깨띠, 상의 등을 착용하여야 한다.

④ 관할경찰관서장은 집회 또는 시위의 주최자와 협의하여 질서유지인의 수(수)를 적절하게 조정할 수 있다.

⑤ 집회나 시위의 주최자는 제4항에 따라 질서유지인의 수를 조정한 경우 집회 또는 시위를 개최하기 전에 조정된 질서유지인의 명단을 관할경찰관서장에게 알려야 한다.

제18조(참가자의 준수 사항)

① 집회나 시위에 참가하는 자는 주최자 및 질서유지인의 질서 유지를 위한 지시에 따라야 한다.

② 집회나 시위에 참가하는 자는 제16조제4항제1호 및 제2호에 해당하는 행위를 하여서는 아니 된다.

제19조(경찰관의 출입)

① 경찰관은 집회 또는 시위의 주최자에게 알리고 그 집회 또는 시위의 장소에 정복(정복)을 입고 출입할 수 있다. 다만, 옥내집회 장소에 출입하는 것은 직무 집행을 위하여 긴급한 경우에만 할 수 있다.

② 집회나 시위의 주최자, 질서유지인 또는 장소관리자는 질서를 유지하기 위한 경찰관의 직무집행에 협조하여야 한다.

제20조(집회 또는 시위의 해산)

① 관할경찰관서장은 다음 각 호의 어느 하나에 해당하는 집회 또는 시위에 대하여는 상당한 시간 이내에 자진(자진) 해산할 것을 요청하고 이에 따르지 아니하면 해산(해산)을 명할 수 있다. <개정 2016.1.27>

1. 제5조제1항, 제10조 본문 또는 제11조를 위반한 집회 또는 시위

2. 제6조제1항에 따른 신고를 하지 아니하거나 제8조 또는 제12조에 따라 금지된 집회 또는 시위

3. 제8조제5항에 따른 제한, 제10조 단서 또는 제12조에 따른 조건을 위반하여 교통 소통 등

질서 유지에 직접적인 위험을 명백하게 초래한 집회 또는 시위

4. 제16조제3항에 따른 종결 선언을 한 집회 또는 시위

5. 제16조제4항 각 호의 어느 하나에 해당하는 행위로 질서를 유지할 수 없는 집회 또는 시위

② 집회 또는 시위가 제1항에 따른 해산 명령을 받았을 때에는 모든 참가자는 지체 없이 해산하여야 한다.

③ 제1항에 따른 자진 해산의 요청과 해산 명령의 고지(고지) 등에 필요한 사항은 대통령령으로 정한다.

제21조(집회·시위자문위원회)
① 집회 및 시위의 자유와 공공의 안녕 질서가 조화를 이루도록 하기 위하여 각급 경찰관서에 다음 각 호의 사항에 관하여 각급 경찰관서장의 자문 등에 응하는 집회·시위자문위원회(이하 이 조에서 "위원회"라 한다)를 둘 수 있다.

1. 제8조에 따른 집회 또는 시위의 금지 또는 제한 통고

2. 제9조제2항에 따른 이의 신청에 관한 재결

3. 집회 또는 시위에 대한 사례 검토

4. 집회 또는 시위 업무의 처리와 관련하여 필요한 사항

② 위원회에는 위원장 1명을 두되, 위원장을 포함한 5명 이상 7명 이하의 위원으로 구성된다.

③ 위원장과 위원은 각급 경찰관서장이 전문성과 공정성 등을 고려하여 다음 각 호의 사람 중에서 위촉한다.

1. 변호사

2. 교수

3. 시민단체에서 추천하는 사람

4. 관할 지역의 주민대표

④ 위원회의 구성ㆍ운영 등에 필요한 사항은 대통령령으로 정한다.

제22조(벌칙)
① 제3조제1항 또는 제2항을 위반한 자는 3년 이하의 징역 또는 300만원 이하의 벌금에 처한다. 다만, 군인ㆍ검사 또는 경찰관이 제3조제1항 또는 제2항을 위반한 경우에는 5년 이하의 징역에 처한다.

② 제5조제1항 또는 제6조제1항을 위반하거나 제8조에 따라 금지를 통고한 집회 또는 시위를 주최한 자는 2년 이하의 징역 또는 200만원 이하의 벌금에 처한다.

③ 제5조제2항 또는 제16조제4항을 위반한 자는 1년 이하의 징역 또는 100만원 이하의 벌금에 처한다.

④ 그 사실을 알면서 제5조제1항을 위반한 집회 또는 시위에 참가한 자는 6개월 이하의 징역 또는 50만원 이하의 벌금ㆍ구류 또는 과료에 처한다.

제23조(벌칙)
제10조 본문 또는 제11조를 위반한 자, 제12조에 따른 금지를 위반한 자는 다음 각 호의 구분에 따라 처벌한다.

1. 주최자는 1년 이하의 징역 또는 100만원 이하의 벌금

2. 질서유지인은 6개월 이하의 징역 또는 50만원 이하의 벌금ㆍ구류 또는 과료

3. 그 사실을 알면서 참가한 자는 50만원 이하의 벌금ㆍ구류 또는 과료

[헌법 불합치, 2008헌가25, 2009. 9. 24. 집회 및 시위에 관한 법률(2007. 5. 11. 법률 제8424호로 전부개정된 것) 제10조 중 '옥외집회' 부분 및 제23조 제1호 중 '제10조 본문의 옥외집회' 부분은 헌법에 합치되지 아니한다. 위 조항들은 2010. 6. 30.을 시한으로 입법자가 개정할 때까지 계속 적용된다.]

[한정위헌, 2010헌가2, 2014. 3. 27. 집회 및 시위에 관한 법률(2007. 5. 11. 법률 제8424호로 개정된 것) 제10조 본문 중 '시위'에 관한 부분 및 제23조 제3호 중 '제10조 본문' 가운데 '시위'에 관한 부분은 각 '해가 진 후부터 같은 날 24시까지의 시위'에 적용하는 한 헌법에 위반된다.]

[헌법불합치, 2013헌바322, 2018. 5. 31. 집회 및 시위에 관한 법률(2007. 5. 11. 법률 제 8424호로 전부개정된 것) 제23조 중 제11조 제1호 가운데 '국회의사당'에 관한 부분은 헌법에 합치되지 아니한다. 위 법률조항은 2019. 12. 31.을 시한으로 개정될 때까지 계속 적용한다.]

[헌법불합치, 2015헌가28, 2018. 6. 28. 집회 및 시위에 관한 법률(2007. 5. 11. 법률 제8424

호로 전부개정된 것) 제23조 제1호 중 제11조 제3호에 관한 부분은 헌법에 합치되지 아니한다. 위 법률조항은 2019. 12. 31.을 시한으로 개정될 때까지 계속 적용한다.]

[헌법불합치, 2018헌바137, 2018. 7. 26. '집회 및 시위에 관한 법률'(2007. 5. 11. 법률 제 8424호로 전부개정된 것) 제23조 제1호 중 제11조 제1호 가운데 "각급 법원"에 관한 부분은 모두 헌법에 합치되지 아니한다. 위 법률조항은 2019. 12. 31.을 시한으로 개정될 때까지 계속 적용한다.]

제24조(벌칙)

다음 각 호의 어느 하나에 해당하는 자는 6개월 이하의 징역 또는 50만원 이하의 벌금·구류 또는 과료에 처한다.

1. 제4조에 따라 주최자 또는 질서유지인이 참가를 배제했는데도 그 집회 또는 시위에 참가한 자

2. 제6조제1항에 따른 신고를 거짓으로 하고 집회 또는 시위를 개최한 자

3. 제13조에 따라 설정한 질서유지선을 경찰관의 경고에도 불구하고 정당한 사유 없이 상당 시간 침범하거나 손괴·은닉·이동 또는 제거하거나 그 밖의 방법으로 그 효용을 해친 자

4. 제14조제2항에 따른 명령을 위반하거나 필요한 조치를 거부·방해한 자

5. 제16조제5항, 제17조제2항, 제18조제2항 또는 제20조제2항을 위반한 자

[헌법불합치, 2015헌가28, 2018. 6. 28. 집회 및 시위에 관한 법률(2007. 5. 11. 법률 제8424 호로 전부개정된 것) 제24조 제5호 중 제20조 제2항 가운데 '제11조 제3호를 위반한 집회 또는 시위'에 관한 부분은 헌법에 합치되지 아니한다. 위 법률조항은 2019. 12. 31.을 시한으로 개정될 때까지 계속 적용한다.]

제25조(단체의 대표자에 대한 벌칙 적용)

단체가 집회 또는 시위를 주최하는 경우에는 이 법의 벌칙 적용에서 그 대표자를 주최자로 본다.

제26조(과태료)판례문헌

① 제8조제4항에 해당하는 먼저 신고된 옥외집회 또는 시위의 주최자가 정당한 사유 없이 제6조제3항을 위반한 경우에는 100만원 이하의 과태료를 부과한다.

② 제1항에 따른 과태료는 대통령령으로 정하는 바에 따라 지방경찰청장 또는 경찰서장이 부과·징수한다.
[본조신설 2016.1.27]

부칙 <제8424호, 2007.5.11>
①(시행일) 이 법은 공포한 날부터 시행한다.

②(처분 등에 관한 일반적 경과조치) 이 법 시행 당시 종전의 규정에 따른 행정기관의 행위나 행정기관에 대한 행위는 그에 해당하는 이 법에 따른 행정기관의 행위나 행정기관에 대한 행위로 본다.

③(벌칙에 관한 경과조치) 이 법 시행 전의 행위에 대하여 벌칙 규정을 적용할 때에는 종전의 규정에 따른다.

④(다른 법령과의 관계) 이 법 시행 당시 다른 법령에서 종전의 「집회 및 시위에 관한 법률」 또는 그 규정을 인용한 경우에 이 법 가운데 그에 해당하는 규정이 있으면 종전의 규정을 갈음하여 이 법 또는 이 법의 해당 규정을 인용한 것으로 본다.

부칙(군사기지 및 군사시설 보호법) <제8733호,2007.12.21>

제1조 (시행일) 이 법은 공포 후 9개월이 경과한 날부터 시행한다. <단서 생략>

제2조부터 제9조까지 생략

제10조 (다른 법률의 개정) ① 부터 <21> 까지 생략

<22> 집회 및 시위에 관한 법률 일부를 다음과 같이 개정한다.

제8조제3항제3호 중 "「군사시설보호법」 제2조제1호"를 "「군사기지 및 군사시설 보호법」 제2조제2호"로 한다.

<23> 부터 <30> 까지 생략

제11조 생략
　부칙 <제13834호,2016.1.27>

제1조(시행일) 이 법은 공포 후 1개월이 경과한 날부터 시행한다. 다만, 제26조의 개정규정은 공포 후 1년이 경과한 날부터 시행한다.

제2조(적용례) 제8조제4항 및 제26조의 개정규정은 각각 이 법 시행 후 최초로 접수되는 옥외 집회 또는 시위의 신고분부터 적용한다.

부칙 <제17393호,2020.6.9>
이 법은 공포한 날부터 시행한다.

(출처 : 집회 및 시위에 관한 법률 일부개정 2020. 6. 9. [법률 제17393호, 시행 2020. 6. 9.] 경찰청 > 종합법률정보 법령)

(2) 집회 및 시위에 관한 법률 시행규칙

(일부개정 2016. 12. 19. 행정자치부령 00092호, 시행 2017. 1. 28.)

제1조(목적)
이 규칙은「집회 및 시위에 관한 법률」및 같은 법 시행령의 시행에 관하여 필요한 사항을 규정함을 목적으로 한다.

제2조(옥외집회 및 시위의 신고)
① 「집회 및 시위에 관한 법률」(이하 "법"이라 한다) 제6조제1항에 따른 옥외집회 또는 시위의 신고서는 별지 제1호서식에 따른다. 다만, 주최자(단체인 경우에는 그 대표자를 포함한다), 주관자, 참가 예정 단체 등이 둘 이상이거나 질서유지인을 두는 경우에는 별지 제1호서식에 별지 제2호서식의 신고서를 첨부하여 제출하여야 한다.

② 법 제6조제2항에 따른 옥외집회 또는 시위의 신고서 접수증은 별지 제3호서식에 따른다.

③ 관할 경찰서장 또는 지방경찰청장(이하 "관할경찰관서장"이라 한다)은 옥외집회 또는 시위의 신고를 받으면 별지 제4호서식에 따른 접수부에 그 사실을 적어야 한다. <개정 2016.12.19>

제2조의2(철회신고서)
법 제6조제3항에 따른 철회신고서는 별지 제4호의2서식에 따른다.
[본조신설 2016.12.19]

제3조(기재사항의 보완 통고)
① 법 제7조제1항에 따른 옥외집회 또는 시위 신고서의 기재사항 보완 통고는 별지 제5호서식에 따른다.

② 제1항에 따른 통고를 받은 자는 24시간 이내에 보완된 신고서를 제출하여야 한다.

제4조(집회 및 시위의 금지 통고)

① 법 제8조에 따른 집회 또는 시위의 금지 통고는 별지 제6호서식에 따른다.

② 관할경찰관서장은 집회 또는 시위의 금지 통고를 하였을 경우 별지 제7호서식에 따른 통고부에 그 사실을 적어야 한다. <개정 2016.12.19>

제5조(집회 및 시위의 제한 통고)
법 제8조제3항에 따른 집회 또는 시위의 제한 통고는 별지 제8호서식에 따른다.

제6조(야간 옥외집회의 조건부 허용 통보)

법 제10조 단서 및 「집회 및 시위에 관한 법률 시행령」(이하 "영"이라 한다) 제11조제2항에 따른 야간 옥외집회의 조건부 허용 통보는 별지 제9호서식에 따른다.

제7조(교통질서 유지를 위한 조건의 통보)
법 제12조제1항 및 영 제12조제2항에 따른 교통질서를 유지하기 위한 조건의 통보는 별지 제10호서식에 따른다.

제8조(질서유지선 설정의 고지)
법 제13조 및 영 제13조제2항 본문에 따른 질서유지선 설정의 서면 고지는 별지 제11호서식에 따른다.

제9조(과태료의 부과 등)
① 법 제26조제1항에 따른 과태료 부과는 다음 각 호의 서식에 따른다.

1. 사전통지서: 별지 제12호서식

2. 과태료 부과 고지서: 별지 제13호서식

② 관할경찰관서장은 과태료 처분을 하였을 경우 별지 제14호서식에 따른 과태료 수납부에 과태료 부과 및 징수사항을 적어야 한다.
[본조신설 2016.12.19]

부칙 <제403호,2007.11.26>

이 규칙은 공포한 날부터 시행한다.

부칙(법령 서식 개선을 위한 경비업법 시행규칙 등 일부개정령) <제20호, 2013.10.22>

이 규칙은 공포한 날부터 시행한다.

부칙 <제92호,2016.12.19>

이 규칙은 2017년 1월 28일부터 시행한다.

(출처 : 집회 및 시위에 관한 법률 시행규칙 일부개정 2016. 12. 19. [행정자치부령 제92호, 시행 2017. 1. 28.] 경찰청 > 종합법률정보 법령)

(3) 집회 및 시위에 관한 법률 시행령

(타법개정 2016. 12. 30. 대통령령 제27751호, 시행 2017. 1. 1.)

제1조(목적)

이 영은 「집회 및 시위에 관한 법률」에서 위임된 사항과 그 시행에 필요한 사항을 규정함을 목적으로 한다.

제2조(시위방법)

「집회 및 시위에 관한 법률」(이하 "법"이라 한다) 제6조제1항제6호에 따른 시위방법은 다음 각 호의 사항을 말한다.

1. 시위의 대형

2. 차량, 확성기, 입간판, 그 밖에 주장을 표시한 시설물의 이용 여부와 그 수

3. 구호 제창의 여부

4. 진로(출발지, 경유지, 중간 행사지, 도착지 등)

5. 약도(시위행진의 진행방향을 도면으로 표시한 것)

6. 차도·보도·교차로의 통행방법

7. 그 밖에 시위방법과 관련되는 사항

제3조(보완 통고서의 송달)

법 제6조제1항의 규정에 따른 신고서를 접수한 관할경찰서장 또는 지방경찰청장(이하 "관할 경찰관서장"이라 한다)은 법 제7조제2항에 따른 보완 통고서를 주최자나 연락책임자의 책임 있는 사유로 주최자나 연락책임자에게 직접 송달할 수 없는 때에는 다음 각 호의 방법으로 송달할 수 있다.

1. 주최자가 단체인 경우 주최자 또는 연락책임자의 대리인이나 단체의 사무소에서 근무하는 직원에게 전달하되, 대리인 또는 사무소에서 근무하는 직원에게 전달할 수 없는 때에는 단체의 사무소가 있는 건물의 관리인이나 건물 소재지의 통장 또는 반장에게 전달할 수 있다.

2. 주최자가 개인인 경우 주최자 또는 연락책임자의 세대주나 가족 중 성년자에게 전달하되, 주최자 또는 연락책임자의 세대주나 가족 중 성년자에게 전달할 수 없는 때에는 주최자 또는 연락책임자가 거주하는 건물의 관리인이나 건물 소재지의 통장 또는 반장에게 전달할 수 있다.

제4조(주거지역 등의 범위)
① 법 제8조제5항제1호에서 "이와 유사한 장소"란 주택 또는 사실상 주거의 용도로 사용되고 있는 건축물이 있는 지역과 이와 인접한 공터·도로 등을 포함한 장소를 말한다. <개정 2016.12.13>

② 법 제8조제5항제1호에 따른 재산 또는 시설에 피해가 발생하거나 사생활의 평온을 해치는 경우란 함성, 구호의 제창, 확성기·북·징·꽹과리 등 기계·기구(이하 "확성기 등"이라 한다)의 사용, 사람에게 모욕을 줄 수 있는 구호·낙서 및 유인물 배포, 돌·화염병의 투척 등 폭력행위나 그 밖의 방법으로 재산·시설에 손해를 입히거나 사생활의 평온을 해치는 것을 말한다. <개정 2016.12.13>

③ 법 제8조제5항제2호 및 제3호에서 **"주변 지역"이란 학교 또는 군사시설의 출입문, 담장 및 이와 인접한 공터·도로 등을 포함한 장소를** 말한다. <개정 2016.12.13>

제5조(주거지역 등에서의 집회 또는 시위의 제한·금지 요청)
법 제8조제5항에 따른 시설이나 장소의 보호 요청은 주거지역이나 이와 유사한 장소의 거주자나 관리자 또는 학교나 군사시설의 거주자나 관리자가 그 이유 등을 명확하게 밝혀 관할 경찰관서장이나 집회 또는 시위의 장소에 있는 국가경찰공무원에게 서면이나 구두로 하여야 한다. 이 경우 구두로 요청할 때에는 지체 없이 그 이유 등을 명확하게 밝힌 서면을 제출하여야 한다. <개정 2016.12.13>

제6조(주거지역 등에서의 집회 또는 시위의 제한 내용)
법 제8조제5항에 따라 집회 또는 시위를 제한할 수 있는 내용은 다음 각 호와 같다. <개정 2016.12.13>

1. 집회 또는 시위의 일시·장소 및 참가인원

2. 확성기등의 사용, 구호의 제창, 낙서, 유인물 배포 등 집회 또는 시위의 방법

제7조(금지·제한 통고서의 송달)
관할 경찰관서장은 법 제8조제6항에 따른 집회 또는 시위의 금지·제한 통고서를 주최

자나 연락책임자의 책임 있는 사유로 주최자나 연락책임자에게 직접 송달할 수 없는 때에는 제3조 각 호의 방법에 준하여 송달할 수 있다. <개정 2016.12.13>

제8조(이의 신청의 통지 및 답변서 제출)
① 법 제9조제1항에 따른 이의 신청을 받은 경찰관서장은 즉시 집회 또는 시위의 금지를 통고한 경찰관서장에게 이의 신청의 취지와 이유(이의 신청시 증거서류나 증거물을 제출한 경우에는 그 요지를 포함한다)를 알리고, 답변서의 제출을 명하여야 한다.

② 제1항에 따른 답변서에는 금지 통고의 근거와 이유를 구체적으로 밝히고 이의 신청에 대한 답변을 적되 필요한 증거서류나 증거물이 있으면 함께 제출하여야 한다.

제9조(재결의 통지)
이의 신청을 받은 경찰관서장은 법 제9조제2항에 따라 재결을 한 때에는 집회 또는 시위의 금지를 통고한 경찰관서장에게 재결 내용을 즉시 알려야 한다.

제10조(재결서 또는 판결문 사본의 첨부)
법 제9조제3항 단서에 따르거나 행정소송을 거쳐 새로 집회 또는 시위의 일시를 정하여 신고를 할 때에는 신고서에 재결서 또는 판결문의 사본을 첨부하여야 한다.

제11조(야간 옥외집회의 조건부 허용)
① 법 제10조 단서에 따라 해가 뜨기 전이나 해가 진 후의 옥외집회를 신고하는 자는 해가 뜨기 전이나 해가 진 후 옥외집회를 하여야 하는 사유를 적고 필요한 자료를 제출하여야 한다.

② 관할 경찰관서장은 법 제10조 단서에 따라 해가 뜨기 전이나 해가 진 후의 옥외집회를 허용하는 경우에는 서면으로 질서 유지를 위한 조건을 구체적으로 밝혀 주최자에게 알려야 한다.

제12조(주요 도시의 주요 도로에서의 집회·시위)
① 법 제12조제1항에 따른 주요 도시의 주요 도로의 범위는 별표 1과 같다.

② 관할 경찰관서장은 법 제12조제1항에 따라 주요 도시의 주요 도로에서의 집회 또는 시위에 대하여 교통질서를 유지하기 위한 조건을 붙여 제한하는 경우에는 서면으로 그 조건을 구체적으로 밝혀 주최자에게 알려야 한다.

제13조(질서유지선의 설정·고지 등)

① 관할 경찰관서장은 집회 및 시위의 보호와 공공의 질서 유지를 위하여 다음 각 호의 어느 하나에 해당하는 경우에는 법 제13조제1항에 따라 질서유지선을 설정할 수 있다.

1. 집회·시위의 장소를 한정하거나 집회·시위의 참가자와 일반인을 구분할 필요가 있을 경우

2. 집회·시위의 참가자를 일반인이나 차량으로부터 보호할 필요가 있을 경우

3. 일반인의 통행 또는 교통 소통 등을 위하여 필요할 경우

4. 다음 각 목의 어느 하나의 시설 등에 접근하거나 행진하는 것을 금지하거나 제한할 필요가 있을 경우

가. 법 제11조에 따른 집회 또는 시위가 금지되는 장소

나. 통신시설 등 중요시설

다. 위험물시설

라. 그 밖에 안전 유지 또는 보호가 필요한 재산·시설 등

5. 집회·시위의 행진로를 확보하거나 이를 위한 임시횡단보도를 설치할 필요가 있을 경우

6. 그 밖에 집회·시위의 보호와 공공의 질서 유지를 위하여 필요할 경우

② 법 제13조제2항에 따른 질서유지선의 설정 고지는 서면으로 하여야 한다. 다만, 집회 또는 시위 장소의 상황에 따라 질서유지선을 새로 설정하거나 변경하는 경우에는 집회 또는 시위의 장소에 있는 국가경찰공무원이 구두로 알릴 수 있다.

제14조(확성기등의 소음기준)

법 제14조제1항에 따른 확성기등의 소음기준은 별표 2와 같다.

제15조(질서유지인의 완장 등의 통일)

법 제17조제3항에 따른 질서유지인의 완장·모자·어깨띠 또는 상의 등은 종류·모양 및 색상이 통일되어야 한다.

제16조(조정된 질서유지인 명단의 통보방법)
법 제17조제4항 및 제5항에 따라 조정된 질서유지인의 명단은 서면으로 통보하여야 한다.

제17조(집회 또는 시위의 자진 해산의 요청 등)
법 제20조에 따라 집회 또는 시위를 해산시키려는 때에는 관할 경찰관서장 또는 관할 경찰관서장으로부터 권한을 부여받은 국가경찰공무원은 다음 각 호의 순서에 따라야 한다. 다만, 법 제20조제1항제1호·제2호 또는 제4호에 해당하는 집회·시위의 경우와 주최자·주관자·연락책임자 및 질서유지인이 집회 또는 시위 장소에 없는 경우에는 종결 선언의 요청을 생략할 수 있다.

1. 종결 선언의 요청 주최자에게 집회 또는 시위의 종결 선언을 요청하되, 주최자의 소재를 알 수 없는 경우에는 주관자·연락책임자 또는 질서유지인을 통하여 종결 선언을 요청할 수 있다.

2. 자진 해산의 요청 제1호의 종결 선언 요청에 따르지 아니하거나 종결 선언에도 불구하고 집회 또는 시위의 참가자들이 집회 또는 시위를 계속하는 경우에는 직접 참가자들에 대하여 자진 해산할 것을 요청한다.

3. 해산명령 및 직접 해산 제2호에 따른 자진 해산 요청에 따르지 아니하는 경우에는 세 번 이상 자진 해산할 것을 명령하고, 참가자들이 해산명령에도 불구하고 해산하지 아니하면 직접 해산시킬 수 있다.

제18조(집회·시위자문위원회의 운영 등)

① 법 제21조에 따른 집회·시위자문위원회(이하 이 조에서 "위원회"라 한다)의 위원장 및 위원의 임기는 2년으로 한다.

② 위원장은 위원회를 대표하며, 위원회의 업무를 총괄한다.

③ 위원장이 부득이한 사유로 직무를 수행할 수 없을 때에는 위원 중 연장자 순으로 위원장의 직무를 대리한다.

④ 위원회의 회의는 각급 경찰관서장의 요청에 따라 위원장이 소집한다.

⑤ 위원회의 회의는 재적위원 과반수의 출석으로 개의하고 출석위원 과반수의 찬성으로 의결한다.

⑥ 위원회는 필요하면 위원이 아닌 자를 위원회의 회의에 출석하게 하여 그 의견을 들을 수 있다.

⑦ 각급 경찰관서장은 위원회의 위원 등에 대하여 예산의 범위에서 수당, 여비, 그 밖의 필요한 경비를 지급할 수 있다.

⑧ 이 영에서 정한 사항 외에 위원회의 운영 등에 관하여 필요한 사항은 경찰청장이 정한다.

제19조(규제의 재검토)

경찰청장은 다음 각 호의 사항에 대하여 다음 각 호의 기준일을 기준으로 3년마다(매 3년이 되는 해의 기준일과 같은 날 전까지를 말한다) 그 타당성을 검토하여 개선 등의 조치를 하여야 한다. <개정 2014.7.21>

1. 삭제 <2016.12.30>

2. 제6조에 따른 주거지역 등에서의 집회 또는 시위의 제한 내용: 2014년 1월 1일

2의 2. 제14조에 따른 확성기등의 소음기준: 2014년 7월 1일

3. 삭제 <2016.12.30>

[본조신설 2013.12.30]

제20조(과태료의 부과기준)

법 제26조제1항에 따른 과태료의 부과기준은 별표 3과 같다.

[본조신설 2016.12.13.]

부칙 <제20307호, 2007.10.4>
제1조 (시행일) 이 영은 공포한 날부터 시행한다.

제2조 (다른 법령과의 관계) 이 영 시행 당시 다른 법령에서 종전의 「집회 및 시위에 관한 법률 시행령」 또는 그 규정을 인용한 경우 이 영 중 그에 해당하는 규정이 있는 때에는 종전의 규정에 갈음하여 이 영 또는 이 영의 해당 조항을 인용한 것으로 본다.

부칙(소음·진동관리법 시행령) <제22224호, 2010.6.28>
제1조(시행일) 이 영은 2010년 7월 1일부터 시행한다.

제2조 및 제3조 생략

제4조(다른 법령의 개정) ① 부터 ⑬ 까지 생략

⑭ 집회 및 시위에 관한 법률 시행령 일부를 다음과 같이 개정한다.

별표 2 비고 제5호 중 "「소음·진동규제법」 제6조에 따른 소음·진동 공정시험 방법"을 "「환경분야 시험·검사 등에 관한 법률」 제6조제1항제2호에 따른 분야의 환경오염 공정시험기준"으로 한다.

⑮ 부터 <17> 까지 생략

제5조 생략

부칙(행정규제기본법 개정에 따른 규제 재검토기한 설정을 위한 주택법 시행령 등 일부개정령) <제25050호, 2013.12.30>
이 영은 2014년 1월 1일부터 시행한다. <단서 생략>

부칙 <제25488호,2014.7.21>
이 영은 공포한 날부터 시행한다. 다만, 별표 2의 개정규정은 공포 후 3개월이 경과한 날부터 시행한다.

부칙 <제27672호,2016.12.13>
이 영은 공포한 날부터 시행한다. 다만, 제20조 및 별표 3의 개정규정은 2017년 1월 28일부터 시행한다.

부칙(규제 재검토기한 설정 등을 위한 가맹사업거래의 공정화에 관한 법률 시행령 등 일부개정령) <제27751호,2016.12.30>
제1조(시행일) 이 영은 2017년 1월 1일부터 시행한다. <단서 생략>

제2조부터 제12조까지 생략

(출처 : 집회 및 시위에 관한 법률 시행령 타법개정 2016. 12. 30. [대통령령 제27751호, 시행 2017. 1. 1.] 경찰청 > 종합법률정보 법령)

8장 사업자 홍보자료 외

1. 대표 홍보물 및 우수인력자격

(1) 1매 대외 홍보물

집회시위 국내1호 전문업체 특징

억울하고 답답한 일 = 집회 통해 최단기간 해결!!

일반적 분쟁 시 형사고소, 민사소송: 장기간 고비용 소요!!
→ **집회시위하면 2~ 4회 차에 대다수 해결 됩니다..**

1. 집회 중요도: 헌법 21조에 보장된 표현의 자유이다. 매년 전국 집회 횟수 110여만건 되지만, 실제 개최율 4%이다. 경험부족, 인간 관계, 두려움 등으로 포기한다. 경찰서 집회신고 후 진행시 **민형사 6개월 ~1, 2년이** 아닌 대다수 **1주~ 1개월 내 해결**된다.

2. 경험 / 실적: 김한성 대표는 인력협회(일용근로자협회 홍보이사, 한국고용서비스협회 부회장) 창립해, **건설현장 노임체불 집회 50여 회 시행, 기타집회 250여회 주도**하다. 인력업소 노임체불부터 각종 채권채무, 건설사, 개별민원 집회 등 **80% 이상 해결**하다!!

3. 토탈 서비스: 사안별 상담 후 집회 대행하다. 당사자 면담 또는 현장방문 실상파악하며, 집회신고지원→ 현수막. 펫말. 어깨띠. 엠프 등 용품준비→ **인력동원→ 집회사회, 구호 등 → 경찰과 협상참여 → 마무리,** 일체 과정을 의뢰인 입장에서 일한다..

4. 홈피, 사업자: 네이버→ 집회컨설팅 등 치면"오케이두리인력공사" 홈피 연결. 사업자등록증의거 세금계산서 발급 및 **초기 상담 김한성 대표가 직접**하며 노련한 도우미가 돕는다~!! HP. 010-7459-6866

(2) 우수인력업소 및 전문가 저서

고용서비스(인력)우수인증기관선정 (고용노동부장관: 2013. 12월)↑

한국고용서비스협회 부회장

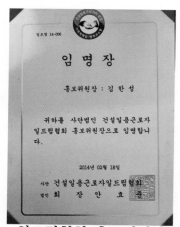

일드림협회 홍보위원장

우수기관인증서

저서: 하루일자리 미학

인력사업 성공전략, 187쪽

일용근로자 미학, 745쪽

(3) 세무서 사업자등록증: 종목, 집회시위컨설팅 외

사 업 자 등 록 증
(일반과세자)
등록번호 : 775-67-00131

상　　　　　호 : 오케이두리인력공사		
성　　　　　명 : 김한성	생 년 월 일 : 1961 년 04 월 20 일	
개 업 연 월 일 : 2017 년 05 월 11 일		
사 업 장 소 재 지 : 서울특별시 서초구 방배천로 68, 지하층 101호(방배동)		

사 업 의 종 류 : 업태 서비스　　　　　　종목 유료직업소개업, 용역제공업
　　　　　　　　　　　　서비스　　　　　　　　　　집회 및 시위에 관한 컨설팅
　　　　　　　　　　　　서비스　　　　　　　　　　광고 및 인쇄

발 급 사 유 : 정정
공 동 사 업 자 :

사업자 단위 과세 적용사업자 여부 : 여( ) 부(∨)
전자세금계산서 전용 전자우편주소 :

2018 년 01 월 18 일
반 포 세 무 서 장

(4) 서초구청 유료직업소개사업등록 인가증

신고번호(등록번호) : 제 2009-3210114-14-5-00039 호

서초 SEOCHO

☐ 무료
✔ 유료

☐ 주된사업소
☐ 기타사업소
✔ 개인

☐ 직업소개사업 신고확인증
✔ 직업소개사업 등록증

1. 직업소개소 명칭   :   오케이두리인력공사

2. 직업소개사업소 소재지 :   서울특별시 서초구 방배천로 68, 지층 101호 (방배동)

3. 대표자 성명   :   김한성

4. 생년월일   :   1961년 04월 20일

『직업안정법』 제18조 및 제19조에 따른 직업소개사업을 위와 같이 신고 (등록)하였음을 증명합니다.

2018년 01월 17일

서 초 구 청

서초구청장인

권선복 | 도서출판 행복에너지 대표이사

사회가 복잡해지면서 다양한 갈등이 나타나고 있습니다. 서로 이해관계가 다르다 보니 충돌하는 일도 잦고 억울한 피해자와 '갑질' 하는 가해자가 생기기도 합니다.

이러한 세태 속에서 힘없고 나약한, '빽' 없는 서민들은 자칫 부당한 대우를 받게 되고도 해결하지 못하여 발만 동동 구르는 상황에 처하기도 합니다. 무슨 수를 써도 개선될 것 같지 않은 억울한 상황, 최후의 수단은 무엇일까요?

필자는 11년간 인력소개업을 하면서 소속된 인력업소들이 노임을 못 받아 도산하는 광경을 지켜보았습니다. 그들을 돕기 위해 시작한 집회는 그 후 건설현장, 구원파교회, 통신다단계업체 등의 불의에 대응하는 일로 넓혀졌습니다.

그는 직접 체험한 결과 집회 시위의 힘이 생각하는 것보다 무척 대단하다는 것을 알게 되었다고 합니다. 법적으로 지루한 전쟁을 이어가는 것보다 단시일 내에 빠르게 결론이 난다는 겁니다. '기존 방식이 정상을 향해서 한 발자국씩 걷는 것이라면, 집회는 승강기를 이용해 한꺼번에 올라간다.' 그가 제시하는 집회 시위에 관한 명쾌한 설명입니다.

그런데 연간 100만 회 이상 집회신고가 이루어지지만, 막상 실행률은 5% 미만입니다. 아마도 많은 분들이 정작 실행에 옮기려면 막막하기도 하고 어디서부터 어떻게 시작해야 할지 감을 잡지 못하여 지레 포기하는 것으로 보입니다.

저자는 이러한 안타까운 상황을 타개하고자 집회 시위에 관한 본인의 경험을 통틀어 꼼꼼히 책 전체에 걸쳐 설명하고 있습니다.

저자는 현재 집회대행업체를 운영하며 많은 이들을 돕고 있습니다. 이 책을 통해 그의 성공적인 경험담을 직접 생생히 느낄 수 있습니다. 그가 정의하는 집회 시위의 방법 및 주요 문제, 실전 사례, 질의응답은 집회 시위에 대해 가질 수 있는 모든 궁금증을 말끔히 해결해 줄 것입니다.

부디 본서를 통해 현재 부당한 처지에 놓인 많은 사람들이 평화적인 방법으로 신속하게 해결을 볼 수 있는 집회 시위에 대해 잘 알게 되기를 바랍니다. 그리하여 꼭 바라는 바가 잘 이루어져 어려운 상황을 탈출할 수 있게 되기를 바랍니다!

전국의 수많은 분쟁을 해결할 수 있는 그날이 오기를 간절히 기원하겠습니다. 모든 독자 여러분들의 행복에너지가 팡팡팡! 가득 터지시길 빕니다!

'행복에너지'의 해피 대한민국 프로젝트!
〈모교 책 보내기 운동〉

대한민국의 뿌리, 대한민국의 미래 **청소년·청년**들에게 **책**을 보내주세요.

많은 학교의 도서관이 가난해지고 있습니다. 그만큼 많은 학생들의 마음 또한 가난해지고 있습니다. 학교 도서관에는 색이 바래고 찢어진 책들이 나뒹굽니다. 더럽고 먼지만 앉은 책을 과연 누가 읽고 싶어 할까요? 게임과 스마트폰에 중독된 초·중고생들. 입시의 문턱 앞에서 문제집에만 매달리는 고등학생들. 험난한 취업 준비에 책 읽을 시간조차 없는 대학생들. 아무런 꿈도 없이 정해진 길을 따라서만 가는 젊은이들이 과연 대한민국을 이끌 수 있을까요?

한 권의 책은 한 사람의 인생을 바꾸는 힘을 가지고 있습니다. 한 사람의 인생이 바뀌면 한 나라의 국운이 바뀝니다. **저희 행복에너지에서는 베스트셀러와 각종 기관에서 우수도서로 선정된 도서를 중심으로 〈모교 책 보내기 운동〉을 펼치고 있습니다.** 대한민국의 미래, 젊은이들에게 좋은 책을 보내주십시오. 독자 여러분의 자랑스러운 모교에 보내진 한 권의 책은 더 크게 성장할 대한민국의 발판이 될 것입니다.

도서출판 행복에너지를 성원해주시는 독자 여러분의 많은 관심과 참여 부탁드리겠습니다.

도서출판 행복에너지 임직원 일동

하루 5분, 나를 바꾸는 긍정훈련

행복에너지

'긍정훈련' 당신의 삶을
행복으로 인도할
최고의, 최후의 '멘토'

'행복에너지
권선복 대표이사'가 전하는
행복과 긍정의 에너지,
그 삶의 이야기!

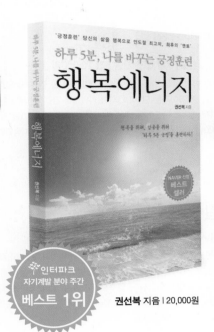

권선복 지음 | 20,000원

인터파크
자기계발 분야 주간
베스트 1위

권선복

도서출판 행복에너지 대표
영상고등학교 운영위원장
대통령직속 지역발전위원회
문화복지 전문위원
새마을문고 서울시 강서구 회장
전) 팔팔컴퓨터 전산학원장
전) 강서구의회(도시건설위원장)
아주대학교 공공정책대학원 졸업
충남 논산 출생

책『하루 5분, 나를 바꾸는 긍정훈련 - 행복에너지』는 '긍정훈련' 과정을 통해 삶을 업
그레이드하고 행복을 찾아 나설 것을 독자에게 독려한다.
긍정훈련 과정은 [예행연습] [워밍업] [실전] [강화] [숨고르기] [마무리] 등 총
6단계로 나뉘어 각 단계별 사례를 바탕으로 독자 스스로가 느끼고 배운 것을 직접
실천할 수 있게 하는 데 그 목적을 두고 있다.
그동안 우리가 숱하게 '긍정하는 방법'에 대해 배워왔으면서도 정작 삶에 적용시키
지 못했던 것은, 머리로만 이해하고 실천으로는 옮기지 않았기 때문이다. 이제
삶을 행복하고 아름답게 가꿀 긍정과의 여정, 그 시작을 책과 함께해 보자.

『하루 5분, 나를 바꾸는 긍정훈련 - 행복에너지』

4차 산업혁명 에센스

이호성, 경갑수, 황재민 지음 | 값 20,000원

『4차 산업혁명 에센스』는 4차 산업혁명의 핵심을 인공지능(AI), 5세대 이동통신(5G), 블록체인 (비트코인 중심)이라는 단 세 가지의 키워드로 간결하면서도 알기 쉽고 흥미진진하게 전달한다. 특히 미래 세대를 이끌어갈 청소년을 위한 도서로서 2020년 서울시교육청 학교프로그램 진행도서, 2020년 사단법인 한국저술인협회 추천 우수도서로 지정되었다.

불길순례

박영익 지음 | 값 25,000원

이 책 『불길순례』는 외적의 침입을 가장 먼저 알리며 우리 국토와 민족을 지키기 위한 최전선에 있었던 전국 210여 개 봉화 유적을 직접 발로 뛰며 탐방한 여행기이며 탐문과 자료 수집을 통해 한반도의 봉화 역사를 밝혀 낸 연구서라고 할 수 있다. 고단했던 노정과 피땀 어린 연구열이 고스란히 배어 있는 이 책은 우리에게 전국 봉화에 깃든 선조의 얼과 함께 전해 내려오는 기상과 추억을 되짚도록 도와줄 것이다.

우리에겐 세계경영이 있습니다

대우세계경영연구회 엮음 | 값 22,000원

『우리에겐 세계경영이 있습니다』는 2012년 출간되었던 『대우는 왜?』의 후속작이다. 누구보다도 먼저, 멀리 나아가 미지의 해외시장을 개척한 과거 대우그룹 선구자들의 놀라운 일화들과 함께, 대우세계경영연구회가 중심이 되어 운영하는 '미래글로벌청년사업가 과정(GYBM)' 청년들의 성공담이 지금도 살아 숨 쉬는 '세계경영의 대우정신'을 보여준다.

마흔, 인생 2막을 평생 현역으로 사는 법

김은형 지음 | 값 15,000원

현실로 다가온 백세 시대, 당신은 직장 다니면서 퇴직 후 평생 현역 생활을 위한 준비를 해야 한다. 이 책은 퇴직 후에도 평균 40여 년을 더 일해야 하는 현재의 마흔 직장인들이 평생 현역 생활을 위해 준비하는 법과 실천해야 할 원칙들을 제시한다. 이 책이 제시하는 내용을 숙지해 둔다면 당신의 평생 현역 생활을 준비하는 데 훌륭한 길잡이가 될 것이다.

책에 나를 바치다

책·바·침 지음 | 값 16,000원

『책에 나를 바치다』는 책과 사람을 통해 그렇게 꼭꼭 숨겨 놓은 고민을 풀어 놓고, 공감 받고 공감해 주며, 사색과 긍정으로 순화하여 지속적인 성장을 꿈꾸는 사람들의 진솔한 자기고백이자 성장의 일기다. 서로 간에 선한 영향력을 전파하며 발전하는 책·바·침 멤버들의 모습은 극한 경쟁 속에서 지쳐가는 현대 사회의 많은 이들에게 '나도 책을 통해서 변할 수 있다!'는 작지만 큰 희망을 선사해 줄 것이다.